北大社 "十三五"职业教育规划教材

高职高专土建专业"互联网+"创新规划教材

第二版

市政桥梁工程

主 编◎刘 江
副主编◎王 岗 姚永鹤 王知乐
参 编◎王 静 包建业 李小慧

北京大学出版社
PEKING UNIVERSITY PRESS

内 容 简 介

本书采用现行规范编写,注重理论与实践相结合,分为桥梁构造与识图和桥梁施工技术两篇,共 16 章内容,主要包括概论、桥梁设计概述、桥面布置与桥面构造、梁桥构造、其他体系桥梁简介、桥梁下部结构、涵洞构造、桥梁施工准备工作、桥梁基础施工、桥梁墩台施工、钢筋混凝土简支梁桥施工、预应力混凝土梁桥施工、其他体系桥梁施工、桥面系施工、桥梁养护、维修与加固、涵洞施工。

本书重点讲述与高职学生就业相关的施工员、质检员、安全员、材料员、监理员等岗位所要求的应知应会的内容,可作为高职高专市政工程技术专业、道路桥梁工程专业、工程造价专业及工程监理专业的教材,也可供从事上述工程建设活动的技术、管理人员学习参考,或相关企业进行岗位培训使用。

图书在版编目(CIP)数据

市政桥梁工程/刘江主编. —2 版. —北京: 北京大学出版社,2022.3
高职高专土建专业 "互联网+" 创新规划教材
ISBN 978-7-301-32179-9

Ⅰ. ①市… Ⅱ. ①刘… Ⅲ. ①市政工程—桥梁施工—高等职业教育—教材 Ⅳ. ①U445

中国版本图书馆 CIP 数据核字(2021)第 083566 号

书　　　名	市政桥梁工程 (第二版) SHIZHENG QIAOLIANG GONGCHENG(DI-ER BAN)
著作责任者	刘 江 主编
责 任 编 辑	杨星璐
数 字 编 辑	蒙俞材
标 准 书 号	ISBN 978-7-301-32179-9
出 版 发 行	北京大学出版社
地　　　址	北京市海淀区成府路 205 号　100871
网　　　址	http://www.pup.cn　新浪微博:@北京大学出版社
电 子 信 箱	pup_6@163.com
电　　　话	邮购部 010-62752015　发行部 010-62750672　编辑部 010-62750667
印 刷 者	三河市北燕印装有限公司
经 销 者	新华书店
	787 毫米×1092 毫米　16 开本　24.5 印张　582 千字 2010 年 8 月第 1 版 2022 年 3 月第 2 版　2023 年 2 月第 2 次印刷(总第 12 次印刷)
定　　　价	59.50 元

未经许可,不得以任何方式复制或抄袭本书之部分或全部内容。
版权所有,侵权必究
举报电话: 010-62752024　电子信箱: fd@pup.pku.edu.cn
图书如有印装质量问题,请与出版部联系,电话: 010-62756370

第二版前言

本书为北京大学出版社"高职高专土建专业'互联网+'创新规划教材"之一，适合高等职业院校市政相关专业学生和市政施工一线技术与管理人员使用。

本书在第一版的基础上，根据近几年桥梁相关专业规范修订更新了相关知识点。更新的主要规范有《公路桥涵设计通用规范》（JTG D60—2015）（本书简称《桥规》）、《公路桥涵施工技术规范》（JTG/T 3650—2020）、《公路钢筋混凝土及预应力混凝土桥涵设计规范》（JTG 3362—2018）（本书简称《公路混凝土桥规》）、《城市桥梁设计规范》（CJJ 11—2011）（2019年版）等。

中国的桥梁建设日新月异，地标性桥梁建筑如雨后春笋般层出不穷。因此，本书力争反映我国桥梁建设新技术、新材料、新工艺和新设备方面的发展动态，更新了大量桥梁建设成果案例。

为了使学生更加直观、形象地学习"市政桥梁工程"课程，也为了方便教师教学讲解，我们以"互联网+"教材的模式升级了教材和配套课件。在书中的相关知识点旁，以二维码的形式添加了作者多年来积累和整理的案例、规范、图片、动画和视频等教学资源，读者可以通过扫描二维码来获取更多的学习资料，节约自行搜索、整理的时间，提高学习效率。同时，在每章最后的习题部分，设置了二维码在线答题，便于读者自测。同时，作者也会根据桥梁建设的发展情况，及时更新二维码所链接的资源，使教材内容与行业实际发展结合得更加紧密。

习近平总书记在全国高校思想政治工作会议上强调，要用好课堂教学这个主渠道，各类课程都要与思想政治理论课同向同行，形成协同效应。为了方便教师教学，本书修订时提炼了若干思政元素，抛砖引玉，提供给教师同行参考。

本书由浙江建设职业技术学院刘江和王云江任主编，浙江建设职业技术学院王岗、浙江广厦建设职业技术学院姚永鹤和泰州职业技术学院王知乐任副主编，内蒙古建筑职业技术学院王静、包建业和李小慧参编。本书在编写过程中，参考并引用了很多文献资料，有的来自同行院校，有的来自互联网共享，在此对相关作者一并致以衷心的感谢。

由于编者水平有限，书中难免存在不足和疏漏之处，敬请广大读者批评指正。

资源索引

编　者
2021年11月

第一版前言

　　高职高专教育培养的是面向生产和管理第一线的应用型技术人才，面临着新的发展机遇和严峻挑战。为了满足社会对人才的需求，要求教育要注重工程实践经验的引入；教学的目的以实用、够用为度；培养的学生要实行双证制，毕业即能上岗、顶岗。这就要求加强教材的建设，合理精简和完善教学内容。

　　本书编写内容采用了国家及行业新技术标准和技术规范，全书分为桥梁构造与识图和桥梁施工技术两篇。第一篇对桥梁的基本概念、总体设计、梁桥、拱桥、墩台、涵洞构造做出了全面的论述；介绍中、小跨径桥梁实用的计算方法；考虑到部分学校桥涵水文课程不单独开设，模块6介绍桥涵水文基础知识。第二篇介绍各种体系桥梁上、下部结构的施工方法和涵洞施工技术，具有科学性、先进性、实用性的特点，重点讲述与高职学生就业相关的施工员、质检员、安全员、材料员、监理员等岗位所要求的应知应会的内容，符合高职高专教育人才培养的客观要求。

　　为了保证教学质量，在教学过程中，建议多安排一些实践教学和多媒体教学环节。本书编写内容力求文字简练，深入浅出，注重理论联系实际，注重学生综合素质的提高。为了便于学生学习，在各章节后安排了习题。

　　本书模块1、模块2、模块5、模块16及第4.4节、第6.1节由刘江编写；模块3、模块10由姚永鹤编写；模块4的4.1节～4.3节、模块15由王知乐编写；模块6的6.2节～6.4节由李小慧编写；模块7由王静编写；模块8、模块9、模块11、模块12、模块13由王云江编写；模块14由包建业编写。本书在编写过程中，得到了浙江建设职业技术学院和浙江省建设投资集团有限公司及其下属企业的大力支持；并参考、参阅了大量的文献资料，在此谨对有关专家和作者致以诚挚的谢意。

　　本书能满足高职高专市政工程技术专业、道路桥梁工程专业、工程造价专业及工程监理专业的教学要求。对桥梁建设相关单位的工程技术人员亦具有参考价值。

　　由于编者的水平有限，书中疏漏之处在所难免，敬请使用本书的教师和读者批评指正，以便重印时修改（主编邮箱：wiss2004@163.com）。

编　者
2010年6月

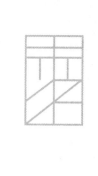

本书课程思政元素

本书课程思政元素从"格物、致知、诚意、正心、修身、齐家、治国、平天下"中国传统文化角度着眼，再结合社会主义核心价值观"富强、民主、文明、和谐、自由、平等、公正、法治、爱国、敬业、诚信、友善"，设计出课程思政的主题。然后紧紧围绕"价值塑造、能力培养、知识传授"三位一体的课程建设目标，在课程内容中寻找相关的落脚点，通过案例、知识点等教学素材的设计运用，以润物细无声的方式将正确的价值追求有效地传递给读者。

本书的课程思政元素设计以"习近平新时代中国特色社会主义思想"为指导，运用可以培养大学生理想信念、价值取向、政治信仰、社会责任的题材与内容，全面提高大学生缘事析理、明辨是非的能力，把学生培养成为德才兼备、全面发展的人才。

每个思政元素的教学活动过程都包括内容导引、展开研讨、总结分析等环节。在课程思政教学过程，老师和学生共同参与其中，在课堂教学中教师可结合下表中的内容导引，针对相关的知识点或案例，引导学生进行思考或展开研讨。

页码	内容导引	问题与思考	课程思政元素
4	桥梁发展动态	1. 桥梁发展的三次飞跃是什么？ 2. 为什么近代中国桥梁建设落后了？	改革开放 知识交流
5	我国古代桥梁的建设成就	1. 是否去过赵州桥？是否听说过赵州桥的故事？你对赵州桥的第一感觉是什么？ 2. 有谁知道我国四大古桥是哪四座？ 3. 你知道国际土木历史遗迹都有哪些吗？中国有哪些入选？	职业自豪感 工匠精神 民族瑰宝
6	卢沟桥	1. 卢沟桥作为"燕京八景"之一，你了解与它相关的文化特色有哪些？ 2. 卢沟桥始建于1189年，经历了战火的侵袭，为何还能如此坚固、屹立不倒？	民族自豪感 工匠精神
7	新时期国内几个特色桥梁	是否参观过或者乘车经过几座国内的特大型桥梁？谈一谈感受。	国之重器 大国风范
12	世界大跨径桥梁排行榜的变化	1. 是什么原因让外国人感叹中国在大跨径桥梁建设上所取得的成就？ 2. 了解到世界大跨径桥梁排名的变化，你有何感想呢？	国际竞争 大国复兴
13	【二维码】辉煌中国-圆梦工程	1. 为什么是中国接过了桥梁建设高潮的接力棒？ 2. 我国桥梁建设的典型代表有哪些？	国家战略 经济发展 工业化

续表

页码	内容导引	问题与思考	课程思政元素
24	大桥坍塌事故	1. 为什么会发生这样的事故？你还知道哪些类似的重大事故？ 2. 如何处理并避免同类事故的发生？	专业水准 职业精神
122	双曲拱	1. 双曲拱桥有哪些优缺点？ 2. 双曲拱桥的发展历程？	创新精神
135	现代悬索桥	为什么是欧洲最早开始出现现代悬索桥这种超大跨径桥梁？	世界文化 国际视野
176	涵洞的设置、施工	1. 涵洞设置为什么注重现场实地考察？ 2. 农田保护为什么重要？	实战能力 环保意识
205	钻孔灌注桩施工工艺	1. 这么多工艺步骤如果少一个会怎样？ 2. 你理解的工匠精神内涵是什么？ 3. 你理解的职业精神内涵是什么？	工匠精神 职业精神
274	装配式桥梁施工	1. 你对装配式桥梁有什么了解？你知道哪些装配式桥梁工程？ 2. 你认为装配式桥梁施工有什么意义？	标准化 工业化
307	【二维码】赵州桥施工动画	1. 说一说赵州桥设计施工理念的先进性。 2. 说一说赵州桥施工工艺的复杂程度。	文明传承 民族自豪

注：教师版课程思政设计内容可联系出版社索取。

目 录

第1篇 桥梁构造与识图

模块1 概论 ········· 003
1.1 桥梁发展动态 ········· 004
1.2 桥梁的组成和分类 ········· 013

模块2 桥梁设计概述 ········· 023
2.1 桥梁设计的基本原则 ········· 025
2.2 桥梁平面、纵断面、横断面设计 ········· 026
2.3 桥梁设计方案比选 ········· 029
2.4 桥梁上的作用 ········· 030

模块3 桥面布置与桥面构造 ········· 040
3.1 桥面系 ········· 041
3.2 支座 ········· 051

模块4 梁桥构造 ········· 061
4.1 梁桥的分类 ········· 062
4.2 简支板桥的构造 ········· 065
4.3 简支梁桥的构造 ········· 071
4.4 混凝土简支梁桥的计算 ········· 087

模块5 其他体系桥梁简介 ········· 116
5.1 拱桥构造 ········· 117
5.2 斜拉桥构造 ········· 131
5.3 悬索桥构造 ········· 135
5.4 刚构桥构造 ········· 141

模块6 桥梁下部结构 ········· 145
6.1 桥涵水文基础知识 ········· 146
6.2 桥梁基础 ········· 151
6.3 桥墩构造 ········· 153
6.4 桥台构造 ········· 163

模块7 涵洞构造 ········· 174
7.1 概述 ········· 175
7.2 涵洞的构造 ········· 179

第2篇 桥梁施工技术

模块8 桥梁施工准备工作 ········· 189
8.1 施工程序 ········· 190
8.2 施工准备工作 ········· 191

模块9 桥梁基础施工 ········· 196
9.1 明挖扩大基础施工 ········· 197
9.2 钻孔灌注桩施工 ········· 204
9.3 人工挖孔灌注桩施工 ········· 217

模块10 桥梁墩台施工 ········· 221
10.1 混凝土墩台、石砌墩台施工 ········· 222
10.2 装配式墩台施工 ········· 230
10.3 高桥墩施工 ········· 237
10.4 墩台附属工程施工 ········· 246

模块11 钢筋混凝土简支梁桥施工 ········· 250
11.1 模板与支架 ········· 252
11.2 钢筋工程 ········· 257
11.3 混凝土工程 ········· 262
11.4 装配式梁桥的施工 ········· 274

模块 12	预应力混凝土梁桥施工 … 284
12.1	先张法预应力简支梁桥施工 …………………… 286
12.2	后张法预应力简支梁桥施工 …………………… 292
12.3	预应力连续梁悬臂和顶推法施工 …………… 296

模块 13	其他体系桥梁施工 ……… 305
13.1	拱桥施工 …………………… 306
13.2	斜拉桥施工 ………………… 318
13.3	悬索桥施工 ………………… 321
13.4	钢桥施工 …………………… 323

模块 14	桥面系施工 …………… 328
14.1	桥面系概述 ………………… 329
14.2	桥面铺装层施工 …………… 330
14.3	人行道、栏杆施工 ………… 331
14.4	伸缩缝及其装置施工 ……… 334
14.5	支座施工 …………………… 344

模块 15	桥梁养护、维修与加固 … 349
15.1	桥梁养护、维修 …………… 351
15.2	桥梁加固 …………………… 356

模块 16	涵洞施工 ………………… 367
16.1	施工准备 …………………… 368
16.2	主体工程施工 ……………… 369
16.3	附属工程施工 ……………… 374

参考文献 ……………………………… 380

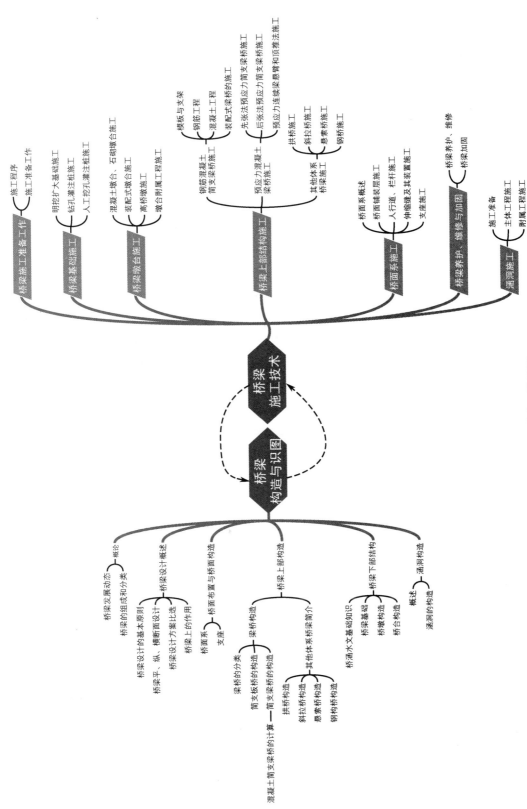

全书思维导图

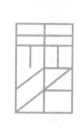

第1篇

桥梁构造与识图

模块 1　概　论

思维导图

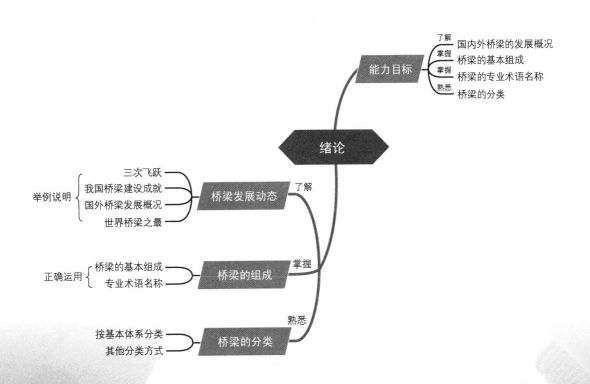

> **学习重点**
>
> 桥梁的组成；桥梁的专业术语名称；桥梁按基本体系如何分类；世界大跨径桥梁排名。

> **引例**
>
> 面对一条河流，可以游过去，可以划船过去，古代人民是如何想到可以通过架桥跨越过去的呢？
>
> 我国幅员辽阔，江河湖泽纵横，为了满足车辆、行人的通行要求，需要建造大量跨越各种障碍的人工构筑物，一般称之为桥梁。
>
> 传统意义上的桥梁一般为跨水建筑物，但随着社会经济的发展，桥梁的建造也有了新的内涵，出现了各种功能齐全、造型美观的立交桥、高架桥和人行天桥等新型结构。
>
> 桥梁在道路交通系统中处于枢纽地位，也是保证全线通车的关键。
>
> 为了使学生学习和培养建造桥梁所需的专业知识和技术能力，交通土建、市政等专业都设有桥梁工程课程。桥梁工程是土木工程中结构工程的一个分支学科。它与房屋工程一样，也是用石、砖、木、混凝土、钢筋混凝土和各种金属材料建造的结构工程。

1.1 桥梁发展动态

考古发掘出的世界上最早的桥梁遗迹是在公元前6000～公元前4000年现今小亚细亚一带。我国1954年发掘出的西安半坡村的公元前4000年左右的新石器时代氏族村落遗址，是我国已发现的最早出现桥梁的地方。

随着施工工艺和材料科学的发展，桥梁在桥宽（通行能力）、桥长（跨越能力）和承重能力等方面都取得了突飞猛进的发展；桥型从最早的木梁桥、石拱桥，发展到现代的钢、钢筋混凝土悬索桥、斜拉桥。

桥梁发展大致经历了以下三次飞跃。

(1) 19世纪中期钢材的出现，使桥梁的跨越能力大大提高，跨径从几十米发展到了几百米，桥梁工程实现了第一次飞跃。

(2) 20世纪初钢筋混凝土的应用，20世纪30年代预应力混凝土技术及高强钢材的出现，使桥梁建筑获得了廉价、耐久，且刚度和承载力均较大的建筑材料，从而大大推动了桥梁的发展，实现了桥梁工程的第二次飞跃。

(3) 20世纪50年代以后，随着计算机和有限元技术的发展，设计人员能够方便地完成过去不可能完成的大规模结构计算，从而使桥梁工程的发展获得了第三次飞跃。

世界桥梁的发展趋势是朝着大跨径、新材料、新工艺和新技术方向发展。

1.1.1 我国桥梁建设成就

我国文化悠久,桥梁建设有着光辉灿烂的历史。桥梁爱好者将它们的典型代表推选为中国的"四大古桥"。

(1) 河北赵州桥如图1.1所示。赵州桥又叫安济桥,坐落在河北省赵县城南五里的洨河上,由于赵县古时曾被称作赵州,故而得名。赵州桥始建于隋朝,由石匠李春设计建造的,距今已有1400多年,是世界现存最古老、最雄伟的石拱桥之一。赵州桥只用单孔石拱跨越洨河,石拱的跨径为37.02m,包括南北桥堍(桥两头靠近平地处),总长50.82m。采取这样的巨型跨径,在当时是一个空前的创举。更为

图1.1 赵州桥

高超绝伦的是,在大石拱的两肩上各砌两个小石拱,从而改变了过去大拱圈上用沙石料填充的传统建筑形式,创造出世界上第一个"敞肩拱"的新式桥型。这是一个了不起的科学发明。像赵州桥这样古老的大型敞肩石拱桥,在世界上相当长的时间里是独一无二的。在欧洲,公元14世纪时,法国泰克河上才出现类似的敞肩型的赛雷桥,比赵州桥晚了700多年,而且早在1809年这座桥就被毁坏了。1961年3月4日,国务院公布赵州桥为第一批全国重点文物保护单位。1991年,赵州桥被美国土木工程师学会认定为世界第十二处"国际土木工程历史古迹"。

国际土木工程历史古迹

(2) 福建泉州的洛阳桥如图1.2所示。洛阳桥原名万安桥,位于福建省泉州东郊的洛阳江上,是目前世界上现存最长的跨海梁式大石桥。宋代泉州太守蔡襄主持建桥工程,从北宋皇祐五年(1053年)至嘉祐四年(1059年),前后历时7年之久,耗银1400万两,建成了这座跨江接海的大石桥。在建桥时先顺着桥的轴线向水中抛投大量块石,在水面上形成一条长堤,然后在块石上放养牡蛎,巧妙地利用牡蛎外壳附着力强、繁殖速度快的特点,把桥基和桥墩牢固地胶结成一个整体来抵抗风浪,这是世界造桥史上别出心裁的"种蛎固基法",也是世界上第一个把生物学应用于桥梁工程的先例。在这水下长堤上,用大条石纵横叠置(不用灰浆)形成桥墩,而后再架设石梁。当时没有现代的起重设备,就采用"浮运架梁法",利用海潮涨落的高低位置,架设桥面大石板。桥全部以花岗岩石砌筑,初建时桥长360m,宽1.5m,武士造像分立两旁。造桥工程规模巨大,工艺技术高超,名震四海。建桥900多年以来,先后修复17次。现桥长731.29m、宽4.5m、高7.3m,有44座船形桥墩、645个扶栏、104只石狮、1座石亭、7座石塔。桥的中亭附近历代碑刻林立,有"万古安澜"等宋代摩崖石刻;桥北有昭惠庙、真身庵遗址;桥南有蔡襄祠,著名的蔡襄《万安桥记》宋碑立于祠内,被誉为书法、记文、雕刻"三绝"。洛阳桥是世界桥梁筏形基础的开端,为全国重点保护文物。

(3) 北京的卢沟桥如图1.3所示。卢沟桥位于北京西南郊的永定河上,是联拱石桥。该桥始建于金大定二十九年(1189年),成于明昌三年(1192年),元、明两代曾经修缮,清康熙三十七年(1698年)重修建。桥全长212.2m,加上两端引桥,总长266.5m,有11

个桥拱，面宽7.5m。各孔的净跨径和矢高均不相等，边孔小，中孔逐渐增大。全桥有10个墩，宽度为5.3～7.25m不等。桥面两侧筑有石栏，柱高1.4m，各柱头上刻有石狮，或蹲，或伏，或大抚小，或小抱大，千姿百态，生动逼真，极富变化。1961年统计共有485头(1984年统计为489头)，由于桥上石狮多得让人无法数清楚，因而北京地区流传着一句歇后语："卢沟桥上的石狮子——数不清。"石柱间嵌石栏板，高85cm，桥两端各有华表、御碑亭、碑刻等，桥畔两头还各筑有一座正方形的汉白玉碑亭，每根亭柱上的盘龙纹饰雕刻得极为精细，卢沟桥以其精美的石刻艺术享誉于世。意大利人马可·波罗的《马可·波罗行纪》一书对这座桥有详细的记载。1937年"七七事变"在此发生，是日本帝国主义全面侵略中国的开始，卢沟桥因此成为具有历史意义的纪念性建筑物。

图1.2　洛阳桥

图1.3　卢沟桥

(4) 广东潮州的广济桥如图1.4所示。广济桥又称湘子桥，位于广东省潮州市潮安区潮州镇东，横跨韩江。始建于南宋乾道七年(1171年)，全长515m，分东西两段18墩，中间一段宽约百米，因水流湍急，未能架桥，只用小船摆渡，当时称济州桥。桥墩用花岗石块砌成，中段用18艘浮船连成浮桥，如图1.5所示，能开能合，当大船、木排通过时，可以将浮桥中的浮船解开，让船只、木排通过，待船只、木排通过后再将浮船归回原处，形成"十八梭船廿四洲"的造型，是中国也是世界上最早的一座开合活动式大石桥。广济桥上有望楼，"廿四楼台廿四样"，这在我国桥梁史上绝无仅有。古人有"到潮不到桥，枉向潮州走一遭"的说法，广济桥属于全国重点保护文物，是中国桥梁建筑史中的一份宝贵遗产。

图1.4　广济桥

图1.5　广济桥中段浮桥部分

1840年鸦片战争后，中华人民共和国成立前，我国在桥梁建设方面始终处于落后状态，但其中也不乏佼佼者。其中比较有名的是由"中国现代桥梁之父"茅以升设计并建造的钱塘江大桥。大桥于1934年8月8日开始动工兴建，1937年9月26日建成，历时3年多。钱塘江大桥的建成不但极大地方便了钱塘江南北的交通，而且与六和塔一起构成了西湖风景名胜区南线宏伟壮丽的景观。大桥全长1453m，分引桥和正桥两个部分。正桥16孔，桥墩15座。下层铁路桥长1322.1m，单线行车；上层公路桥长1453m、宽6.1m，两侧人行道各1.5m，雄伟壮观。令人感到痛心的是，抗日战争中，钱塘江大桥的两座桥墩被毁坏，五孔钢梁折断落入江中，最终在通车的第89天瘫痪在日寇侵略的烽火中。抗战胜利后，钱塘江大桥又重新修复。

"一唱雄鸡天下白"，新中国成立以后，社会经济建设取得了举世瞩目的成就，桥梁事业也得到了空前的大发展。

1957年，第一座长江大桥——武汉长江大桥建成。1969年，我国自行设计、制造、施工，并使用国产高强钢材的现代化大型桥梁——南京长江大桥建成通车，标志着我国建桥技术已达到世界先进水平。

改革开放以来，桥梁的发展更是日新月异。如果说20世纪初大跨径桥梁建设的重点在美国，20世纪中后期，桥梁建设的重点转向日本，那么可以说，到了20世纪末，桥梁建设的重点转向了中国。我国公路桥梁总数已接近80万座，铁路桥梁总数已超过20万座，是当之无愧的世界第一桥梁大国。

这段时期，我国取得的主要成就如下。

(1) 混凝土梁桥：南京长江第二大桥北汊桥（图1.6）和黄浦江奉浦大桥等。其中南京长江第二大桥北汊桥2001年7月建成，为五跨连续的预应力连续梁桥，主跨为675(90+3×165+90)m，桥长2172m，在同类桥型中居亚洲第一。

(2) 刚构桥：广东虎门大桥辅航道桥（图1.7）和重庆嘉陵江黄花园大桥等。其中广东虎门大桥辅航道桥1997年建成，为预应力混凝土连续刚构混凝土桥，主跨为570(150+270+150)m，该桥建成时在同类桥型中居世界第一，现居世界第三。

图1.6　南京长江第二大桥北汊桥

图1.7　广东虎门大桥辅航道桥

(3) 拱桥：重庆朝天门长江大桥（图1.8）、上海卢浦大桥（图1.9）和重庆巫山长江大桥等。其中重庆朝天门长江大桥在2004年年底开工建设，于2009年4月通车，桥长1741m，主跨为932(190+552+190)m，为三跨连续中承式钢桁系杆拱桥，在同类桥型中居世界第一。上海卢浦大桥于2003年6月通车，桥长3900m，主桥长750m，宽28.75m，主桥的巨型钢拱长550m，是目前世界上跨径最大的钢箱拱桥。

(4) 斜拉桥：苏通大桥（图1.10）和香港昂船洲大桥（图1.11）等。其中苏通大桥2008年6月建成通车。斜拉桥主孔跨径为1088m，居世界第一；主塔高306m，居世界第一；斜拉索长580m，居世界第一。香港昂船洲大桥2008年建成，采用主跨钢箱梁、边跨混凝土梁的混合梁结构，主跨长1018m，连引道全长为1596m，为香港新的地标式建筑。

图1.8 重庆朝天门长江大桥

图1.9 上海卢浦大桥

图1.10 苏通大桥

图1.11 香港昂船洲大桥

(5) 悬索桥：浙江舟山西堠门大桥（图1.12）和润扬长江大桥南汊悬索桥（图1.13）等。其中浙江舟山西堠门大桥主跨已合龙，2009年12月通车。主桥为钢箱梁悬索桥，主跨长1650m，目前是世界上跨径最大的钢箱梁悬索桥，在悬索桥中居世界第二、国内第一。润扬长江大桥2005年10月通车，其南汊悬索桥是钢箱梁悬索桥，索塔高209.9m，两根主缆直径0.868m，跨径布置为470m+1490m+470m。

图1.12 浙江舟山西堠门大桥

图1.13 润扬长江大桥南汊悬索桥

(6) 立交桥：对于全国网友来说，重庆就是一个8D城市，一座现实版的宫崎骏动画城。在这座城市中，有一座据说能看哭导航的立交桥：黄桷（jué）湾立交桥，如图1.14所示。这座立交桥十分复杂，是一座5层大型互通式立交桥，从地面到最高点为37m，相当于12层楼高；占地达616亩（1亩=666.67平方米），共两条主线、15个匝道，分别是A、B、C、D、E、F、G、H、I、J、K、L、M、N、O匝道，分两期修建。一期包括两条主线及A、B、D、F、G、L、M、N、O匝道，总长3881m；与机场专用高速相连接的部分匝道C、E、H、I、J、K，则将在二期中修建。

图 1.14 黄桷湾立交桥

知识链接

我国东部靠海，桥梁发展有广阔的前景，浙江甚至出现了多座大型桥梁连续出现的连岛工程，如图 1.15 所示。舟山大陆连岛工程横跨 4 座岛屿，翻过 9 个涵洞，穿过 2 个隧道，投资逾百亿元。工程共建岑港大桥、响礁门大桥、桃夭门大桥、西堠门大桥和金塘大桥 5 座大桥，全长 48km，其中多座特大桥跨径均进入世界前 10 名。由此可以推断，桥梁建设必将创造更大的辉煌。如果将来建设连接辽东半岛和山东半岛的桥梁，连接琼州海峡的大桥，甚至连接台湾海峡的大桥等，这将是多么激动人心的愿景，我们等待桥梁建设者去实现它。

图 1.15 舟山大陆连岛工程

应用案例

2018 年年底，经过 6 年筹备、9 年建设，全长 55km 的港珠澳大桥建成通车，工程如图 1.16 所示。这一超级工程集桥梁、隧道和人工岛于一体，其建设难度之大，被誉为桥梁界的"珠穆朗玛峰"。它的建成，不仅标志着中国从桥梁大国走向桥梁强国，也意味着粤港澳大湾区建设正式驶入快车道。港珠澳大桥创造了桥梁建设史上诸多世界第一。全长 55km，是世界第一长的跨海大桥；海底沉管隧道全长 6.7km，是世界第一长的海底沉管隧道；海底沉管隧道最深 48m，是世界第一深的沉管隧道。"海豚"造型钢塔高 105m，相当于 35 层楼高，隧道单个标准沉管节长 180m，重达 80000t，体量相当于一艘中型航母，全线共有 208 个预制墩台。工程项目总投资额 1269 亿元。

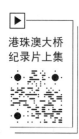

港珠澳大桥纪录片上集

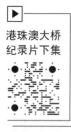

港珠澳大桥纪录片下集

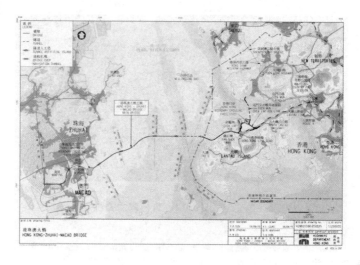

图 1.16　港珠澳大桥工程

1.1.2　国外桥梁发展概况

早在古罗马时代，欧洲的石拱桥艺术已在世界桥梁史上谱写过光辉的篇章，如被列入《世界遗产名录》的嘉德水道桥，如图 1.17 所示，约公元 50 年建造，高近 50m，长 275m，上下分 3 层。上层是往当时的重镇尼姆运水的通道，中层供人通行，下层桥拱跨径 25m。

然而，对于促进和发展现代桥梁有深远影响的是继意大利文艺复兴后，英、法等国经过工业革命而进入的资本主义时代，以及第二次世界大战后以日本、美国为代表的现代发达国家。

这里选取一些典型代表。

（1）欧洲最高的桥梁——法国米约高架桥（图 1.18）。米约高架桥是横跨法国南部塔恩河河谷的斜拉桥，是南法 A75 号高速公路的一部分。米约高架桥全长达 2.46km，但只用 7 个桥墩支撑，其中 2、3 号桥墩分别高达 245m 和 220m，是当时世界上最高的两个桥墩。如果算上桥墩上方用于支撑斜拉索的桥塔，最高的一个桥墩则达到 343m，超过法国巴黎著名的埃菲尔铁塔 23m，并且超越原来的世界冠军美国科罗拉多州的皇家峡谷大桥，而成为当时世界第一高的桥梁。目前，世界最高大桥为中国的北盘江大桥，桥面至江面距离 565.4m。

图 1.17　嘉德水道桥

图 1.18　法国米约高架桥

（2）美洲最长的桥梁——美国庞恰特雷恩湖桥（图 1.19）。该桥位于美国路易斯安那州庞恰特雷恩湖上，连接新奥尔良和曼德韦尔，建成后被认为是世界上最长的桥而被收录在《吉尼斯世界纪录大全》中。庞恰特雷恩湖桥由两座平行桥梁组成，其中 1 号桥于 1956 年建成通车，2号桥于1969年建成通车，2号桥比1号桥约长16m，为38422m，比2008年通车的中国浙江杭州湾跨海大桥(36km)还要长。但此记录被2011年通车的世界第一长桥丹昆特大桥（位于中国京沪高铁江苏段，全长164.851km，开车通过需要2个多小时，总投资300亿元）超越。

（3）世界上主跨最大的悬索桥——日本明石海峡大桥（图1.20）。大桥坐落在日本神户市与淡路岛之间，位于日本"本四联络道"上。大桥于1988年5月动工，1998年4月5日正式通车。大桥全长3911m，主桥墩跨径1991m。大桥的两条主钢缆每条长约4000m，直径1.12m，由290根细钢缆组成，重约50000t。

图1.19　美国庞恰特雷恩湖桥

图1.20　日本明石海峡大桥

特别提示

日本的明石海峡大桥设计时主跨为1990m。1995年1月17日，日本阪神发生里氏7.2级大地震（震中距桥址4km），大桥附近的神户市内约5000人丧生，10万幢房屋被夷为平地，但该桥经受住了大自然的无情考验，仅南岸的岸墩和锚锭装置发生了轻微位移，使桥的长度增加了约1m。

（4）1996年建于荷兰鹿特丹的超现代伊拉斯缪斯大桥（图1.21），桥身像修长的少女玉腿轻轻弹出，足尖直指苍穹，造型奇特美观。

（5）英国盖茨亥德千禧桥（图1.22）是一座倾斜桥，专为行人和骑自行车的人们通行。该桥横跨英国泰恩河，并通过压力扬吸机来进行旋转，以便让船只通过。

图1.21　荷兰鹿特丹伊拉斯缪斯大桥

图1.22　英国盖茨亥德千禧桥

1.1.3 世界桥梁之最

世界上大跨径桥梁排名统计情况见表1-1。

表1-1 世界大跨径桥梁排名

悬索桥					
序号	桥名	主跨/m	结构形式	所在国家	建成年份
1	明石海峡大桥	1991	钢桁梁	日本	1998
2	杨泗港大桥	1700	钢桁梁	中国	2019
3	南沙大桥(虎门二桥)	1688	钢箱梁	中国	2019
4	浙江舟山西堠门大桥	1650	钢箱梁	中国	2009
5	大贝尔特东桥	1624	钢箱梁	丹麦	1998
6	新伊兹米特海湾大桥	1550	钢箱梁	土耳其	2017
7	李舜臣大桥	1545	钢箱梁	韩国	2012
8	润扬长江大桥	1490	钢箱梁	中国	2005
9	亨伯尔桥	1410	钢箱梁	英国	1981
10	江阴长江大桥	1385	钢箱梁	中国	1999
斜拉桥					
序号	桥名	主跨/m	结构形式	所在国家	建成年份
1	俄罗斯岛大桥	1104	钢箱梁	俄罗斯	2012
2	沪通长江大桥	1092	钢桁梁	中国	2020
3	苏通大桥	1088	钢箱梁	中国	2008
4	香港昂船洲大桥	1018	箱形混合梁	中国	2008
5	湖北鄂东长江大桥	926	箱形混合梁	中国	2010
6	多多罗大桥	890	桁式混合梁	日本	1999
7	诺曼底大桥	856	箱形混合梁	法国	1995
8	九江长江公路大桥	818	箱形混合梁	中国	2013
9	荆岳长江大桥	816	箱形混合梁	中国	2010
10	芜湖长江公路二桥	806	钢箱梁	中国	2017
拱桥					
序号	桥名	主跨/m	结构形式	所在国家	建成年份
1	天峨龙滩特大桥	600	劲性骨架混凝土拱	中国	2022
2	广西平南三桥	575	钢管混凝土拱	中国	2020
3	重庆朝天门长江大桥	552	钢桁架拱	中国	2008
4	上海卢浦大桥	550	钢箱拱	中国	2003
5	新河峡大桥	518	钢桁架拱	美国	1977
6	贝尔桥	504	钢桁架拱	美国	1931
7	悉尼港大桥	503	钢桁架拱	澳大利亚	1932
8	重庆巫山长江大桥	460	钢管混凝土拱	中国	2005

续表

		拱 桥			
序号	桥名	主跨/m	结构形式	所在国家	建成年份
9	广州新光大桥	428	钢管混凝土拱	中国	2007
10	万州长江公路大桥	420	钢管混凝土劲性骨架拱	中国	1997

		梁 式 桥			
序号	桥名	主跨/m	结构形式	所在国家	建成年份
1	斯托尔马桥(Stolma)	302	PC 连续刚构	挪威	1998
2	拉脱圣德桥(Raftsunder)	298	PC 连续刚构	挪威	1998
3	亚松森桥(Asuncion)	270	PC T 构	巴拉圭	1979
4	虎门大桥辅航道桥	270	PC 连续刚构	中国	1997
5	云南元江大桥	265	PC 连续刚构	中国	2003
6	门道桥(Gateway)	260	PC 连续刚构	澳大利亚	1985
7	伐罗德 2 号桥(Varodd-2)	260	PC 连续梁	挪威	1994
8	宁德下白石大桥	260	PC 连续刚构	中国	2004
9	泸州长江二桥	252	PC 连续刚构	中国	2001
10	斯考顿桥(Schottwien)	250	PC 连续刚构	奥地利	1989

注：PC 为 Prestressed Concrete 的简写，即预应力混凝土。

特别提示

现代化桥梁建设高潮有从欧洲到美国，再到日本，现在又转移到中国的趋势。

辉煌中国-圆梦工程

1.2 桥梁的组成和分类

1.2.1 桥梁的基本组成

桥梁一般由上部结构、下部结构、支座及附属设施等几部分组成。

（1）上部结构又称桥跨结构，是线路中断时跨越障碍的主要承重结构。一般由桥面系和主要承重结构组成。

① 桥面系一般包括桥面铺装、栏杆、人行道、伸缩缝、照明系统等。

② 主要承重结构即梁式桥中的主梁、拱桥中的拱圈等。

(2) 下部结构是桥墩、桥台和基础的总称，是支撑桥跨结构并将荷载传至地基的建筑物。

① 桥台设置在桥梁的两端，支撑上部结构，并与路堤衔接以抵御路堤土压力。

② 桥墩位于多孔桥跨的中间部分，作用是支撑上部结构。

③ 基础是桥梁的最下部结构，往往深埋于土层之中，常需要在水下施工，因此是桥梁建筑中施工比较困难的部分。

(3) 支座是梁式桥在桥跨结构与桥墩或桥台的支承处所设置的传力装置，它不仅要传递很大的荷载，而且要保证桥跨结构按设计要求产生一定的变位。

(4) 附属设施主要包括锥形护坡、护岸、导流结构物等。

随着桥梁的发展，桥梁结构越来越复杂，在传统分类的基础上，现在又提出了"五大部件"和"五小部件"的说法。"五大部件"是指桥梁承受汽车或其他车辆运输荷载的桥跨上部结构与下部结构，是桥梁结构安全的保证，包括桥跨结构、支座系统、桥墩、桥台和基础。"五小部件"是指直接与桥梁服务功能有关的部件，过去统称为桥面构造，包括桥面铺装、防排水系统、栏杆、伸缩缝及灯光照明设施。

1.2.2 桥梁的术语名称

1. 水位

低水位指的是枯水季节的最低水位。

高水位指的是洪峰季节的最高水位。

设计洪水位指的是桥梁设计中按规定的设计洪水频率计算所得的高水位（在很多情况下是推算水位）。

计算水位指的是设计洪水位加壅水和浪高后的水位。

通航水位指的是在各级航道中，能保持船舶（队）正常航行时的最高和最低水位。

2. 长度

净跨径对于梁式桥而言是指设计洪水位上相邻两个桥墩（或桥台）之间的水平净距离，用 L_0 表示，如图 1.23 所示；对于拱桥而言是指每孔拱跨两个拱脚截面最低点之间的水平距离，如图 1.24 所示。

总跨径是指多孔桥梁中各孔净跨径的总和，也称桥梁孔径（$\sum L_0$），它反映了桥下宣泄洪水的能力。

对于设支座的桥梁，计算跨径是指桥跨结构相邻两个支座中心之间的水平距离，用 L 表示。对于拱式桥，计算跨径是指两相邻拱脚截面形心点之间的水平距离。桥跨结构的力学计算是以计算跨径为基准的。

对于梁式桥，标准跨径是指相邻两桥墩中线间的距离，或桥墩中线与台背前缘间的距离；对于拱桥，标准跨径则是指净跨径。

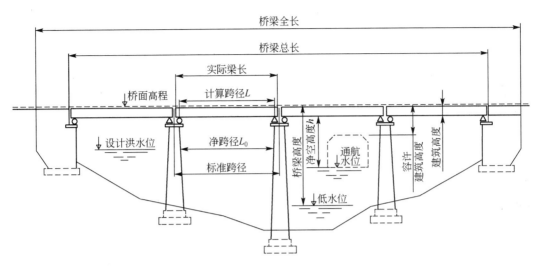

图 1.23 梁式桥基本组成

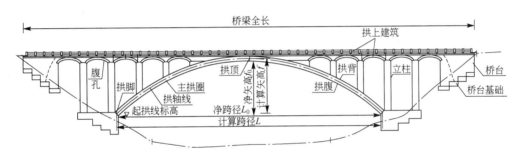

图 1.24 拱桥基本组成

根据《公路桥涵设计通用规范》(JTG D60—2015)(以下简称《桥规》)规定,当标准设计或新桥涵跨径在50m以下时,宜采用我国公路桥涵标准化跨径。标准化跨径共21种,规定为0.75m、1.0m、1.25m、1.5m、2.0m、2.5m、3.0m、4.0m、5.0m、6.0m、8.0m、10m、13m、16m、20m、25m、30m、35m、40m、45m、50m。

公路桥涵设计通用规范

总长一般指两桥台台背前缘间的距离。

桥梁全长简称桥长,对于有桥台的桥梁为桥梁两端两个桥台的侧墙或八字墙后端点之间的距离,用 L_q 表示;对于无桥台的桥梁为桥面系行车道的全长。

3. 高度

特别提示

一般人日常生活中接触房屋建筑比较多,可能会对房的高度有兴趣,如阿联酋迪拜世界第一高楼等,但你知道房屋的建筑高度怎么确定吗?包括地下室和塔尖吗?现在我们一起学习桥梁,那么桥梁的高度应该从哪里计算到哪里呢?包括地下的桩基础和桥上的栏杆高度吗?

桥梁高度简称桥高，是指桥面与低水位之间的高度差或桥面与桥下线路路面之间的距离。桥高在某种程度上反映了桥梁施工的难易性。

桥下净空高度是指设计洪水位或计算通航水位至桥跨结构最下缘之间的距离，用 h 表示。

桥梁建筑高度是桥上行车路面标高至桥跨结构最下缘之间的距离。

容许建筑高度是公路定线中所确定的桥面标高与通航净空顶部标高之差。显然，桥梁的建筑高度不得大于其容许建筑高度，否则就不能保证桥下的通航要求。

净矢高是从拱顶截面下缘至相邻两拱脚截面下缘最低点之间连线的垂直距离，用 f_0 表示。

计算矢高是从拱顶截面形心至相邻两拱脚截面形心之间连线的垂直距离，用 f 表示。

1.2.3　桥梁的分类

1. 按基本体系分类

桥梁可根据结构所承受的拉、压和弯 3 种基本受力方式进行划分，如图 1.25 所示。

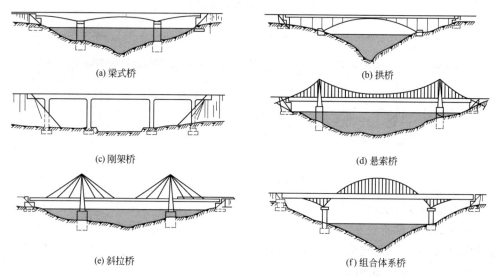

图 1.25　不同结构体系的桥梁

(1) 梁式桥。

梁式桥是一种在竖向荷载作用下无水平反力的结构，如图 1.26 所示。梁作为承重结构是以它的抗弯能力来承受荷载的。梁式桥分为简支梁桥、连续梁桥和悬臂梁桥等，如图 1.27 所示。

对于中小跨径的梁式桥，应用最广泛的是标准跨径的钢筋混凝土或预应力混凝土简支梁(板)桥，其施工方法一般有预制装配式和现浇式两种。对于钢筋混凝土简支梁桥其跨径一般小于 25m，当跨径较大时，采用预应力混凝土简支梁桥，其跨径一般不宜超过 50m。

(2) 拱桥。

拱桥的主要承重结构是拱圈(或拱肋)，在竖向荷载作用下，拱圈既要承受压力，还要承受弯矩，桥墩和桥台将承受水平推力，如图 1.28 所示。同时，根据作用力与反作用力的原理，墩台向拱圈提供一对水平反力 H，这种水平反力将大大抵消在拱圈(或拱肋)内由荷载所引起的弯矩。

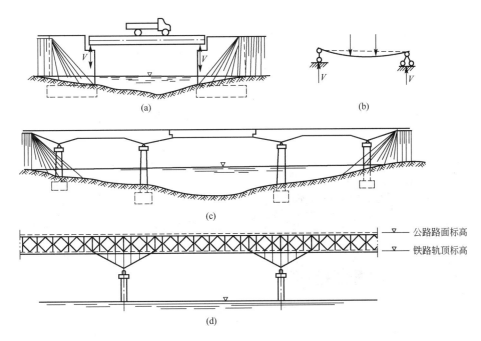

图 1.26 梁式桥

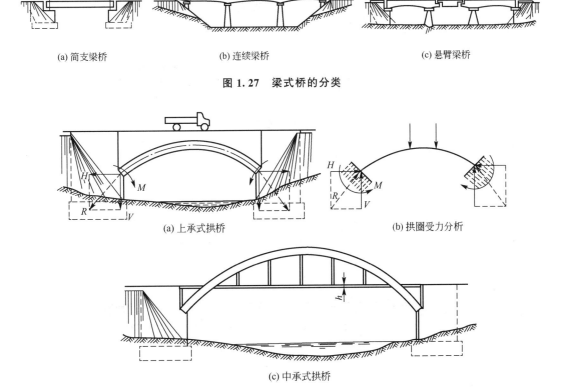

(a) 简支梁桥　　(b) 连续梁桥　　(c) 悬臂梁桥

图 1.27 梁式桥的分类

(a) 上承式拱桥　　(b) 拱圈受力分析

(c) 中承式拱桥

图 1.28 拱桥

按照行车道处于主拱圈的不同位置，拱桥分为上承式拱桥、中承式拱桥和下承式拱桥3种。

拱桥不仅跨越能力很大，而且外形酷似彩虹卧波，十分美观，在条件许可的情况下，修建拱桥往往是经济合理的，一般在跨径500m以内均可作为比选方案。

(3) 刚架桥（也称刚构桥）。

刚架桥的主要承重结构是梁（或板）与立柱（或竖墙）结合在一起的刚架结构，如图1.29所示，梁和立柱的连接处具有很大的刚性，起承担负弯矩的作用。

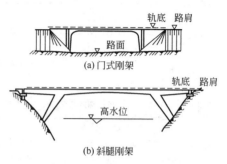

图1.29 刚架桥

刚架桥的跨中建筑高度可做得较小，因此通常适用于需要较大的桥下净空和建筑高度受到限制的情况，如跨线桥、立交桥和高架桥等。

(4) 悬索桥（也称吊桥）。

传统的悬索桥均用悬挂在两边塔架上的强大缆索作为主要承重结构，如图1.30所示。在竖向荷载作用下，通过吊杆使缆索承受压力。

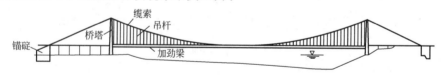

图1.30 悬索桥

悬索桥跨越能力最大，但刚度最小，属于柔性结构，在车辆荷载作用下，悬索桥将产生较大的变形。

(5) 斜拉桥。

斜拉桥的上部结构由塔架、梁和缆索组成，它实际上是梁式桥和吊桥的组合形式，如图1.31所示。但由于其在大跨径桥梁建设中应用广泛，所以这里将其单列。

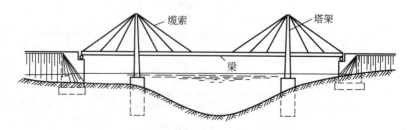

图1.31 斜拉桥

斜拉桥属高次超静定结构，主梁所受弯矩大小与斜拉索的初张力密切相关，存在一定的最优索力分布，使主梁在各种状态下的弯矩（或应力）最小，这也是斜拉桥具有较大跨越能力的主要原因，是仅次于悬索桥的桥型。

（6）组合体系桥。

将上述几种形式加以合理地组合，即形成组合体系桥，如图1.32所示，如常见的系杆拱桥就是一种拱、梁组合体系桥。

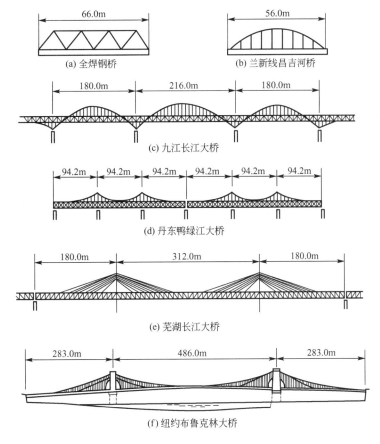

图1.32　组合体系桥

2. 桥梁的其他分类简介

（1）桥梁按照使用功能可分为公路桥梁、铁路桥梁、城市桥梁、公铁两用桥、农桥、人行桥、水渠桥梁、厂（场）内运输桥梁、管线桥梁等。

（2）桥梁按桥梁总长和跨径的不同可分为特大桥、大桥、中桥、小桥和涵洞。《桥规》规定了特大桥、大桥、中桥、小桥和涵洞的划分标准，见表1-2。

表1-2　桥梁按总长和跨径分类

桥梁分类	多孔跨径总长 L/m	单孔跨径 L_k/m
特大桥	$L>1000$	$L_K>150$
大桥	$100 \leqslant L \leqslant 1000$	$40 \leqslant L_K \leqslant 150$

续表

桥梁分类	多孔跨径总长 L/m	单孔跨径 L_K/m
中桥	$30<L<100$	$20\leqslant L_K<40$
小桥	$8\leqslant L\leqslant 30$	$5\leqslant L_K<20$
涵洞	—	$L_K<5$

(3) 按主要承重结构所用材料划分为圬工(包括砖、石、混凝土)桥、钢筋混凝土桥、预应力混凝土桥、钢桥和木桥等。

(4) 按跨越障碍的性质可分为跨河桥、跨线桥(或交叉桥)、高架桥和栈桥。

(5) 按上部结构的行车道位置分为上承式桥、中承式桥和下承式桥。

(6) 按特殊使用条件可分为开启桥、浮桥、漫水桥、水道桥(图 1.33)和观景桥(图 1.34)等。

图 1.33 马格德堡水道桥

图 1.34 "天行者"玻璃廊观景桥

特别提示

"天行者"的设计师金鹉出生于上海,是拉斯维加斯的华裔企业家。

(7) 按施工方法可分为整体施工桥梁(现浇)和节段施工桥梁(预制吊装)。

(8) 按桥跨结构的平面布置可分为正交桥、斜交桥和弯桥(曲线桥)。

模块小结

本模块简要介绍了国内外桥梁建筑的概况,桥梁的发展动态,重点讲解了桥梁的专业术语名称和分类方式,并对世界大跨径桥梁进行了排名。

教学的目的在于由浅入深地引导学生进入桥梁的世界,激发学生对桥梁建筑的兴趣,解除畏难情绪,为后续学习打下基础。

习 题

一、填空题

1. 桥梁通常由（　　）、（　　）、（　　）和（　　）4个基本部分组成。
2. 桥梁的承重结构和桥面系组成桥梁的（　　）结构；桥墩、桥台及其基础组成桥梁的（　　）结构；桥头路堤、锥形护坡、护岸组成桥梁的（　　）结构。
3. 桥梁全长对于有桥台的桥梁系是指（　　）；对于无桥台的桥梁系是指（　　）。
4. 多孔桥梁跨径总长是指（　　）。
5. 跨河桥桥下净空高度是指（　　）。
6. 按主要承重结构所用材料，桥梁划分为（　　）、（　　）、（　　）、（　　）和（　　）等。
7. 按行车道的位置，桥梁可分为（　　）、（　　）和（　　）。
8. 按桥梁全长和跨径不同，桥梁可分为（　　）、（　　）、（　　）、（　　）和涵洞。
9. 中国主跨最长的斜拉桥是（　　），其主跨长（　　）m。
10. 中国的四大古桥指的是（　　）、（　　）、（　　）和（　　）。
11. 目前中国最长的悬索桥是（　　），大桥主跨（　　）m。
12. 目前世界最长的跨海大桥是（　　），全长（　　）km。

二、选择题

1. 设计洪水位上相邻两个桥墩之间的净距是（　　）。
   A. 净跨径　　　　　　B. 计算跨径　　　　　C. 标准跨径　　　　　D. 总跨径
2. 梁式桥中，两桥墩中心线之间的距离或桥墩中线与桥台台背前缘线之间的距离，应称之为（　　）。
   A. 净跨径　　　　　　B. 计算跨径　　　　　C. 标准跨径　　　　　D. 总跨径
3. 桥下净空高度是指（　　）。
   A. 常水位至桥跨结构最下缘之间的距离
   B. 最大洪水位至桥跨结构最下缘之间的距离
   C. 设计洪水位至桥跨结构最下缘之间的距离
   D. 测时水位至桥跨结构最下缘之间的距离
4. 拱桥中，两相邻拱脚截面形心点之间的水平距离称为（　　）。
   A. 净跨径　　　　　　B. 计算跨径　　　　　C. 标准跨径　　　　　D. 总跨径
5. 某路线上有一座3×16m的简支梁桥，那这座桥是属于（　　）。
   A. 特大桥　　　　　　B. 大桥　　　　　　　C. 中桥　　　　　　　D. 小桥
6. 在结构功能方面，桥台不同于桥墩的地方是（　　）。
   A. 传递荷载　　　　　　　　　　　　　　　B. 抵御路堤的土压力
   C. 调节水流　　　　　　　　　　　　　　　D. 支承上部构造

三、简答题

1. 从自己感兴趣的桥梁入手，如家乡的桥、长江上的桥、典型拱桥等，广泛收集资料，编制一个 PPT 演示课件，选优秀者在课堂上展示。

2. 至少写出 5 种桥梁的分类方法并举例。

3. 简述世界大跨径桥梁排名情况。

4. 桥梁建筑史上 3 次飞跃的具体内容是什么？

5. 按长度、高度方向分类写出桥梁的主要专业术语名称。

6. 收集与桥梁有关的精彩故事。

四、案例题

某三跨简支梁桥，采用单柱式桥墩（纵向），两相邻桥墩中心线之间的距离为 20m；柱直径为 2.5m，上部结构为标准梁，预制梁体实际长度为 19.96m，支座中心距梁端 33cm；已知 U 形桥台台背前缘至侧墙后端点距离为 6m。

1. 什么是标准跨径？该桥标准跨径是多少？

2. 什么是计算跨径？该桥计算跨径是多少？

3. 什么是净跨径？该桥净跨径是多少？什么是总跨径？该桥总跨径是多少？

4. 什么是桥梁全长？该桥的全长是多少？

模块1
在线答题

模块 2　桥梁设计概述

思维导图

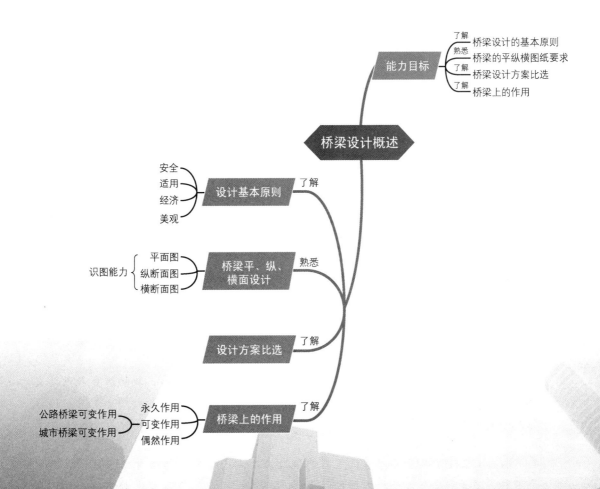

学习重点

桥梁上的永久作用；公路桥梁可变作用；城市桥梁可变作用；方案比选。

引例

堤溪沱江大桥工程是湖南省凤凰县至贵州省铜仁凤凰机场（原名铜仁大兴机场）凤大公路工程建设项目中一个重要的控制性工程。大桥全长328.45m，桥面宽度13m，设3%纵坡，桥型为4孔65m跨径等截面悬链线空腹式无铰拱桥。大桥桥墩高33m，且为连拱石拱桥。2007年8月13日16时45分左右，湖南省凤凰县正在建设的堤溪沱江大桥发生特别重大坍塌事故，如引例图所示。事故造成64人死亡，4人重伤，18人轻伤，直接经济损失3974.7万元。

引例图　堤溪沱江大桥坍塌后现场

经调查分析，事故发生的主要原因如下。

（1）施工单位项目经理部擅自变更原主拱圈施工方案；现场管理混乱，违规乱用料石；主拱圈施工不符合规范要求，在主拱圈未达到设计强度的情况下就开始落架施工作业。

（2）建设单位项目管理混乱，对发现的施工质量问题未认真督促施工单位整改；未经设计单位同意擅自与施工单位变更原主拱圈设计施工方案，盲目倒排工期赶进度，越权指挥，甚至要求监理不要上桥检查。

（3）工程监理单位未能制止施工单位擅自变更原主拱圈施工方案；对发现的主拱圈施工质量问题督促整改不力；在主拱圈砌筑完成但强度资料尚未测出的情况下即签字验收合格。

（4）设计院违规将勘察项目分包给个人，地质勘察设计深度不够；现场服务和设计交底不到位。

（5）湖南省及湘西土家族苗族自治州交通质量监督部门对大桥工程的质量监管严重失职。

（6）湘西土家族苗族自治州、凤凰县两级政府及湖南省有关部门对工程建设立项审批、招投标、质量和安全生产等方面的工作监管不力。州政府盲目要求赶工期，向"州庆"50周年献礼。

从上面的原因分析来看，桥梁施工方案上的缺陷是造成事故最主要的原因。桥梁的设计与施工关系到民众的生命财产安全，疏忽不得。

> **特别提示**
>
> 高职学生要不要懂一点设计？高职学生将来的主要工作岗位是现场施工员，要能看懂图纸、进行设计交底、计算工程量、进行变更索赔等，一定会有和设计人员打交道的时候，因此懂一点设计方面的知识是有好处的。但不必贪多，够用就好。

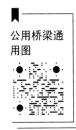

公用桥梁通用图

2.1 桥梁设计的基本原则

桥梁是公路或城市道路的重要组成部分，桥梁建设事业的发展可以代表一个国家(地区)的科技与经济发展的水平，也可以促进相关科学技术和当地经济的发展。特别是大、中桥梁的建设，对当地政治、经济、国防等都具有重要意义。我国桥梁设计的基准期一般为100年，科学合理、因地制宜地进行总体规划和设计，是桥梁建设的百年大计。因此，桥梁设计与规划必须遵照"安全、适用、经济、美观"的基本原则进行，同时应充分考虑建造技术的先进性以及环境保护和可持续发展。

1. 安全

（1）所设计的桥梁结构在强度、稳定和耐久性方面应有足够的安全储备。

（2）防撞栏杆应具有足够的高度和强度，人与车流之间应做好防护栏，防止车辆危及人行道或撞坏栏杆而落到桥下。

（3）对于交通繁忙的桥梁，应设计好照明设施并有明确的交通标志，两端引桥坡度不宜太陡，以避免因发生车辆碰撞等而引起车祸。

（4）对于河床易变迁的河道，应设计好导流设施，防止桥梁基础底部被过度冲刷；对于通行大吨位船舶的河道，除按规定加大桥孔跨径外，必要时还需设置防撞构筑物等。

（5）对于修建在地震区的桥梁，应按抗震要求采取防震措施；对于大跨柔性桥梁，应考虑风振效应。

2. 适用

（1）桥面净宽、设计荷载应能满足规划年限内的使用要求。

（2）桥下净空应有利于泄洪、通航（跨河桥）或车辆和行人的通行（旱桥）。

（3）桥梁两端的接线道路应方便车辆的进入和疏散，不致产生交通拥堵现象等。

（4）考虑综合利用，方便各种管线（水、电气、通信等）的搭载。

3. 经济

（1）桥梁设计应遵循因地制宜、就地取材和方便施工的原则。

（2）经济的桥型应该是造价和使用年限内养护费用综合最省的桥型。设计中应充分考虑维修方便和维修费用，维修时尽可能不中断交通，或中断交通的时间最短。

（3）所选择的桥位应是地质、水文条件良好的位置，桥梁长度也应较短。

（4）桥位应考虑选在能缩短河道两岸的运距的位置，以促进该地区的经济发展，使其产生最大的效益。对于过桥收费的桥梁，在选择桥位时应考虑能吸引更多的车辆通过，达到尽快回收投资的目的。

4. 美观

一座桥梁应具有优美的外形，而且这种外形从任何角度看都应该是优美的，如图 2.1 所示。结构布置必须精炼，并且在空间上有和谐的比例。桥型应与周围环境相协调，城市桥梁和游览地区的桥梁，应较多地考虑建筑艺术上的要求。合理的结构布局和轮廓是桥梁美观的主要因素，结构细部的处理也十分重要，另外，施工质量对桥梁美观也有很大影响。

图 2.1 美丽的猎德大桥

5. 技术先进

在因地制宜的前提下，桥梁设计应尽可能采用成熟的新结构、新设备、新材料和新工艺。在认真学习国内外的先进技术，充分利用最新科学技术成就的同时，努力创新，摒弃落后和不合理的设计思想。只有这样才能提高我国的桥梁建设水平，进而赶超世界先进水平。

6. 环境保护和可持续发展

桥梁设计必须考虑环境保护和可持续发展的要求，包括生态、水、空气、噪声等方面。应从桥位选择、桥跨布置、基础方案、墩身外形、上部结构施工方法、施工组织设计等多方面全面考虑环境要求，采取必要的工程控制措施，并建立环境监测保护体系，将不利影响减至最小。

2.2 桥梁平面、纵断面、横断面设计

2.2.1 桥梁平面设计

桥梁平面设计的任务是确定路、桥、水流的关系，一般应遵循以下原则。

（1）高速、一级公路上的各类桥梁除特大桥外，其线形布设应服从路线的总体布局。

（2）二、三、四级公路上的特大桥、大桥桥位是路线的主要控制点，路线应充分兼顾桥位。中小桥涵则应尽量服从路线布局。

（3）桥梁纵轴线应尽量与洪水主流流向正交。对通航河流上的桥梁，桥墩(台)沿水流方向

的轴线应与通航水位的主流方向一致，必须斜交时，交角不宜大于5°。对于一般小桥，为了改善路线线形，或城市桥梁受原有街道的制约时，也允许修建斜交桥，斜度通常不宜大于45°。

(4) 桥位尽量选择在河道顺直、水流稳定、地质条件良好的河段上。

(5) 桥梁的平曲线半径、平曲线超高和加宽、缓和曲线、变速车道设置等，均应满足相应等级线路的规定。

2.2.2 桥梁纵断面设计

桥梁纵断面设计包括确定桥梁总跨径、桥梁分孔、桥面标高、桥上和桥头引道的纵坡及基础的埋置深度等。

1. 桥梁总跨径

对于一般的跨河桥梁，总跨径一般根据水文资料、河床冲刷、基础形式、航道安排、造价等综合考虑。其基本原则如下。

(1) 应使桥梁在整个使用年限内，保证设计洪水能顺利宣泄。

(2) 河流中可能出现的流冰和船只、排筏等能顺利通过。

(3) 避免因过分压缩河床引起河道和河岸的不利变迁。

(4) 避免因桥前壅水而淹没农田、房屋等公共设施。

对于桥梁结构本身来说，不能因总跨径缩短而引起河水对河床的过度冲刷，从而给浅埋基础带来不利的影响。

在某些情况下，为了降低工程造价，可以在不超过允许的桥前壅水和规范规定的允许最大冲刷系数的条件下，适当放宽冲刷限制，以缩短总跨径。例如，对于深埋基础，一般允许稍大一点的冲刷，使总跨径适当减小；对于平原区稳定的宽滩河段，河水的流速较慢，漂流物也少，主河槽较大，这时，可以对河滩的浅水流区段做较大的压缩，即缩短桥梁总跨径，但必须慎重校核，压缩后桥梁的壅水不得危及河滩路堤及附近的农田和建筑物。

2. 桥梁分孔

对于一座较长的桥梁，应当分成若干孔。分孔时一般遵循以下原则。

(1) 采用最经济的分孔方式，使得上、下部结构的总造价趋于最低，如对基础工程复杂的地段，可以适当增大跨径。

(2) 对于通航河流，在分孔时首先应满足桥下的通航要求。

(3) 在地形、地质不良地段(如深谷、岩溶带等)建桥，可以加大跨径，甚至单孔跨越。

(4) 桥梁分孔要与结构形式综合考虑，使结构受力最为有利，如三跨连续梁比例宜为 1∶0.8∶1。

(5) 桥梁分孔还应考虑施工方法、施工能力及施工进度等。

总之，对于大、中桥梁来说，分孔问题是一个最基本、最复杂的问题，必须根据使用要求、桥位处的地形和环境、河床地质、水文等具体情况，通过技术、经济等方面的分析比较，才能做出比较完美的设计方案。

3. 桥面标高

桥面标高的确定主要考虑3个因素：路线纵断面设计要求、排洪要求和通航要求。合理的桥面标高必须根据设计洪水水位、桥下通航(通车)净空的需要，并结合桥型、跨径等一起考虑。

(1) 流水净空要求。

对于非通航河流，梁底一般应高出计算水位（设计洪水水位加壅水和浪高）不小于0.5m，高出最高流冰水位0.75m。

对于设支座的桥梁，支座底面应高出计算水位不小于0.25m，并高出最高流冰面不小于0.5m。

对于无铰拱桥，拱脚允许被设计洪水位淹没，但淹没深度不宜超过拱圈矢高的2/3，并且在任何情况下，拱顶底面应高出计算水位1.0m，拱脚的起拱线应高出最高流冰面不小于0.25m。

(2) 通航净空要求。

为了保证桥下安全通航，通航孔桥跨结构下缘的标高应高出从设计通航水位算起的净空高度。通航净空高度可查相关标准规范。

(3) 跨线桥桥下的交通要求。

在设计跨线桥（铁道或公路）的立体交叉时，桥跨结构底缘的标高应高出规定的车辆净空高度。对于通车净空高度，可查相关标准规范。

综上所述，全桥位于河中各跨的桥面标高均应首先满足流水净空的要求；对于通航或桥下通车的桥孔，还应满足通航或通车净空的要求；另外，还应考虑桥的两端能够与公路或城市道路顺利衔接等。因此，全桥各跨的桥面标高是不相同的，必须综合考虑和规划。

4. 桥上和桥头引道的纵坡

一般将桥梁的纵断面设计成具有单向或双向的坡度，既利于交通，又便于桥面排水（对于不太长的小桥，可以做成平坡桥），但桥面纵坡不宜大于4%。桥头引道纵坡不宜大于5%。对于位于市镇混合交通繁忙处的桥梁，桥上纵坡和桥头引道纵坡均不得大于3%，并应在纵坡变更的地方按规定设置竖曲线使坡度改变处不致出现转角。

5. 基础的埋置深度

关于基础的埋置深度详见"模块6 桥梁下部结构"的6.1节的相关内容。

2.2.3 桥梁横断面设计

桥梁的横断面设计，主要是确定桥面净空和桥跨结构横断面的布置，如图2.2所示。

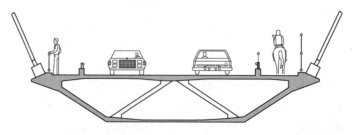

图 2.2 桥梁横断面

所谓桥面净空就是为了保证车辆和行人的安全通过，在桥面以上垂直于行车方向应保留的界限空间。它包括桥面净宽和净高。

1. 桥面净宽

桥面净宽是指两侧人行道内缘间的宽度。它包括桥面行车道宽度（规范取值见表2-1）、中间带宽度和慢行道宽度。

表 2 - 1　车道宽度

设计速度/(km·h⁻¹)	120	100	80	60	40	30	20
车道宽度/m	3.75	3.75	3.75	3.50	3.50	3.25	3.00(单车道为 3.50)

各级公路上的明涵和二、三、四级公路上跨径小于 8m 的单孔小桥的桥面宽度应与路基同宽。弯道上的桥梁应按线路要求予以加宽。

除此之外，还应设置人行道。人行道的宽度一般为 0.75m 或 1.0m；大于 1.0m 时按 0.5m 的倍数增加。

在可能的情况下，在高速公路、一级公路上，一般以建上、下行两座分离的独立桥梁为宜。

2. 净高

净高是指下承式桥梁的路拱顶至界限上缘的垂直距离，除有特殊车辆行驶的桥梁外，一般高速公路和一、二级公路为 5m，三、四级公路为 4.5m。所谓下承式桥梁指的是桥面布置在桥跨结构下面的桥梁。

3. 桥面横坡

为了桥面上排水的需要，桥面应根据不同类型的桥面铺装，设置从桥面中央向两侧的 1.5%～3.0% 的横坡，人行道宜设置向行车道倾斜 1% 的横坡。

2.3　桥梁设计方案比选

为了获得一个经济、适用、美观的桥梁设计方案，设计者必须根据当地的需要和技术条件，因地制宜，综合应用专业知识，了解掌握国内外新结构、新设备、新材料和新工艺。在此基础上，进行深入细致的研究和对比分析，才能科学地得出最优的设计方案。

桥梁设计方案的比选和确定可按下列步骤进行。

(1) 明确各种标高的要求。在桥位纵断面图上，先按比例绘制设计洪水位、通航水位、堤顶标高、桥面标高、通航净空、堤顶行车净空位置等标高位置。

(2) 桥梁分孔和初拟桥型方案草图。在确定了上述各种标高的纵断面图上，根据泄洪总跨径的要求，做出桥梁分孔和桥型方案草图。做草图时思路要宽广，只要基本可行，尽可能多绘一些草图，以免遗漏可能的桥型方案。

(3) 方案初筛。对草图各个方案做技术和经济上的初步分析和判断，筛去弱势方案，从中选出 2～4 个构思好、有特色的方案，以做进一步详细研究和比较。

(4) 详绘桥型方案比较图。根据不同的桥型、跨径、宽度和施工方法，并参照已建成的桥梁，拟定主要尺寸并尽可能细致地绘制各个桥型方案的尺寸详图。对于新结构，应做初步的力学分析，以便准备拟定各方案结构的主要尺寸。

(5) 编制估算或概算。根据桥型方案的详图，可以计算出上、下部结构的主要工程数量，然后依据各省、市或行业的"估算定额"或"概算定额"，编制出各方案的主要材料（钢材、木材、混凝土等）的用量、劳动力数量、全桥总造价。

(6) 方案选定和文件汇总。综合分析各方案的建设造价、养护费用、建设工期、工艺技术、营运适用性、美观等因素，列表阐述每一个方案的优缺点，最后确定一个最佳方案作为推荐方案。

然后着手编写方案比选说明书。说明书中应阐明方案编制的依据和标准、各方案的特点、主要施工方法、设计概算及方案比较的综合性评述。对推荐方案应做详细的说明。整理各种测量资料、地质勘察和地震烈度复核资料、水文调查与计算资料等一并组册作为附件上报。

特别提示

一般来说，造价低、材料省、劳动力少和桥型美观的应是优秀方案，但实际上并不尽然，因为有时当其他技术因素或使用要求上升成为设计的主要矛盾时，就不得不放弃较为经济的方案。比如说钱塘江杭州段规划有10座桥，一般希望各种桥型都有，而不是只考虑造价建梁桥。

2.4 桥梁上的作用

"作用"是引起桥涵结构反应的各种原因的统称，它可以归纳为性质不同的两大类。一类是直接施加于结构上的外力，如车辆、结构自重等；另一类以间接的形式作用于结构上，如地震、墩台变位、混凝土收缩徐变等，它们产生的效应与结构本身的特征有关。前者称为直接作用（习惯上也称为荷载），后者称为间接作用。

《桥规》将作用分为永久作用、可变作用、偶然作用和地震作用4类，见表2-2。

表2-2 作用分类

编　号	作用分类	作用名称
1	永久作用	结构重力（包括结构附加重力）
2		预加力
3		土的重力
4		土侧压力
5		混凝土收缩、徐变作用
6		水浮力
7		基础变位作用

续表

编号	作用分类	作用名称
8	可变作用	汽车荷载
9		汽车冲击力
10		汽车离心力
11		汽车引起的土侧压力
12		汽车制动力
13		人群荷载
14		疲劳荷载
15		风荷载
16		流水压力
17		冰压力
18		波浪力
19		温度(均匀温度和梯度温度)作用
20		支座摩阻力
21	偶然作用	船舶的撞击作用
22		漂流物的撞击作用
23		汽车撞击作用
24	地震作用	地震作用

2.4.1 永久作用

永久作用是在结构使用期内,其量值不随时间变化,或其变化值与平均值相比可以忽略不计的作用。桥梁设计时,永久作用采用标准值为其代表值。

结构重力也称恒载,它包括结构物自重、桥面铺装及附属设备的重力。结构重力标准值可按实际体积乘以材料的重力密度值(重度)(表2-3)计算。

表2-3 常用材料的重度

材料种类	重度/(kN·m^{-3})	材料种类	重度/(kN·m^{-3})
钢、铸钢	78.5	干砌块石或片石	21.0
铸铁	72.5	沥青混凝土	23.0~24.0
钢筋混凝土或预应力混凝土	25.0~26.0	沥青碎石	22.0
混凝土或片石混凝土	24.0	碎(砾)石	21.0
浆砌块石或料石	24.0~25.0	填土	17.0~18.0
浆砌片石	23.0	填石	19.0~20.0

其他永久作用均可按《桥规》中有关规定计算。

2.4.2 公路桥梁可变作用

可变作用是指在结构使用期内,其量值随时间变化,且其变化值与平均值相比不可忽略的作用。桥梁设计时,可变作用根据不同的极限状态分别采用标准值、频遇值或准永久值为其代表值。

下面简要介绍公路桥梁设计中常用的汽车荷载及其影响力和人群荷载。其他可变作用的使用方法,可参见《桥规》相关条文。

1. 汽车荷载

(1) 汽车荷载的等级和组成。

汽车荷载分为公路—Ⅰ级和公路—Ⅱ级两个等级。

汽车荷载由车道荷载和车辆荷载组成。车道荷载由均布荷载和集中荷载组成。桥梁结构的整体计算采用车道荷载;桥梁结构的局部加载、涵洞、桥台和挡土墙土压力等的计算采用车辆荷载。车道荷载与车辆荷载的作用不得叠加。

(2) 汽车荷载的等级和选用。

各级公路桥涵设计的汽车荷载等级应符合表 2-4 的规定。

表 2-4 各级公路桥涵的汽车荷载等级

公路等级	高速公路	一级公路	二级公路	三级公路	四级公路
汽车荷载等级	公路—Ⅰ级	公路—Ⅰ级	公路—Ⅰ级	公路—Ⅱ级	公路—Ⅱ级

二级公路为集散公路且交通量小、重型车辆少时,其桥涵的设计可采用公路—Ⅱ级汽车荷载。

特别提示

在看相关图纸资料或在网上查阅资料时,经常会看到桥梁设计荷载表述为汽车—20 级等,这是老规范采用的设计等级,学习的时候要注意区分。

(3) 汽车荷载的计算图式、标准值及加载方法

车道荷载的计算图式如图 2.3 所示。

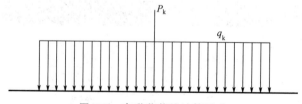

图 2.3 车道荷载的计算图式

① 公路—Ⅰ级车道荷载均布荷载标准值为 $q_k=10.5\text{kN/m}$;集中荷载标准值 P_k 取值见表 2-5。计算剪力效应时,上述集中荷载标准值应乘以系数 1.2。

表 2-5　集中载 P_k 取值

计算跨径 L_0/m	$L_0 \leqslant 5$	$5 < L_0 < 50$	$L_0 \geqslant 50$
P_k/kN	270	$2(L_0+130)$	360

注：计算跨径 L_0，设支座的为相邻两支座中心间的水平距离；不设支座的为上、下部结构相交面中心间的水平距离。

② 公路—Ⅱ级车道荷载的均布荷载标准值 q_k 和集中荷载标准值 P_k 按公路—Ⅰ级车道荷载的 0.75 倍采用。

③ 车道荷载的均布荷载标准值应满布于使结构产生最不利效应的同号影响线上，集中荷载标准值只作用于相应影响线中一个最大影响线峰值处。

特别提示

最不利效应位置是使结构所受内力最大处，如果在此时结构安全，则在其他受力状态下结构也应该是安全的。注意影响线与弯矩的异同。

（4）车辆荷载的立面、平面和横向分布。

公路—Ⅰ级和公路—Ⅱ级汽车荷载采用相同的车辆荷载标准值。车辆荷载的立面、平面尺寸如图 2.4 所示，其主要技术指标规定见表 2-6。

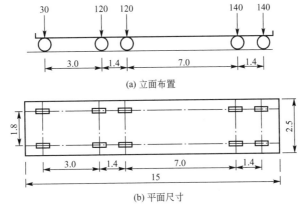

(a) 立面布置

(b) 平面尺寸

（尺寸单位：m；轴重力单位：kN）

图 2.4　车辆荷载的立面、平面尺寸

表 2-6　车辆荷载主要技术指标

项　目	单位	技术指标	项　目	单位	技术指标
车辆重力标准值	kN	550	轮距	m	1.8
前轴重力标准值	kN	30	前轮着地宽度及长度	m	0.3×0.2
中轴重力标准值	kN	2×120	中、后轮着地宽度及长度	m	0.6×0.2
后轴重力标准值	kN	2×140	车辆外形尺寸（长×宽）	m	15×2.5
轴距	m	3+1.4+7+1.4			

车道荷载横向分布系数应按图2.5所示布置车道荷载进行计算。

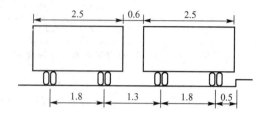

图2.5　车辆荷载横向布置(尺寸单位：m)

（5）设计车道数及多车道横向折减。

桥涵设计车道数应符合表2-7的规定。横桥向布置多车道汽车荷载时，应考虑汽车荷载的折减，布置一条车道汽车荷载时，应考虑汽车荷载的提高。横向车道布载系数应符合表2-7的规定。多车道布载的荷载效应不得小于两条车道布载的荷载效应。

表2-7　桥涵设计车道数

桥面宽度 W/m		桥涵设计车道数
车辆单向行驶时	车辆双向行驶时	
$W<7.0$		1
$7.0≤W<10.5$	$6.0≤W<14.0$	2
$10.5≤W<14.0$		3
$14.0≤W<17.5$	$14.0≤W<21.0$	4
$17.5≤W<21.0$		5
$21.0≤W<24.5$	$21.0≤W<28.0$	6
$24.5≤W<28.0$		7
$28.0≤W<31.5$	$28.0≤W<35.0$	8

表2-8　横向车道布载系数

横向布载车道数/条	1	2	3	4	5	6	7	8
横向车道布载系数	1.20	1.00	0.78	0.67	0.60	0.55	0.52	0.50

（6）荷载效应的纵向折减。

大跨径桥梁上的汽车荷载应考虑纵向折减。当桥梁计算跨径大于150m时，应按表2-9规定的纵向折减系数进行折减。当为多跨连续结构时，整个结构应按最大的计算跨径考虑汽车荷载效应的纵向折减。

表2-9　纵向折减系数

计算跨径 L_0/m	$150<L<400$	$400≤L<600$	$600≤L<800$	$800≤L<1000$	$L≥1000$
纵向折减系数	0.97	0.96	0.95	0.94	0.93

2. 人群荷载

人群荷载标准值应根据表2-10采用，对跨径不等的连续结构，以最大计算跨径为准。

表 2-10 人群荷载标准值

计算跨径 L_0/m	$L_0 \leqslant 50$	$50 < L_0 < 150$	$L_0 \geqslant 150$
人群荷载/(kN/m²)	3.0	$3.25 - 0.005 L_0$	2.5

注：① 非机动车、行人密集的公路桥梁，人群荷载标准值取上述标准值的 1.15 倍。
② 专用人行桥梁，人群荷载标准值为 3.5kN/m²。

人群荷载在横向应布置在人行道的净宽度内，在纵向施加于使结构产生最不利荷载效应的区段内。

人行道板（局部构件）可以以一块板为单元，按标准值 4.0kN/m² 的均布荷载计算。

计算人行道栏杆时，作用在栏杆立柱顶上的水平推力标准值取 0.75kN/m，作用在栏杆扶手上的竖向力标准值取 1.0kN/m。

2.4.3 城市桥梁可变作用

1. 汽车荷载

城市桥梁汽车荷载可分为车辆荷载和车道荷载，这一点和公路桥规是一致的。桥梁的横隔梁、行车道板、桥台或挡土墙后土压力的计算（局部计算）应采用车辆荷载。桥梁的主梁、主拱和主桁架等的计算（总体计算）应采用车道荷载。当进行桥梁结构计算时不得将车辆荷载和车道荷载的作用叠加。当桥面车行道内有轻轨车辆混合运行时，还应按有关轻轨荷载规定进行验算，并取其最不利者进行设计。

汽车荷载等级可划分为城—A 级汽车荷载和城—B 级汽车荷载，其标准载重汽车纵、平面布置如图 2.6 和图 2.7 所示。

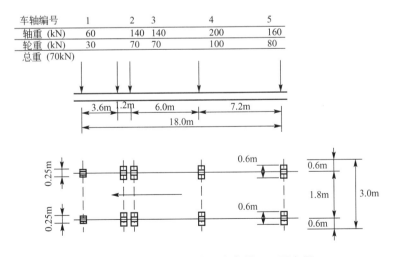

图 2.6 城—A 级标准载重汽车纵、平面布置

城—A 级车道荷载和城—B 级车道荷载应按均布荷载加一个集中荷载计算，如图 2.8 所示，均布荷载和集中荷载的标准值应按桥梁的跨径确定，见表 2-10 的规定（当计算弯

矩时，均布荷载 q 采用标准值 q_M；当计算剪力时，均布荷载 q 采用标准值 q_Q）。

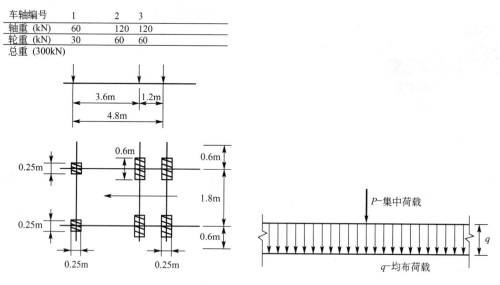

图 2.7　城—B 级标准汽车纵、平面布置　　　　图 2.8　车道荷载计算图式

表 2-11　车道荷载计算取值表

跨径/m	城—A 级			城—B 级			备注
	q_M /(kN·m^{-1})	q_Q /(kN·m)	P/kN	q_M /(kN·m)	q_Q /(kN·m)	P/kN	当跨径大于 20m 而小于等于 150m，且车道数大于或等于 4 条时，计算剪力应分别乘以增长系数 1.25（城—A 级）和 1.30（城—B 级）
2≤跨径≤20	22.5	37.5	140	19.0	25.0	130	
20≤跨径≤150	10.0	15.0	300	9.5	11	160	

车道荷载的单向布载宽度应为 3.0m，如图 2.9(a)所示。为简化桥梁横向影响线的计算，车道荷载可按图 2.9(b)所示的等效荷载车轮集中力形式布置。

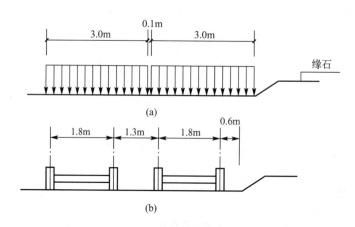

图 2.9　车道荷载横向布置

设计车道数目 N 与行车道总宽度 W 的关系与《桥规》标准相同，可按表 2-7 确定。

当设计车道数目＞2时，应计入车道的横向折减系数，车道横向折减系数见表2-12。加载车道位置应选结构产生最不利的荷载效应之处。

车道的纵向折减不考虑。

表2-12 车道横向折减系数

设计车道数目	1	2	3	4	5	≥6
横向折减系数	1.00	1.00	0.80	0.67	0.60	0.55

2. 人群荷载

人行道板（局部构件）的人群荷载应按$5kN/m^2$的均布荷载或$1.5kN$的竖向集中力分别计算，并作用在一块构件上，取其受力不利者。

梁、桁架、拱及其他大跨结构的人群荷载w，可按下列公式计算，且w值在任何情况下不得小于$2.4kN/m^2$。

当加载长度$l<20m$时：

$$城市桥梁的人群荷载 \ w=4.5\times\frac{20-w_p}{20} \tag{2-1}$$

专用人行桥的人群荷载：

$$w=5\times\frac{20-w_p}{20} \tag{2-2}$$

当加载长度$l\geq 20m$时：

$$城市桥梁的人群荷载 \ w=\left(4.5-2\times\frac{l-20}{80}\right)\times\frac{20-w_p}{20} \tag{2-3}$$

$$专用人行桥的人群荷载 \ w=\left(5-2\times\frac{l-20}{80}\right)\times\frac{20-w_p}{20} \tag{2-4}$$

式中：w——单位面积上的人群荷载，kN/m^2；

l——加载长度，m；

w_p——当计算城市桥梁的人群荷载时，为单边人行道宽度，m；在专用非机动车桥上时宜取1/2桥宽，当1/2桥宽大于4m时应按4m计算；当计算专用人行桥的人群荷载时为半桥宽，当大于4m时应按4m计算。

计算桥上人行道栏杆时，作用在栏杆扶手上的荷载：竖向荷载采用$1.2kN/m$；水平向外荷载采用$1.0kN/m$，两者应分别考虑，不得同时作用。作用在栏杆立柱柱顶的水平推力应为$1.0kN/m$，防撞栏杆应采用$80kN$横向集中力进行检验，其作用点在防撞栏杆板的中心。

2.4.4 偶然作用和地震作用

偶然作用是指在结构使用期间出现的概率很小，一旦出现，其值很大且持续时间很短的作用，它包括船舶或漂流物的撞击作用和汽车的撞击作用等。

偶然作用和地震作用会对结构安全产生巨大的影响，甚至毁坏桥梁并使交通中断，因此，建造在地震区或有可能受到船舶或漂流物撞击的地方的桥梁应进行谨慎的抗震和防撞设计。设计取值参见相关规范。

知识链接

地震导致桥梁倒塌，旁边正在抢修便桥方便通行，如图 2.10 所示。

图 2.10 地震后坍塌的桥梁

2.4.5 作用效应组合

由于前述各种作用并非同时作用在桥梁上，它们发生的概率也各不相同，因此，在设计中应根据结构物的特性，对它们同时作用的可能性进行组合，取其最不利效应组合进行设计。

公路桥涵结构采用以可靠度理论为基础的概率极限状态设计方法。该设计体系规定了桥涵结构的两种极限状态，即承载能力极限状态和正常使用极限状态。

（1）承载能力极限状态是指对于桥涵结构或其构件达到最大承载能力或出现不适于继续承载的变形或变位的状态。

（2）正常使用极限状态是指对应于桥涵结构或其构件达到正常使用或耐久性某项限值的状态。

模块小结

本模块简要介绍了桥梁设计的基本原则，论述了桥梁纵断面、横断面和平面设计的要点。

方案比选作为桥梁设计的一个重要步骤，这里做了简要描述。

最后重点介绍了桥梁结构上的永久作用、可变作用的基本概念及主要运用方法，简述了作用效应及其组合。

习　题

一、填空题

1. 在桥梁设计中要考虑很多要求，其中最基本的有（　　）、（　　）、（　　）、（　　）、（　　）及环境保护和可持续发展6个要求。
2. 桥梁纵断面的设计主要包括总跨径的确定、（　　）、（　　）、（　　）及基础的埋置深度。
3. 最经济的桥梁跨径是使（　　）和（　　）的总造价最低的跨径。
4. 确定桥梁高度时，应注意永久性梁桥的桥跨结构底面应高于计算水位（　　）m；对于拱桥，淹没拱脚深度不超过拱圈矢高的（　　），拱顶底面应高于计算水位（　　）m。
5. 公路桥涵设计采用的作用分为（　　）、（　　）和（　　）3类。
6. 公路桥涵设计时，汽车荷载分为（　　）和（　　）两个等级。
7. 车道荷载的均布荷载应满布于（　　）上，集中荷载只作用于（　　）处。
8. 城市桥涵设计时，汽车荷载分为（　　）和（　　）两个等级。

二、选择题

1. 对大、中桥桥上的纵坡不宜大于（　　），桥头引道上的纵坡不宜大于（　　）。
   A. 3％　4％　　　B. 4％　5％　　　C. 3％　5％　　　D. 4％　4％
2. 对于设计车速为60km/h的桥梁上，其车道宽度一般为（　　）。
   A. 3.75m　　　　B. 3.5m　　　　C. 3.25m　　　　D. 3m
3. 下列（　　）作用是不属于永久作用。
   A. 预加力　　　　　　　　　　　B. 混凝土收缩及徐变作用
   C. 基础变位　　　　　　　　　　D. 温度作用
4. 下列（　　）作用是不属于可变作用。
   A. 人群荷载　　　　　　　　　　B. 混凝土收缩及徐变作用
   C. 风荷载　　　　　　　　　　　D. 温度作用
5. 某高速公路上有一座计算跨径为22.5m的桥梁，其集中荷载标准值为（　　）。
   A. 180kN　　　　B. 270kN　　　　C. 320kN　　　　D. 360kN
6. 对于专用人行桥梁，其人群荷载标准值为（　　）kN/m。
   A. 2.5　　　　　B. 3　　　　　　C. 3.5　　　　　D. 4
7. 汽车外侧车轮的中线离人行道或安全带边缘的距离不得小于（　　）m。
   A. 1　　　　　　　　　　　　　B. 0.7
   C. 0.5　　　　　　　　　　　　D. 0.25

三、简答题

1. 简述桥梁设计的基本要求。
2. 什么叫作用？试述作用的分类。
3. 简述方案比选的主要内容。
4. 为什么多车道荷载要考虑折减？如何考虑其折减？

模块2
在线答题

模块 3 桥面布置与桥面构造

思维导图

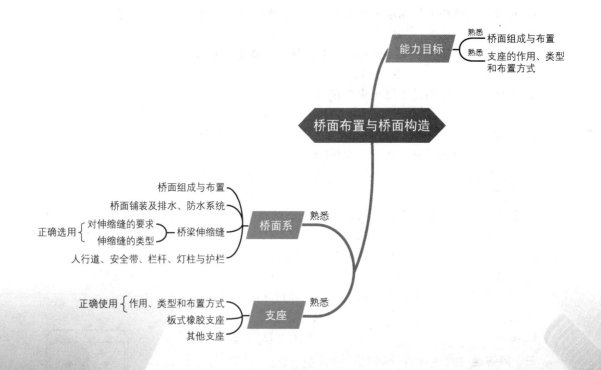

> 学习重点

伸缩缝的设置与要求，板式橡胶支座的构造特点。

引例

中国古代桥梁建设比较重视栏杆等桥面构造的美观设计，现在中国的桥梁建设在这方面有所欠缺，一般就是满足防撞要求。如小学课本对赵州桥有如下描述："桥面两侧有石栏，栏板上雕刻着精美的图案：有的刻着两条相互缠绕的龙，前爪相互抵着，各自回首遥望；还有的刻着双龙戏珠。所有的龙似乎都在游动，真像活了一样"。而卢沟桥更是以栏杆上的石狮子闻名。

现在桥梁的栏杆多是波形护栏等功能性栏杆，如引例图所示。

引例图　桥面栏杆举例

3.1 桥面系

3.1.1 桥面组成与布置

桥面构造既能为车辆、行人提供一个平整、舒适的行走界面，也能对桥梁的主要结构起保护作用。与桥梁的主体结构相比，桥面构造工程量小，但所包含的项目却很繁杂，其选择与布置得是否合理，不但直接影响桥梁的使用功能，还对桥梁的布局和美观有很大影响。

桥面构造包括行车道铺装、排水防水系统、人行道（或安全带）、缘石、栏杆、护栏、照明灯具和伸缩缝等。桥面的一般构造如图3.1所示。

桥面布置应根据道路的等级、桥梁的宽度、行车要求等条件确定，在桥梁的总体设计中考虑。混凝土梁式桥的桥面布置有双向车道布置、分车道布置和双层桥面布置等。

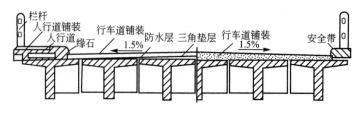

图 3.1　桥面的一般构造

1. 双向车道布置

双向车道布置把行车道的上、下行交通布置在同一桥面上，上、下行交通没有明显的界限，仅在桥面上画线分隔。桥上也可允许机动车与非机动车同时通过，同样采用画线分隔。由于上、下行车辆，机动车与非机动车同时存在，因此，在车辆的行驶速度不高，交通量较大时，易形成滞流状态。

2. 分车道布置

分车道布置是把上、下行交通按分隔设置式进行布置，因而上、下行交通互不干扰，可提高行车速度，便于交通管理。分车道布置要增加一些附属设施，桥面宽度也相应较宽，如图 3.2 所示。分车道布置可在桥面上设置分隔带［图 3.2(a)］，也可采用主梁分离式布置，在主梁间设置分隔带［图 3.2(b)］。也有的桥梁采用分离式主梁，两主梁间的桥面上不加联系，各自通行单向交通，如图 3.2(c)所示。除了分隔上、下行交通外，分车道布置也可将机动车与非机动车道分隔，行车道与人行道分隔。

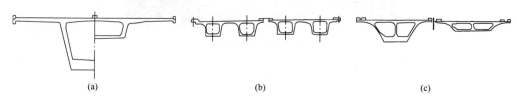

图 3.2　分车道布置

3. 双层桥面布置

双层桥面布置可以使不同的交通严格分道行驶，提高了车辆和行人的通行能力，便于交通管理。同时，由于双层桥面布置的桥梁结构在空间上提供了不在同一平面的两个桥面构造，可以充分利用桥梁净空，减少桥面宽度，缩短引桥长度，获得较好的经济效益。

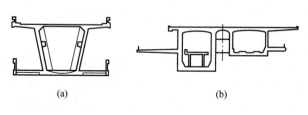

图 3.3　双层桥面布置

双层桥面布置在建设钢桥时已非常普遍，而混凝土梁桥采用双层桥面布置则始于 20 世纪 60 年代。图 3.3(a)所示为委内瑞拉卡罗尼河桥(1965 年建成)的桥面布置示意，其上层桥面为公路行车道。图 3.3(b)所示为维也纳帝国桥(1980 年建成)的桥面布置示意，其上层桥面为公路行车道，箱梁内通行地铁，箱梁外的悬臂板为人行道；图 3.3(b)左侧为地铁车站处的断面，箱梁的腹板上开有孔洞，作为出入口，而该处的人行道宽达 8m 多。

3.1.2 桥面铺装及排水、防水系统

1. 桥面铺装

桥面铺装是车轮直接作用的部分，又称行车道铺装或桥面保护层。

桥面铺装有如下作用：防止车轮或履带直接磨耗行车道板，保护主梁免受雨水侵蚀，分散车辆轮重的集中荷载。

对桥面铺装性能的要求有：抗车辙、行车舒适、抗滑、不透水、与桥面板一起作用时刚度好等。

桥面铺装的形式多样，可采用水泥混凝土、沥青混凝土、沥青表面处治和泥结碎石等材料。水泥混凝土和沥青混凝土桥面铺装能满足各项要求，较为常用。水泥混凝土桥面铺装的耐磨性能好，适合重载交通，但养生期长，修补较麻烦。沥青混凝土桥面铺装维修养护方便，但易老化和变形。沥青表面处治和泥结碎石则因其耐久性较差，仅在低等级公路桥梁上使用。

对于简支梁（板）桥，桥面应尽量做成连续桥面。

桥面铺装一般不进行受力计算。如能确保铺装层与行车道板紧密结合成整体，则可以计算铺装层的混凝土（扣除 0.01～0.02m 的磨耗部分）在行车道的厚度内，与行车道的共同受力。为使铺装层具有足够的强度和良好的整体性（联系各主梁），宜在混凝土中设置直径为 4～6mm 的钢筋网。

2. 桥面纵横坡

设置桥面纵横坡，可迅速排除雨水，防止或减少雨水渗透，从而避免行车道板受雨水侵蚀，延长桥梁使用寿命。

桥面纵坡的设置要有利于排水。同时，平原地区的桥梁可在满足桥下通航净空要求的前提下，降低墩台标高，以缩短引桥、减少引道土方量。桥面的纵坡一般都做成双向纵坡，纵坡不宜超过 4%；在市镇混合交通处则不宜超过 3%。

桥面横坡一般采用 1.5%～3%。通常有以下三种设置方式，如图 3.4 所示。

（1）墩台顶部设置横坡。

板桥（矩形桥或空心桥）或就地浇筑的肋板式梁桥，为节省铺装材料并减少恒载重力，可将横坡直接设在墩台顶部，从而使桥梁上部构造形成双向倾斜。此时的铺装层在整个桥宽方向是等厚的，如图 3.4(a)所示。

（2）设置三角垫层。

在装配式肋板梁桥中，为使主梁构造简单，便于架设与拼装，通常横坡不再设在墩台顶部，而直接设在行车道板上。做法是先铺设一层厚度变化的混凝土三角形垫层，形成双向倾斜，然后铺设等厚的混凝土铺装层，如图 3.4(b)所示。

（3）行车道板做成倾斜面。

在比较宽的桥梁（或城市桥梁）中，设置三角垫层将使混凝土用量或恒载重力增加过多。为此，可将行车道板做成倾斜而形成横坡，如图 3.4（c）所示。其缺点是：主梁构造复杂，制作麻烦。

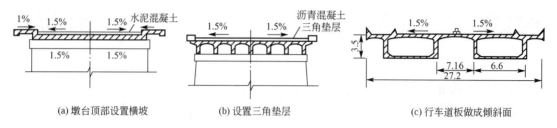

图 3.4 桥面横坡的设置方式

3. 防水层

桥面构造中通常都设有防水层。钢筋混凝土桥面板与铺装层之间是否要设防水层,应视当地的气温、雨量、桥梁结构和桥面铺装的形式等具体情况确定。防水性混凝土和沥青混凝土铺装层下可不设防水层,但桥面在主梁受负弯矩作用处应设置防水层。

桥面防水层设置在行车道铺装层之下,将透过铺装层渗下的雨水汇集到排水设施(泄水管)后排出。

防水层在桥面伸缩缝处应连续铺设,不可切断;桥面纵向应铺过桥台背,横向两侧则伸过缘石底面从人行道与缘石砌缝里向上折起 0.10m。

防水层有以下三种类型。

(1) 撒布薄层沥青或改性沥青,其上撒布一层砂,经碾压形成沥青涂胶下封层。

(2) 涂刷聚氨酯胶泥、环氧树脂、阳离子乳化沥青、氯丁胶乳等高分子聚合物涂料。

(3) 铺装沥青或改性沥青防水卷材,以及浸渍沥青的无纺土工布等。

高分子聚合物沥青防水涂料是以石油沥青为主要原料,以各种表面活性剂及多种化学助剂为辅助原料,再掺加大剂量的高分子聚合物进行改性而成的复合防水涂料。该涂料既具有优异的弹塑性、耐热性和黏结性,又具有与石油沥青制品良好的亲和性,适应沥青混凝土在高温条件下的施工。因其操作方便、安全、无环境污染,已成为各类大型桥梁及高架桥桥面防水施工专用涂料。

沥青防水卷材造价较高,施工麻烦、费时。由于它把行车道与铺装层分开,如施工时处理不当,在车轮荷载作用下,铺装层容易起壳开裂。

无防水层时,水泥混凝土铺装应采用防水混凝土,而对于沥青混凝土铺装则应加强排水和养护。

4. 桥面排水系统

一个完整的排水系统,由桥面纵坡、横坡或一定数量的泄水管构成。排水系统应能保证迅速排除桥面雨水,防止积滞。是否设置泄水管及泄水管的设置密度取决于桥长和桥面纵坡。通常,桥越长、纵坡越缓,需要的泄水管越多。

当桥面纵坡大于 2% 而桥长小于 50m 时,雨水一般能较快地从桥头引道排出,不至于积滞,可不设泄水管。此时,可在引道两侧设置流水槽,以免雨水冲刷引道路基。当桥面纵坡大于 2%,但桥长大于 50m 时,桥面就需要设置泄水管以防止雨水积滞,一般每隔 12~15m 设置 1 个;当桥面纵坡小于 2% 时,泄水管则需更密一些,一般每隔 6~8m 设置 1 个。

泄水管的过水面积通常为每平方米桥面上不小于 $2~3cm^2$,泄水管可沿行车道两侧左右对称排列,也可交错排列。泄水管离缘石的距离为 0.20~0.50m。

泄水管也可布置在人行道下面，如图3.5所示，雨水从侧面的进水孔流入泄水孔，在泄水孔的3个周边设置相应的聚水槽，起到聚水、导流和拦截作用。为防止杂物堵塞泄水道，进水口处应设置栅门。

混凝土梁式桥上的泄水管如图3.6所示，有下列几种常见形式。

(1) 金属泄水管。

图3.6(a)所示为一种构造比较完备的铸铁泄水管，适用于具有防水层的铺装结构。泄水管的内径一般为0.10~0.15m，管子下端应伸出行车道板底面以下至少0.15~0.20m，以防渗湿主梁肋表面。施工时应特别注意处理好泄水管与防水层的接合处，防水层的边缘要紧夹在管子顶缘与泄水漏斗之间，以使防水层的渗水能流入管内。这种铸铁泄水管使用效果好，但结构较复杂，可根据具体情况做简化改进，如采用钢管和钢板的焊接构造等。

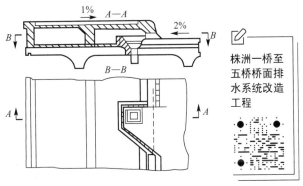

图3.5 人行道下的泄水管

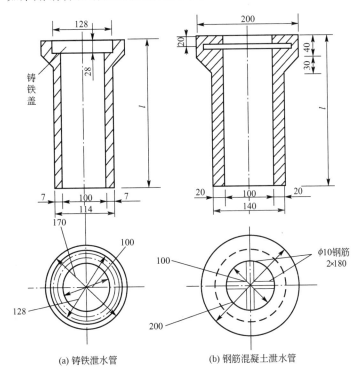

(a) 铸铁泄水管　　(b) 钢筋混凝土泄水管

图3.6 混凝土梁式桥上的常用泄水管(尺寸单位：mm)

(2) 钢筋混凝土泄水管。

图3.6(b)所示为钢筋混凝土泄水管构造，它适用于不设防水层而采用防水混凝土的铺装结构，布置细节可参见图3.5。在制作时，可将金属栅板直接作为钢筋混凝土管的端模板，并在栅板上焊接上短钢筋锚固定于混凝土之中。

(3) 横向排水孔道。

有时为了简化构造和节省材料，对于一些跨径不大、不设人行道的小桥，可以直接在行车道两侧的安全带或缘石上预留横向孔道，用铁管或竹管等将水排出桥外。管口要伸出构件 0.02~0.03m，以便滴水。此法简单但易淤塞。

(4) 封闭式排水系统。

对于城市桥、立交桥及高速公路上的桥梁，泄水管不宜直接挂在板下，以免影响桥的外观和妨碍公共卫生。完整的排水系统应将排水管道直接引向地面。

为防止冻裂混凝土，排水管道不应该直接现浇在混凝土内，而应使用套管。根据不同的实际情况，采用排水管道系统时，还应注意以下问题：排水管是否需要设置伸缩缝；下落的出水口的能量消除；备用排水线路等。

3.1.3 桥梁伸缩缝

在温度变化的影响下，桥梁将沿纵桥向产生膨胀或收缩的变形；车辆荷载也将引起梁端的转动和纵桥向的位移。为了使这些变形不被约束，必须在相邻两跨的梁端之间、梁端与桥台之间、挂梁两端、桥梁的铰接处等位置预留必需的间隙，这就是"伸缩缝"。为了使车辆能平稳通过伸缩缝，同时使伸缩缝能保持正常的适应变形的能力，就需要在桥面伸缩缝处设置一定的"装置"，这种装置就称为桥面"伸缩装置"，但惯称的"伸缩缝"既可指"缝"也可指"装置"。

1. 对伸缩缝的要求

伸缩缝是公路桥梁的薄弱环节，经常遭到损坏而需要维修更换。

显然，为了始终能够满足变形需要并使车辆能平稳通过桥面，桥面伸缩缝应满足以下要求：①能保证上部结构的自由伸缩；②能承受各种车辆荷载的作用；③具有良好的平整度；④具有良好的防水性能；⑤具有良好的防尘性能；⑥便于养护、修理、更换；⑦经久耐用。

一种好的伸缩缝应该具备的特点是施工安装方便、经济廉价等。

2. 伸缩缝的类型

伸缩缝的种类繁多。20 世纪 70、80 年代还很常用的伸缩缝，由于其能适应的变形量较小和构造上的缺陷，加上交通发展对伸缩缝提出了更高的要求，有的仅在低等级公路的中小桥梁上使用(如 U 形锌铁皮伸缩缝、跨搭钢板伸缩缝等)，有的则经过不断改进，在构造上与以往有很大的不同。图 3.7 所示为伸缩缝施工现场。

图 3.7 伸缩缝施工现场

我国桥梁工程上较常用的伸缩缝可分为 5 大类：对接式伸缩缝、钢制支承式伸缩缝、组合剪切式橡胶伸缩缝、无缝式伸缩缝和模数支承式伸缩缝。

(1) 对接式伸缩装置。

根据构造形式和受力特点的不同，对接式伸缩装置可分为填塞对接式和嵌固对接式两种。

① 填塞对接式伸缩装置以沥青、木板、麻絮、橡胶等材料填塞缝隙，伸缩体在任何情况下都处于受压状态。这类装置一般用于伸缩量在 40mm 以下的常规桥梁工程上，目前已不多见。

② 嵌固对接式伸缩装置是利用不同形状的钢构件将不同形式的橡胶条（带）嵌牢固定，并以橡胶条（带）的拉压变形来吸收梁体变形，其伸缩体可处于受压或受拉状态。该类装置被广泛应用于伸缩量不超过 80mm 的桥梁上。图 3.8 所示为 W 形伸缩缝装置。

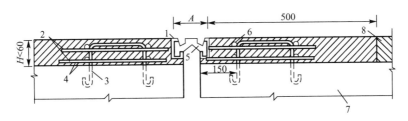

1—钢板弯制的 L 形钢；2—锚固筋；3—预埋筋；4—水平加强筋
5—W 形橡胶条；6—现浇混凝土；7—行车道板；8—桥面铺装

图 3.8　W 形伸缩装置（尺寸单位：mm）

（2）钢制支承式伸缩装置。

钢制支承式伸缩装置是用钢材装配制成的，能直接承受车轮荷载，其形状、尺寸、种类繁多。其中面层板呈齿形，为从左右伸出桥面板间隙处相互啮合的悬臂式构造；或面层板呈悬架的支撑式构造，统称为钢梳齿板型伸缩装置。国内常见的有梳齿板型和折板型。面层板呈矩形的叠合悬架式的构造，叫做钢板叠合型伸缩装置，如图 3.9 所示。

（3）组合剪切式（板式）橡胶伸缩装置。

组合剪切式橡胶伸缩装置是利用橡胶材料的剪切模量较低的特点设计制造而成的。剪切型橡胶伸缩体设有上、下凹槽；橡胶体内埋设承重钢板和锚固钢板，并设有预留螺栓孔，通过螺栓与梁端连成整体。它依靠上、下凹槽间的橡胶体剪切变形来满足梁体结构的相对位移。橡胶伸缩体内预埋钢板，用以跨越梁端间隙、承受车辆荷载。另外，在橡胶伸缩体内两侧预埋两块锚固钢板，通过螺栓与梁端连接。其一般构造如图 3.10 所示。

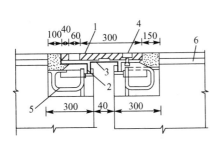

1—钢板；2—角钢；3—排水导槽；
4—沉头螺钉；5—锚固钢筋；6—桥面铺装

图 3.9　钢板叠合型伸缩装置（尺寸单位：mm）

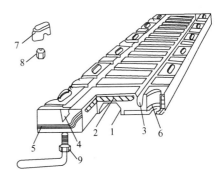

1—合成橡胶；2—加强钢板；3—伸缩用槽；
4—止水块；5—嵌合部；6—螺帽垫板；
7—腰形盖帽；8—螺帽；9—螺栓

图 3.10　组合剪切式橡胶伸缩装置

此类伸缩装置承受荷载之后，有一定的竖向刚度，具有较大的跨缝能力（即伸缩量大，国外此类产品的最大伸缩量可达330mm）；行车平稳，国内外均广泛采用。但它的伸缩摩阻力一般比较大，容易产生早期破坏现象，对制造和施工安全的要求很高。

（4）无缝式（暗缝式）伸缩装置。

无缝式伸缩装置是在伸缩间隙中填入弹性材料并铺上防水材料；桥面铺装层采用弹性复合材料，使接缝处的桥面铺装与其他铺装部分形成连续体，以接缝处材料的变形满足伸缩需要。其主要优点为：①能适应伸缩变形和小量转动变形；②使桥面铺装形成连续体，行车舒适性较好；③防水性较好；④机械化除雪不致破坏接缝；⑤施工简单，易维修更换。

施工时，待路面铺装完成后再用切割器切开槽口，然后注入嵌缝材料，形成构造。

但此类装置仅适用于接缝较小的部位，使用范围有限。国内常用的无缝式伸缩装置有TST弹塑体（图3.11）、GP型桥面连续构造（图3.12）等。TST弹塑体在温度140℃以上时呈熔融状，可直接浇灌；TST弹塑体永不固化，低温下的弹性、防水性能都很好；缝较大时，可在TST弹塑体中添加碎石。

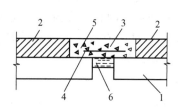

1—梁体；2—桥面铺装；3—TST弹塑体；
4—跨缝板；5—碎石；6—海绵体

图3.11 TST弹塑体伸缩装置

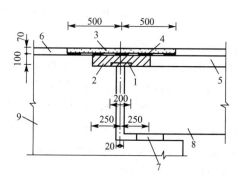

1—钢板；2—Ⅰ型改性沥青混凝土；3—Ⅱ型改性沥青混凝土；4—编织布；5—桥面现浇混凝土层；
6—沥青混凝土铺装；7—支座；8—预制板；9—背墙

图3.12 GP型桥面连续构造伸缩装置（尺寸单位：mm）

（5）模数支承式伸缩装置。

长大的桥梁需要结构合理、大位移量的伸缩装置。板式橡胶伸缩装置很难满足大位移量的要求；钢制的伸缩装置则防水性能差且容易影响行车。模数支承式［即模数式（SG型），这里的"模数"源于机械工程，与机械传动密切相关］伸缩装置，利用了橡胶材料吸震缓冲性能好、密封性能好的特点，与强度高、刚性好的异形钢材组合，在大位移量情况下能承受车辆荷载。

这类装置的共同构造特点是：由V形或其他形状截面的密封橡胶条（带）嵌接于异形边钢梁、中钢梁内，组成可伸缩的密封体，异形钢梁直接承受车辆荷载；根据要求的伸缩量，可随意增加中钢梁和密封橡胶条（带）。图3.13所示为SG型伸缩装置，其最大位移量可达640mm，有的产品最大位移量可达2000mm。

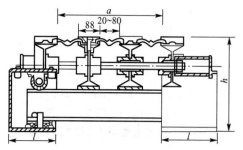

图3.13 SG型伸缩装置（尺寸单位：mm）

3.1.4 人行道、安全带、栏杆、灯柱与护栏

1. 人行道

人行道宽度由行人交通量决定(参见相关规定)。人行道一般布置在承重结构的顶面,且高出行车道 25~30cm,如图 3.14 所示。在双层桥面布置中,人行道和行车道则可以布置在不同标高的两个平面内(图 3.3)。按安装在主梁上的形式分为非悬臂式(搁置式)和悬臂式两种,分别如图 3.14(a)和图 3.14(b)所示。按施工方法划分,人行道分为就地浇筑式、预制装配式、装配现浇混合式。

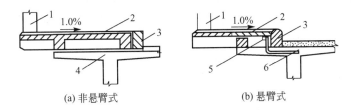

(a) 非悬臂式 (b) 悬臂式

1—栏杆;2—人行道铺装;3—缘石;4—主梁;5—焊接钢板;6—锚固钢筋

图 3.14 人行道

(1) 就地浇筑式的人行道一般仅用于跨径较小的桥梁中。

(2) 预制装配式的人行道,是将人行道做成预制块件(有整体式和分块式两种)安装。在预制或现浇人行道板时,要注意预留灯柱、栏杆的位置,埋设好预埋件。

(3) 人行道一般设 1%~1.5%的内倾横坡,以利于排水。人行道顶面一般铺设 20mm 厚的水泥砂浆或沥青砂浆作为面层,并以此形成横坡。

桥面铺装中若设有贴式防水层,防水层要伸过缘石底面,从人行道与缘石间的砌缝中向上折起。

在桥面断缝处,人行道也必须做伸缩缝。现代桥梁的人行道伸缩缝和行车道伸缩缝通常是作为整体制作安装的。

2. 安全带

行人稀少地区可不设人行道而设置安全带。安全带宽度不小于 0.25m,高为 0.25~0.35m。为保证高速行车的安全,目前许多安全带的高度已超过 0.4m。

安全带可预制安装或与桥面铺装层一起现浇。预制的安全带有矩形截面[图 3.15(a)]和肋板式截面[图 3.15(b)]两种,以矩形截面最为常用。现浇的安全带宜每隔 2.5~3m 设一断缝,以免参与主梁受力而破坏。

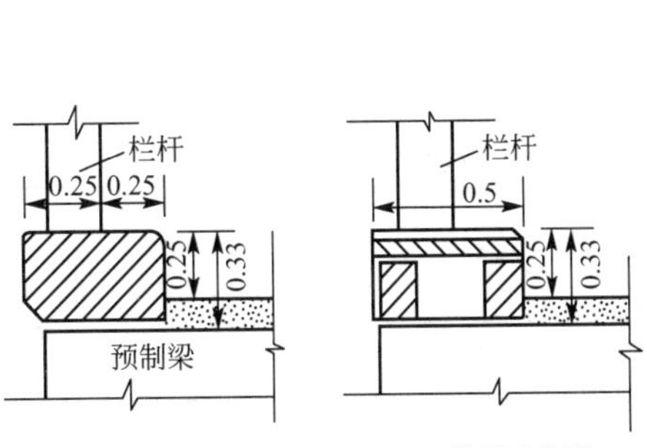

图 3.15 矩形截面和肋板式截面安全带(尺寸单位:m)

3. 栏杆、灯柱

栏杆作为一种安全防护设施,要求坚固。栏杆又是桥梁的装饰件,除了满足受力要求

外,还应注意美观。

栏杆的高度一般以 0.8~1.2m 为宜,标准设计为 1.0m。栏杆柱的间距一般为 1.6~2.7m,标准设计为 2.5m。

公路与城市道路的栏杆,常用混凝土,钢筋混凝土,钢、铸铁或混凝土混合材料制作。从形式上可分为节间式和连续式。节间式由立柱、扶手及横挡(或栏杆板)组成,扶手支承于立柱上。连续式具有连续的扶手,一般由扶手、栏杆板(柱)及底座组成。

栏杆柱或栏杆底座要直接与混凝土中的预埋件焊牢,以增强抗冲击能力。栏杆要求经济实用、工序简单、更换方便。在美观方面,应根据桥梁的类别和具体环境进行适当的艺术处理,不过分追求华丽的装饰。

在城市及城郊行人和车辆较多的桥梁上,要有照明设施,此时一般需要在桥上设立灯柱。灯柱可以利用栏杆柱,也可单独设在人行道内侧。灯柱的形式和布置,既要满足桥面净空要求,也要注意美观。

灯柱常用钢管或铸铁管架立,一般采用钢筋(或钢板)焊接(或螺栓锚固)在预埋件上,然后用水泥砂浆填缝固定。

4. 护栏

护栏与栏杆的作用不同。栏杆虽然是桥梁安全设施,但其主要作用是遮拦行人,给行人以安全感。对于行车而言,护栏的作用主要是无人行道时诱导视线。

用于高速公路、一级公路、城市快速道路、主干道路、立交工程等的护栏,主要作用是封闭沿线两侧,隔离人畜与非机动车;同时它具有吸收碰撞能量,使失控车辆改变并恢复到原有行驶方向的作用,防止冲出路外或跌落桥下。

防撞护栏按其防撞性能可分为刚性护栏、半刚性护栏和柔性护栏。

(1)刚性护栏基本不变形。混凝土护栏是刚性护栏的主要形式,它以一定形状的混凝土块相互连接而形成墙式结构,利用失控车辆碰撞后爬高并转向来吸收碰撞能量,如图 3.16 和图 3.17 所示。

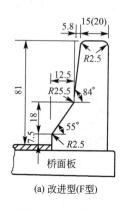

图 3.16 钢筋混凝土墙式护栏(尺寸单位:cm)

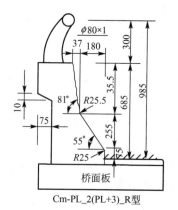

图 3.17 组合式桥梁护栏(尺寸单位:mm)

(2)半刚性护栏是一种连续的梁柱式结构,具有一定的刚度和柔性。波形梁护栏是其主要代表形式。它以波纹状钢护栏板相互拼接并由立柱支承而组成连续结构,利用土基、立柱、波形梁的变形来吸收碰撞能量,并迫使失控车辆改变方向。

（3）柔性护栏具有较大的缓冲能力和韧性。缆索护栏是其主要代表形式。它以数根施加初张力的缆索固定于立柱上，主要依靠缆索的拉应力来抵抗车辆的碰撞，吸收碰撞能量。

在桥面布置上，护栏也常被用作隔离设施，设在中间分隔带上用以分隔行车道和人行道。

图3.18所示的钢制护栏，用来分隔行车道与人行道并保护护栏。其立柱用盘状锚筋和垫板、螺栓锚固定在梁的翼缘板上，以防止上拔；立柱的下方具有预定的断裂部位，这样使翼缘板不会在意外事故中损坏。

图3.19所示为采用高路缘石将行车道与人行道分隔的护栏。高路缘石与人行道板共同预制，每一块件长为2.7m、宽为3.2m。高路缘石部分宽为0.52m、高为0.6m。它能可靠地防止车辆冲越人行道。

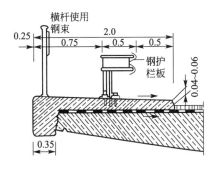

图3.18 钢制护栏（尺寸单位：m）

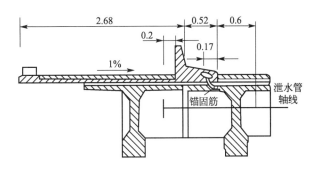

图3.19 高路缘石的人行道护栏（尺寸单位：m）

3.2 支座

3.2.1 支座的作用、类型和布置方式

1. 支座的作用及对支座的要求

支座是桥跨结构的支撑部分。支座的作用是将桥跨结构的支撑反力（包括由恒载和荷载引起的竖向力和水平力）传递给墩台，并保证桥跨结构在荷载（包括温度、混凝土收缩徐变）等因素作用下能满足设计所要求的变形，使上、下部结构的实际受力情况符合结构的静力图式。

为此，要求桥梁支座必须具有足够的承载能力，对设计要求的变形约束尽可能小，同时要便于安装、养护、维修甚至进行更换。

桥梁支座类型及安装

2. 支座的类型

(1) 支座按其允许变形的可能性分类。

① 固定支座。它能承担桥跨结构支撑处顺桥向、横桥向的水平力和竖向反力,并约束相应的线变位。

② 单向活动支座。它在承担竖向反力的同时,能约束顺桥向、横桥向水平位移中的一个方向的线位移。

③ 多向活动支座。它仅承担竖向反力,允许顺桥向、横桥向两个方向发生线位移。

(2) 支座按所用材料分类。

① 钢支座。钢支座通过钢的接触面传力,变位主要通过钢和钢的滚动实现,有平板支座、弧形支座、摇轴支座和辊轴支座等。

② 聚四氟乙烯支座。聚四氟乙烯支座是滑动支座,以聚四氟乙烯板和不锈钢板作为支座的相对滑动面。

③ 橡胶支座。橡胶支座有板式橡胶支座、盆式橡胶支座、聚四氟乙烯橡胶支座等。

④ 混凝土支座(混凝土铰支座)。

⑤ 铅支座。铅支座的传力部分由硬铅构成。

就成品支座而言,常用的支座类型与过去相比,已有很大的改进。一些针对小跨径桥梁或加工不便的支座形式,如垫层支座、弧形钢板支座、钢筋混凝土摆柱式支座等,目前已较少使用;相反,也发展了一些新型支座。目前,我国的混凝土桥主要采用板式橡胶支座和盆式橡胶支座,而钢桥主要采用钢支座。本章将重点介绍目前较常用的支座。

图 3.20 支座定位与黏结

3. 支座的布置

图 3.20 所示为支座定位与黏结。支座布置的总体原则是:有利于结构的受力,能有效地释放附加内力;尤其要有利于墩台传递纵向、横向水平力。

(1) 不同结构体系的支座布置。

对于简支梁桥,一端设固定支座,另一端设活动支座。T构桥的挂孔按简支梁处理。

对于多跨连续梁桥,一般每联只有一个固定支座。为避免活动端的伸缩变形过大,一般将固定支座设在每联的中间桥墩上。同时,应尽可能地避免拉力支座。

对于悬臂梁桥,锚固跨一侧设固定支座,另一侧设活动支座。

(2) 固定支座的设置。

对于桥跨结构而言,最好要使梁(支撑处)的下缘在制动力的作用下受压,从而抵消一部分竖向荷载在下缘产生的拉力。

对于纵桥向设有两个支座的桥墩而言,最好能让制动的方向指向桥墩中心,使制动力能抵消一部分竖向荷载的偏心力矩。

对桥台而言,最好能让制动力的方向指向堤岸,使墩台顶部圬工受压,并能平衡一部分台后土压力。

据此,固定支座的布置应该遵循以下原则:①在坡道上的桥梁,固定支座应设在较低的一侧,这是首要的原则;②当车流具有某种明显的方向性特征时,则固定支座应根据其特征设定,如设在重车行进或减速行进的方向一侧;③除非特殊设计,不得将相邻两跨的固定支座设在同一桥墩上。

3.2.2 板式橡胶支座

1. 板式橡胶支座的特点和结构

板式橡胶支座的结构非常简单,从外形上看就如一块置于上、下部结构间的橡胶板,如图3.21所示。它是中、小跨径桥梁最常用的支座形式之一,主要用于混凝土梁桥。

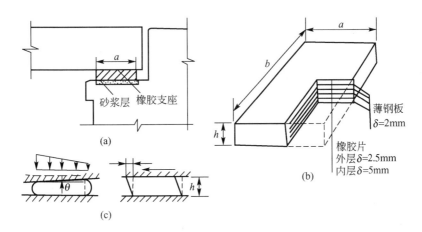

图 3.21 板式橡胶支座

板式橡胶支座的变位机理是:依靠橡胶在纵桥向上不均匀的压缩变形,实现转角变位;依靠橡胶的剪切变形实现水平变位。通常情况下,板式橡胶支座并不区分固定支座和活动支座,所有的水平力、纵向位移由各支座分担,也可以通过选择不同的平面尺寸和厚度,来适应不同的承载力和位移要求。

板式橡胶支座的平面形状有矩形和圆形两种,但变位机理和其他特征是相同的。以下仅介绍矩形的板式橡胶支座。

从内部构造区分,板式橡胶支座分为无加劲支座和有加劲支座两种。前者仅由一层单纯的橡胶板构成,其容许应力较小(约3MPa),只适用于小跨径桥梁。

常用的是加劲支座,它由几层或若干层橡胶片和薄钢板组成。橡胶片有2.5mm、5mm、8mm、11mm、15mm等多种厚度,加劲层薄钢板有2mm、3mm、5mm等多种厚度。加劲层的作用是提高抗压弹性模量,减小支座的压缩变形。加劲层也可以由钢丝网或钢筋构成。

橡胶品种主要有人工合成氯丁橡胶和硫化天然橡胶。由于橡胶的泊松比约为0.5，故不论在何种外力作用下，其体积几乎是不可压缩的。

板式橡胶支座的弹性模量E(抗压弹性模量)和剪切模量G(抗剪弹性模量)是决定支座承载能力和变形能力的关键参数，它们与如下因素有关：①橡胶的硬度越大，E、G值越大；②温度越低，橡胶越硬，E、G越大；③抗压弹性模量E与橡胶的厚度与侧向自由面积之比有关。

氯丁橡胶的硬度要求为邵氏硬度55度~60度，它一般适用于温度不低于-25℃的地区，而天然橡胶可用于-40~-30℃的地区。

橡胶的厚度与侧向自由面积之比，通常用形状系数S来描述。

$$S=\frac{ab}{2(a+b)t} \quad (3-1)$$

式中：S——支座的形状系数；

a——支座的短边边长(通常为纵桥向)，mm；

b——支座的长边边长，mm；

t——支座中间层(单层)的橡胶片厚度，mm。

橡胶支座的弹性模量E、剪切模量G由试验确定。如无试验数据，对于邵氏硬度为55度~60度的氯丁橡胶，其中G值采用1.1MPa，而E值可按现行规范"板式橡胶支座弹性模量与外形系数关系图"确定，或按式(3-2)计算。

$$E=(530S-418)\times 0.1 (\text{MPa}) \quad (3-2)$$

式中：S——支座的形状系数，按式(3-1)计算。

橡胶支座的橡胶片承受剪切变形时的容许正切值，可采用0.5~0.7；一般不计制动力时采用0.5，计入制动力时采用0.7。

橡胶支座的橡胶与钢板之间的摩擦系数为0.1~0.15，橡胶与混凝土之间的摩擦系数为0.2~0.3。

为使橡胶支座受力均匀，在安装时应使梁底面和墩台顶面清洁平整，安装位置要正确。必要时可在墩台顶面敷设一层1:3的水泥砂浆。通常支座板可直接安装在梁与墩台之间，但当支座比梁肋更宽时，还应在支座与梁肋之间衬以钢垫板。在水平荷载较大的情况下，为防止支座活动，可在支座顶面和底面上设置较浅的定位孔槽，并使梁底和墩台顶预埋的锚钉伸入定位孔槽加以固定。应当注意锚钉不能深入支座过多，以免影响支座的活动性能。

2. 板式橡胶支座的选配

支座是工厂制造的定型产品，支座选配时主要考虑支座的平面尺寸、支座的厚度；然后根据结构反力和变位进行必要的验算，确定其承载能力和变形能力能否满足功能要求并有适当的安全储备。

知识链接

表3-1给出了国产矩形板式橡胶支座规格的示例，表3-2给出了国产矩形聚四氟乙烯滑板式橡胶支座规格的示例。

表 3-1 国产矩形板式橡胶支座规格示例

平面尺寸 $(a \times b)$/ mm×mm	承载力 N/kN	形状系数 S	总厚度 δ/mm	不计制动力时最大位移量 ΔL/mm	计制动力时最大位移量 ΔL/mm	允许转角正切值 $\tan\alpha$	最小承载力 N_{min}/kN
180×200	360	9.47	28	9.0	12.6	0.0048	94
			35	11.5	16.1	0.0060	
			42	14.0	19.6	0.0072	
			49	16.5	23.1	0.0084	
180×250	450	10.47	28	9.0	12.6	0.0042	117
			35	11.5	16.1	0.0053	
			42	14.0	19.6	0.0063	
			49	16.5	23.1	0.0074	
		6.54	27	9.5	13.3	0.0086	
			37	13.5	18.9	0.0119	

表 3-2 国产矩形聚四氟乙烯滑板式橡胶支座规格示例

平面尺寸 $(a \times b)$/ mm×mm	承载力 N/kN	形状系数 S	总厚度 δ/mm	允许转角正切值 $\tan\alpha$	允许最大位移量 ΔL/mm	最小承载力 N_{min}/kN
180×200	360	9.47	30	0.0048	50	94
			37	0.0060		
			44	0.0072		
			51	0.0084		
180×250	450	10.47	30	0.0042	50	117
			37	0.0053		
			44	0.0063		
			51	0.0074		
		6.54	29	0.0086		
			39	0.0119		

3.2.3 其他支座简介

一般的板式橡胶处于无侧限受压状态,其抗压强度不高;加之其位移量取决于橡胶的容许剪切变形及支座高度,要求的位移量越大,支座就得越厚;所以板式橡胶支座的承载能力和位移受到一定的限制,不能适应大跨径桥梁对承载力和位移量的要求。

1. 盆式橡胶支座

盆式橡胶支座是于 20 世纪 50 年代开发的一种桥梁支座,而我国的开发应用则始于 1977 年。盆式橡胶支座以其承载力高、变位量大的特点,成为桥梁建设中(尤其是大跨径桥梁)最主要的支座形式之一。

盆式橡胶支座是一种钢与橡胶的混合型支座。其变形原理综合了板式橡胶支座和聚四氟乙烯支座的优点,利用设置在钢盆中的橡胶承压和转动。它用聚四氟乙烯板和不锈钢板之间的平面滑动来适应桥梁的纵向位移,而安放在钢盆中的橡胶板因受压时处于三向受压状态,其承载力得到大幅度提高。盆式橡胶支座变位量大、转动灵活,适用于支座承载力在 1000kN 以上的大跨径桥梁。

盆式橡胶支座分为固定支座和活动支座。活动盆式橡胶支座由上支座板、聚四氟乙烯板、承压橡胶板、橡胶密封圈、中间钢衬板、钢紧箍圈、下支座板(底盆)及上、下支座连接板组成。组合上、中间支座板或利用上、下支座连接板可形成固定支座。

图 3.22 所示为盆式橡胶(活动)支座的一般结构。

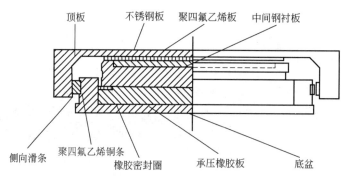

图 3.22 盆式橡胶(活动)支座的一般结构

其各主要部分的功能如下。

(1) 承压橡胶板:用来传递支座反力。由于承压橡胶板被密封在钢制凹盆(下支座板)中,处于三向受压状态,横向变形被约束,而橡胶本身几乎不可压缩(弹性压缩仅 1%~2%),故承载能力大为提高。一般情况下,只要钢盆不坏,橡胶就不会丧失承载能力。其破坏应力可达 150~225MPa,比板式橡胶支座橡胶的破坏应力(70~100MPa)大得多。同时,处于三向应力状态下的橡胶,具有类似于液压千斤顶中的黏性液体转动灵活的特点,能满足梁部转动的需要。承压橡胶板的硬度一般为邵氏硬度 50°~60°,橡胶板厚度为直径的 1/15~1/10。

(2) 聚四氟乙烯板和不锈钢板:因聚四氟乙烯板和不锈钢板之间的摩擦系数小,故通过聚四氟乙烯板和不锈钢板的相对滑动,能很好地满足桥梁的纵向位移需要。聚四氟乙烯板的厚度一般为 4~8mm,板厚的一部分(不小于 2.5mm)嵌入中间钢衬板的凹槽内,一部分高出衬板 1.5~3mm,以便于滑动。

(3) 中间钢衬板:位于承压橡胶板与聚四氟乙烯板之间,其底面凸起嵌入支座钢盆中,直径较钢盆内直径小 1mm,以保证支座的灵活转动。衬板的上部设有凹槽,以便镶嵌聚四氟乙烯板。

(4) 钢紧箍圈:承压橡胶板设有环形钢紧箍圈,厚度约 4mm,外径与钢盆内径相等,镶嵌在橡胶板内,顶面与橡胶板齐平。其作用是防止橡胶板受压后,橡胶板周边从中间衬板与钢盆之间的1mm缝隙中挤出，从而导致橡胶板周边破坏、降低承载能力。

(5) 橡胶密封圈：使橡胶板处于密封状态，提高橡胶板的耐老化能力。其硬度应稍低于承压橡胶板，一般可降低邵氏硬度10°左右。

2. 具有特殊功能的支座

(1) 球形支座。

球形支座不但具有盆式橡胶支座传力可靠、转动灵活、承载力大、位移量大的特点，而且各向转动性能一致，能适应支座大转角的需要。其特别适用于曲线桥、宽桥、斜桥等桥梁，如图3.23所示。

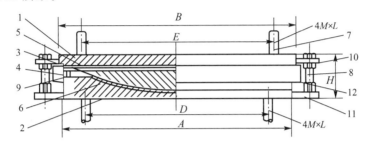

1—上支座板；2—下支座板；3—钢衬板；4—钢挡圈；5—平面聚四氟乙烯板；
6—球面聚四氟乙烯板；7—锚固螺栓；8—连接螺栓；9—橡胶防尘条；
10—上支座连接板；11—下支座连接板；12—防尘围板

图3.23 球形支座一般结构

球形支座的工作原理是：水平位移原理与盆式橡胶支座相同，靠上支座板和平面聚四氟乙烯板之间的滑动实现；但转动位移则与盆式橡胶支座的原理不同，是靠凹型下支座板和球面聚四氟乙烯板之间的滑动实现的。

球形支座通过球面聚四氟乙烯板传力，因而作用到支承混凝土上的反力较均匀，各个方向的转动性能一致。

球形支座通过在上支座设置导向槽或导向环来约束支座的单向或多向位移，从而形成固定支座、多向活动支座和单向活动支座等几种类型。

(2) 球冠圆板式橡胶支座。

球冠圆板式橡胶支座是在圆板式橡胶支座的基础上，经改进结构而成的，其变形原理与板式橡胶支座相同。其结构主要的特点是：在圆板式橡胶支座的顶部增设一个由纯橡胶构成的球冠部分(高度为4～8mm)。该支座受力时的状态接近于"点支承"；克服了安装后产生的偏压、脱空现象，同时安装工艺得到简化；对于坡桥，不再需要在梁底进行调平。其特别适用于2‰～5‰的纵、横坡桥。

除了球冠圆板式橡胶支座外，球冠支座还有球冠圆板式聚四氟乙烯橡胶支座。

(3) 铅芯橡胶支座。

铅芯橡胶支座是一种抗震支座。它相当于在一般板式橡胶支座的中心放入铅棒，而铅棒能改善橡胶支座的阻尼性能。在结构物的重力和水平力的作用下，铅芯产生携后阻尼的塑性变形，并通过橡胶提供水平恢复力，因此铅芯支座既是隔震系统又提供阻尼，是相对价廉的一种抗震支座形式。图3.24所示为铅芯橡胶支座的结构。

铅芯橡胶支座的隔震原理是：当板式橡胶支座的钢板和橡胶把铅芯紧紧约束后，支座的变形迫使铅芯产生塑性剪切变形;当地震发生时,地面运动的能量被铅芯的塑性变形吸收,使传递到上部结构的地震力和能量大大减少;金属铅的塑性变形,在环境温度下能够逐渐复原,其力学性能逐渐得到恢复。

(4)拉压支座。

在有些桥梁的某些支点上,会出现拉力,这就要求支座不仅能承受压力,还能承受拉力,这类支座称为拉压支座。

板式橡胶支座、盆式橡胶支座和球形支座都可以做成拉压支座,其原理是在支座中心埋设一根拉力螺栓或预应力钢筋,将梁底和支座垫石相连,由拉力螺栓或预应力钢筋承受拉力。图3.25所示为板式橡胶支座拉压支座的结构。

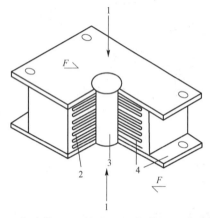

1—竖向力;2—橡胶;3—铅芯;4—钢板

图3.24 铅芯橡胶支座的结构

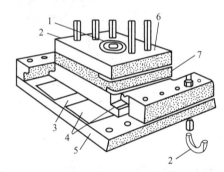

1—拉力螺栓;2—锚固螺栓;3—滑板;4—不锈钢板;
5—下支座板;6—上支座板;7—加劲板式橡胶支座

图3.25 板式橡胶支座拉压支座的结构

3. 较少使用的支座

特别提示

以下介绍的几种支座,在现阶段很少使用,只在低等级公路、小跨径桥梁中偶见。但这些支座形式,在20世纪70—80年代建造的桥梁中却并不罕见,而这些桥梁目前大多还在使用,为了维修检测,有必要对这些支座做一简单的介绍。

(1)简易垫层支座。

所谓"简易垫层支座",其实就是把上部结构直接支承在几层油毛毡或石棉做的简易垫层上,并无专门的支座结构。如加设套在铁管中的锚钉锚固,可形成所谓的"固定支座"。

使用简易垫层的桥梁结构,其支承处的受力状态与静力图式相差较大。简易垫层的变形性能很差,能适应的位移量很小,只能用于跨径小于10m的简支板(梁)桥。

简易垫层支承处的摩阻力大,墩顶、梁底的支承面易被拉裂。因此,一般要将墩台顶部的前缘削角使顶面前倾,最好要在板(梁)底、墩台顶设1~2层钢筋网。

(2) 弧形钢板支座。

弧形钢板支座由两块厚约 40~50mm 的铸钢板制成。上面一块是矩形平板，下面一块是顶面呈圆弧形的板，使梁端能够转动。活动支座可在钢板接触面上移动和转动。固定支座则将焊接在圆弧形钢垫板两侧的两块齿板，嵌入上块板的齿槽中，在齿板的上端切角，以使它能在凹槽中自由转动。

弧形钢板支座可在跨径小于 20m、支反力不小于 60kN 的桥梁上使用，但加工很麻烦。

(3) 钢筋混凝土摆柱式支座。

钢筋混凝土摆柱式支座能适应跨径不小于 20m 的梁式桥，或跨径大于 13m 的悬臂梁桥的挂孔。它的水平位移量较大，承载力可达到 5000kN 左右。

图 3.26 所示为摆柱式支座的结构。摆柱放在梁底与支撑垫石之间，其上、下两端各为一弧形固定支座。柱体内配置竖向钢筋（含筋率约 0.5%），并配置水平钢筋网，以承受支座竖向受力时产生的横向拉力。横向钢筋网用 8~14mm 的螺纹钢筋组成，网眼尺寸在 8~12mm 之间。摆柱的平面尺寸根据柱体混凝土强度计算确定。摆柱总高度取圆弧形钢板半径的 2 倍，以使圆弧的圆心与摆柱的对称中心点重合，这样易于摆动且不会发生倾倒。支承处的梁底及墩台上的支撑垫石内需要设置加强钢筋网，以提高局部受压强度。

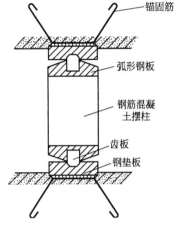

图 3.26 摆柱式支座的结构

模块小结

本模块介绍了桥面系的主要构造，重点讲解了伸缩缝和支座的构造特点及选配原则。

教学的目的在于让学生了解桥梁的桥面构造组成，对桥梁各部分的作用都有一个清楚的认识。

习 题

一、填空题

1. 桥面横坡度一般采用（　　）%。
2. 混凝土梁式桥的桥面布置有（　　）、（　　）和（　　）等形式。
3. 桥面防水层设置在（　　）之下。
4. 我国桥梁工程上较常用的伸缩缝，可分为 5 大类，分别是（　　）、（　　）（　　）、（　　）和（　　）。

5. 对于简支梁桥，一端设（　　）支座，另一端设（　　）支座。

二、简答题

1. 桥面构造包括哪些内容？
2. 桥面布置应根据什么确定？混凝土梁式桥的桥面布置有哪些方式？
3. 简述桥面铺装的概念、作用及类型。
4. 设置桥面纵坡有何好处？桥面横坡有哪些设置方式？
5. 在桥面构造中，对设置防水层有哪些要求？
6. 一个完整的排水系统包括哪几部分？泄水管的设置有何规定？
7. 桥面伸缩缝的作用是什么？它应满足哪些要求？
8. 较常用的伸缩缝有哪几大类？
9. 护栏与栏杆的作用有何不同？
10. 支座有何作用？对支座有何基本要求？
11. 支座布置应服从怎样的总原则？
12. 固定支座的布置应该遵循什么原则？
13. 板式橡胶支座的平面尺寸由哪些因素决定？

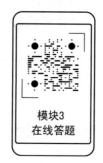

模块3
在线答题

模块 4　梁桥构造

思维导图

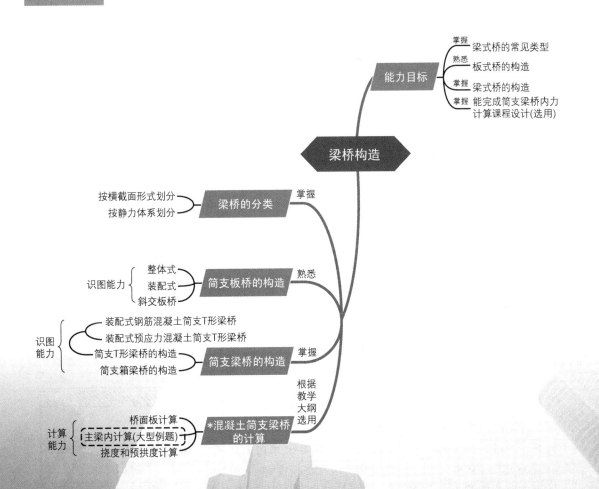

> **学习重点**
>
> 整体式板桥和装配式板桥的构造要求；装配式钢筋混凝土和预应力混凝土简支T形梁桥、箱形梁桥的构造要求。

引例

浙江飞云江大桥为简支梁桥的典型示例，如引例图所示。浙江飞云江大桥位于浙江省瑞安市，南北横跨飞云江，是中国最大跨径的预应力混凝土简支梁桥。全桥长1721m，共37孔，主航道5孔，每孔跨径62m；其余18孔跨径均为51m，14孔跨径均为35m；最大跨径62m，梁高2.85m，混凝土标号C60；桥面宽13m，行车道宽10m，两侧人行道各1.5m；由5片主梁构成，翼缘宽2.5m，安装后下翼缘间设置12cm厚底板，形成4横箱截面。低潮位净高25m，通航水深8m，可通500t级船舶。总造价4000.91万元。每片梁重2200kN，用3000kN架桥机安装，日架两片；并采用预应力混凝土打入桩，施工速度甚快，全桥施工时间仅为2.5年。于1988年10月建成通车。该桥由浙江省交通设计院设计，铁道部大桥工程局施工。

引例图　浙江飞云江大桥

4.1 梁桥的分类

4.1.1 按横截面形式划分

1. 板桥

板桥横截面包括实心板和空心板。

（1）实心板截面如图4.1(a)所示。其形状简单、施工方便、建筑高度小、结构整体刚度大，但从受力要求看，截面材料不经济、自重大，所以是小跨径梁桥普遍采用的形式。有时为了减轻自重，也可将截面受拉区稍加挖空做成矮肋式的板截面，如图4.1(b)所示。使用最广泛的是装配式实心板桥，如图4.1(c)所示。其由几块预制的实心板利用板间企口缝填入混凝土而成。简支实心板桥一般采用钢筋混凝土

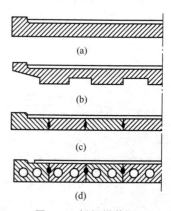

图4.1　板桥横截面

结构，跨径小于 8m，梁高一般为 0.16～0.36m。

（2）空心板截面如图 4.1(d)所示。其形状较实心板复杂，整体刚度大，建筑高度小，但是顶板内需要配制钢筋，同实心板一样是小跨径梁桥普遍采用的形式。钢筋混凝土空心板桥跨径一般为 6～13m，梁高一般为 0.4～0.8m；预应力混凝土空心板桥跨径一般为 13～20m，梁高一般为 0.4～0.85m。

2. 肋梁桥

在横截面内形成明显肋形结构的梁桥称为肋板式梁桥，或简称肋梁桥。在这种桥上，肋梁（又称腹板）与顶部的钢筋混凝土桥面板结合在一起作为承重结构，如图 4.2 所示。由于肋与肋之间是受拉区域的混凝土，因此得到很大程度的挖空，显著减轻了结构自重。

肋梁桥截面有 3 种基本类型：Ⅱ 形、Ⅰ 形、T 形。

T 形截面是我国用得最多的截面形式。T 形截面的优点：制造简单；肋内配筋可以做成刚性的钢筋骨架；间距 4～6m 的横隔梁使得整体性很好；接头也方便。T 形截面的缺点：截面形状不稳定，运输安装较为复杂；构件正好在桥面板的跨中接头，对板的受力不利。

钢筋混凝土简支肋梁桥的常用跨径为 8～20m，预应力混凝土简支肋梁桥的常用跨径为 25～50m。

3. 箱形梁桥

横截面呈一个或几个封闭箱形的梁桥简称为箱形梁桥，如图 4.3 所示。这种结构除了肋梁的上部翼缘板外，在底部还有扩展的底板，因此它提供了承受正、负弯矩的足够的混凝土受压区。它的最大优点就是在一定的截面面积下能获得较大的抗弯惯性矩，而且抗扭刚度也特别大，在偏心的荷载作用下各肋梁的受力比较均匀。因此对预施应力、运输、安装阶段单梁的稳定性比 T 形梁好得多。箱形截面能适用于较大跨径的悬臂梁桥和连续梁桥，也可用来修建全截面均参与受力的预应力混凝土简支梁桥。显然，对于普通钢筋混凝土的简支梁桥来说，底板除陡然增加自重外并无其他益处，故不宜采用。箱梁桥的预制施工比较复杂，单梁的安装质量通常也比 T 形梁大。

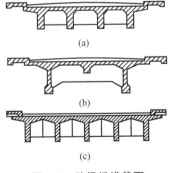

图 4.2　肋梁桥横截面

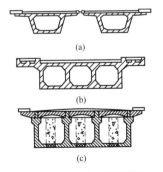

图 4.3　箱形梁桥横截面

4.1.2　按静力体系划分

1. 简支梁桥

简支梁桥是梁式桥中应用最早、使用最广泛的一种桥型。它构造简单，最易设计为各种标准跨径的装配式结构；它的受力简单，梁中只有正弯矩，适用T形截面；体系温度变化，混凝土收缩徐变、张拉预应力等均不会在梁中产生附加内力。由于简支梁是静定结构，结构内力不受地基变形的影响，对基础要求低，因此能适用于地基较差的桥址上。施工工序少，架设方便。在多孔简支梁桥中，由于各跨构造和尺寸划一，因此可简化施工管理工作，降低施工费用。因相邻桥孔各自单独受力，桥墩上需设置相邻简支梁的两个支座。简支梁桥由于其构造较易处理而被广泛采用，如图4.4所示。

2. 连续梁桥

这种体系的主要特点是：承重结构（板、T形梁或箱梁）不间断地连续跨越几个桥孔而形成超静定的结构，如图4.5所示。连续孔数一般不宜过多。当桥梁跨径较大时，需要沿桥长分建成几组（或称几联）连续梁。连续梁由于荷载作用下支点截面产生负弯矩，而支点负弯矩的卸载作用，显著减小了跨中的正弯矩。这样不但可减小跨中的建筑高度，而且能节省钢筋混凝土数量。跨径越大时，这种节省就越显著。结构刚度大，变形小，动力性能好，主梁变形挠曲线平缓，有利于高速行车。连续梁是超静定结构，基础不均匀沉降将在结构中产生附加内力。因此，连续梁对桥梁基础要求较高，通常宜用于地基较好的场合。

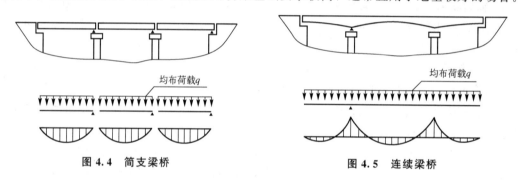

图 4.4　简支梁桥　　　　　　　　　图 4.5　连续梁桥

3. 悬臂梁桥

这种梁桥的主体是长度超过跨径的悬臂结构。仅一端悬出者称为单悬臂梁桥，如图4.6(a)所示。两端均悬出者称为双悬臂梁桥，如图4.6(b)所示。对于较长的桥，还可以借助简支的挂梁与悬臂梁一起组合成多孔桥。在力学性能上，悬臂根部产生的负弯矩减小了跨中正弯矩，所以悬臂梁也与连续梁相仿，可以节省材料用量。悬臂梁桥属于静定结构，墩台的不均匀沉陷不会在梁内引起附加内力。但在实际桥梁工程中较少采用，原因是：悬臂梁虽然在力学性能上优于简支梁，但悬臂梁中同时存在正、负弯矩区段；通常采用箱形截面，其构造复杂；跨径较大时，梁体重力过大，不易装配施工；钢筋混凝土悬臂梁，还因支点负弯矩区段存在，不可避免地将在梁顶产生裂缝，从而降低使用年限。

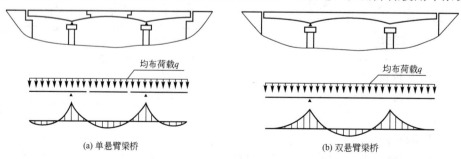

(a) 单悬臂梁桥　　　　　　　　　(b) 双悬臂梁桥

图 4.6　悬臂梁桥

4.2 简支板桥的构造

简支板桥是小跨径钢筋混凝土桥中最常用的桥型之一。由于建成以后外形像一块薄板，故习惯称之为板桥。在所有的桥梁形式中，简支板桥以其建筑高度最小，外形最简单而久用不衰。对于高等级公路和城市立交工程，简支板桥又以其极易满足斜、弯、坡及 S 形、喇叭形等特殊要求道路的特点而受到重视。按照施工方法的不同，简支板桥分为整体式简支板桥和装配式简支板桥。

4.2.1 整体式简支板桥的构造

整体式简支板桥一般均采用等厚度板，它具有整体性能好，横向刚度大，而且易于浇筑成各种形状的优点。常用于跨径 4~8m 或外形不规则的桥梁。常采用整体现浇的施工方法。

整体式简支板桥的跨径通常与板宽相差不大，在车辆荷载作用下处于双向受力状态。荷载位于桥中线时，板内产生正弯矩；荷载位于板两边时，板内可能产生负弯矩。所以，针对这些受力特点，除了配置纵向受力钢筋外，板内还设置垂直于主钢筋的横向分布钢筋，在板的顶部配置适当的横向钢筋。

当车辆荷载在靠近板边行驶时，参与受力的板宽比中间要小，除在板中间的 2/3 范围内按计算需要量进行配筋外，在两侧各 1/6 的范围内应比中间的计算需要量增加 15%。钢筋混凝土行车道板内主筋直径不小于 10mm，间距不大于 20cm。在整体式板的主拉应力下，按计算不需要设置弯起钢筋，但习惯上仍然将一部分主钢筋弯起。通过支点的不弯起钢筋，每米板宽内不少于 3 根，截面积不少于主筋的 1/4。弯起钢筋的弯起角度为 30°或 45°，弯起的位置为沿板高中线计算的 1/6~1/4 跨径处。对于分布钢筋，要求直径不小于 8mm，间距不大于 20cm，同时在单位长度板宽内的截面积应不小于板的截面积的 0.1%。板的主钢筋与板边缘间的净距应小于 3cm，分布钢筋与板边缘间的净距应小于 15mm。

图 4.7 所示为标准跨径 6m 的钢筋混凝土整体式简支板桥构造。行车道宽 7m，两边设 0.25m 的安全带。计算跨径为 5.69m，净跨径为 5.40m，板厚为 36cm。纵向主钢筋采用直径 18mm 的 HRB335 钢筋，分布钢筋采用直径 10mm 的 R235 钢筋。由于板内的主拉应力一般不大，因此按计算可不设弯起钢筋，但是从构造上考虑，有时将多余的一部分主钢筋弯起。桥跨结构的混凝土强度等级为 C20。

4.2.2 装配式简支板桥的构造

装配式简支板桥的横截面形式主要有实心板和空心板两种。

1. 装配式实心板桥

这种矩形实心板桥是目前最常用的。它具有形状简单、施工方便、建筑高度小、施工质量易于保证等优点。装配式实心板桥的跨径通常不超过 8m，标准图的跨径为 1.5m、2.0m、3.0m、4.0m、5.0m、6.0m、8.0m；板高为 0.16~3.0m；桥面净空为净—7 和净—9 两种。

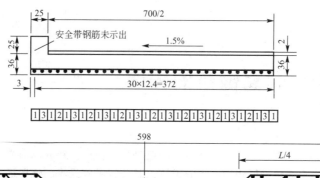

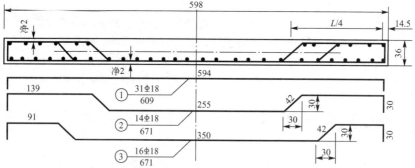

图 4.7 钢筋混凝土整体式简支板桥构造(尺寸单位：cm)

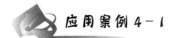

图 4.8 所示为标准跨径 6m，行车道宽 7m，两边设 0.75m 的人行道，公路—Ⅰ级，按人

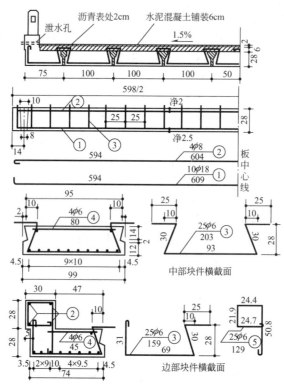

图 4.8 装配式矩形实心板构造(尺寸单位：cm)

群荷载 $3kN/m^2$ 设计的装配式矩形实心板桥构造。块件安装后在企口缝内填筑 C30 小石子混凝土，并浇筑厚 6cm 的 C30 级防水混凝土铺装层使之连成整体。为了加强预制板与铺装层的结合以及相邻预制板的连接，将板中的箍筋伸出预制板顶面；待板安装就位后将这段钢筋放平，并与相邻预制板中的箍筋相互搭接，以铁丝绑扎，然后浇筑于混凝土铺装层中。预制板的混凝土强度等级为 C25。

【案例点评】

装配式矩形实心板桥一般采用钢筋混凝土结构，由于是实心截面，自重较大，因此最大跨径一般不超过 8m。边板和中板配筋有所区别。

2. 装配式空心板桥

当跨径增大时，宜采用装配式空心板桥截面。与装配式实心板相比，其质量轻，运输安装方便，而建筑高度又较同跨径的 T 形梁小。图 4.9 所示为几种常用的空心板截面形式。图 4.9(a) 和图 4.9(b) 所示为开成单孔，挖空面积最大；如图 4.9(c) 和图 4.9(d) 所示为挖成两个圆孔。钢筋混凝土空心板桥常用跨径为 6~13m，板厚为 40~80cm；预应力混凝土空心板桥常用跨径为 8~20m，板厚为 40~70cm。

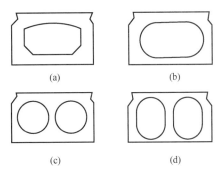

图 4.9 几种常用的空心板截面形式

应用案例 4-2

图 4.10 所示为标准跨径 13m 的装配式预应力混凝土空心板桥构造。桥面净空为净—7+2×0.25m 的安全带，总宽为 8m，由 8 块宽 99cm 的空心板组成，板与板之间的间隙为 1cm。板全长 12.96m，计算跨径为 12.6m，板厚为 60cm。空心板横截面形式见图 4.9(d)，腰圆孔宽 38cm，高 46cm。采用 C40 混凝土预制空心板和填塞铰缝。每块底层配置Ⅳ级冷拉钢筋作预应力筋，共 7 根 $\Phi 20$，每根预应力筋拉力为 194kN，每米钢筋的拉伸值为 0.35cm。板顶面除配置 3 根 $\Phi 12$ 的架立钢筋外，在支点附近还配置 6 根 $\Phi 8$ 的非预应力钢筋来承担由于应力而产生的拉应力。用以承担剪力的箍筋 N5 与 N6 做成开口形式，待立好芯模后，再与其上横向钢筋 N4 相绑扎组成封闭的箍筋。

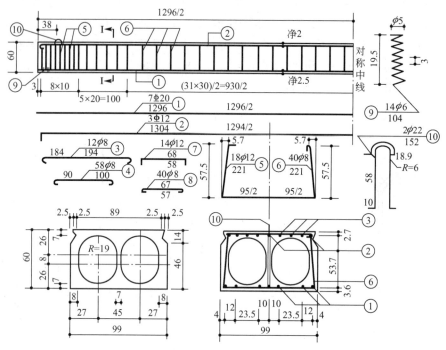

图 4.10 装配式预应力混凝土空心板构造(尺寸单位:cm)

【案例点评】

装配式空心板梁跨径大于 13m 时采用预应力混凝土结构。其受力钢筋主要是预应力筋,其他配筋和钢筋混凝土板梁类似,也同时配置一些构造钢筋。

3. 装配式板的横向连接

为了增加块件间的整体性,保证在外荷载作用下相邻的几个块件能共同工作,在块件之间必须设置横向连接。

(1) 企口式混凝土铰连接构造[图 4.11(a)]。

这种连接的构造有圆形、菱形和漏斗形。它是在块件安装就位后,将块件中钢筋伸出与相邻块伸出的钢筋互相搭接绑扎,并在企口缝内用 C30～C40 小石子混凝土浇筑密实而成的,需待混凝土达到设计强度后才能通车。

(2) 钢板焊接连接构造[图 4.11(b)]。

为了加快工程进度也可以采用钢板连接,用一块钢盖板焊在相邻两个构件的预埋钢板上。联结构件的纵向中距通常为 80～150cm,在跨中部分布置较密,向两端支点逐渐变疏。

4.2.3 斜交板桥的受力特点与构造

桥梁轴线与水流方向的交角不是按 90°布置的桥梁,称为斜交板桥。斜交板桥的轴线与支承线的垂线成某一夹角,习惯上称此角为斜交角(φ)。当公路与河流或其他线路呈斜交形式跨越时,将桥跨结构布置成斜交桥形式较为经济,且可避免强行改变桥下流水或路线方向而带来的水患或行车不顺畅。

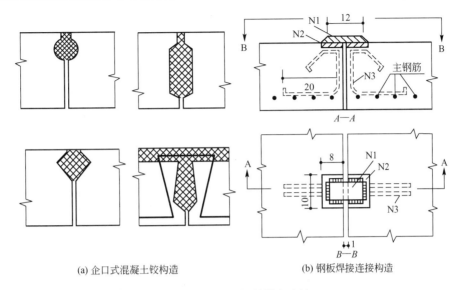

(a) 企口式混凝土铰构造　　(b) 钢板焊接连接构造

图 4.11　装配式板的横向连接

1. 斜交板桥的受力特点

（1）最大主弯矩方向有向支承边垂线方向偏转的趋势。最大主弯矩方向，在板的中央部分接近于垂直支承边；在板的自由边处接近于自由边与支承边垂直之间的中间方向，斜交板桥受力图如图 4.12 所示。

（2）钝角处产生垂直于钝角平分线的较大的负弯矩，它随斜交角的增大而增加。钝角的支反力较大，锐角的支反力较小，有上翘的趋势；设拉力支座固定，将导致板内有较大的扭矩。

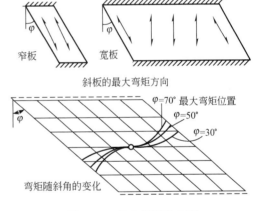

图 4.12　斜交板桥受力图

（3）在均布荷载下，斜板桥最大跨内弯矩比正交桥小，跨内纵向最大弯矩随斜交角增大而增加，自中央向钝角方向移动。

（4）跨中横向弯矩比正桥大。

（5）《公路钢筋混凝土及预应力混凝土桥涵设计规范》（JTG 3362—2018）（以下简称《公路混凝土桥规》）中规定斜交角小于 15°时，按正交板布置钢筋；当斜交角大于等于 15°时，按斜交板布置钢筋。

2. 斜交板桥的构造

（1）整体式斜交板桥。

整体式斜交板桥的斜跨长 l 与垂直于行车方向的桥宽 b 之比一般均小于 1.3。根据上述斜板主弯矩方向的特点，整体式板配筋有以下两种方案（图 4.13）。

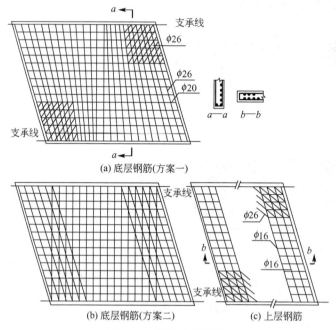

图 4.13　整体式板配筋

① 第一种方案：按主弯矩方向的变化配置主筋，其分布钢筋则与支承边平行，如图 4.13(a)所示。

根据钝角处有较大的反力和负弯矩的特性，在钝角处约 1/5 跨径的范围内应配置加强钢筋；在下层其方向与钝角的二等分线平行；在上层与二等分线垂直。加强钢筋的每米数量约为主钢筋每米数量的 0.6~1 倍(视斜交角的大小而定)。此外还在自由边缘的上层加设一些钢筋网，以抵抗板内的扭矩。

② 第二种方案：在两钝角角点之间的范围内，主钢筋方向与支承边垂直，在靠近自由边处主钢筋则沿斜跨径方向布置，直至与中间部分主钢筋完全衔接为止。其横向分布钢筋与支承边平行，如图 4.13(b)所示，其余钢筋的配置仍与第一种方案相同。

(2) 装配式斜交板桥。

装配式斜交板桥的跨宽比(l/b)一般均大于 1.3。主钢筋沿斜跨径方向配置，分布钢筋在钝角角点之间的范围内与主钢筋垂直；在靠近支承边附近，其布置方向则与支承边平行，装配板配筋如图 4.14 所示。

《公路桥涵标准图：装配式钢筋混凝土斜空心板桥上部构造》中，斜跨跨径有 3m、4m、5m、6m 共 4 种；斜交角分 25°、30°、35°、40°、45°、50°、55°、60°共 8 种；预制板在垂直于行车方向的板宽为 99cm；板厚为 20~48cm；因跨径和斜交角不同而异。这些板的钢

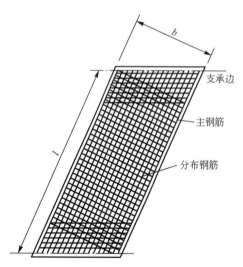

图 4.14　装配板配筋

筋布置方案大体分以下两种（图 4.15）。

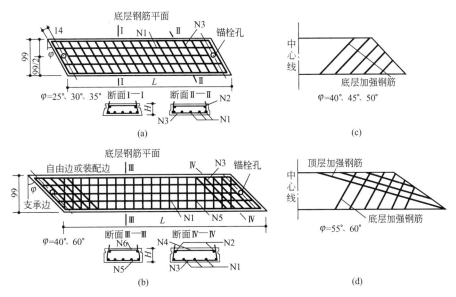

图 4.15 装配式斜板钢筋构造（尺寸单位：cm）

① 第一种方案：当斜交角 $\varphi = 25° \sim 35°$ 时，主钢筋沿斜跨方向布置，分布钢筋按平行于支承边方向布置，如图 4.15(a) 所示。

② 第二种方案：当斜交角 $\varphi = 40° \sim 60°$ 时，主钢筋及横向分布钢筋的布置原则上与图 4.14 相同，如图 4.15(b) 所示。

此外，在各种块件的两端还要布置一些加强钢筋。当 $\varphi = 40° \sim 50°$ 时，要布置底层加强钢筋，其方向则与支承边相垂直，如图 4.15(c) 所示；当 $\varphi = 50° \sim 60°$ 时，除了底层要布置垂直于支承边的加强钢筋以外，还要在顶层布置与钝角的二等分线相垂直的加强钢筋，如图 4.15(d) 所示。为了使铰接斜板支承处不翘扭及防止发生位移，在板端部中心处应预留锚栓孔，待安装完毕后，用栓钉固定。所设置的支座要有充分的锚固作用，否则，应该加强锐角处的耳墙，以免被挤坏。一般的做法是在台帽上设置锚固斜板的锚固钢筋或在锐角处的耳墙中加抗挤钢筋。

4.3 简支梁桥的构造

4.3.1 简支 T 形梁桥的构造

1. 装配式钢筋混凝土简支 T 形梁桥

装配式钢筋混凝土 T 形梁桥上部构造由几根 T 形截面的主梁、横隔梁，通过设在横隔梁下方和横隔梁翼缘顶板处的焊接钢板连成整体,如图4.16所示。

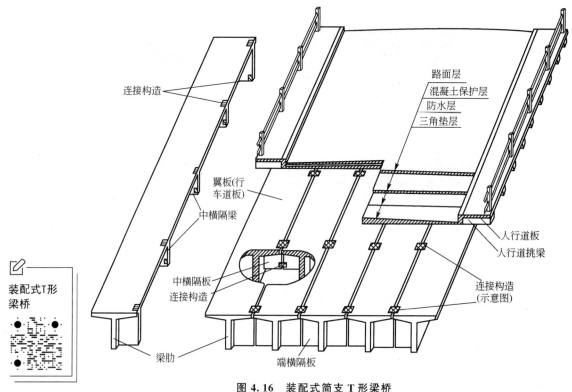

图4.16 装配式简支T形梁桥

（1）构造布置及尺寸。

① 主梁布置及尺寸。对于设计给定的桥面宽度,如何选定主梁的间距,是构造布局中首先要解决的问题。这不仅与钢筋和混凝土的材料用量及构件的吊装质量有关,而且还涉及翼板的刚度等因素。

对于跨径大的一些桥梁,增大主梁间距,可以减少钢筋和混凝土的用量。但此时桥面板的跨径增大,悬臂翼缘板端部较大的挠度对引起桥面接缝处纵向裂缝的可能性也会增大,同时也增大了吊装的困难。一般来说,对于跨径较大的简支梁桥,加大主梁间距,减少主梁片数是比较经济的。梁距通常在1.5~2.2m之间。梁高一般为跨径的1/18~1/11。梁肋的宽度,在满足抗剪强度需要的前提下,一般都做得较薄,以减轻构件的质量,从而保证梁肋的屈曲稳定条件,避免捣固混凝土时发生困难,一般梁肋宽度为15~18cm。

主梁间距一般可选择在1.5~2.2m之间。对于跨径10m、13m、16m、20m的标准设计采用的梁高相应为0.9m、1.1m、1.3m、1.5m,梁肋宽度为15~18cm。

② 翼板尺寸。一般为变厚度,端部较薄,向根部逐渐加厚。一种翼板翼缘承受全部桥面上的恒载与活载,板的受力钢筋全部设在翼板内,这时翼板做得较厚些,端部一般取8cm;另一种翼板只承担自重、桥面铺装层恒载,施工临时荷载和活载则与桥面铺装共同承担,厚度一般采用6cm。

③ 横隔梁布置及尺寸。横隔梁在装配式T形梁中起保证主梁相互连接成整体的作用。它的刚度越大,桥梁的整体性就越好。

T形梁的端横隔梁是必须要设置的,它不但有利于构件的稳定性,而且能显著加强全桥的整体性。跨内随跨径增大可以设置 1~3 道横隔梁,间距采用 5~6m 为宜。

跨中横隔梁布置在跨中及 4 分点处,其高度通常做成主梁高度的 3/4 左右;梁肋下部呈马蹄形加宽时,横隔梁延伸至马蹄的加宽处。横隔梁的肋宽常采用 12~16cm,可挖空。

图 4.17 所示为标准跨径 20m 的装配式 T 形梁构造。

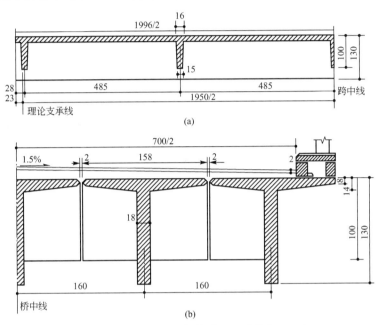

图 4.17 装配式 T 形梁构造(尺寸单位:cm)

(2)钢筋构造。

① 主梁梁肋的钢筋构造。装配式 T 形简支梁桥的钢筋可分为纵向主钢筋、架立钢筋、斜钢筋、箍筋和分布钢筋等。

简支梁承受正弯矩作用,故抵抗拉应力的主钢筋设置在梁肋的下缘。随着弯矩向支点处减小,主钢筋可在跨间适当位置处切断或弯起。为保证主筋在梁端有足够的锚固长度和加强支承部分的强度,《桥规》中规定,至少有 2 根,且不小于 20% 的主钢筋应伸过支承截面。简支梁两侧的受拉主钢筋应伸出支点截面以外,并弯成直角顺梁端延伸至顶部,如图 4.18 所示。

两侧之间不向上弯曲的受拉主钢筋伸出支承截面的长度,对带半圆弯钩的光圆钢筋不小于 $15d$(d 为钢筋直径),如图 4.18(a)所示;对带直角弯钩的螺纹钢筋不小于 $10d$,如图 4.18(b)所示。

由主钢筋弯起的斜向钢筋主要承受主拉应力,用来增强梁体的抗剪强度;有时也可以用专门的斜筋,用焊接或钢丝绑扎的方法和纵向受力钢筋、架立筋连成整体。斜筋与梁的

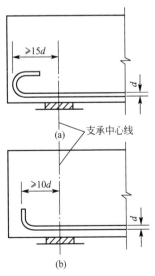

图 4.18 梁端主钢筋的锚固

轴线一般布置成 45°角。弯起钢筋应按圆弧弯折，圆弧半径(以钢筋轴线计算)不小于 $10d$。

当 T 形梁肋梁高度大于 1m 时，为了防止肋梁侧面因混凝土收缩等原因而导致裂缝，需要设置纵向防裂的分布钢筋，且沿梁高侧面呈水平方向布置。每个腹板内的水平纵向钢筋的截面积 $A_s = (0.001 \sim 0.002)bh$，式中 b 为肋梁宽度，h 为梁的全高。当梁跨较大，梁肋较薄时取用较大值。这种分布钢筋的直径为 $6 \sim 10$mm，靠近梁下缘，混凝土拉应力大，故布置得密些；在上部则可稀些。其间距在受拉区应不大于腹板厚度和 200mm；受压区应不大于 300mm；在支点附近，剪力较大，其间距宜为 $100 \sim 150$mm。

箍筋的主要作用也是增强主梁的抗剪强度。《桥规》中规定：箍筋直径不小于 8mm，且不小于主筋直径的 1/4，其间距应不大于梁高的 1/2 和 40cm；支座附近一倍梁高范围内间距不大于 10cm，且梁支点附近的第一个箍筋应设置在距梁端 3cm 处。

架立钢筋布置在梁肋的上缘，主要起固定箍筋和斜筋并使梁内全部钢筋形成立体或平面骨架的作用。架立钢筋通常采用 $10 \sim 14$mm 的钢筋。

为了防止钢筋受到大气影响而锈蚀，并保证钢筋与混凝土之间的黏着力充分发挥作用，钢筋到混凝土边缘需要设置保护层。若保护层厚度太小，就不能起到以上作用；太大则混凝土表层因距钢筋太远容易破坏，且减小了钢筋混凝土截面的有效高度，受力情况也不好。因此《桥规》中规定：主钢筋与梁底面的净距应不小于 3cm，不大于 5cm。主筋与梁侧面净距应不小于 2.5cm。混凝土表面至箍筋或防裂分布钢筋间的净距应不小于 1.5cm，如图 4.19 所示。

为了使混凝土的粗骨料能填满整个梁体，以免形成灰浆层或空洞，规定绑扎钢筋骨架的各主筋之间的净距，主钢筋为 3 层或 3 层以下者不小于 3cm，且不小于钢筋直径；3 层以上者不小于 4cm，且不小于钢筋直径的 1.25 倍。

在焊接钢筋骨架中，纵向主筋的叠高不宜大于 $(0.15 \sim 0.02)h$，式中 h 为梁的全高。图 4.20 所示为钢筋骨架构造。为了保证焊接质量，使焊缝处强度不低于钢筋本身强度，焊缝的长度必须满足下述要求。

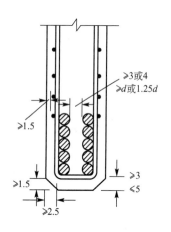

图 4.19 肋梁构造（尺寸单位：cm）

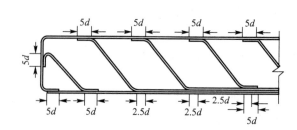

图 4.20 钢筋骨架构造（尺寸单位：cm）

a. 弯起钢筋在弯起处应与其他主筋相焊接，可采用每边各长 $2.5d$ 的双面焊缝或一边长 $5d$ 的单面焊缝。弯起钢筋的末端与架立钢筋（或其他主筋）相焊接时，采用长 $5d$ 的双面焊缝或 $10d$ 的单面焊缝，其中 d 为受力钢筋直径。

b. 斜筋与主筋或架立筋的焊缝长度，采用每边各长 $5d$ 的双面焊缝或一边长 $10d$ 的单面焊缝。

c. 各层主钢筋相互焊接固定的焊缝长度，采用 $2.5d$ 的双面焊缝或 $5d$ 的单面焊缝。

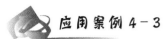

应用案例 4-3

图 4.21 所示为标准跨径为 20m，行车道宽 7m，两边设 0.75m 的人行道，人群荷载按 $3kN/m^2$ 设计的装配式钢筋混凝土简支 T 形梁构造。主梁内共配置纵向受力钢筋 10 根，分五层叠置，其中 8 根直径为 32mm，编号为 N1、N2、N3、N4；2 根直径为 16mm，编号为 N6。为满足梁内抗剪要求，补充设置直径为 16mm 的附加斜筋 N7、N8、N9、N10 和 N11。为防止梁肋两侧产生裂缝，沿梁高布置直径为 8mm 的水平纵向分布钢筋 N12。由于梁肋下缘拉力较大，该分布筋布置较密，向上则逐渐布置得较稀。箍筋 N14 和 N15 采用直径为 8mm 的普通光圆钢筋，间距为 240mm。支座附近采用下缺口的四肢式箍筋(N15)以便满足抗剪要求和适应支座钢板锚筋的布置；跨中部分采用双肢箍筋(N14)。全梁布置两片平面焊接钢筋骨架，每片重 5.86kN，用 C25 号混凝土浇筑，每根中间主梁的安装重力为 211.7kN。

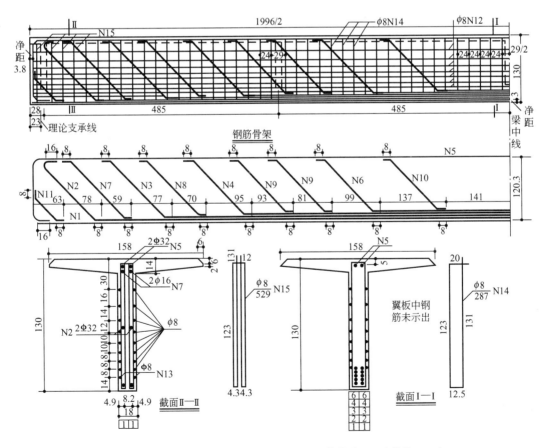

图 4.21 装配式钢筋混凝土简支 T 形梁钢筋构造(尺寸单位：cm)

【案例点评】

为了符合主梁弯矩的变化，装配式T形简支梁从跨中截面到支点截面主筋数量是逐渐减少的。

② 翼缘板的钢筋构造。T形梁翼缘板内的受力钢筋沿横向布置在板的上缘，以承受悬臂的负弯矩；在顺主梁跨径方向还应该设置少量的分布钢筋。按《桥规》要求，板内主筋的直径不小于10mm，每米板宽内不应少于5根。分布筋的直径不小于6mm，间距不大于25cm，在单位板宽内分布筋的截面积不少于主筋截面积的15%，在有横隔梁的部位分布筋的截面积应增至主筋的30%，以承受集中轮载作用下的局部负弯矩。所增加的分布筋每侧应从横隔梁轴线伸出$(1/4)l$的长度（l为横隔板的间距）。

③ 横隔梁钢筋构造。横隔梁的箍筋是抗剪的。在横隔梁顶部翼板内和靠近下部边缘的两侧均埋有焊接钢板A和B，如图4.22所示。焊接钢板则与横隔梁的受力钢筋焊接在一起做成安装骨架，当T形梁安装就位后，即在横隔梁的预埋钢板上再加焊接钢板使其连成整体。

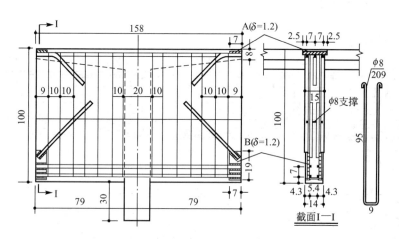

图4.22 横隔梁钢筋构造（尺寸单位：cm）

(3) 横向联结。

装配式T形梁的接头处要有足够的强度，以保证结构的整体性，并使其在施工、营运中不发生松动。装配式T形梁桥的横向联结一般用钢板式、扣环式、企口铰接式3种方法。

① 钢板式接头。上缘接头钢板设在T形梁翼板上，下缘接头钢板设在横梁梁肋的两侧。焊接钢板预先与横隔梁的受力钢筋焊接在一起做成安装骨架。当T形梁安装就位后，即可在横隔梁的预埋钢板上再加焊接钢盖板使其连成整体，如图4.23所示。

② 扣环式接头。横隔梁在预制时在接缝处伸出钢筋扣环A，在相邻构件的扣环两侧再安装上腰圆形的接头扣环B，在形成的圆环内插入短分布筋后就现浇混凝土封闭接缝，接缝宽度为0.20~0.50m，如图4.24所示。

③ 企口铰接式接头。为改善梁翼板的受力状态，横向连接往往做成企口铰接式的简易构造，如图4.25所示。主翼板内伸出连接钢筋，交叉弯制后在接缝处再放局部的钢筋

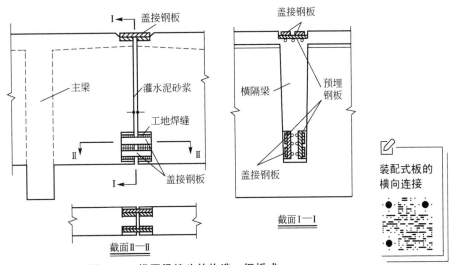

图 4.23 横隔梁接头的构造：钢板式

网，并将它们浇筑在桥面混凝土铺装层内，如图 4.25(a)所示。或者可将翼板的顶层钢筋伸出，并弯转套在一根长的钢筋上，以形成纵向铰，如图 4.25(b)所示。显然，此种接头构造由于连接钢筋甚多，给施工增添了一些困难。

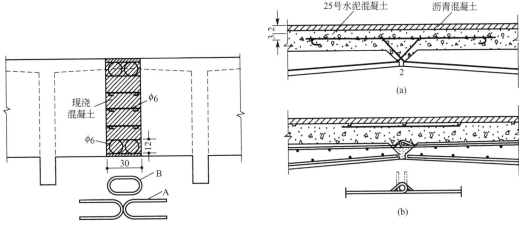

图 4.24 横隔梁接头的构造：扣环式(尺寸单位：cm) 图 4.25 梁翼板联结构造(尺寸单位：cm)

2. 装配式预应力混凝土简支 T 形梁桥

(1) 构造布置及尺寸。

① 主梁布置及尺寸。梁距通常在 1.5～2.2m 之间，对于较大跨径的 T 形梁来说，可采用较大的主梁间距 1.8～2.3m，同时减少钢筋与混凝土的用量。对于跨径较大的预应力混凝土简支 T 形梁桥来说，与跨径为 40m、净空为(7+2×0.75)m 的设计进行比较，梁距为 2.0m 时比梁距为 1.6m 时可节省预应力筋 12%、普通钢筋 9%和混凝土 12%的用量。

主梁的高度随截面形式、主梁片数及建筑高度的不同而不同。对于常用的等截面简支梁，高跨比可在 1/25～1/14 内选取。随跨径增大取较小值，随梁数减少取较大值。中等跨径一般可取 1/18～1/16。

确定主梁的截面尺寸需要考虑其截面效率指标。对于预应力混凝土梁，在张拉阶段

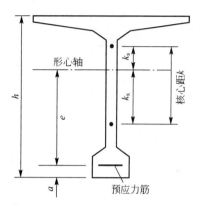

图 4.26 预应力 T 形梁截面

及使用阶段，截面承受双向弯矩。通常在预应力张拉阶段，合力 N_y 作用在下核心(使梁截面上缘应力为零)。使用阶段施加了弯矩 M_p 后，合力 N_y 作用到了上核心(使梁截面下缘应力为零)，如图 4.26 所示，则有 $N_y \cdot e = M_p$，$N_y \cdot (k_s + k_x) = M_p$，$\rho = (k_s + k_x)/h$，式中，$e$ 为预应力筋距截面下核心的偏心距；k_s、k_x 分别为截面上、下核心距。

显然，截面形式不同将影响到截面形心位置和核心距大小。在相同受力条件下，要使预应力筋减少，在截面设计时应满足以下要求。

a. 截面上、下核心距 $(k_s + k_x)$ 要大，排除截面梁高 h 的影响，用截面效率指标 $\rho = (k_s + k_x)/h$ 表示，使 ρ 尽可能大。

b. 截面形心 y_x 大，使预应力束的合力靠近梁的下缘，使偏心距 e 更大一些。

预应力混凝土简支 T 形梁的梁肋下部通常加宽做成马蹄形，以满足钢丝束的布置可承受很大预压力的需要。根据截面效率指标分析，马蹄越宽而梁造价越经济，但马蹄的形状要视预应力筋的数量和排列而定。

在预应力混凝土梁中，由于混凝土所受预应力和预应力束筋弯起，能抵消荷载剪力的作用。肋中的主拉应力较小，肋宽一般都由构造和施工要求决定，但不小于 16cm。标准设计中肋宽为 14~16cm。在靠近支点处腹板要加宽至与马蹄同宽，加宽范围最好达 1 倍梁高。

为了防止在施工和运输中马蹄部分产生纵向裂缝，除马蹄面积不宜小于全截面的 10%~20% 以外，还建议具体尺寸如下。

a. 马蹄宽度约为肋宽的 2~4 倍，并注意马蹄部分的管道保护层不宜小于 6cm。

b. 马蹄全宽部分高度加 1/2 斜坡区高度约为 0.15~0.20h，斜坡宜大于 45°。

同时应注意，马蹄部分不宜过高、过大，否则将会降低截面形心，减小偏心距 e，并导致降低抵消自重的能力。在靠近支点时，为适应预应力筋的弯起，可将马蹄逐渐加高。从预应力梁的受力特点可知，为了使截面布置经济合理，节省预应力筋的配筋数量，T 形梁截面的效率指标 ρ 应大于 0.50。

② 翼板尺寸。T 形梁上翼缘的厚度按钢筋混凝土 T 形梁桥同样的原则来确定，一般为变厚度。为了减小翼板和肋梁连接处的局部应力集中和便于脱模，在该处一般还设置折线形承托或圆角。此时承托的加厚部分应计算在内。加大翼板宽度能有效地提高截面的效率指标。

③ 横梁布置及尺寸。沿纵向的横隔梁布置基本上与钢筋混凝土梁桥相同，但中横隔梁应延伸至马蹄的加宽处。端横梁与主梁同高。其宽度一般为 12~16cm。在主梁跨径大、梁较高的情况下，为了减小自重而往往将横隔梁的中部挖空。

中华人民共和国交通行业标准《公路桥涵标准图》中，主梁间距采用 1.6m，并根据桥梁横断面不同的净宽而相应采用 5、6、7 片主梁。

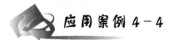

应用案例 4-4

图 4.27 所示为标准跨径 30m，桥面净空为净－7＋2×0.75m 人行道的标准设计构造

布置图。

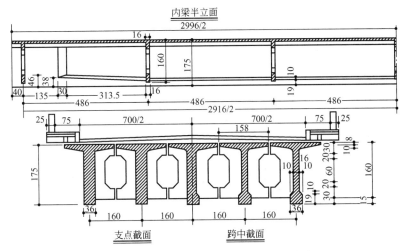

图 4.27　预应力混凝土 T 形梁的构造布置(尺寸单位：cm)

【案例点评】

为了满足梁端预应力筋的锚固，装配式预应力混凝土简支 T 形梁的马蹄高度从跨中向支点逐渐抬高，支点截面附近梁肋宽度逐渐增大。

(2) 钢筋构造。

装配式预应力混凝土 T 形简支梁的主梁钢筋包括预应力筋、非预应力筋(如纵向受力钢筋、箍筋、水平纵向防裂钢筋、锚固端加固钢筋网、架立钢筋等)。

① 纵向预应力筋的布置如图 4.28 所示。纵向预应力筋在跨中均靠近梁的下缘布置，以对混凝土施加的压力来抵消荷载引起的拉应力。

a. 全部预应力筋直线形布置，如图 4.28(a)所示。其构造最简单，仅适合先张法施工的小跨径梁。其缺点是支点附近无法平衡的张拉负弯矩会在梁顶产生过高的拉应力，甚至使梁严重开裂。

b. 长度较大的后张法梁，如采用直线形预应力筋，为了减小梁端的负弯矩并节省钢材，可将主筋在梁的中间截面处截断，在横隔梁处弯出梁体锚固，如图 4.28(b)所示。其优点是主筋最省，张拉摩阻力也小；其缺点

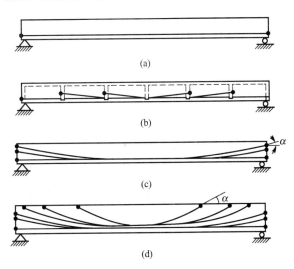

图 4.28　纵向预应力筋的布置

是预应力筋没有充分发挥抗剪作用，且梁体在锚固处的受力和构造也较复杂。

c. 当预应力筋不多时，纵向预应力筋全部弯至梁端锚固，如图 4.28(c)所示。这种布

置预应力弯起角 α 较小(一般在 20°以下),对减小摩阻损失有利。

d. 当预应力筋多时,或梁高受到限制,预应力筋不能全锚固在梁端时,就必须将一部分预应力筋弯出梁顶,如图 4.28(d)所示。这种布置的预应力筋弯起角 α 较大,增大了摩阻引起的预应力损失,但最大的优点是:对于较大的 T 形梁,为了减小吊装重力,它的预制部分梁的自重比成桥后的恒载小得多。预张拉阶段如果张拉全部预应力筋,将会使梁上缘开裂而破坏,因此必须将一部分束筋的锚固端布置在梁顶上,当梁拼装完成后,再在桥面进行二次张拉。

预应力束筋在梁内的位置可以利用束界的概念来确定。当束筋布置后的重心位置在束界限内,即能保证梁的任何截面在弹性工作阶段时,梁的上、下缘应力不应超过规定值。由于简支梁弯矩向梁端逐渐减小,故索界的上下限也逐渐上移,这就是必须将大部分预应力筋向梁端逐渐弯起的重要原因之一。一般简支梁跨中最大弯矩区段变化小,束筋大致在梁的 3 分点左右才开始弯起。梁在跨中部分肋宽已能足够承受荷载剪力,一般大约在 3 分点到 4 分点之间才开始需要将束筋弯起,以帮助抵消部分剪力。

预应力筋弯起的曲线形状可以采用圆弧线、抛物线和悬链线三种形式。在矢跨比较小的情况下,这 3 种曲线的坐标值很接近,工程中通常采用在梁中部保持一段水平直线后再按圆弧弯起的做法。

预应力钢束弯起的曲率半径对于钢丝束、钢绞线,不小于 4m;对于 $d \leqslant 12mm$ 的钢筋束,不小于 4m;对于 $12mm < d \leqslant 25mm$ 的钢筋,不小于 12m;对于 $d > 25mm$ 的钢筋,不小于 15m。

预应力筋在跨中横截面内的布置应满足下列原则。

a. 保证梁底保护层和位于索界内。

b. 重心尽量靠下。

c. 尽量相互靠拢。

d. 腹板中线处适量布置。

② 非预应力筋的布置。预应力混凝土 T 形梁与钢筋混凝土 T 形梁一样,按规定布置箍筋、防收缩钢筋、架立钢筋;另外,还有其自身特点。

为了防止锚具附近混凝土出现裂缝,应在锚固区(离梁端约等于梁高的范围)内采取构造措施。图 4.29 所示为梁端锚固区的非预应力钢筋构造。加强钢筋网的网格约为 10cm×10cm。锚具下设置厚度不小于 16mm 的钢垫板与 φ8 的螺旋筋,其螺距为 3cm,长为 21cm,以提高混凝土的抗裂性。

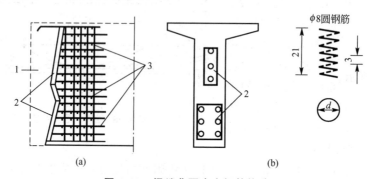

图 4.29 梁端非预应力钢筋构造

此外，腹板内箍筋间距不大于 25cm，自支座中心起长度不小于 1 倍梁高的范围内，应采用闭合式箍筋。对于预应力筋比较集中的下翼缘（下马蹄）内必须设置闭合式加强箍筋，其间距不大于 15cm，如图 4.30 所示。图中 d 为制孔管的直径，应比预应力筋直径大 10mm；采用铁皮套管时应大 20mm。管道间的最小净距主要由灌注混凝土的要求所确定。在有良好振捣工艺时（如同时采用底振和侧振），最小净距不小于 4cm。

预应力混凝土简支梁内一般不设斜筋，其他钢筋的布置同钢筋混凝土梁，按构造布置。另外，有时预应力筋与非预应力筋共同配置，会收到很好的效果，如图 4.31 所示。

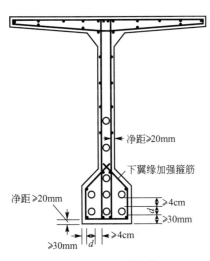

图 4.30 马蹄构造

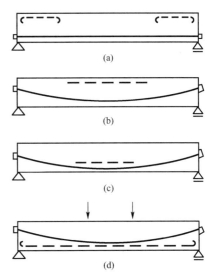

图 4.31 预应力梁内非预应力纵向钢筋（虚线）的布置

图 4.31(a)表示当梁中预应力筋在两端不便弯起时，为了防止张拉阶段梁端顶部可能开裂而布置的受拉钢筋。

对于自重比永久作用与可变作用小得多的梁，在预加力阶段跨中部分的上翼缘可能会开裂破坏，因而也可以在跨中部分的顶部加设无预应力的纵向受力钢筋，如图 4.31(b)所示。这种钢筋在运营阶段还能加强混凝土的抗压能力，在破坏阶段则可以提高梁的安全度。

图 4.31(c)所示为在跨中部分下翼缘内设置的钢筋，多半是在全预应力梁中为了加强混凝土承受预加压力的能力而设置的。

对于部分预应力梁也往往利用布置在下翼缘的纵向钢筋来补足极限强度的需要，如图 4.31(d)所示，并且这种钢筋对于配置无黏结预应力筋的梁能起到分布裂缝的作用。

应用案例 4-5

图 4.32 所示为标准跨径 30m 的装配式预应力混凝土简支梁构造布置的标准设计图。此梁的全长为 29.96m，计算跨径为 29.16m，梁肋中心距为标准尺寸 1.60m。在横截面上，

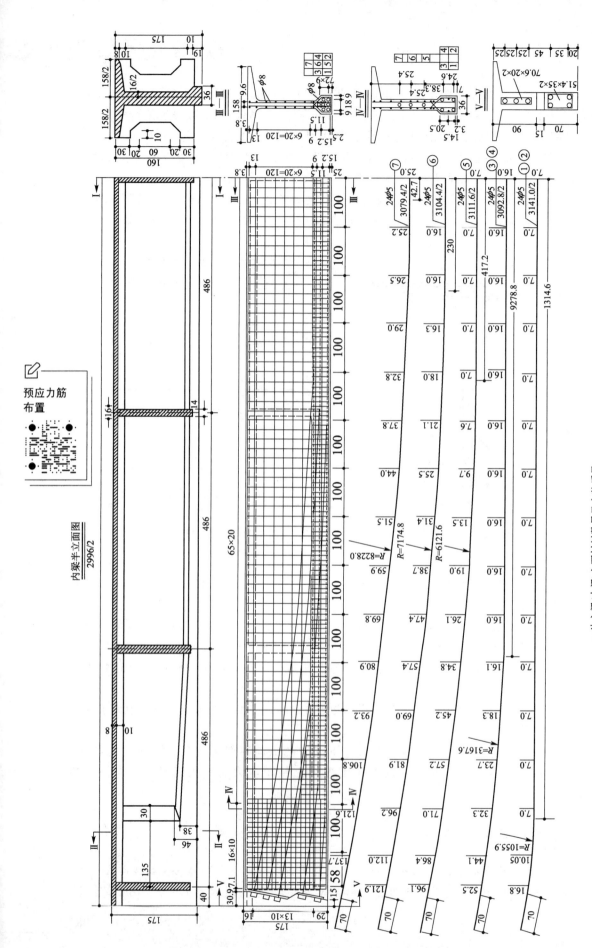

图 4.32 预应力混凝土简支梁构造布置的标准设计图

可以用5～7片主梁来构成净—7、净—9并附不同人行道宽度的桥面净空。

主梁采用C40混凝土带马蹄的T形截面，梁高为1.75m。厚16cm的梁肋在梁端部分（约等于梁高的长度内）加宽至马蹄全宽36cm，以利于预应力筋的锚固。在截面设计中将所有混凝土内角做成半径为5cm的圆角，以利于脱模。

梁内预应力筋采用7束24根Φ5高强钢丝束，钢丝极限强度为$1.6×10^6$kPa，均以圆弧起弯并锚固在梁端20mm厚的钢垫板上。全部钢丝束的重心线不超过束界范围。在锚固区域锚具的布置应分散均匀，最好对称于竖轴，并留有足够的净距以便张拉操作。

除预应力钢筋之外，为了梁的抗剪和抗裂需要，梁肋两侧布置用Φ8钢筋构成钢筋网。

在钢垫板下预应力筋周围设置Φ8的螺旋筋，并在梁端加宽范围内的各排钢丝束之间设置加密钢筋网或加密的纵向水平分布筋和箍筋。

在梁的拉应力或拉应力变区适当布置一些普通钢筋，以便协调预应力筋和普通钢筋的配置以改善梁的结构性能。

【案例点评】

装配式预应力混凝土简支T形梁桥一般采用后张法施加预应力，这样可以满足预应力筋的弯起。

4.3.2 简支箱梁桥的构造

钢筋混凝土简支箱梁桥的标准跨径不宜大于25m。由于简支箱梁桥存在较宽的混凝土底板，故其常采用预应力混凝土结构。

箱形截面梁的底板上、下层，应分别设置平行于桥跨和垂直于桥跨的构造钢筋。钢筋截面面积为：对于钢筋混凝土桥，不应小于配置钢筋的底板截面面积的0.4%；对于预应力混凝土桥，不应小于配置钢筋的底板截面面积的0.3%。以上钢筋还可充作受力钢筋。当底板厚度有变化时可分段设置。钢筋直径不宜小于10mm，其间距不宜大于300mm。简支箱梁桥的其他构造要求与简支T形梁桥相同。

2008年我国原交通部编制的《公路桥梁通用图——装配式预应力混凝土箱形连续梁桥上部构造》，都是先简支后连续结构，跨径有20m、25m、30m、35m、40m五种，汽车荷载等级为公路—Ⅰ级和公路—Ⅱ级。

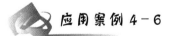

应用案例 4-6

图4.33所示为标准跨径30m的装配式预应力混凝土先简支后连续箱形梁桥上部构造。图4.33(a)所示为箱梁横断面，图4.33(b)所示为箱梁构造，图4.33(c)所示为预制箱梁钢束构造。其路基宽度为24.5m，汽车荷载等级为公路—Ⅰ级，4条行车道，桥面宽度为2×12m，单幅桥梁为4片箱梁，梁间距为2.9m，预制梁高为1.6m。预制主梁、端横梁、跨中横隔板、中横梁、现浇接头、湿接缝、封锚、桥面现浇层混凝土均采用C50；桥面铺

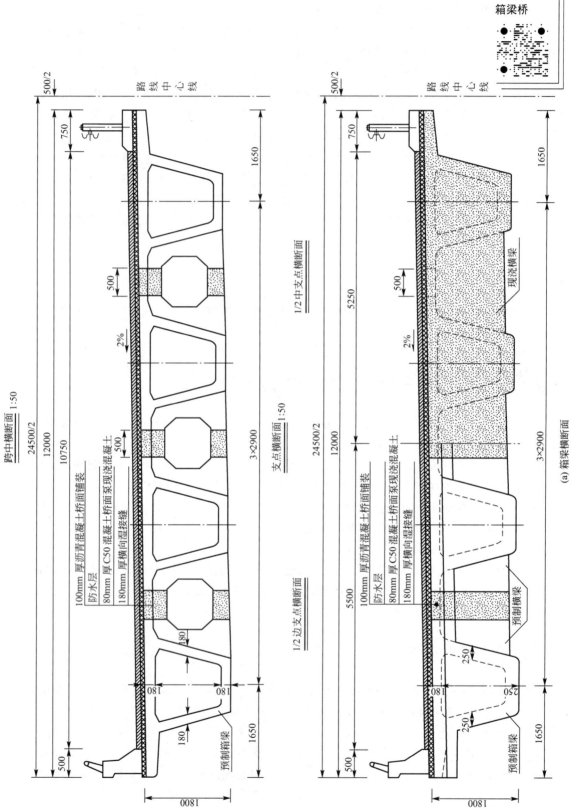

图 4.33 先简支后连续箱形箱梁桥上部构造

(a) 箱梁横断面

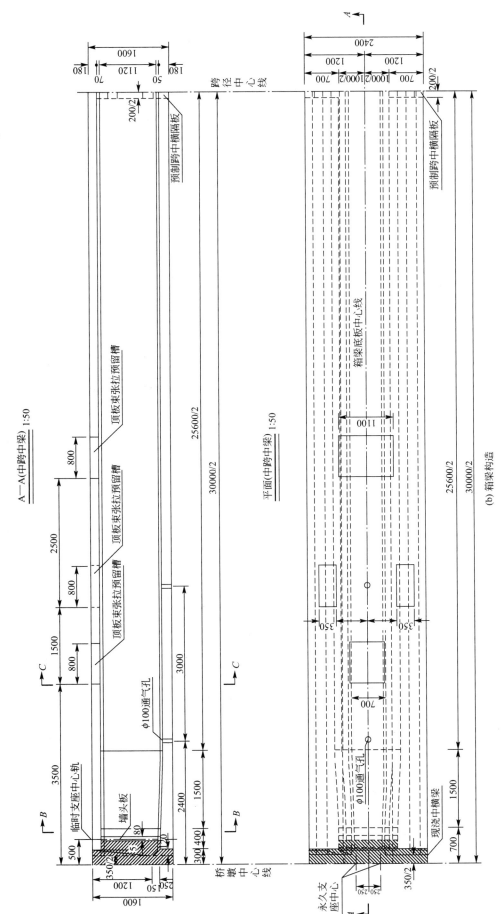

图 4.33 先简支后连续箱形梁桥上部构造(续)
(b) 箱梁构造

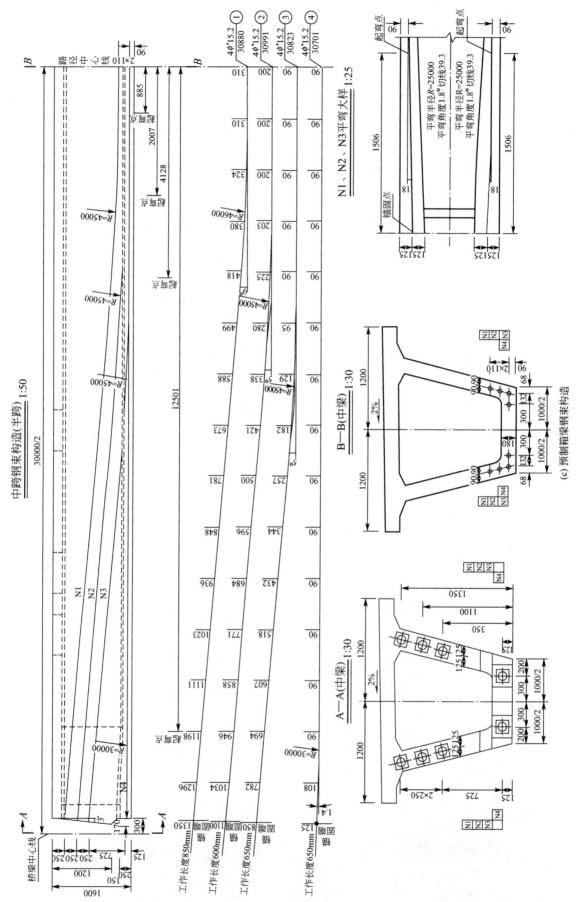

图 4.33 先简支后连续箱形钢梁桥上部构造（续）

装采用沥青混凝土。普通钢筋采用 R235 和 HRB335 两种钢筋，R235 钢筋主要采用了直径 $d=8$mm、10mm 两种规格；HRB335 钢筋主要采用了直径 $d=12$mm、16mm、20mm、22mm、25mm 5 种规格。预应力钢绞线采用抗拉强度标准值 $f_{pk}=1860$MPa、公称直径 $d=15.2$mm 的低松弛高强度钢绞线。

【案例点评】

该案例采用了先简支后连续结构，使装配式箱型梁桥具有连续梁桥的受力特点，但仍然采用简支梁桥的预制工艺，施工速度较快。

*4.4 混凝土简支梁桥的计算

模块 2 介绍了桥梁设计的基本原则，桥梁平面和纵、横断面设计的一般原则，在本节将介绍混凝土简支梁桥各部分构件主要尺寸的选定和构造细节等。这些都是设计构思一座桥梁必备的知识。

在进行桥梁设计时，通常总是先根据使用要求、跨径大小、桥面净宽、作用等级、施工条件等基本资料，运用所学的桥梁构造知识并参考已有同类型桥梁的设计经验，拟定桥梁结构各构件的截面形式和细部尺寸；然后估算结构的自重，计算结构的各种作用效应，并进行作用效应组合，求出各构件的最不利作用效应；据此进行构件的应力、强度、刚度、稳定性、裂缝和挠度等的验算，以此来判断原先所拟定的细部尺寸是否符合要求。

如果验算结果不能满足要求，则需要调整原来所拟定的尺寸再进行验算，直到满足要求为止。

鉴于钢筋混凝土构件的截面设计和验算问题属于"结构设计原理"课程的内容，本节着重阐述桥面板、主梁和横隔梁的受力特点和作用效应组合的计算方法。

特别提示

对于中小跨径的简支板（梁），由于国家有相关标准图集供参考，其设计、计算工作大大简化，甚至可以直接套用标准图。对于初学者，这是学习设计的一个捷径。另外，对已建同类型桥梁的设计进行模仿借鉴，也是设计入门的一个基本方法。初学者可在此基础上进行设计，熟练后再进行提高创新。

4.4.1 桥面板计算

1. 桥面板的力学模型

混凝土简支梁桥的桥面板（也称行车道板）直接承受车轮荷载，它与主梁梁肋和横隔梁连接在一起，既保证了梁的整体作用，又把荷载传递给主梁。如图 4.34 所示，这种联系形成了一种梁格构造。

其受力分析如图 4.35 所示。不难理解，荷载作用位置不同，梁的受力状态就不同。

桥面板的长宽比不同，直接影响荷载的传递效应，可将其分类如下。

图 4.34 梁格构造

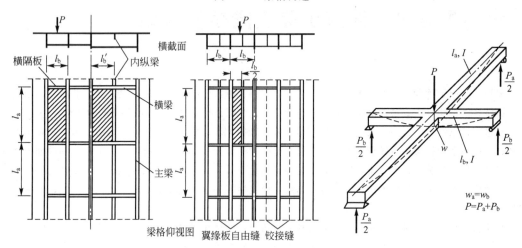

图 4.35 桥面板支承方式及受力

(1) 单向板：$l_a/l_b \geqslant 2$，四边支承，荷载绝大部分沿短跨 l_b 方向传递。

(2) 双向板：$l_a/l_b < 2$，四边支承，两方向配置受力钢筋。

(3) 悬臂板：三边支承，翼缘端边是自由边的板，沿短跨方向的一端嵌固，另一端为自由端的悬臂板。

(4) 铰接悬臂板：三边支承，翼缘端边是铰接的板，沿短跨方向的一端嵌固，另一端为铰接的铰接板。

整体现浇 T 形梁的力学模型为单向板，装配式 T 形梁的力学模型为悬臂板或铰接悬臂板。下面介绍这 3 种类型桥面板的计算方法。

2. 车轮荷载在板上的分布

车轮与桥面的接触实际上接近于椭圆，而且荷载通过铺装层扩散分布，故车轮压力在桥面板上的实际分布是较复杂的。为了方便起见，近似地把车轮与桥面的接触面看作是 $a_2 \times b_2$ 的矩形面积（a_2 为沿行车方向车轮的着地长度，b_2 为垂直于行车方向的车轮着地宽度，具体数据查《桥规》）。荷载在铺装层内的扩散程度，对于混凝土或沥青面层，可以偏安全地假定按 45°扩散，如图 4.36 所示。

因此，作用于钢筋混凝土桥面板顶面的矩形荷载压力面的边长 a_1、b_1 为

$$\left. \begin{array}{ll} 沿行车方向 & a_1 = a_2 + 2H \\ 沿桥宽方向 & b_1 = b_2 + 2H \end{array} \right\} \tag{4-1}$$

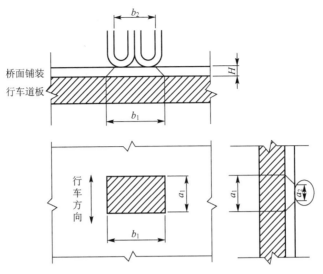

图 4.36 车辆荷载在板面上的分布

式中：H——铺装层的厚度。

由此可以推算，当只有一个车轮作用于桥面板上时，作用于板面上的局部分布荷载 p 为

$$p = \frac{P}{2a_1 b_1}$$

式中：P——汽车荷载的轴重。

> **特别提示**
>
> 注意轴重和轮重的区别。

3. 板的有效工作宽度

板在局部荷载作用下，不仅直接承压部分参加工作，其相邻的部分板也会共同参加工作，承担一部分荷载。因此，在桥面板的计算中，就需要确定板的有效工作宽度，如图 4.37 所示。

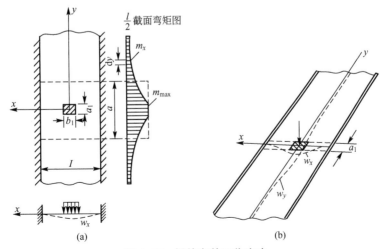

图 4.37 板的有效工作宽度

图 4.37 中 a 为板的有效工作宽度。《桥规》中对板的有效工作宽度规定如下。

(1) 单向板 (图 4.38)。

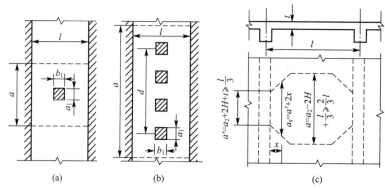

图 4.38　单向板的荷载有效工作宽度

平行于板跨方向(即垂直于行车方向)的有效工作宽度 $a_1 = a_2 + 2H$。垂直于板跨方向(即平行于行车方向)时有下列几种情况。

① 荷载位于跨间。

a. 单个车轮在板的跨径中部时：

$$a = a_1 + \frac{l}{3} = a_2 + 2H + \frac{l}{3} \geqslant \frac{2}{3}l$$

式中：l——板的计算跨径。

特别提示

注意板的计算跨径（横向）和梁的计算跨径（纵向）的区别。

b. 多个相同车轮在板的跨径中部时，有效分布宽度发生重叠，则

$$a = a_2 + 2H + d + \frac{l}{3} \geqslant \frac{2}{3}l + d$$

式中：d——最外两个荷载的中心距离，若只有两个相邻荷载一起计算时，d 为车辆荷载的轴距。

② 荷载位于支承处。

$$a' = a_2 + 2H + t \geqslant \frac{l}{3}$$

式中：t——板的平均厚度。

③ 荷载位于支承边缘附近。

$$a_x = a' + 2x = a_2 + 2H + t + 2x \leqslant a$$

式中：x——荷载离支承边缘的距离。

(2) 悬臂板。

悬臂板在荷载作用下，除了直接承受荷载的板条外，相邻的板条也发生挠曲变形承受部分荷载，如图 4.39 所示。对悬臂板规定的荷载有效分布宽度为

$$a = a_1 + 2b' = a_2 + 2H + 2b' \, (b' \leqslant 2.5\text{m})$$

式中：b'——承重板上荷载压力面外侧边缘至悬臂根部的距离。

对于分布荷载靠近边板的最不利情况，b' 就等于悬臂板的跨径 l_0，于是 $a = a_1 + 2l_0$。

当 $b' > 2.5$m 时，悬臂板根部负弯矩按上式计算的 1.3～1.5 倍取值。

4. 桥面板的内力计算

对于实体的矩形截面桥面板，一般均由弯矩控制设计。设计时，习惯上以 1m 宽的板条来进行计算。

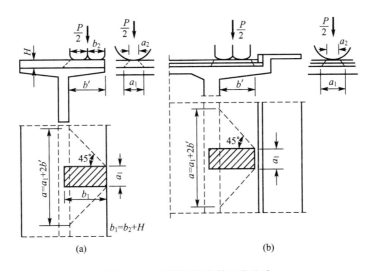

图 4.39 悬臂板的有效工作宽度

(1) 多跨连续单向板。

桥面板的受力情况比较复杂,通常用简单的近似方法进行计算,如图 4.40 所示。

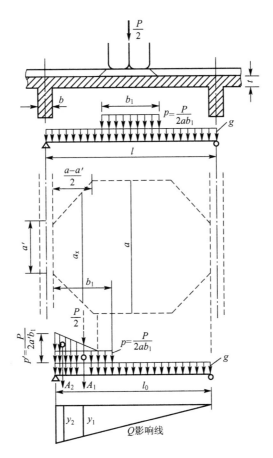

图 4.40 单向板内力计算图式

对于现浇的多跨连续单向板内力计算，《桥规》规定如下。

① 计算弯矩。

支点弯矩：
$$M_{支} = -0.7M_0$$

跨中弯矩：
$$M_{中} = +0.5M_0 \quad [(t/h) < 1/4，主梁抗扭能力大者]$$
$$M_{中} = +0.7M_0 \quad [(t/h) \geqslant 1/4，主梁抗扭能力小者]$$

式中：M_0——把板当作简支板时，由使用荷载引起的 1m 宽板的跨中最大设计弯矩，它是 M_{0p}（活载弯矩）和 M_{0g}（恒载弯矩）两部分的内力组合，即：

$$M_0 = M_{0g} + M_{0p}$$

其中 M_{0g} 和 M_{0p} 的计算式如下。

$$M_{0g} = \frac{1}{8} g l^2$$

$$M_{0p} = (1+\mu) \frac{P}{8a} \left(l - \frac{b_1}{2}\right) \tag{4-2}$$

式中：t——板的平均厚度。

h——肋高。

g——1m 宽板的荷载强度。

l——板的计算跨径，当梁肋不宽时（如 T 形梁），可取梁肋中距；当梁肋较宽时（如箱形梁），可取梁肋间的净距加板厚，即 $l = l_0 + t$，但不大于 $l_0 + b$（b 为梁肋宽）。

μ——冲击系数，对于桥面板通常取 0.3。

P——汽车轴重，此处应取后轴的轴重。

如果板的跨径较大，横向可能还有第 2 个车轮进入跨径内时，可按工程力学方法对荷载进行布置，使得跨中弯矩最大。

② 计算剪力。计算单向板的支点剪力时，可不考虑板和主梁的弹性固结作用，而直接按简支板的图式进行计算。

恒载剪力：

$$Q_{支g} = \frac{g l_0}{2}$$

跨内作用 1 个车轮荷载的剪力：

$$Q_{支p} = (1+\mu)(A_1 y_1 + A_2 y_2) \tag{4-3}$$

其中，矩形部分荷载的合力为

$$A_1 = p b_1 = \frac{P}{2a}$$

三角形部分荷载的合力为

$$A_2 = \frac{1}{2}(p'-p) \cdot \frac{1}{2}(a-a') = \frac{P}{8aa'b_1}(a-a')^2$$

式中：p, p'——对应于有效分布宽度 a 和 a' 的荷载强度，$p = \frac{P}{2ab_1}$，$p' = \frac{P}{2a'b_1}$；

y_1, y_2——对应于荷载合力 A_1、A_2 的支点剪力影响线竖标值。

如果跨径内不止 1 个车轮进入时，还应计算其他车轮的影响。

(2) 铰接悬臂板。

用铰接方式连接的 T 形梁翼缘板其最大弯矩在悬臂根部，如图 4.41 所示。

计算活载弯矩时，最不利的荷载位置是把车轮荷载对称布置在铰接处，两相邻悬臂板各承受半个车轮荷载，即 $P/4$，则 1m 宽板条有：

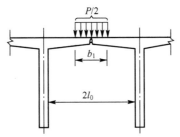

图 4.41 铰接悬臂板荷载分布计算

活载弯矩：
$$M_p = -(1+\mu)\frac{P}{4a}\left(l_0 - \frac{b_1}{4}\right)$$

恒载弯矩：
$$M_g = -\frac{1}{2}gl_0^2$$

为了简化计算，可近似按汽车车轮荷载对称布置在铰接处来计算剪力。

活载剪力：
$$Q_p = (1+\mu)p\omega$$

恒载剪力：
$$Q_g = gl_0$$

式中：p——作用在 1m 宽板上的荷载强度，$p = \frac{P}{2ab_1}$；

ω——与 b_1 所对应的剪力影响线面积。

（3）悬臂板。

计算梁肋处最大弯矩时，应将车轮荷载靠板的边缘布置，如图 4.42 所示。

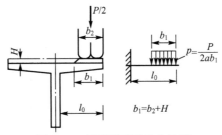

图 4.42 悬臂板荷载分布计算

此时，$b_1 = b_2 + H$，则汽车荷载弯矩计算公式如下。

汽车荷载弯矩：
$$M_p = -\frac{P}{4ab_1}(1+\mu)l_0^2 \quad (b_1 \geqslant l_0 \text{ 时})$$

或
$$M_p = -(1+\mu)\frac{P}{2a}\left(l_0 - \frac{b_1}{2}\right) \quad (b_1 < l_0 \text{ 时})$$

汽车荷载剪力：
$$Q_p = (1+\mu)\frac{P}{2ab_1}l_0 \quad (b_1 \geqslant l_0 \text{ 时})$$

或
$$Q_p = \frac{1}{2a}(1+\mu)p' \quad (b_1 < l_0 \text{ 时})$$

恒载弯矩:

$$M_g = -\frac{1}{2}gl_0^2$$

恒载剪力:

$$Q_g = gl_0$$

(4) 内力组合。

计算出恒载和活载内力后,取1m宽板条按照《桥规》规定,求得最大内力组合,见表4-1。

表4-1　1m宽板内力组合

承载能力极限状态	结构重力对结构的承载能力不利时	$S_{ud} = \sum_{i=1}^{m} 1.2 S_{自重} + 1.4 S_{汽} + 0.80 \times 1.4 S_{人}$
	结构重力对结构的承载能力有利时	$S_{ud} = \sum_{i=1}^{m} S_{自重} + 1.4 S_{汽} + 0.80 \times 1.4 S_{人}$
正常使用极限状态	短期效应组合	$S_{ud} = \sum_{i=1}^{m} S_{自重} + 0.7 S_{汽(不计冲击力)} + 1.0 S_{人}$
	长期效应组合	$S_{ud} = \sum_{i=1}^{m} S_{自重} + 0.4 S_{汽(不计冲击力)} + 0.4 S_{人}$

4.4.2　主梁内力计算

主梁的设计内力包括恒载内力、活载内力和其他作用引起的内力。桥梁设计内力中恒载的计算比较简单,除了考虑实际的结构自重外,通常可以近似地将桥面铺装、人行道、栏杆等的重力分摊给各片主梁来承担,按平面问题来计算各片主梁的内力。

由汽车荷载和人群荷载等活载引起的内力计算相对复杂些,不能像恒载那样简单地按平面问题计算。梁桥由承重结构(主梁)及传力结构(横隔梁、桥面板等)两大部分组成。多片主梁依靠横隔梁和桥面板连成空间整体结构,当桥上作用荷载时,各片主梁将共同参与工作。考虑到活载的作用具有空间性,它们的受力特征属于空间结构的范畴,求解结构的内力属于空间计算理论问题。

为了简化计算,也便于手算,通常采用一些实用空间计算方法,将复杂的空间问题合理转化为简单的平面问题。

1. 结构自重效应计算

钢筋混凝土或者预应力混凝土桥梁的永久作用占全部设计荷载的比重很大(60%～90%)。在计算恒载内力时,往往将横隔梁、铺装层、人行道和栏杆等重力均布分摊给各主梁承受。精确计算时,可将横隔梁作为集中力考虑,将人行道和栏杆的重力横向分配给各主梁。图4.43为结构自重内力计算图式。

根据材料力学公式可以很容易计算出梁内各截面的弯矩和剪力,其计算公式为

$$\left. \begin{array}{l} M_x = \dfrac{1}{2}gx(l-x) \\ Q_x = \dfrac{g}{2}(l-2x) \end{array} \right\} \quad (4-4)$$

2. 汽车和人群作用效应计算

(1) 荷载横向分布的概念。

对于一座由多片主梁和横隔梁组成的梁桥来说,当桥上有荷载P作用时,由于结构的横向联系必然

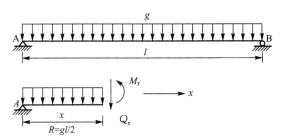

图 4.43　结构自重内力计算图式

会使所有主梁以不同的程度参与工作，并且随着荷载作用位置(x,y)的变化，某根主梁所承担的荷载也随之变化。

因此，必须首先了解某根主梁所承担的最不利荷载，然后再沿桥纵向确定该梁某一截面的最不利内力，并以此得出整座桥梁中最不利主梁的最大内力值。

图 4.44 为荷载作用下的内力计算。

先以单梁为例，有

$$S = P \cdot \eta_1(x)$$

式中：$\eta_1(x)$——梁上某截面的内力影响线。

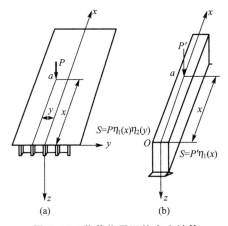

图 4.44　荷载作用下的内力计算

对于多片主梁通过桥面板和横隔梁组成的梁桥来说，当荷载 P 作用在桥上时，由于结构的整体作用，各主梁、横梁都要产生不同程度的挠曲而形成一个挠曲面。也就是说，结构的横向刚性会使荷载在 x 和 y 方向上同时发生传布，并使所有主梁都不同程度地参与工作，显示了结构变形与受力的空间性。

在桥梁横、纵向均引入影响线的概念，那么，对于某根主梁某一截面的内力值就可以表示为

$$S = P \cdot \eta(x, y) = P \cdot \eta_1(x) \cdot \eta_2(y)$$

如果将 $\eta_2(y)$ 看作是单位荷载沿横向作用在不同位置时对某梁所分配的荷载比值曲线，也称作对于某梁的荷载横向分布影响线。那么 $P \cdot \eta_2(y)$ 就是当 P 作用于 $a(x, y)$ 点时，沿横向分布给某梁的荷载 $P' = P \cdot \eta_2(y)$。

当桥上承受汽车荷载时，由于沿桥宽作用的车轮荷载可能不止一个，可以在任意一片主梁的荷载横向分布影响线上。按横向最不利位置排列荷载，求得其分配到的荷载最大值 $P'_{\max}$，并令 $P'_{\max} = mP$（P 为车辆的轴重)，然后就可以按照求平面问题的方法求得该主梁任一截面的内力值。公式中的 m 就称为荷载的横向分布系数，它表示某根主梁所承担的最大荷载是各个轴重的倍数(通常小于 1)。

对于汽车、人群荷载的横向分布系数 m 的计算公式如下。

$$\left.\begin{array}{c} 汽车荷载的横向分布系数\ m_q = \dfrac{\sum \eta_q}{2} \\ 人群荷载的横向分布系数\ m_r = \eta_r \end{array}\right\} \qquad (4-5)$$

式中：η_q，η_r——对应于汽车和人群荷载集度的荷载横向分布影响线竖标。

(2) 荷载横向分布的计算。

由于桥梁的构造特点不同，所以横向分布系数的计算方法也不同，目前常用的荷载横向分布计算方法如下。

① 杠杆原理法——把横向结构(桥面板和横隔梁)视作在主梁上断开，而简支在其上的简支梁。

② 偏心压力法——把横隔梁视作刚度极大的梁。当计及主梁抗扭刚度影响时，此法又称为修正偏心压力法。

③ 横向铰接板(梁)法——把相邻板(梁)之间视为铰接，只传递剪力。

④ 横向刚接梁法——把相邻主梁之间视为刚性连接，传递剪力和弯矩。

⑤ 比拟正交异性板法——将主梁和横隔梁的刚度换算成两向刚度不同的比拟弹性平板来求解，并由实用的曲线图表进行荷载横向分布计算。

本节重点介绍较常用的杠杆原理法和偏心压力法，使大家对桥梁的计算方法有一个基本的认识。其余方法请参阅其他有关书籍。

① 杠杆原理法的主要特点有以下 4 点，其计算图式如图 4.45 所示。

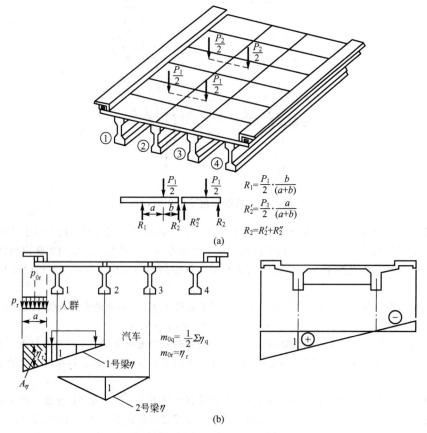

图 4.45 杠杆原理法计算图式

a. 基本假定：忽略主梁之间横向结构的联系作用，即假设桥面板和横隔梁在主梁上断开，并视作沿横向支承在主梁上的简支梁或悬臂梁来考虑。

b. 如果是工字形主梁的装配式、双柱式、双主梁桥，本法计算荷载横向分布系数是准确的。

c. 一般多梁式桥，由于不考虑支座的弹性压缩和主梁本身的微小压缩变形，可用本法近似计算靠近主梁支点处的横向分布系数。

d. 近似计算横向联系很弱的无中间横隔梁的梁桥，计算的荷载横向分布系数，对于中间主梁会偏大些，而对于边梁则会偏小。

② 偏心压力法的适用条件：在钢筋混凝土或预应力混凝土梁桥上，当设置了具有可靠横向联结的横隔梁，且桥的宽跨比 B/L 小于或近于 0.5 的情况时（一般称为窄桥）。

偏心压力法是把梁桥看作由主梁和横隔梁组成的梁格系，荷载通过横梁由一片主梁传到其他主梁上。主梁对横梁起弹性支撑作用，并假定横梁刚度无穷大，忽略主梁抗扭刚度，因此得到桥梁挠曲变形。它完全类似于一般材料力学中杆件偏心受压的情况，故此法称为"偏心压力法"，也称为"刚性横梁法"。

图 4.46 为一座由 5 片主梁组成的梁桥的跨中截面，第 i 号梁的抗弯惯矩为 I_i，弹性模量均为 E，各主梁关于桥梁中心线对称布置。在跨中截面，单位竖向集中荷载 $P=1$ 作用在离截面扭转中心 O 点的距离为 e 处。

由于假定横隔梁是刚性的，因此可以将荷载简化为两部分[图 4.46(b)]：作用于桥梁中心线的中心荷载 $P=1$ 和偏心力矩 $M=1 \times e$。

分别计算出在 $P=1$ 作用下各梁产生的向下挠度变形[图 4.46(c)]和在偏心力矩 $M=1 \times e$ 作用下绕中心 O 产生的挠度变形图[4.46(d)]，然后将两者叠加[图 4.46(e)]，即可求得主梁所分配的内力值，写成公式为（$e=a_k$）。

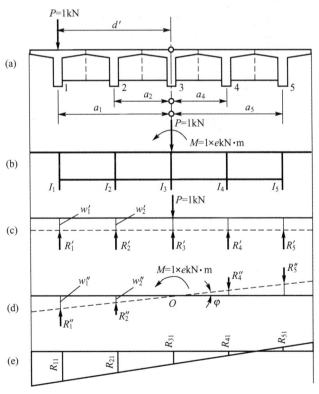

图 4.46　偏心荷载 $P=1$ 对于各主梁的荷载分布图

$$R_{ik} = \frac{I_i}{\sum_{i=1}^{n} I_i} + \frac{a_i a_k I_i}{\sum_{i=1}^{n} a_i^2 I_i}$$

对于图 4.46 所示的简支梁,若各梁截面均相同,即 $I_i = I$,可得偏心荷载作用 $P=1$ 时,边主梁(1 号梁和 5 号梁)所受的总荷载公式为

$$\left. \begin{array}{l} \eta_{11} = \dfrac{1}{n} + \dfrac{a_1^2}{\sum\limits_{i=1}^{n} a_i^2} \\[2ex] \eta_{51} = \dfrac{1}{n} - \dfrac{a_1^2}{\sum\limits_{i=1}^{n} a_i^2} \end{array} \right\} \tag{4-6}$$

式中:n——主梁的根数。

偏心压力法在计算中,由于假定了横梁是刚性的且忽略了主梁抗扭刚度的影响,致使边梁计算结果偏大。为减小计算误差,可考虑对上述因素进行修正,即所谓的"修正偏心压力法"。本书不再介绍,需要时请参阅有关书籍。

(3)主梁活载内力计算。

主梁活载内力是由可变作用中车道荷载、人群荷载产生的。当求得了活载的横向分布系数后,就可以具体确定作用于一根主梁上的荷载数值,然后就可利用工程力学的方法来计算活载内力。当计算简支梁各截面的最大弯矩和跨中最大剪力时,可近似选用不变的跨中横向分布系数 m_c 计算,如图 4.47 所示。

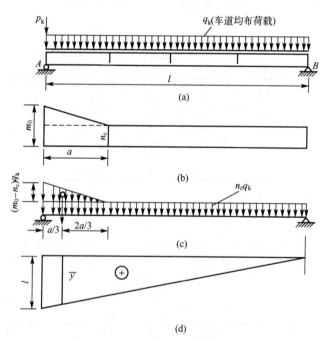

图 4.47 均布荷载作用下内力计算图式

均布荷载:

$$S_{qk} = (1+\mu) \cdot \xi \cdot m_i \cdot q_k \cdot \Omega$$

集中荷载:

$$S_{pk} = (1+\mu) \cdot \xi \cdot m_i \cdot p_k \cdot y_k$$

车道荷载总效应:

$$S = S_{qk} + S_{pk} = (1+\mu) \cdot \xi \cdot m_i \cdot (q_k \cdot \Omega + p_k \cdot y_k) \quad (4-7)$$

式中：S_{qk}——主梁在车道荷载的均布荷载作用下的内力；

S_{pk}——主梁在车道荷载的集中荷载作用下的内力；

μ——汽车荷载的冲击系数，按规定取值；

ξ——多车道横向折减系数，规范规定，多车道桥梁上的汽车荷载应考虑多车道折减，当桥涵设计车道数大于或等于2时，由汽车荷载产生的效应按规定的多车道横向折减系数进行折减，但折减后的效应不得小于两条设计车道的荷载效应；

m_i——荷载横向分布系数，计算主梁弯矩可用跨中荷载横向分布系数代替全跨各点上的弯矩，在计算主梁剪力时，应考虑在跨内的变化；

q_k——车道荷载的均布荷载；

p_k——车道荷载的集中荷载；

Ω——相应的主梁内力影响线的面积；

y_k——对应于车道集中荷载的影响线最大竖标值。

在求汽车荷载中车道均布荷载及人群荷载作用下的主梁支点或靠近支点截面的剪力时，荷载横向分布系数在这一区段内是变化的，如图4.47(b)所示，以支点截面为例，其计算公式为

$$Q_A = Q'_A + \Delta Q \quad (4-8)$$

式中：Q'_A——按不变的 m_c 计算的内力值；

ΔQ——考虑靠近支点处横向分布系数变化而引起的内力增（或减）值，其值计算方法如下。

$$\Delta Q = (1+\mu) \cdot \xi \cdot \frac{a}{2} (m_0 - m_c) \cdot q_k \cdot \bar{y}$$

式中：a——主梁端横梁至第一道内横梁的距离；

$\bar{y}$——对应于附加三角形荷载重心位置的内力影响线坐标值[图4.47(d)]。

在上述计算中，当 $m_0 < m_c$ 时，ΔQ 为负值，这意味着剪力反而减小了。

3. 内力组合

在按各种极限状态来设计钢筋混凝土及预应力混凝土梁时，需要确定主梁向各截面的内力组合设计值。它是将各类作用代表值引起的最不利内力分别乘以分项系数和组合系数后，按规定的作用效应组合而得到的设计值。

应用案例 4-7

设计示例——装配式钢筋混凝土简支T形梁内力设计

（一）设计资料

1. 桥面净空

净—7m+2×0.75m人行道。

2. 主梁跨径和全长

标准跨径：$L_K = 20.00\text{m}$（墩中心距离）；

计算跨径：$L = 19.50\text{m}$（支座中心距离）；

主梁全长：$L_全 = 19.96\text{m}$（主梁预制长度）。

3. 设计荷载

公路—Ⅱ级和人群荷载 3kN/m²。

4. 材料

桥面铺装为2cm沥青表面处治（重力密度为23kN/m³）和平均9cm厚混凝土垫层（重力密度为24kN/m³），

C30 钢筋混凝土 T 形梁翼板重力密度度为 $25kN/m^3$。

5. 结构尺寸

T 形梁的结构尺寸如图 4.48 所示。

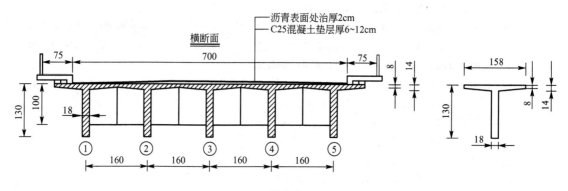

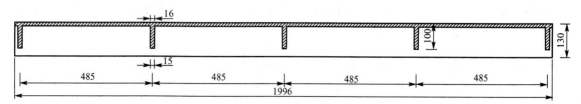

图 4.48　T 形梁的结构尺寸(尺寸单位：cm)

6. 已知力

每侧栏杆及人行道质量的作用力为 5kN/m。

(二) 行车道板计算

考虑到主梁翼缘板在接缝处沿纵向全长设置连接钢筋，故行车道板可按两端固结和中间铰接的板计算。

1. 结构自重及内力 (按纵向 1m 宽的板条计算)

(1) 每延米板上的结构自重 g。

沥青表面处治：$g_1 = 0.02 \times 1.0 \times 23 = 0.46 (kN/m)$

C25 混凝土垫层：$g_2 = 0.09 \times 1.0 \times 24 = 2.16 (kN/m)$

T 形梁翼板自重：$g_3 = (0.08+0.14)/2 \times 1.0 \times 25 = 2.75 (kN/m)$

$$g = \sum g_i = 5.37 kN/m$$

(2) 每米宽板条的恒载内力。

$$M_{恒} = -\frac{1}{2} g l_0^2 = -\frac{1}{2} \times 5.37 \times 0.71^2 = -1.35 (kN/m)$$

$$Q_{恒} = g l_0 = 5.37 \times 0.71 = 3.81 (kN)$$

2. 汽车车辆荷载产生的内力

将车辆荷载后轮作用于铰缝轴线上，如图 4.49 所示。后轮轴重力标准值为 $P = 140kN$，轮压分布宽度如图 4.50 所示。车辆荷载后轮着地长度为 $a_2 = 0.20m$，宽度为 $b_2 = 0.60m$，则

$$a_1 = a_2 + 2H = 0.20 + 2 \times 0.11 = 0.42 (m)$$

$$b_1 = b_2 + 2H = 0.60 + 2 \times 0.11 = 0.82 (m)$$

荷载对于悬臂根部的有效分布宽度为

$$a = a_1 + d + 2l_0 = 0.42 + 1.4 + 2 \times 0.71 = 3.24 (m)$$

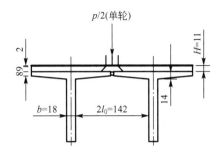

图 4.49 T形梁横截面(尺寸单位:cm)

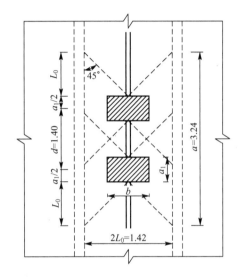

图 4.50 汽车车辆荷载的计算图式(尺寸单位:cm)

由于这是汽车荷载局部加载在T形梁的翼缘板上,故冲击系数取 $1+\mu=1.3$。

作用于1m宽板条上的弯矩为

$$M_{总} = -(1+\mu) \times P \times (l_0 - b_1/4)/4a$$
$$= -1.3 \times 2 \times 140 \times (0.71 - 0.82/4)/(4 \times 3.34)$$
$$= -14.18(\text{kN} \cdot \text{m})$$

作用于1m宽板条上的剪力为

$$Q_{剪} = (1+\mu) \times P/4a = 1.3 \times 2 \times 140/(4 \times 3.24)$$
$$= 28.09(\text{kN})$$

3. 内力组合

承载能力极限状态内力组合计算。

基本组合:

$$M_{总} = 1.2 M_{恒} + 1.4 M_{活}$$
$$= 1.2 \times (-1.35) + 1.4 \times (-14.18)$$
$$= -21.47(\text{kN} \cdot \text{m})$$

$$Q_{总} = 1.2Q_{恒} + 1.4Q_{活}$$
$$= 1.2 \times 3.81 + 1.4 \times 28.09$$
$$= 43.90 (kN)$$

4. 截面钢筋计算(略)

参见"结构设计原理"课程相关知识。

(三) 主梁计算

假定桥面构造各部分重力平均分配给各根主梁承担,以此计算作用于主梁的每延米恒载强度,计算见表4-2和表4-3。

表4-2 结构自重集度计算表　　　　　　　　　　　单位：kN/m

主　　梁		$g_1 = \{0.18 \times 1.30 + [(0.08 + 0.14)/2] \times (1.60 - 0.18)\} \times 25 = 9.76$
横隔梁	对于边主梁	$g_2 = \{[1.00 - (0.08 + 0.14)/2] \times (1.60 - 0.18)/2\} \times (0.15 + 0.16)/2 \times 5 \times 25/19.50 = 0.63$
	对于中主梁	$g_2' = 2 \times 0.63 = 1.26$
桥面铺装层		$g_3 = [0.02 \times 7.00 \times 23 + (0.12 + 0.06)/2 \times 7.00 \times 24]/5 = 3.67$
栏杆和人行道		$g_4 = 5 \times 2/5 = 2.00$
合计	对于边主梁	$g = \sum g_i = 9.76 + 0.63 + 3.67 + 2.00 = 16.06$
	对于中主梁	$g' = 9.76 + 1.26 + 3.67 + 2.00 = 16.69$

表4-3 主梁自重产生的内力

截面位置 X	剪力 Q/kN $Q_x = \dfrac{g}{2}(l - 2x)$		弯矩 M/(kN·m) $M_x = \dfrac{gx}{2}(l - x)$	
	边主梁	中主梁	边主梁	中主梁
$X = 0$	156.6	162.7	0	0
$X = L/4$	78.3	81.4	572.5	595.0
$X = L/2$	0	0	763.4	793.3

1. 活载内力

(1) 主梁的荷载横向分布系数。

① 荷载位于支点时,按杠杆原理法计算荷载横向分布系数,如图4.51所示。

1号梁公路—Ⅱ级：

$$m_{0q} = \frac{0.875}{2} = 0.438$$

人群荷载：

$$m_{0r} = \eta_r = 1.422$$

2号梁公路—Ⅱ级：

$$m_{0q} = \frac{1.000}{2} = 0.500$$

2号梁人行道荷载引起负反力,不考虑布载。

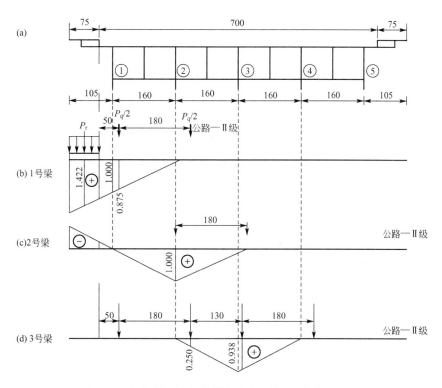

图 4.51 杠杆原理法计算横向分布系数(尺寸单位：cm)

3号梁公路—Ⅱ级：

$$m_{0q} = \frac{0.938 + 0.250}{2} = 0.594$$

$$m_{0r} = 0$$

② 荷载位于跨中时，按偏心压力法计算1号梁、2号梁、3号梁的荷载横向分布系数，如图4.52所示。

此桥设有刚度强大的横隔梁，且承重结构的跨径比为

$$\frac{l}{B} = \frac{19.50}{5 \times 1.60} = 2.4 > 2$$

故可按偏心压力法来计算横向分布系数 m_c。

本桥各根主梁的横截面均相等，梁数 $n=5$，梁间距为 1.60m，则

$$\sum_{i=1}^{5} a_i^2 = a_1^2 + a_2^2 + a_3^2 + a_4^2 + a_5^2$$
$$= (2 \times 1.60)^2 + 1.60^2 + 0 + (-1.60)^2 + (-2 \times 1.60)^2$$
$$= 25.60 \, (m^2)$$

1号梁在两个边主梁处的横向影响线的竖标值为

$$\eta_{11} = \frac{1}{n} \cdot \frac{a_1^2}{\sum_{i=1}^{n} a_i^2} = \frac{1}{5} + \frac{(2 \times 1.60)^2}{25.60} = 0.20 + 0.40 = 0.60$$

$$\eta_{15} = \frac{1}{n} - \frac{a_1 a_5}{\sum_{i=1}^{n} a_i^2} = 0.20 - 0.40 = -0.20$$

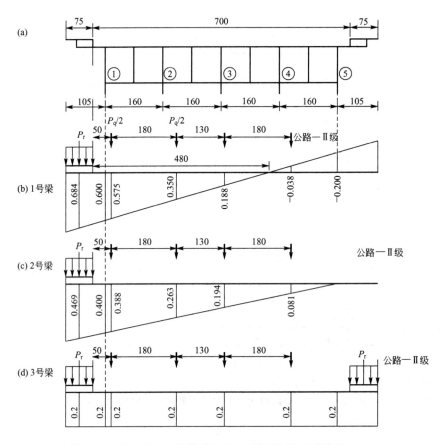

图 4.52 偏心压力法计算横向分布系数图式(尺寸单位:cm)

2号梁在两个边主梁处的横向影响线的竖标值为

$$\eta_{21}=\frac{1}{n}+\frac{a_1 a_2}{\sum\limits_{i=1}^{n} a_i^2}=\frac{1}{5}+\frac{(2\times 1.60)\times 1.60}{25.6}=0.40$$

$$\eta_{25}=\frac{1}{n}-\frac{a_2 a_5}{\sum\limits_{i=1}^{n} a_i^2}=\frac{1}{5}-\frac{(2\times 1.60)\times 1.60}{25.6}=0$$

3号梁在两个边主梁处的横向影响线的竖标值均为 0.2。

绘出荷载横向分布影响线,并按最不利位置布载,如图 4.52(b)所示,其中人行道缘石至1号梁轴线的距离 Δ 为

$$\Delta=1.05-0.75=0.3(\text{m})$$

荷载横向分布影响线的零点至1号梁位的距离为 x,可按比例关系求得

$$\frac{x}{0.6}=\frac{4\times 1.60-x}{0.2}$$

解得 $x=4.80(\text{m})$。

并据此计算(内插法)出对应各荷载点的影响线竖标 η_{qi} 和 η_r。

1号梁的活载横向分布系数。

汽车荷载:

$$m_{cq}=\frac{1}{2}\sum \eta_{qi}=\frac{1}{2}(\eta_{q1}+\eta_{q2}+\eta_{q3}+\eta_{q4})$$

$$= \frac{1}{2} \times (4.60+2.80+1.50-0.30) \times \frac{0.60}{4.80}$$

$$= \frac{1}{2} \times (0.575+0.350+0.188-0.038)$$

$$= 0.538$$

人群荷载：

$$m_{cr} = \eta_r = \frac{\eta_{11}}{x} \cdot x_r = \frac{0.60}{4.80} \times (4.80+0.30+0.75/2) = 0.684$$

2 号梁的活载横向分布系数。

汽车荷载：

$$m_{cq} = \frac{1}{2} \sum \eta_{qi} = \frac{1}{2} (\eta_{q1}+\eta_{q2}+\eta_{q3}+\eta_{q4})$$

$$= \frac{1}{2} \times (6.2+4.4+3.1+1.3) \times \frac{0.40}{6.40}$$

$$= \frac{1}{2} \times (0.388+0.263+0.194+0.081)$$

$$= 0.469$$

人群荷载：

$$m_{cr} = \eta_r = \frac{\eta_{11}}{x} \cdot x_r = \frac{0.40}{6.40} \times (6.40+0.30+0.75/2) = 0.442$$

3 号梁的活载横向分布系数。

汽车荷载：

$$m_{cq} = \frac{1}{2} \sum \eta_{qi} = \frac{1}{2} (\eta_{q1}+\eta_{q2}+\eta_{q3}+\eta_{q4})$$

$$= \frac{1}{2} \times (0.2+0.2+0.2+0.2)$$

$$= 0.4$$

人群荷载：

$$m_{cr} = \eta_r = 0.2+0.2 = 0.4$$

(2) 公路—Ⅱ级均布荷载和集中荷载的计算。

公路—Ⅱ级均布荷载：

$$q_k = 10.5 \times 0.75 = 7.875 (\text{kN/m})$$

公路—Ⅱ级集中荷载：

(计算方法参见 2.4.2 图 2.4)计算弯矩效应时，有

$$P_k = 0.75 \times \left[180 + \frac{360-180}{50-5}(19.5-5)\right] = 0.75 \times 238 = 178.5 (\text{kN})$$

计算剪力效应时，有

$$P_k = 1.2 \times 178.5 = 214.2 (\text{kN})$$

人群荷载：

$$q_r = 3.0 \times 0.75 = 2.25 (\text{kN/m})$$

(3) 计算冲击系数 μ(简支梁桥基频计算公式可从《桥规》中查得，初学者可参考示例直接模仿套用)。

简支梁桥：

$$f = \frac{\pi}{2l^2} \sqrt{\frac{EI_c}{m_c}}$$

取 $G=9.76(N/m)$

$$m_c = \frac{G}{g} = 9.76/9.81 = 0.995 \times 10^3 (N \cdot s^2/m^2)$$

C30 混凝土 $E=3\times10^{10} N/m^2$

$$a_x = \frac{(158-18)\times11\times\frac{11}{2}+130\times18\times\frac{130}{2}}{(158-18)\times11+130\times18} = 41.4(cm)$$

$$I_c = \frac{1}{12}\times(158-18)\times11^3 + 140\times11\times\left(41.4-\frac{11}{2}\right)^2 + \frac{1}{12}\times18\times130^3$$

$$+ 18\times130\times\left(\frac{130}{2}-41.4\right)^2$$

$$= 6599082(cm^4)$$

$$= 0.06599082(m^4)$$

则

$$f = \frac{3.14}{2\times19.5^2}\times\sqrt{\frac{3\times10^{10}\times0.06599082}{0.995\times10^3}} = 5.824$$

$$\mu = 0.1767\ln f - 0.0157 = 0.1767\ln 5.824 - 0.0157 = 0.296$$

所以

$$1+\mu = 1.296$$

(4) 影响线面积计算。

影响线面积计算见表 4-4。

表 4-4 影响线面积计算

截面	影响线面积/m²	影响线图式
$m_{1/2}$	$\Omega = \frac{1}{8}l^2 = \frac{1}{8}\times19.5^2 = 47.53$	
$m_{1/4}$	$\Omega = \frac{3}{32}l^2 = \frac{3}{32}\times19.5^2 = 35.65$	
$Q_{1/2}$	$\Omega = \frac{1}{2}\times\frac{1}{2}\times19.5\times0.5 = 2.438$	
Q_0	$\Omega = \frac{1}{2}\times19.5\times1 = 9.75$	

(5) 跨中、1/4 截面弯矩及跨中剪力计算。

因为双车道不折减，所以 $\xi=1$。内力计算见表 4-5。S 计算公式见式(4-7)。

表 4-5　跨中、1/4 截面弯矩及跨中剪力计算表

梁号	截面	荷载类型	q_k 或 q_r (kN/m)	P_k/kN	$(1+\mu)$	m_c	Ω/m² 或 y/m	S/(kN·m 或 kN)	
								S_1	S
1号	$m_{1/2}$	公路—Ⅱ级	7.875	178.5	1.296	0.538	47.53	260.98	867.72
							$y=l/4=4.875$	606.74	
		人群	2.25			0.684	47.53	73.1	
	$m_{1/4}$	公路—Ⅱ级	7.875	178.5	1.296	0.538	35.65	195.75	650.8
							$y=3l/16=3.656$	455.05	
		人群	2.25			0.684	35.65	54.87	
	$Q_{1/2}$	公路—Ⅱ级	7.875	214.2	1.296	0.538	2.438	13.39	88.07
							0.5	74.68	
		人群	2.25			0.684	2.438	3.75	
2号	$m_{1/2}$	公路—Ⅱ级	7.875	178.5	1.296	0.469	47.53	227.5	756.42
							4.875	528.92	
		人群	2.25			0.442	47.53	47.27	
	$m_{1/4}$	公路—Ⅱ级	7.875	178.5	1.296	0.469	35.65	170.64	567.3
							3.656	396.33	
		人群	2.25			0.442	35.65	33.45	
	$Q_{1/2}$	公路—Ⅱ级	7.875	214.2	1.296	0.469	2.438	11.67	76.77
							0.5	65.1	
		人群	2.25			0.442	2.438	2.42	
3号	$m_{1/2}$	公路—Ⅱ级	7.875	178.5	1.296	0.4	47.53	194.04	645.15
							4.875	451.11	
		人群	2.25			0.4	47.53	42.78	
	$m_{1/4}$	公路—Ⅱ级	7.875	178.5	1.296	0.4	35.65	145.54	483.85
							3.656	338.31	
		人群	2.25			0.4	35.65	32.09	
	$Q_{1/2}$	公路—Ⅱ级	7.875	214.2	1.296	0.4	2.438	9.95	65.47
							0.5	55.52	
		人群	2.25			0.4	2.438	2.19	

(6) 计算支点截面汽车荷载最大剪力(根据教学要求选用)。

绘制荷载截面横向分布系数沿桥纵向的变化图形和支点剪力影响线,如图 4.53 所示。

横向分布系数变化区段的长度。

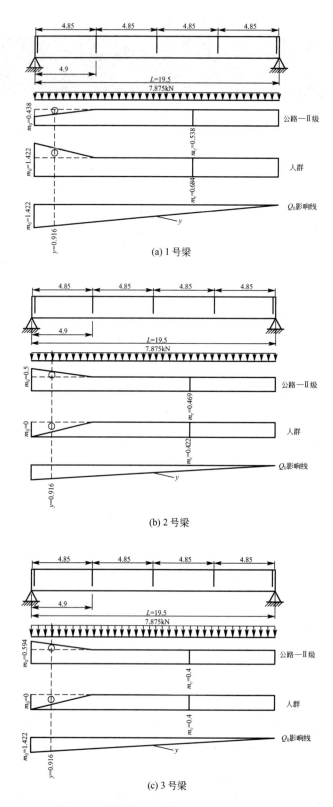

图 4.53 支点剪力计算图式(尺寸单位：cm)

m 变化区荷载重心处的内力影响线坐标为

$$\bar{y}=1\times\left(19.5-\frac{1}{3}\times4.9\right)/19.5=0.916$$

1号梁支点的最大剪力为

$$Q_{01}=(1+\mu)\cdot\xi\cdot q_k\left[m_c\Omega+\frac{a}{2}(m_0-m_c)y\right]+(1+\mu)\cdot\xi\cdot m_c\cdot p_k\cdot y_i$$

$$=1.296\times1\times7.875\times\left[0.469\times9.75+\frac{4.9}{2}(0.438-0.538)\times0.916\right]+$$

$$1.296\times1\times0.438\times214.2\times1.0$$

$$=51.25+121.59$$

$$=172.84(\text{kN})$$

2号梁支点的最大剪力为

$$Q_{02}=(1+\mu)\cdot\xi\cdot q_k\left[m_c\Omega+\frac{a}{2}(m_0-m_c)y\right]+(1+\mu)\cdot\xi\cdot m_c\cdot p_k\cdot y_i$$

$$=1.296\times1\times7.875\times\left[0.469\times9.75+\frac{4.9}{2}(0.5-0.469)\times0.916\right]+$$

$$1.296\times1\times0.5\times214.2\times1.0$$

$$=47.38+138.80$$

$$=186.18(\text{kN})$$

3号梁支点的最大剪力为

$$Q_{03}=(1+\mu)\cdot\xi\cdot q_k\left[m_c\Omega+\frac{a}{2}(m_0-m_c)y\right]+(1+\mu)\cdot\xi\cdot m_c\cdot p_k\cdot y_i$$

$$=1.296\times1\times7.875\times\left[0.4\times9.75+\frac{4.9}{2}(0.594-0.4)\times0.916\right]+$$

$$1.296\times1\times0.594\times214.2\times1.0$$

$$=44.25+164.89$$

$$=209.14(\text{kN})$$

(7) 计算支点截面人群荷载最大剪力。

1号梁人群荷载引起的支点剪力为

$$Q_{r1}=m_c\cdot q_r\cdot\Omega+\frac{a}{2}(m_0-m_c)q_r\cdot\bar{y}$$

$$=0.684\times2.25\times9.75+\frac{1}{2}\times4.9\times(1.422-0.684)\times2.25\times0.916$$

$$=15+3.73$$

$$=18.73(\text{kN})$$

2号梁人群荷载引起的支点剪力为

$$Q_{r2}=m_c\cdot q_r\cdot\Omega+\frac{a}{2}(m_0-m_c)q_r\cdot\bar{y}$$

$$=0.442\times2.25\times9.75+\frac{1}{2}\times4.9\times(0-0.442)\times2.25\times0.916$$

$$=7.46(\text{kN})$$

3号梁人群荷载引起的支点剪力为

$$Q_{r3}=m_c\cdot q_r\cdot\Omega+\frac{a}{2}(m_0-m_c)q_r\cdot\bar{y}$$

$$=0.4\times2.25\times9.75+\frac{1}{2}\times4.9\times(0-0.4)\times2.25\times0.916$$

$$=6.75(\text{kN})$$

2. 主梁内力组合(表4-6)

表4-6 主梁内力组合表　　　　单位：kN·m 或 kN

梁号	内力	恒载 ①(表4-3)	汽车荷载 ②(表4-5)	人群荷载 ③	内力组合 1.2①+1.4[②+0.8③]	备注
1号	$M_{1/4}$	572.5	650.80	54.87	1659.57	
	$M_{1/2}$	763.4	867.72	73.1	2212.80	√
	Q_0	156.6	172.84	18.73	450.87	
	$Q_{1/2}$	0	88.07	3.75	127.50	
2号	$M_{1/4}$	595.0	567.3	35.45	1547.92	
	$M_{1/2}$	793.3	756.42	47.27	2063.89	
	Q_0	162.7	186.18	7.46	464.25	
	$Q_{1/2}$	0	76.77	2.42	110.19	
3号	$M_{1/4}$	595.0	483.85	32.09	1427.33	
	$M_{1/2}$	793.3	645.15	42.78	1903.08	
	Q_0	162.7	209.14	6.75	495.60	√
	$Q_{1/2}$	0	65.17	2.19	93.70	

注：带"√"为确定的控制设计的计算内力。

(四) 截面设计及配筋计算

此部分设计见"结构设计原理"课程相关示例。

4.4.3 挠度和预拱度计算

1. 变形(挠度)计算的目的与要求

桥梁上部结构在荷载作用下将产生挠曲变形，使桥面成凹形或凸形，多孔桥梁甚至呈波浪形。因此设计钢筋混凝土受弯构件时，应使其具有足够的刚度，以免产生过大的变形，影响结构的正常使用。

过大的变形将影响车辆高速平稳的运行，并将导致桥面铺装的迅速破坏；车辆行驶时引起的颠簸和冲击，会伴随有较大的噪声和对桥梁结构加载的不利影响；构件变形过大，也会给人们带来不安全感。

变形验算是指钢筋混凝土桥梁以汽车荷载(不计冲击力)计算的上部结构最大竖向挠度，不应超过规定的允许值。《桥规》对最大竖向挠度的限值规定见表4-7。

表 4-7　钢筋混凝土梁桥允许的挠度值

构件种类	允许的挠度值	构件种类	允许的挠度值
梁式桥主梁跨中	$L/600$	桁架、拱	$L/800$
梁式桥主梁悬臂端	$L_1/300$		

注：① 此处 L 为计算跨径，L_1 为悬臂长度。
② 荷载在一个桥跨范围内移动产生正负不同的挠度时，计算挠度应为其正负挠度的最大绝对值之和。

2. 刚度和挠度计算

桥梁的挠度，根据产生原因可分成永久作用（结构自重、桥面铺装、预应力、混凝土徐变和收缩作用等）产生的挠度和可变作用（汽车、人群）产生的挠度两种。

永久作用产生的挠度是恒久存在的且与持续的时间有关，可分为短期挠度和长期挠度。可变作用产生的挠度是临时出现的，在最不利的作用位置下，挠度达到最大值，随着可变作用位置的移动，挠度逐渐减小，一旦可变作用离开桥梁，挠度随即消失。

永久作用产生的挠度并不表征结构的刚度特性，通常可以通过施工时预设的反向挠度（即预拱度）来加以抵消，使竣工后的桥梁达到理想的设计线形。

可变作用产生的挠度，使梁产生反复变形，变形的幅度越大，可能发生的冲击和振动作用也越强烈，对行车的影响也越大。因此，在桥梁设计中，需要通过验算可变作用产生的挠度以体现结构的刚度特性。

钢筋混凝土和预应力混凝土受弯构件，在正常使用极限状态下的挠度，可根据给定的构件刚度用结构力学的方法来计算。

钢筋混凝土和预应力混凝土简支梁长期挠度计算公式为

$$f_c = \eta_\theta f \tag{4-9}$$

式中：f_c——长期挠度值；

η_θ——挠度长期增长系数，当采用 C40 及以下混凝土时，$\eta_\theta = 1.60$；当采用 C40～C80 混凝土时，$\eta_\theta = 1.45 \sim 1.35$；中间强度等级可按直线内插取用；

f——按荷载短期效应组合计算的短期挠度。

f 的计算公式为

$$f = \frac{5}{48} \cdot \frac{M_S l^2}{B}$$

式中：M_S——由荷载的短期效应组合计算的弯矩值；

B——开裂构件等效截面的抗弯刚度。

(1) 钢筋混凝土构件。

$$B = \frac{B_0}{\left(\dfrac{M_{cr}}{M_S}\right)^2 + \left[1 - \left(\dfrac{M_{cr}}{M_S}\right)^2\right]\dfrac{B_0}{B_{cr}}}$$

$$M_{cr} = \gamma f_{tk} W_0$$

$$\gamma = 2 S_0 / W_0$$

式中：B_0——全截面的抗弯刚度；

B_{cr}——开裂截面的抗弯刚度；

M_{cr}——开裂弯矩；

γ——构件受压区混凝土塑性影响系数；

S_0——全截面换算截面重心轴以上（或以下）部分面积对重心轴的面积矩；

W_0——换算截面抗裂边缘的弹性抗矩。

(2) 预应力混凝土构件。

① 全预应力混凝土和 A 类预应力混凝土构件。

$$B_0 = 0.95EI_0$$

② 允许开裂的 B 类预应力混凝土构件。

在开裂弯矩 M_{cr} 作用下：

$$B_0 = 0.95EI_0$$

在 $(M_S - M_{cr})$ 作用下：

$$B_{cr} = EI_{cr}$$

开裂弯矩：

$$M_{cr} = (\sigma_{pc} + \gamma f_{tk})W_0$$

其中：I_0——全截面换算截面惯性矩；

f_{tk}——混凝土轴心抗拉强度标准值。

3. 预拱度

钢筋混凝土受弯构件预拱度可按下列规定设置。

(1) 荷载短期效应组合并考虑荷载长期效应影响产生的长期挠度不超过 $L/1600$ 时，可不设预拱度。

(2) 不符合上述规定则应设预拱度，预拱度值应按结构自重和 1/2 可变荷载频遇值计算的长期挠度值之和采用。预拱度的设置应按最大的预拱度值并按顺桥向做成平顺的曲线。

应用案例 4-8

验算 C30 装配式钢筋混凝土简支梁桥的主梁变形，已知该主梁开裂构件等效截面的抗弯刚度 $B = 1.750 \times 10^9 \text{N} \cdot \text{m}^2$。

由前面的计算数据（表 4-6）得知跨中截面主梁结构自重产生的最大弯矩为：$M_{gk} = 763.4 \text{kN} \cdot \text{m}$，汽车产生的最大弯矩为 $669.5 \text{kN} \cdot \text{m}$，人群产生的最大弯矩为 $73.1 \text{kN} \cdot \text{m}$。

(1) 验算主梁的变形。

按《桥规》规定，验算主梁的变形时，不计入结构自重产生的长期挠度，汽车不计入冲击力，则可变荷载频率遇值产生的跨中长期挠度为

$$f_c = \eta_\theta f = 1.6 \times \frac{5(M_S + M_{gk})L^2}{48 \times B}$$

$$= 1.6 \times \frac{5 \times (0.7 \times 669.5 + 73.1) \times 10^3 \times 19.5^2}{48 \times 1.750 \times 10^9}$$

$$= 0.0196(\text{m}) = 1.96(\text{cm}) < \frac{L}{600}$$

$$= \frac{1950}{600} = 3.25(\text{cm})$$

(2) 判断是否设置预拱度。

根据《桥规》要求，当由荷载短期效应组合并考虑荷载长期效应影响产生的长期挠度超过计算跨径 $L/1600$ 时，应设置预拱度。

长期挠度为

$$f_c = \eta_\theta f = 1.6 \times \frac{5M_S L^2}{48 \times B} = 1.6 \times \frac{5 \times (0.7 \times 669.5 + 73.1 + 763.4) \times 10^3 \times 19.5^2}{48 \times 1.750 \times 10^9}$$

$$= 0.0473(\text{m}) = 4.73(\text{cm}) > \frac{L}{1600}$$

$$=\frac{1950}{1600}=1.22(\text{cm})$$

(3) 计算预拱度最大值。

根据《桥规》要求，预拱度值等于结构自重和 1/2 可变荷载频遇值所产生的长期挠度。

$$f_c = 1.6 \times \frac{5\left(M_{gk}+\frac{1}{2}M_{可变频遇}\right)l^2}{48 \times B}$$

$$=1.6 \times \frac{5\left[763.4+\frac{1}{2}(0.7 \times 669.5+73.1)\right] \times 10^3 \times 19.5^2}{48 \times 1.750 \times 10^9}$$

$$=0.0375(\text{m})=3.75(\text{cm})$$

根据规定，梁底应做成平顺的曲线。

提示：不计冲击力。

模块小结

梁式桥是桥梁的主要类型，是应用最广泛的桥型。本模块主要介绍了以下内容。

(1) 混凝土梁式桥的主体结构截面形式主要有板桥、肋梁桥和箱梁桥，按其结构静力体系可分为简支梁桥、连续梁桥、悬臂梁桥。

(2) 整体式简支板桥一般做成实心截面形式。

(3) 装配式简支板桥单块板件一般做成空心截面，以达到节约材料和减轻起吊重量的目的。

(4) 重点介绍了简支梁桥的构造。

(5) 介绍了简支箱梁桥的构造。

(6) 简支梁桥内力计算的基本步骤和方法。

(7) 通过多个案例的学习加强识图训练。

(8) 通过讲解设计示例并完成课程设计，了解设计过程，加强计算能力的训练。

习 题

一、单选题

1. 影响斜板桥受力的因素有（　　）。

A. 斜交角、板的横截面形式及支承形式

B. 斜交角、宽跨比及支承形式

C. 斜交角、板的横截面形式及宽跨比

D. 宽跨比、板的横截面形式及支承形式

2. 斜交板桥的最大反力发生在（　　）。
   A. 钝角附近
   B. 锐角附近
   C. 桥轴线处
   D. 桥跨跨中处

3. 在配置式 T 形梁桥中，为保证各片主梁能相互连接成整体，共同参与受力，需要设置（　　）。
   A. 钢板
   B. 横隔板
   C. 内纵梁
   D. 腹板

4. 装配式 T 形梁的横隔梁连接方式有（　　）。
   A. 扣环式接头
   B. 企口铰连接
   C. 干接缝连接
   D. 铰接缝连接

5. 关于后张法预应力混凝土 T 形梁桥支点截面附近梁肋变宽的原因叙述正确的是（　　）。
   A. 满足梁端预应力筋的锚固
   B. 使桥梁外形美观
   C. 减轻自重
   D. 方便预应力筋的弯起

6. 我国 1983 年编制的桥梁标准图中，主梁间距为（　　）m。
   A. 1.60
   B. 1.80
   C. 2.00
   D. 2.20

7. 《桥规》规定，至少有（　　）根，且不少于（　　）的主钢筋应伸过支承截面。
   A. 2，20%
   B. 2，30%
   C. 4，20%
   D. 4，30%

8. 《桥规》规定，主钢筋与梁底面的净距应不小于（　　）cm，不大于（　　）cm。
   A. 2，5
   B. 3，5
   C. 2，10
   D. 3，10

9. $l_a/b_b \geqslant 2$，四边支承的板，称为（　　）。
   A. 单向板
   B. 双向板
   C. 悬臂板
   D. 铰接悬臂板

10. 计算荷载横向分布系数时，把横向结构（桥面板和横隔梁）视作在主梁上断开，而简支在其上的简支梁的方法，称为（　　）。
    A. 杠杆原理法
    B. 偏心压力法
    C. 横向刚接梁法
    D. G—M 法

11. 采用杠杆原理法计算横向分布系数时，布置公路车辆荷载应靠边保留（　　）cm 的安全距离。
    A. 20
    B. 30
    C. 50
    D. 80

二、简答题

1. 简述钢筋混凝土和预应力混凝土梁桥的一般特点。
2. 整体式板桥的受力特点是什么？其构造特要求有哪些？
3. 装配式板桥的受力特点是什么？其构造特要求有哪些？

4. 装配式钢筋混凝土和预应力混凝土简支梁桥的构造有哪些要求？
5. 钢筋混凝土简支板桥和预应力混凝土简支板桥的适用跨径是多少？
6. 装配式钢筋混凝土简支 T 形梁桥的钢筋有哪几种？
7. 简述预应力混凝土梁内的纵向预应力筋的布置形式与适用条件。
8. 简述预应力混凝土 T 形梁做成马蹄形截面的作用和构造上的要求。

三、装配式钢筋混凝土简支 T 形梁桥设计

本设计由有课程设计要求的老师根据本模块设计示例自行拟定数据，指导学生完成。

模块4
在线答题

模块 5　其他体系桥梁简介

思维导图

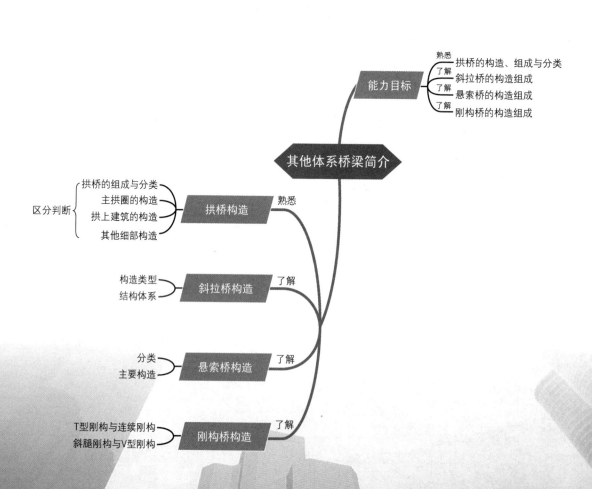

模块 5　其他体系桥梁简介

> **学习重点**
>
> 拱桥的构造组成。

引例

拱桥如长虹卧波，曲线优美，由直线梁桥到弯曲拱桥，是什么触动了设计者的巧思？拱桥一般建造在什么环境下？（引例图 A）国内外拱桥的发展历史又如何呢？（引例图 B）

引例图 A　山林之中的拱桥

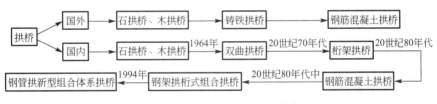

引例图 B　国内外拱桥发展简史

5.1　拱桥构造

在我国，拱桥是一种使用广泛、历史悠久、深受人们喜爱的桥型。早期的拱桥采用圬工材料（石料、混凝土、砖等）来修建，称为圬工拱桥；现在的大中跨径拱桥一般利用钢、钢筋混凝土等材料来修建，称为钢拱或钢筋混凝土拱桥。

拱桥的主要优点如下。

（1）是一种压弯构件。和梁桥相比，拱桥的跨中弯矩大大减小，因此跨越能力较大。

（2）能充分做到就地取材。与钢桥和钢筋混凝土梁式桥相比，拱桥可以节省大量的钢材和水泥。

（3）耐久性好，而且养护、维修费用少。

（4）曲线造型，外形美观。

（5）构造较简单，尤其是圬工拱桥，技术容易被掌握，有利于广泛采用。

拱桥的主要缺点如下。

（1）自重大，相应的水平推力也较大，因此增加了下部结构的工程量。当采用无铰拱时，对地基条件要求高。

（2）由于拱桥水平推力较大，在连续多孔的大、中桥梁中，为防止一孔破坏而影响全桥的安全，需要采取特殊的措施，或设置单向推力墩，因此增加了造价。

（3）与梁式桥相比，上承式拱桥的建筑高度较高。当用于城市立体交叉及平原区的桥梁时，因桥面标高提高，而使两岸线的工程量增大，或使桥面纵坡增大，既增大造价又对行车不利。

（4）圬工拱桥施工需要劳动力较多，建桥时间较长。因此也使拱桥的使用范围受到一定的限制。

拱桥虽然存在这些缺点，但由于它的优点突出，只要在条件许可的情况下，修建拱桥往往仍是经济合理的。

5.1.1 拱桥的组成与分类

1. 拱桥的组成

拱桥同其他桥梁一样，也是由桥跨结构（上部结构）及下部结构两大部分组成。如图5.1所示为拱桥的主要组成部分。

拱桥中常用的是上承式拱桥。它的桥跨结构是由主拱圈（简称主拱）及拱上建筑（又称拱上结构）所构成的。主拱圈（板、肋、箱）是主要承重构件。由于主拱圈是曲线形，一般情况下车辆都无法直接在弧面上行驶。所以在桥面系与主拱圈之间需要有传递压力的构件或填充物，以使车辆能在平顺的桥道上行驶。桥面系和这些传力构件或填充物统称为拱上结构或拱上建筑。桥面系包括行车道、人行道及两侧的栏杆或砌筑的矮墙（又称雉墙）等构造。

拱桥的下部结构由桥墩、桥台及基础等组成，用以支承桥跨结构，将桥跨结构的荷载传至地基，并与两岸路堤相联结。对于拱脚处设铰的有铰拱桥，主拱圈与墩（台）帽间还设置了能传递荷载，又允许结构变形的拱铰。

2. 拱桥的分类

（1）按结构体系分类。

按照主拱与行车道系结构（拱上结构或拱下悬吊结构）之间相互作用的性质和影响程度，可以把拱桥分为3种类型。

① 简单体系的拱桥。在简单体系拱桥中，行车道系结构不与主拱一起受力，主拱以裸拱的形式作为主要承重结构。按照不同的静力图式，主拱圈又可以做成三铰拱、两铰拱和无铰拱，如图5.2所示。

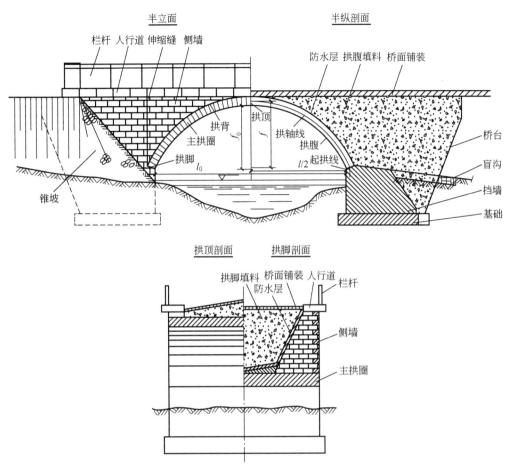

L_0—净跨径；L—计算跨径；f_0—净矢高；f—计算矢高；$f/L(f_0/L_0)$—矢跨比

图 5.1 拱桥的主要组成部分

② 组合体系的拱桥。组合式体系拱桥是将行车道系结构与主拱按不同的构造方式构成一个整体，以共同承受荷载。根据不同的组合方式和受力特点，组合拱又分为无推力组合体系拱和有推力组合体系拱两类。

无推力组合体系拱使用较广泛，通常可称为系杆拱桥如图 5.3 所示。其常用形式又根据拱肋和系杆的尺寸大小（吊杆仅受节点荷载，尺寸较小，只承受拉力）及吊杆布置形式可分为柔性系杆刚性拱[图 5.3(a)]、刚性系杆刚性拱［即洛泽拱，图 5.3(b)]及刚性系杆柔性拱［即蓝格尔拱，图 5.3(c)]。以上三种拱，当用斜吊杆来代替竖直吊杆时，称为尼尔森拱［图 5.3(d)]。

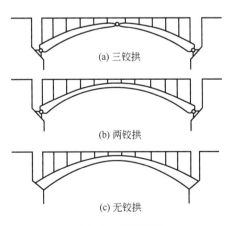

图 5.2 拱桥形式

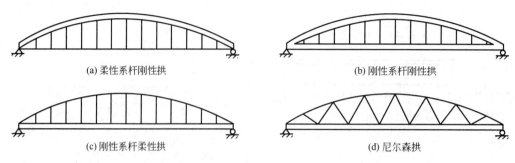

图 5.3 系杆拱桥形式

(a) 柔性系杆刚性拱
(b) 刚性系杆刚性拱
(c) 刚性系杆柔性拱
(d) 尼尔森拱

有推力组合体系拱没有系杆,由单独的梁和拱共同受力,拱的推力由墩台承受。

③ 拱片拱桥如图 5.4 所示。上边缘与桥面纵向平行,下边缘是拱形的有推力结构称为拱片。在拱片中,行车道系与拱肋刚性连成一个整体,共同承受荷载,故它仅能用于上承式拱桥。拱片的立面可以做成实体拱片,也可以挖空做成桁架式的拱片。根据桥梁宽度的不同,拱片拱桥由两片以上的拱片构成,并由横向联结系将各拱片

图 5.4 拱片拱桥

联成整体。行车道板支承在拱片上。

(2)按主拱截面形式分类。

拱桥的主拱圈,沿拱轴线可以做成等截面或变截面的形式。所谓等截面拱,就是沿拱轴线方向主拱圈的横截面尺寸是相同的。而变截面拱的主拱圈横截面,从拱顶到拱脚是逐渐变化的。由于等截面拱的构造简单,施工方便,因此它是目前采用最普遍的拱桥形式。

主拱圈横截面通常分为下面几种基本类型,如图 5.5 所示。

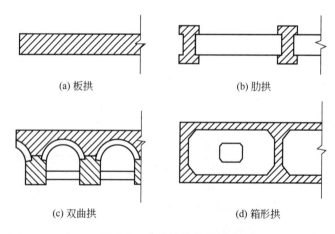

(a) 板拱
(b) 肋拱
(c) 双曲拱
(d) 箱形拱

图 5.5 主拱圈的构成形式

① 板拱桥。主拱圈的横截面采用整块的实体矩形截面,称为板拱桥。由于板拱桥的构造简单、施工方便,因而使用广泛。但由于在相同截面积的条件下,实体矩形截面比其

他形式截面的截面抵抗矩小。如果为了获得较大的截面抵抗矩,必须增大截面尺寸,这就相应地增加了材料用量和结构自重,从而加重了下部结构的负担,这是不经济的。所以通常只在地基条件较好的中、小跨径圬工拱桥中采用板拱形式。

② 肋拱桥。在板拱桥基础上,将板拱划分成两条(或多条)分离的、高度较大的拱肋,肋与肋间由横系梁相连。这样就可以用较小的截面面积获得较大的截面抵抗矩,以节省较多的材料,从而大大地减轻拱桥的自重,因此肋拱多用于较大跨径的拱桥。

拱肋可以采用混凝土、钢筋混凝土或钢材等建造;在盛产石料地区,也可用石料修建拱肋。近年来出现的钢管混凝土拱桥采用了钢管混凝土复合材料修建拱肋,拱肋的横截面为管形。

③ 双曲拱桥。这种拱桥的主拱圈截面是由一个或数个小拱组成的。由于主拱圈在纵向及横向均呈曲线形,故称之为双曲拱桥。双曲拱只宜在中、小跨径桥梁中采用。

④ 箱形拱桥。箱形拱桥主拱圈截面由多室箱构成。由于箱形拱桥截面、外形与板拱桥相似,所以也称空心板拱桥。它是国内外大跨径钢筋混凝土拱桥主拱圈截面的基本形式。

> **特别提示**
>
> 双曲拱桥,是我国在继承了石拱桥传统的基础上,吸取了装配式钢筋混凝土结构的优点,经过实践,于1964年创造出的一种具有我国民族风格的新颖的圬工拱桥。

(3) 其他分类。
① 按建筑材料分为圬工拱桥、钢筋混凝土拱桥、钢拱桥。
② 按拱上建筑形式分为实腹式拱桥、空腹式拱桥。
③ 按主拱圈所采用的拱轴线形式分为圆弧拱桥、抛物线拱桥、悬链线拱桥。
④ 按静力体系分为三铰拱、两铰拱、无铰拱。
⑤ 按桥面位置分为上承式拱桥、中承式拱桥、下承式拱桥,如图5.6所示。

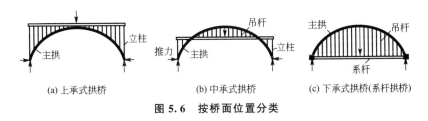

图 5.6 按桥面位置分类

5.1.2 主拱圈的分类

1. 板拱桥

板拱桥多为石砌拱桥,其主拱圈通常都是做成实体的矩形截面,所以又称为石板拱。按照砌筑拱圈的石料规格,又可以分为料石拱、块石拱及片石拱等多种类型。

根据设计的要求,石拱圈可以采用等截面圆弧线拱、等截面或变截面的悬链线拱。用粗料石砌筑拱圈时,为便于拱石的加工,根据拱轴线和截面形式的不同,需将拱石分别进行编号。等截面圆弧线拱圈，因截面相等，又是单心圆弧线，拱石规格较少，编号比较简单。当采用变截面悬链线拱圈时，由于截面发生变化，拱石类型较多，编号较复杂，给施工带来很大的麻烦，如图5.7所示。因此，修建等截面石拱桥较为普遍。

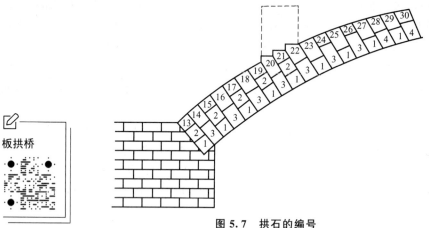

图5.7 拱石的编号

2. 肋拱桥

用两条或多条分离式的平行拱肋来代替拱圈，即为肋拱桥，如图5.8所示。

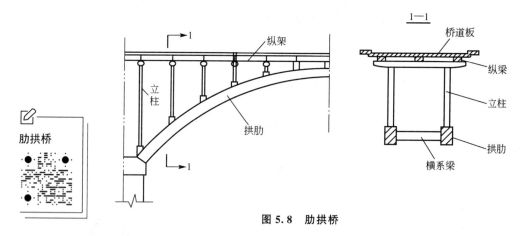

图5.8 肋拱桥

肋拱常常用于一些矢跨比很大的高桥中。其跨越能力也较大。拱肋是肋拱桥的主要承重结构，通常是由混凝土或钢筋混凝土做成。肋拱桥两侧的拱肋最外缘间的距离，一般也不应小于跨径的1/20。

肋拱桥的截面，根据跨径的大小和载重的等级，可以选用矩形、工字形或箱形等。

在分离的拱肋间，需设置横系梁，以增强肋拱桥的横向稳定性。横系梁的截面一般采用矩形或工字形。

3. 双曲拱

双曲拱桥（图5.9）的主拱圈通常由拱肋、拱波、拱板和横向联系等几部分组成。其外形在纵、横两个方向均呈弧形曲线。拱波一般用混凝土预制成圆弧形。拱板采用现浇混凝土，把拱肋、拱波结合成整体，常用波形或折线形拱板，其厚度不小于拱波的厚度。

横向联结构件，常用的有横系梁和横隔板两种。横系梁一般用于中、小跨径桥，常采用正方形或矩形截面。横隔板的横向刚度大，一般用于大、中跨径桥和宽桥。横隔板可伸入到拱板中，伸入拱板部分最好与拱板一起现浇，以免留工作缝。

横系梁与横隔板可以间隔使用。在拱顶、立柱（横墙）及其拱肋接头处部位，均应设置横向联结构件。

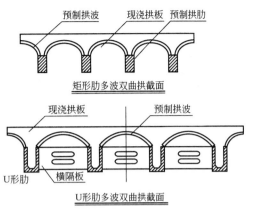

图 5.9 双曲拱桥截面

4. 箱形拱桥

大跨径拱桥的主拱圈，可以采用箱形截面。为了采用预制装配的施工方法，在横向将拱圈截面划分成一些箱肋；在纵向将箱肋分段；待箱肋拼装成拱后，再用现浇混凝土把各箱肋连成整体，形成主拱圈的截面。

箱形拱桥的主要特点如下。

（1）截面挖空率大。挖空率可达全截面的 50%～70%。

（2）箱形截面的中性轴大致居中，具备几乎全部抵抗负弯矩的能力，能较好地适应主拱各截面正负弯矩变化的情况。

（3）由于是闭合空心截面，抗弯、抗扭、刚度大，拱圈的整体性好，应力分布比较均匀。

（4）主拱圈横截面由几个闭合箱组成，可以单箱成拱。单箱的刚度较大，构件间接触面积大，便于无支架吊装。

（5）预制箱肋的宽度较大，施工操作安全，易保证施工质量。

（6）预制构件的精度要求较高，起吊设备较多，适用于大跨径桥的修建。

箱形拱截面由底板、箱壁、顶板、横隔板等组成，如图 5.10 所示。

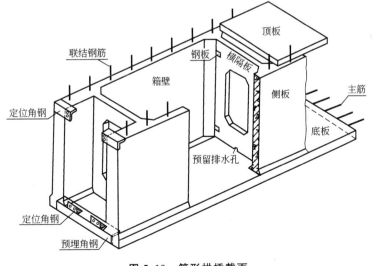

图 5.10 箱形拱桥截面

无支架施工时,为了减轻吊装重量,将主拱圈分为预制的箱肋和现浇混凝土两部分施工。其组合形式有以下几种,如图 5.11 所示。

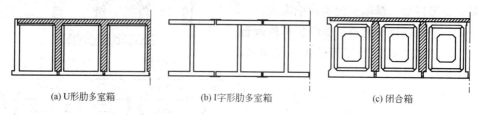

图 5.11 箱形拱桥组合截面

5. 桁架拱桥

桁架拱桥的上部结构一般由桁架拱片、横向连接和桥面系三部分组成,如图 5.12 所示。其主要承重结构是桁架拱片。桁架拱桥由桁架和拱两种结构体系组合而成,兼有桁架

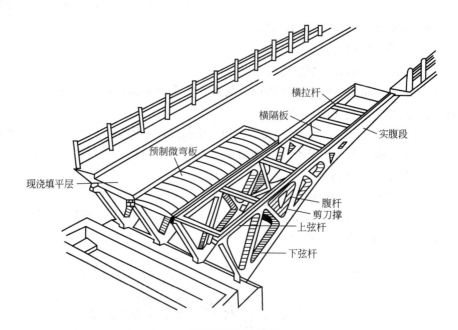

(a) 桁架拱桥上部结构

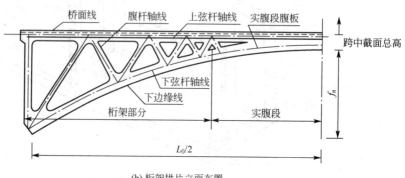

(b) 桁架拱片立面布置

图 5.12 桁架拱片拱桥

和拱的受力特点。桁架拱桥把一般拱桥的传力构件(拱上建筑)与承重构件(拱肋)连成整体桁架，结构整体受力，能充分发挥各部分构件的作用。桁架拱桥自重较轻，与一般双曲拱桥相比，上部结构自重减少约 1/3。桁架拱桥的大部分构件都是预制安装的，同时施工工序少，对吊装能力适应性强，且桁架拱片构件预制可与下部结构施工平行作业，工期可相应缩短。

桁架拱桥的缺点是：模板较复杂，构件纤细，故浇注和运输桁架拱片须仔细小心；由于是钢筋混凝土结构，在一些受拉、受弯部位及刚性节点处，仍难免出现裂缝。

桁架拱桥的主要类型有斜杆式、竖杆式和桁架肋拱式。

(1) 斜杆式。

斜杆式桁架拱桥又可分为三角形式、带竖杆的三角形式、斜压杆式和斜拉杆式 4 种。

斜杆式桁架拱片承载能力较大，是较为广泛采用的桁架拱形式，其中尤以斜拉杆式为采用较多的形式。

(2) 竖杆式。

竖杆式的腹杆只有竖杆，没有斜杆。竖杆与上、下弦杆组成多个四边形连续框架，这种结构也称空腹桁架拱。

通常，竖杆式桁架拱适用于活载较轻的中、小跨径公路桥梁和城市桥梁。

(3) 桁架肋拱式。

桁架肋拱式相当于将肋拱桥的拱肋作成桁架结构，而拱上建筑仍保留。桁架肋拱的桁架高度小，吊装方便，适宜于无支架施工和较大跨径的桥梁采用。

6. 刚架拱桥

刚架拱桥的上部结构组成是：拱腿与实腹段合龙后组成裸肋，在裸肋的基础上弦杆及斜撑形成刚架拱片；在刚架拱片之间设置横系梁；安装预制的肋腋板(或微弯板)和悬臂板，以及现浇混凝土填平层和桥面铺装，如图 5.13 所示。

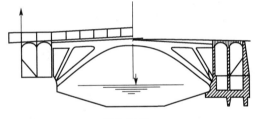

图 5.13 刚架拱桥

刚架拱桥属于有推力的高次超静定结构。它具有杆件少、整体性好、自重轻、施工简便、材料省、对地基承载力要求比其他拱桥低、造型美观等优点，因此已在我国得到广泛的应用。

刚架拱桥一般由实腹段、拱腿、桥面条、横向联结系和支座构成。

(1) 实腹段。

实腹段上缘为直线、下缘为曲线。截面形式一般为凸形，对于大跨径刚架拱，可采用工字形、箱形等截面形式。

(2) 拱腿。

拱腿一般采用直杆。从美观考虑，可采用与实腹段下缘同一曲线的曲杆或微曲杆，但曲率不能太大。

当跨径较大时，拱腿可采用变宽截面。一般从高拱脚第一或第二横系梁开始往拱脚逐渐加宽。此外，也可把拱腿的混凝土强度提高一级。

(3) 桥面系。

桥面系由预制肋腋板或微弯板、悬臂板、现浇混凝土填平层及桥面铺装等组成。肋腋板的中间区域为平板，边部厚度局部减小，并用加劲肋分成若干格间形成变截面板。

微弯板在横桥方向为圆弧形，预制成等截面形式；沿桥跨横向搁置在拱片上，与双曲拱桥中的拱波基本相同。

微弯板上要先浇筑填平层，再浇桥面铺装至桥面设计标高。采用肋腋板时无填平层，桥面铺装一次浇成。

（4）横向联结系。

为把各刚架拱片横向联成整体，使之共同受力，并保证其纵、横向稳定性，需要在刚架拱片之间设置横向联结系。横向联结系一般为横系梁，设在跨中节点、大节点、小节点、弦杆端部等处；大跨径的刚架拱桥在大节点附近位置宜设置剪刀撑。

（5）支座。

刚架拱桥上部构造的支座，按所在部位和支承的构件分为：弦杆支座、斜撑支座和拱腿支座。

7. 钢管混凝土拱桥

钢管混凝土是在薄壁圆形钢管内填充混凝土而形成的一种复合材料，它借助内填混凝土增强钢管壁的稳定性，同时又利用钢管对核心混凝土的套箍作用，使核心混凝土处于三向受压状态，从而使其具有更高的抗压强度和抗变形能力；同时，钢管本身相当于混凝土的外模板，它具有刚度大、承载能力强、重量轻等优点，以及易于吊装或转体的特点，因此可以先将空钢管拱肋合龙，再将混凝土压注入管内，从而大大降低了大跨径拱桥施工的难度。

图 5.14 所示为浙江杭州复兴大桥，是一种典型的钢管混凝土拱桥。

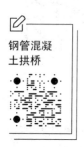

图 5.14　浙江杭州复兴大桥

5.1.3　拱上建筑的分类

按照拱上建筑采用的构造方式，可将拱桥分为实腹式和空腹式两种。一般情况下，小跨径拱桥多采用实腹式。大、中跨径拱桥多采用空腹式。

1. 实腹式拱上建筑

实腹式拱上建筑由侧墙、拱腹填料、护拱以及变形缝、防水层、泄水管、桥面等部分组成，实腹式拱细部构造如图 5.15 所示。

拱腹填料的做法，可分为填充和砌筑两种方式。

填充的方式是在拱圈两侧砌筑侧墙，以承受拱腹填料及车辆荷载所产生的侧压力（推力）。侧墙一般用石块或片石砌筑，向下逐渐增厚。

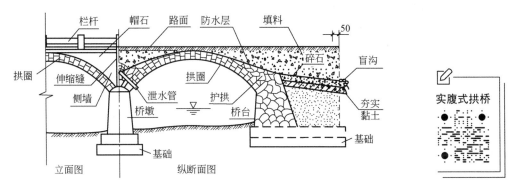

图 5.15　实腹式拱细部构造

填充用的材料尽量做到就地取材，通常采用砾石、碎石、粗砂或卵石夹黏土并加以夯实。当填充材料不易取得时，可改用砌筑的方式，也就是采用干砌圬工或浇筑贫混凝土作为拱腹填料。

在多孔拱桥中，为了便于敷设防水层和排出积水，常设置护拱，还能起到加强拱圈的作用。护拱一般用现浇混凝土或砌筑块、片石修筑。

2. 空腹式拱上建筑

空腹式拱上建筑除具有实腹式拱上建筑相同的构造外，还有腹孔和支承腹孔的腹孔墩，空腹式拱细部构造如图 5.16 所示。拱上腹孔的布置应结合主拱的类型、构造、几何尺寸，以及施工方法和桥位处的具体情况来进行。

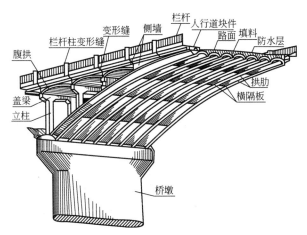

图 5.16　空腹式拱细部构造

特别提示

由实腹式发展到空腹式，是拱桥建设的一大创举，我国的赵州桥就是一个典型的例子。采用空腹式结构既减轻了流水对桥身的冲击力，使桥不容易被大水冲毁，又减轻了桥身的重量，节省了石料。

大跨径的钢筋混凝土拱桥绝大多数采用梁式腹孔。梁式腹孔的桥道梁体系可以做成简支、连续、连续刚架式等形式。

立柱式腹孔墩是由立柱和盖梁组成的钢筋混凝土排架或刚架式结构。立柱较高时,在立柱间应设置横系梁。

为了使立柱或横墙传递下来的压力能较均匀地分布到主拱圈(肋)上,同时,为了有一个工作平面,便于横墙砌筑或立柱的安装,在立柱或横墙下面还设置了底梁(座)。

立柱上方设置盖梁,盖梁一般整根预制。

通常,腹孔墩的侧面都做成竖直的,以利施工。如需采用斜坡式,则以不超过30∶1的坡度为宜。

5.1.4 其他细部构造

1. 拱上填料、桥面及人行道

一般情况下,无论是实腹式还是空腹式拱桥,主拱圈及腹拱圈的拱顶处,填料厚度(包括路面厚度)均不宜小于30cm。

在地基条件很差的情况下,为了进一步减轻拱上建筑自重,可以减小填料厚度,甚至可以不要填料,直接在拱顶上铺筑混凝土路面。但其行车道边缘的厚度至少为8cm。为了分布轮重,拱顶部分的混凝土桥面可设小直径的钢筋网。混凝土桥面应适当布置横向伸缩缝。

拱桥行车道部分的桥面铺装,根据桥梁所在的公路等级,以及使用要求,交通量大小等条件综合考虑。也可以根据交通量发展情况进行分期修建,逐步提高。目前采用较多的是碎(砾)石路面和沥青混凝土路面。为利于桥面排水,应根据桥面的不同类型设置1.5%~3.0%的横坡(单幅桥为双向,双幅桥为单向)。

拱桥行车道两侧,根据需要可设人行道及栏杆,其构造与梁桥相似。

2. 伸缩缝与变形缝(图5.17)

对于实腹式拱桥,在主拱圈拱脚的上方设置伸缩缝,缝宽2~3cm,直线布置,纵向贯通侧墙全高,横桥向贯通全宽,从而使拱上建筑和主拱圈一起自由变形。伸缩缝多做成直线形,构造简单,施工方便。

对于大跨径空腹式拱桥的拱式腹拱拱上建筑,一般将紧靠墩(台)的第一个腹拱圈作成三铰拱,并在靠墩(台)的拱铰上方的侧墙设置伸缩缝;在其余两铰上方的侧墙设置变形缝(断开而无缝宽)。在特大跨径的拱桥中,在靠近主拱圈拱顶的腹拱,宜设置成两铰或三铰拱,腹拱铰上方的侧墙仍需设置变形缝。

在设置伸缩缝或变形缝处的人行道、栏杆、缘石和混凝土桥面,均应相应设置伸缩缝或变形缝。

3. 排水及防水层

小桥的桥面雨水,可利用顺桥向的纵坡,将水引到两端桥台后面排出,但应注意防止冲刷桥头路堤。大、中桥面应设横坡,并每隔适当距离设置泄水管,将桥面雨水排出。对于混凝土和沥青桥面的横坡,横坡度一般为1.5%~2.0%,对碎石桥面不宜小于3%。人行道应设置与行车道反向的横坡,横坡度一般为1.0%~2.0%。

防水层和泄水管的敷设方式,与上部结构的形式有关。

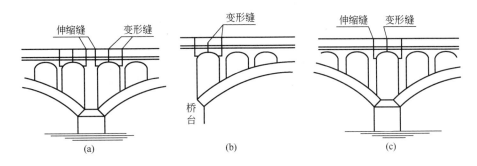

图 5.17 伸缩缝与变形缝

实腹式拱桥，防水层应沿拱背护拱、侧墙铺设。如果是单孔，可不设拱腹泄水管，积水沿防水层流至两个桥台后面的盲沟，然后沿盲沟排出路堤。如果是多孔桥，可在 1/4 跨径处设泄水管。

对于空腹式拱桥，防水层应沿腹拱上方与主拱圈跨中实腹段的拱背设置；泄水管宜布置在 1/4 跨径处。

防水层在全桥范围内不宜断开，当通过伸缩缝或变形缝处应妥善处理，使其既能防水又可以适应变形。

防水层有粘贴式与涂抹式两种。粘贴式是由 2～3 层油毛毡与沥青胶交替贴铺而成，效果较好，但造价较高，施工麻烦。涂抹式是将沥青或柏油涂抹于砌体表面，施工简便，造价低，但效果较差，适合于少雨地区。

排水管可选用铸铁管、混凝土管或陶瓷（瓦）管，其内径一般为 6～10cm，严寒地区须适当加大，但不宜大于 15cm。为便于排水管的检查和清理，排水管应用直管、短管，并尽可能减少管节数量。泄水管应伸出结构表面，以不少于 10cm 为宜，以免雨水顺着结构物的表面流下。

排水管不宜设置在墩、台边缘附近，以免排水集中冲刷砌体。

排水管进口处周围的桥面应做成集水坡度，以利雨水向排水管汇集。桥面上的排水管口要有保护设施，在拱腹内的进水口，须围以大块碎石做成倒滤层，以免杂物堵塞。

4．拱桥中铰的设置

通常拱桥中有 4 种情况需设置铰：一是主拱圈按两铰拱或三铰拱设计时；二是空腹式拱上建筑，其腹拱圈按构造要求需要采用两铰拱或三铰拱，或高度较小的腹孔墩上、下端与顶梁、底梁连接处需设铰时；三是在施工过程中，为消除或减小主拱圈的部分附加内力，以及对主拱圈内力作适当调整时，往往在拱脚或拱顶设临时铰；四是主拱圈转体施工时，需要设置拱铰。前两种为永久性铰，必须满足设计要求，并能保证长期正常使用。后两种为临时性铰，是适应施工需要而暂时设置，待施工结束时，将其封固，故构造较简单。

拱铰常用的类型有下列几种。

（1）弧形铰（图 5.18）。

弧形铰一般用钢筋混凝土、混凝土、石料等做成。弧形铰由于构造复杂，加工铰面既费工又难以保证质量，故主要用于主拱圈的拱铰。

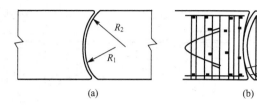

图 5.18 弧形铰

(2) 铅垫铰(图 5.19)。

铅垫铰用厚度 15~20mm 的铅垫板,外部包以锌、铜薄片(4~6mm)做成。垫板宽度为拱圈厚度的 1/4~1/3,在主拱圈的全部宽度上分段设置。对于中、小跨径的板拱或肋拱,可以采用铅垫铰。铅垫铰也可用作临时铰。

(3) 平铰(图 5.20)。

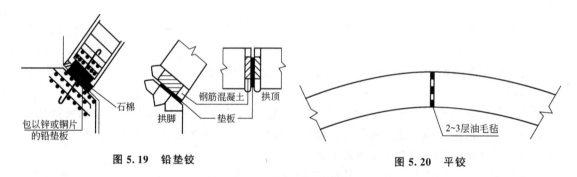

图 5.19 铅垫铰　　　　　　　　　图 5.20 平铰

平铰是平面相接,直接抵承的。平铰的接缝间可用低标号的砂浆砌,也可垫衬油毛毡或直接干砌接头。

(4) 不完全铰(图 5.21)。

对于小跨径或轻型的拱圈以及空腹式拱桥的腹孔墩柱铰,目前常采用不完全铰。

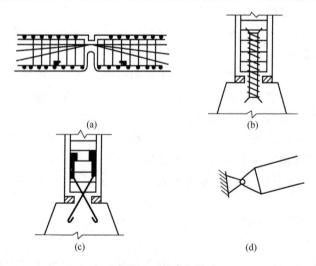

图 5.21 不完全铰

(5) 钢铰。

在大跨径拱桥中还可以采用钢铰。钢铰可做成有圆柱形销轴的形式或没有销轴的形式。但由于其用钢量多,构造复杂,一般较少采用。

5.2 斜拉桥构造

用多根斜索拉住桥面来跨越较大的河谷障碍的做法,早在19世纪初期的欧洲就曾风行一时。但由于当时对于理论认识的不足,对于高次超静定结构无法精确计算以及缺乏高强材料等原因,致使建成的斜拉桥多次发生毁桥事故,甚至造成严重的伤亡惨剧,这就使得此种桥型在当时没有得到新的发展。

20世纪以后,鉴于近代桥梁力学理论、电子计算机计算技术、材料强度、施工手段等有了很大进展,上述这种斜拉式桥型又逐渐地重现了它的优越性,50年代开始又得到快速发展。建于1955年的瑞典斯特伦松德桥是世界第一座近代公路斜拉桥,其主跨为182.6m。我国第一座试验性斜拉桥是1975年建成的重庆市云阳县云安桥,又名汤溪河大桥,如图5.22所示,其跨径为76m,因修建三峡水库于2006年10月17日被爆破拆除。

图5.22 中国第一座试验性斜拉桥——云安桥

斜拉桥是由上部结构的斜拉索、塔柱和主梁及下部结构的桥墩、桥台4种基本构件组成的组合体系桥梁,如图5.23所示。高强度钢索起着对混凝土主梁弹性支承的作用。这样,主梁就像跨径显著缩小的多跨弹性支承连续梁那样工作,从而使梁高大大减小,自重

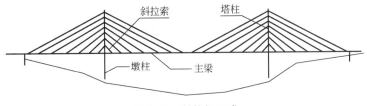

图5.23 斜拉桥组成

大大减轻,并能显著加大桥梁的跨越能力。而且,斜索的水平分力还成了混凝土梁的"免费"轴向预压力。一般来说,它对主梁起有利作用。

斜拉桥具有如下特点。

(1) 斜拉桥利用主梁、斜拉索、塔柱三者的不同组合,形成不同的结构体系以适应不同的地形和地质条件。

(2) 斜拉索的作用相当于在主梁跨内增加了若干弹性支承,从而大大减少了梁内弯矩、梁体尺寸和梁体重力,使桥梁的跨越能力显著增大。

(3) 斜索的水平分力相当于对混凝土梁施加的预压力,借以提高了梁的抗裂性能,并充分发挥了高强材料的特性。

(4) 与悬索桥相比,斜拉桥不需要笨重的锚固装置,抗风性能又优于悬索桥。

(5) 调整斜拉索的拉力可以调整主梁的内力,使主梁的内力分布更均匀合理。

(6) 便于采用悬臂法施工和架设,且安全可靠。

(7) 斜拉桥是一种高次超静定的组合结构,包含较多的设计变量。全桥总的技术经济合理性不能单从结构体积小、用料省或者满足应力等概念衡量,这给选定合理的桥型方案和经济合理的设计带来困难。同时,斜拉索与主梁和索塔的联结构造较复杂;施工技术要求高;斜拉索索力的调整工序也较复杂。

1. 构造类型

根据主梁所用材料不同,斜拉桥主要分为钢斜拉桥、混凝土斜拉桥和结合梁斜拉桥 3 种。根据斜拉桥的立面布置形式可分为双塔斜拉桥、独塔斜拉桥和多塔斜拉桥,如图 5.24 所示。

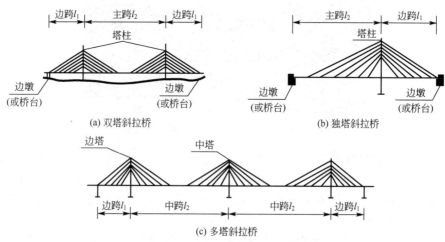

图 5.24 斜拉桥的立面布置形式

(1) 斜拉索。

斜拉索是斜拉桥的主要承重构件之一。斜拉索的立面常选用 3 种基本形式,分别为辐射式、平行式及扇式,如图 5.25 所示。

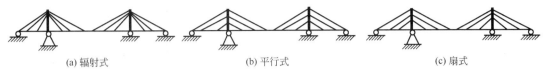

(a) 辐射式　　　　　　　(b) 平行式　　　　　　　(c) 扇式

图 5.25　斜拉索的基本形式

① 辐射式：斜拉索倾角大（平均角度接近 45°），发挥效力好，钢索用量省。缺点是塔柱受力不利，塔顶因斜拉索集中而使锚固困难。此外，斜拉索倾角不一，也使锚具垫座的制作与安装稍趋复杂。

② 平行式：斜拉索与塔柱的连接点分散，斜拉索倾角相同，连接构造易于处理，塔柱受力有利。缺点是斜拉索的倾角较小，工作效率差，索的总拉力大，钢索用量较多。

③ 扇式：其特点介于辐射式与平行式之间，兼有这两者的大部分优点。近年来一些大跨径斜拉桥多采用这种形式。

斜拉索在立面布置形式上，除上述 3 种基本形式外，还有星式、叉形及混合形的布置。

斜拉索在横截面内的布置，有图 5.26 中所示的四种形式。

（2）塔柱。

塔柱主要承受轴力，除柱底铰支的辐射式斜拉索布置外，也要承受弯矩。从桥梁立面看，塔柱主要有独柱型、A 型和倒 Y 型 3 种形式，如图 5.27 所示。

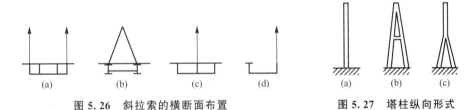

图 5.26　斜拉索的横断面布置　　　图 5.27　塔柱纵向形式

从行车方向看，塔柱又可做成独柱式、双柱式、门式、斜腿门式、倒 V 式、宝石式和倒 Y 式等多种形式，如图 5.28 所示。

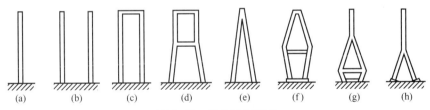

图 5.28　塔柱横向形式

（3）主梁。

斜拉桥常用的主梁形式主要有连续梁、悬臂梁和悬臂刚构等。

主梁按材料分为混凝土主梁［图 5.29(a)］、钢主梁［图 5.29(b)］和钢—混凝土结合梁（叠合梁）等。

2. 结构体系

斜拉桥根据斜拉索、塔柱、主梁和桥墩的不同结合方式组成 4 种不同的结构体系，如图 5.30 所示，即悬浮体系、支承体系、塔梁固结体系和刚构体系。它们各具特点，在设计中应根据具体情况选择最合适的体系。下面简述各种体系的特点。

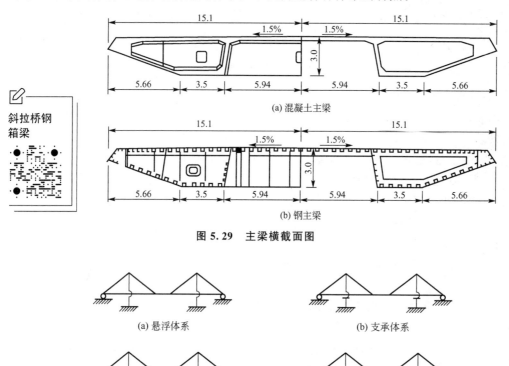

图 5.29　主梁横截面图

图 5.30　斜拉桥的结构体系

（1）悬浮体系——也称飘浮体系，它是将主梁除两端外全部用缆索吊起而在纵向可稍作浮动的一种具有弹性支承的单跨梁。在密索情况下，主梁各截面的变形和内力的变化都较平缓，全跨满载时塔柱处没有负弯矩的尖峰，负弯矩值不到其他三种体系的一半。空间动力计算表明，悬浮体系不能任其在横向随意"摆动"，而必须施加一定的横向约束，提高其振动频率以改善动力性能。

悬浮体系在采用悬臂法施工时，靠近塔柱处的梁段应设置临时支点。

（2）支承体系——主梁在塔墩上设有支点，接近于在跨径内具有弹性主承的三跨连续梁。这种体系的主梁内力在塔墩支点处产生急剧变化，出现了负弯矩尖峰，通常须加强支承区段的主梁截面。支承体系的主梁一般均设置活动支座，这样可避免因一侧存在纵向水平约束而导致极不均衡的温度变位，它将使无水平约束一侧的塔柱内产生极大的附加弯矩。支承体系在横桥方向亦须在桥台和塔墩处设置横向水平约束来改善体系的抗震性能。

支承体系在悬臂施工中不需额外设置临时支点，施工比较方便。

（3）塔梁固结体系——它相当于梁顶面用斜拉索加强的一根连续梁。主梁与塔柱内的内力以及梁的挠度，直接同主梁与塔柱的弯曲刚度比值有关。其主要优点是：取消了承受很大弯矩的梁下塔柱部分而代之以一般的桥墩结构；塔柱和主梁的温度内力极小；可显著减小主梁中央段承受的轴向拉力。但须指出，当中跨满载时，主梁在墩顶处的转角位移会导致塔柱倾斜,使塔顶产生较大水平位移,这样就显著增大了主梁的跨中挠度和边跨的负弯矩,成为这种体系的弱点。

塔梁固结体系中,全部上部结构的重量和活载都须由支座传给桥墩,这就需要设置很大吨位的支座。对于大跨径桥,其支座支承力甚至是万吨级的。

(4)刚构体系——它的塔柱、主梁和柱墩相互固结,形成了在跨径内具有弹性支承的刚构。其优点在于体系的刚度较大,即主梁和塔柱的挠度较小。刚度的增大是由梁、塔、墩固结处能抵抗很大负弯矩换取来的,因此这种体系在固结处附近区段内主梁的截面必须加大。

5.3 悬索桥构造

现代悬索桥是由古代的吊桥和索桥发展而来的。

知识链接

飞夺泸定桥:这是中国工农红军长征中的一场战役,发生于1935年5月25日。事情经过:中央红军部队在四川省安顺场强渡大渡河成功,沿大渡河左岸北上。主力由安顺场沿大渡河右岸北上,红4团第2连连长廖大珠等22名突击队员沿着枪林弹雨和火墙密布的铁索(图5.31)夺下桥头,并与左岸部队合围占领了泸定城。中央红军主力随后从泸定桥上越过天险,粉碎了蒋介石歼灭红军于大渡河以南的企图。

图5.31 泸定桥铁索

飞夺泸定桥

现代悬索桥通常由桥塔、主缆、加劲梁、吊索、鞍座、索夹及锚碇等组成,如图5.32所示。主缆两端的锚固体(锚碇),虽常被视为下部结构,但它是地锚式悬索桥的重要组成部分。

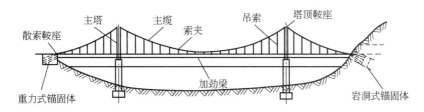

图5.32 悬索桥的构造

1. 分类

悬索桥按有无加劲梁可分为有加劲梁和无加劲梁悬索桥两种。现代大跨径悬索桥都是有加劲梁的。根据已建和在建大跨径悬索桥的结构形式,悬索桥分为以下几种。

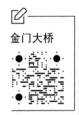
金门大桥

（1）美式悬索桥。

美式悬索桥的基本特征是采用竖直吊索,并用钢桁架作为加劲梁。这种形式的悬索桥绝大部分为三跨地锚式。加劲梁是不连续的,在主塔处有伸缩缝,桥面为钢筋混凝土桥面,主塔为钢结构。其优点是可以通过增加桁架高度来保证桥梁有足够的刚度,且便于实现双层通车。

（2）英式悬索桥。

英式悬索桥的基本特征是采用呈三角形的斜吊索和高度较小的流线型扁平翼状钢箱梁作为加劲梁。除此之外,这种形式的悬索桥采用连续的钢箱梁作为加劲梁,桥塔处设有伸缩缝,用混凝土桥塔代替钢桥塔。有的还将主缆与加劲梁在主跨中点处固结。英式悬索桥的优点是钢箱加劲梁可减轻恒载,因而减小了主缆的截面,降低了用钢量和总造价。

（3）日式悬索桥。

日式悬索桥出现在20世纪70年代以后,此时国际上悬索桥的技术发展已日臻完善。日本结合自己的国情,吸收了世界上先进的技术,形成了日式流派。其主要特征是:主缆一律采用预制束股法架设成缆;加劲梁主要沿袭美式钢桁梁形式,少数公路桥也开始采用英式流线型钢箱梁结构;吊索沿用美式竖向4股骑挂式钢丝绳;桥塔采用钢结构,主要采用焊接,少数用栓接;鞍座采用铸焊混合式;主缆采用预应力锚固系统。

（4）混合式悬索桥。

混合式悬索桥的特点是采用竖直吊索和流线型钢箱梁作为加劲梁,桥塔采用混凝土结构。混合式悬索桥的出现,显示了钢箱加劲梁的优越性,同时避免了采用有争议的斜吊索。

2. 主要构造

（1）桥塔。

桥塔是支撑主缆的重要构件。悬索桥的活载和恒载(包括桥面、加劲梁、吊索、主缆及其附属构件,如鞍座和索夹等的重量)以及加劲梁支承在塔身上的反力,都将通过桥塔传递到下部的塔墩和基础。早期桥塔曾采用石砌材料,后来以美国为代表的大跨径悬索桥基本采用钢结构。随着预应力混凝土和爬模技术的发展,造价经济的混凝土桥塔成为发展的趋势。

桥塔在顺桥方向按力学性质可分为刚性塔和柔性塔。

在横桥方向,桥塔的结构形式可分为桁架式、刚架式和混合式3种,如图5.33所示。

（2）锚碇。

锚碇是主缆的锚固体。锚碇将主缆的拉力传递给地基基础。通常采用的有重力式锚碇(图5.34)和隧洞式锚碇(图5.35)。重力式锚碇依靠巨大自重来抵抗主缆的垂直分力,水平分力则由锚碇与地基间的摩擦力或嵌固力来抵抗。隧洞式锚碇则是将主缆中的拉力直接传递给周围的基岩。

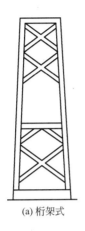
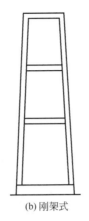
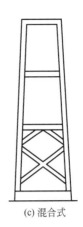

(a) 桁架式　　　　　(b) 刚架式　　　　　(c) 混合式

图 5.33　桥塔形式

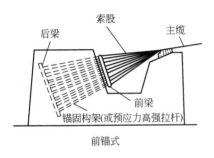
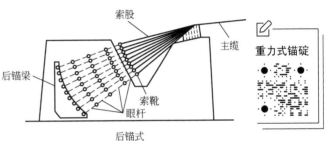

图 5.34　重力式锚碇

（3）主缆。

主缆是悬索桥的主要承重构件。除承受自身恒载外，主缆本身又通过索夹和吊索承受活载和加劲梁（包括桥面）的恒载。除此之外，主缆还承担一部分横向风载，并将它直接传递到桥塔顶部。主缆有钢丝绳和平行线钢缆等。由于平行线钢缆弹性模量高、空隙率低、抗锈性能好，因此大跨径悬索桥的主缆都采用这种形式。现代悬索桥的主缆多采用直径 5mm 的高

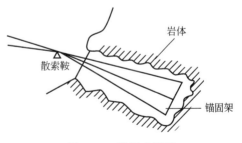

图 5.35　隧洞式锚碇

强度镀锌钢丝；设计中一般将主缆设计成二次抛物线的形状；其架设方法分为空中编丝法（AS 法）和预制平行束股法（PPWS 法）两种。

① AS 法（图 5.36）：它由牵引索作来回走动的编丝轮，每次将 2 根钢丝在高空从桥的一端拉向另一端，待所拉钢丝达到一定数量后，可编扎成一根索股。采用该法每缆所含总股数 n_1 较少，约 30～90 束，每股所含丝数 n_2 多达 300～500 根，因而其单股锚固吨位大，锚固空间相对集中。

② PPWS 法：1965 年美国为了使空中编丝法工程简化，提出了工厂预制方法。以工厂规定的根数及长度集束绕卷起来的预制绳股作为原件，常采用每股钢丝数 n_2 为 61 根、91 根和 127 根，每缆总股数 n_1 一般为 100～300 束，锚固空间相对较大。运到工地即可直

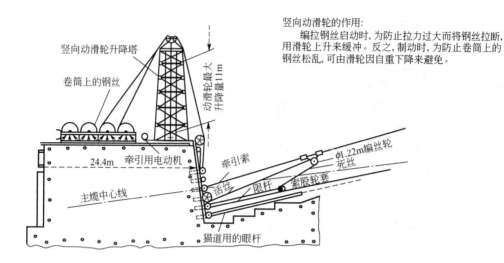

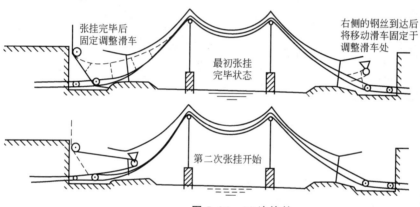

图 5.36 AS 法编丝

接张挂,后配成六角形然后夹紧。因其采用工厂预制,故现场架索施工时间相对缩短,气候因素影响小,成缆工效提高。但它要求有大吨位的起重运输设备和拽拉设备来搬运跨越全桥的整根钢丝束股。该法的大量采用与发展要归功于日本。

主缆架设常采用猫道进行施工,如图 5.37 所示。

(4) 吊索。

吊索也称吊杆,是将活载和加劲梁的恒载传递到主缆的构件。吊索的布置形式有垂直式和倾斜式等。其上端与索夹相连,下端与加劲梁连接。

吊索与主缆的连接方式有骑挂式和销连接式(图 5.38)两种。

(5) 加劲梁。

加劲梁的主要功能是提供桥面和防止桥面发生过大的挠曲变形和扭曲变形。加劲梁是承受风荷载和其他横向水平力的主要构件。长大悬索桥的加劲梁均为钢结构。一般采用桁架梁形式(图 5.39)和箱梁形式(图 5.40)。目前看来预应力混凝土加劲梁仅适用于跨径 500m 以下的悬索桥。在长大悬索桥设计中,加劲梁宽度与主跨径的比例,即宽跨比将是一个涉及风动稳定的突出问题。由于用板梁作加劲梁的抗风稳定性很差,因此现在已不再用板梁作为长大悬索桥的加劲梁。

图 5.37 施工猫道

图 5.38 销连接式

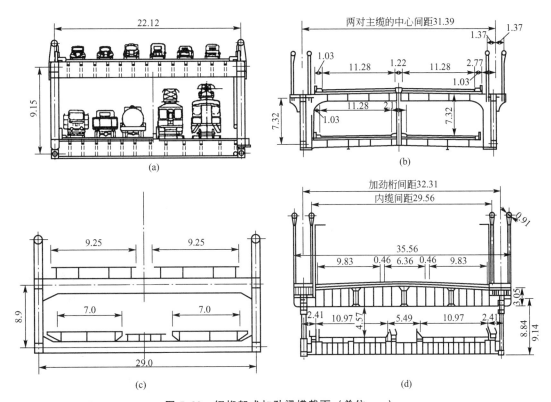

图 5.39 钢桁架式加劲梁横截面（单位：m）

（6）鞍座。

鞍座是支撑主缆的重要构件，通过它可以使主缆中的拉力以垂直力和不平衡水平力的方式均匀地传到塔顶式锚碇的支架处。

鞍座分为塔顶鞍座（也称主鞍座，如图 5.41 所示）和散索鞍座。

图 5.40　钢箱梁

图 5.41　主鞍座

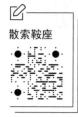

散索鞍座

　　塔顶鞍座位于主缆和塔顶之间，主要由鞍槽、座体和底板 3 大部分组成。鞍槽用以安放主缆，将主缆荷载传到塔上。散索鞍座如图 5.42 所示，主缆进入锚碇之前的最后一个支承构件，置于锚碇的前墙处。其功能为：一是改变缆索方向；二是把主缆的束股在水平和竖起方向分散开，然后将束股引入各自的锚固位置，如图 5.43 所示。

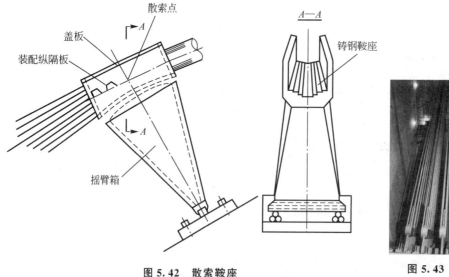

图 5.42　散索鞍座

图 5.43　分散锚固

知识链接

　　1940 年，美国西海岸华盛顿州建成了中央跨径为 853 m，居当时世界第 3 位的塔科马

悬索桥(Tacoma Bridge)，其设计风速为 60m/s。然而 4 个月后，却在 19m/s 的风速袭击下，产生强烈扭曲振动而遭到破坏。

5.4 刚构桥构造

桥跨结构(主梁)和墩台整体相连的桥梁叫刚构桥，又称刚架桥，如图 5.44 所示。由于两者之间是刚性连接，在竖向荷载作用下，将在主梁端部产生负弯矩，因而减少了跨中的正弯矩，跨中截面尺寸也相应得以减小。刚构桥的主梁高度一般可以做得比梁桥小。因此，刚构桥通常适用于需要较大桥下净空和建筑高度受限制的情况下，如下穿式道路等。

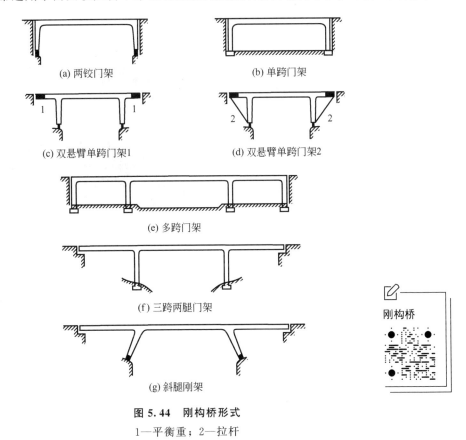

图 5.44 刚构桥形式
1—平衡重；2—拉杆

1. T 型刚构与连续刚构

刚构桥可以是单跨或多跨，也可以做成带悬臂形式。除了单跨门式刚构桥外，T 型刚构与连续刚构常用于多跨桥梁结构。

刚构桥用普通钢筋混凝土修建，梁柱刚结处容易产生裂缝。这个难关，直到 20 世纪 60 年代在预应力技术发展后才有突破。预应力混凝土 T 型刚构桥使预应力新技术和悬臂施工新工艺高度协调,因此得到很大发展。在结构型式上不断创新,跨径上也不断刷新。T型刚构有跨中带挂梁和跨中带剪力铰两种基本形式,如图 5.45 所示。前者属静定结构,各 T 型刚构单元单独作用而使受力和变形均较大,存在一定的结构缺陷。后者是一种超静定结构,该结构的优点是剪力铰起到传力(只传递竖向剪力而不传递纵向水平力和弯矩)和牵制悬臂端变形的作用。但存在跨中挠度较大、行车不顺、剪力铰不易制造安装、年久容易变形损坏等缺点,并且各种外因都能产生结构的附加应力。

  T 型刚构体系在设计中不断改进,逐步与连续梁体系的优点相结合。T 型刚构的粗大桥墩被柔性薄壁墩所取代,形成墩梁连固的连续刚构体系,或称多跨刚构体系,如图 5.46 所示,开辟了大跨径桥梁向轻型结构发展的途径。预应力混凝土连续刚构桥数跨相连,跨中不设铰或挂梁,行车舒适,特别适用于大跨径、高桥墩的情况。它利用薄壁高墩的柔性来适应各种外力所引起的桥纵向位移。此外,桥墩柔性大,对梁的嵌固作用小,其受力情况接近于连续梁桥。但柔性墩需要考虑主梁纵向变形与转动的影响,以及墩身偏心受压时的稳定性。当连续长度太大时,宜设置伸缩缝,做成数座分离式的连续刚构。

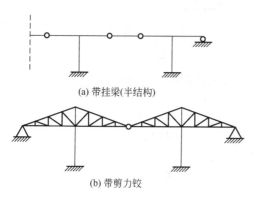

图 5.45 T 型刚构基本形式

图 5.46 连续刚构桥

2. 斜腿刚构与 V 型刚构

  斜腿刚构是由刚构演变而来的,将刚构的立柱做成斜的就成为斜腿刚构。斜腿刚构桥的工作情况与拱桥更接近。其梁与腿中的弯矩比门式刚构桥要小,但支承反力却有所增加。由于桥墩置于岸坡上,有较大斜角,在主梁跨径相同的条件下,斜腿刚构桥的跨径比门式刚构桥要大得多。跨越陡峭河岸和深邃峡谷时,采用斜腿刚构桥(图 5.47)的方案,它不仅造型轻巧美观,施工也较拱桥简单。

图 5.47 斜腿刚构桥

V型刚构桥也是一种连续刚构桥，所不同的是将桥墩做成V型，如图5.48所示。它具有连续刚构桥和多跨斜腿刚构桥的受力特性和共有的优点，外形美观，别具一格。V型刚构桥在设计上与连续梁相比，跨径加长了，弯矩峰值进一步削减，梁高却可降低；与连续刚构相比，跨中和支点弯矩较小，在结构外观上更显轻巧美观。桥墩较高时，V型墩腿以下部分可连接一段竖墩，形成Y型刚构（图5.49），其工作性能与V型刚构相同。

图5.48　V型刚构桥

图5.49　施工中的Y型刚构桥

模块小结

拱桥是一种历史悠久、造型美观的桥型。本模块介绍了其主要组成部分、主拱圈构造、拱上建筑构造和其他细部构造等。

斜拉桥和悬索桥是大跨径桥梁的典型代表，本模块简要介绍了其构造特点，对刚构桥进行了简要描述。

习　题

一、填空题

1. 拱桥与其他桥梁一样，由（　　）和（　　）两大部分组成。拱桥的桥跨结构由（　　）及（　　）所构成。

2. 主拱圈横截面通常分为（　　）、（　　）、（　　）、（　　）4种类型。

3. 拱桥按主拱圈所采用的拱轴线形式可分为（　　）、（　　）和（　　）。

4. 桁架拱桥的上部结构一般是由（　　）、（　　）和（　　）3部分组成。

5. 现代悬索桥通常由（　　）、（　　）、（　　）、（　　）、（　　）及（　　）等组成。

6. 刚构桥通常适用于需要（　　）和（　　）的情况下，如下穿式道路等。

二、选择题

1. 我国独创的一种拱桥横截面形式是（　　）。

A. 肋拱 B. 板拱 C. 双曲拱 D. 箱形拱
2. 浙江杭州复兴大桥属于(　　)。
A. 桁架拱桥 B. 刚架拱桥 C. 钢筋混凝土拱桥 D. 圬工拱桥
3. 斜拉桥索面形式较多采用(　　)。
A. 辐射形 B. 平行形 C. 扇形 D. 星形
4. 据不完全统计,悬索桥破坏大部分是由于(　　)荷载引起的。
A. 地震 B. 洪水 C. 风 D. 撞击

三、简答题

1. 拱桥的分类有哪些?
2. 简述实腹式拱上建筑的组成。
3. 简述空腹式拱上建筑的组成。
4. 主拱圈主要有哪几种构造形式?
5. 斜拉桥的主要组成构件有哪些?
6. 悬索桥的主要组成构件有哪些?

模块5
在线答题

模块 6　桥梁下部结构

思维导图

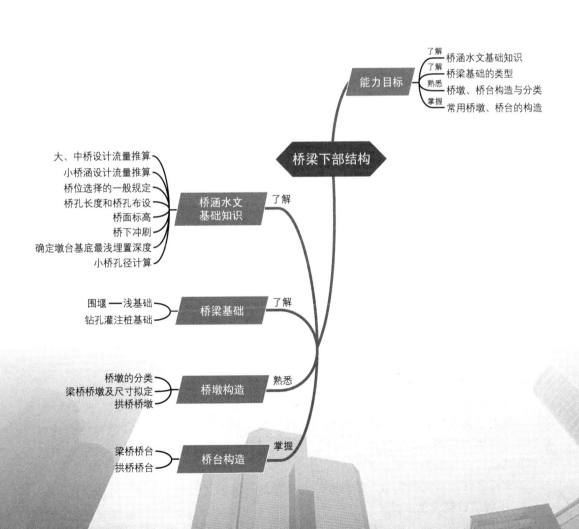

> **学习重点**
>
> 桥梁墩台的分类；常用桥墩、桥台的适用条件及其构造；重力式桥墩的主要尺寸的拟定。

引例

人们平常看桥，很少会注意它的下部结构（引例图），其实下部结构特别是深基础才是桥梁设计施工的难点。

引例图　桥梁下部结构

6.1　桥涵水文基础知识

跨越河流的桥梁，设计时必须考虑洪水能顺利宣泄，其基本尺寸（桥孔长度、桥面标高、基础埋深）的确定，也必须以桥梁规定使用年限内可能发生的一次最大洪水（包括流量、流速、水位）为重要依据。

本节将从水文学角度对这些基本尺寸的确定做简单讲解。

1. 大、中桥设计流量推算

桥涵设计流量的推算，应按《公路工程水文勘测设计规范》（JTG C30—2015）的要求，根据所掌握的资料情况，选择适当的计算方法。对于大、中河流，具有足够的实测流量资料时，主要采用水文统计法；而缺乏实测流量资料时，则多采用间接方法或经验公式计算。具体计算方法参见相关规范。

计算时要注意水文断面与桥位的关系，正确推算桥位处的设计流量和设计水位。

2. 小桥涵设计流量推算

流量是小桥涵设计中确定建筑物类型和孔径的一个主要参数。公路沿线跨越的小河沟,其汇水面积小,洪水历时短,不为人注意,往往缺少或根本没有水文站。因此,大都属于无观测资料的情况。

为此,相关部门制定了各种小流域流量计算公式和相应的图表,实际应用时,这些公式和图表可作参考,并应以多种计算方法做比较。

常用的方法有:形态调查法、暴雨推理法(包括推理公式和经验公式)和直接类比法。

暴雨推理法是直接根据设计规定频率 P 推求出对应的洪峰流量 Q_P,此方法计算出的 Q_P 即是拟建小桥涵处设计流量。

形态调查法和直接类比法仅推出了形态断面处或原有小桥涵位处的流量 Q'_P,故须向拟建小桥涵位处折算成设计洪峰流量 Q_P。

由于流量计算受多种因素和地区差异的制约,所以目前想用极简单的计算方法准确地求得可靠数据结果是较困难的。因此,在条件许可时,宜用几种方法计算互相核对比较;并通过加强调查研究,积累资料,进行科学实验,找出适合本地区的计算方法,结合实际情况确定计算公式和有关的参数。

3. 桥位选择的一般规定

(1) 桥位选择应对各个可比选方案进行详细的调查和勘测,对复杂的大桥、特大桥,应进行必要的物探和钻探;既应考虑现状,又应征求有关部门的意见;经全面分析认证,确定推荐方案。

(2) 桥位选择应从国民经济发展和国防需要出发,并在整体布局上宜与铁路、水利、航运、城建等方面规划互相协调配合;注意保护文物、环境和军事设施等;同时还要照顾群众利益,少占良田、少拆迁有价值的建筑物。

(3) 高速公路、一级公路的特大、大、中桥桥位线形应符合路线布设要求。一般公路上的桥位,原则上应服从路线走向;桥、路综合考虑;注意位于弯、坡、斜处的桥梁设计和施工的难度。在适当的范围内,根据河段水文、地形、工程地质条件等特点进行综合比较确定。

(4) 对水文、工程地质和技术复杂的特大桥位,应在已定路线大方向的前提下,根据河流的形态特征、水文、工程地质、通航要求和施工条件以及地方工农业发展规划等,在较大范围内作全面的技术、经济比较确定。

(5) 跨河位置、布孔方案等应征求水利、航运等部门的意见。

图 6.1 所示为润扬大桥桥位,通过江心岛以两座桥的方式跨越长江。

4. 桥孔长度和桥孔布设

桥孔长度的确定,首先应满足排洪和输沙的要求,即保证设计洪水及其所挟带的泥沙能从桥下顺利通过;并从安全和经济两方面着眼;同时应综合考虑桥孔长度、桥前壅水和桥下冲刷的相互影响。

桥孔布设应与天然河流断面流量分配相适应。在稳定性河段上,左右河滩桥孔长度之比应近似于左右河滩流量之比;在次稳定和不稳定河段上,桥孔布设必须考虑河床变形和流量分布变化趋势的影响。桥孔一般不压缩河槽,可适当压缩河滩。

河流中泓线(河道中各横断面水流最大流速点的连线)上不宜布设桥墩。

在有流冰、流木的河段上,桥孔应适当放大。

(1) 山区河流的桥孔布设宜符合下列要求。

① 峡谷河段宜单孔跨越。桥面高度应根据设计洪水位,并结合两岸地形和路线等条

图 6.1　润扬大桥桥位

件确定。

② 在开阔河段可适当压缩河滩。河滩路堤宜与洪水主流流向正交，否则应增设调治工程。

(2) 平原河流的桥孔布设应符合下列要求。

① 在顺直微弯河段，桥孔布设应考虑河槽内边滩下移，主槽在河槽内摆动的影响。

② 在弯曲河段，应通过河床演变调查，预测河湾发展和深泓变化；考虑河槽凹岸水流集中冲刷和凸岸淤积等对桥孔及墩台的影响。

③ 在滩槽较稳定的分汊河段上，若多年流量分配基本稳定，可考虑布设一河多桥。桥孔布设应预计各汊流流量分配比例的变化，并应设置同流量分配相对应的导流构造物。

④ 在宽滩河段，可根据桥位上、下游主流趋势及深泓线(河道中各横断面最大水深点的连线)摆动范围布设桥孔，并可适当压缩河滩，但应考虑水对上游的影响。若河汊稳定又不宜导入桥孔时，可考虑修建一河多桥。

⑤ 在游荡河段，不宜过多压缩河床，应结合当地治理规划，辅以调治工程。在深泓线可能摆动的范围内，不宜设置桥墩。

(3) 山前区河流桥孔布设应符合下列要求。

① 在山前变迁河段，在辅以适当的调治构造物的基础上，可较大地压缩河段。桥轴线应与河岸线或洪水总趋势正交。河滩路堤不宜设置小桥和涵洞。当采用一河多桥时，应堵截临近主河槽的支汊。

② 在冲积漫流河段，桥孔宜在上游狭窄或下游收缩河段跨越。若在河床宽阔、水流有明显分支处跨越，可采用一河多桥方案，并应在各桥间采用相应的分流和防护措施。桥下净空应考虑河床淤积影响。

5. 桥面标高

桥面中心和引道路堤最低设计标高，是从水力水文角度提出的最低建筑标高界限。至于桥面设计标高和引道路堤设计标高应综合考虑桥面纵向坡度、排水和两岸路线接线标高等因素后分别确定，但必须高于或等于由水力水文计算所确立的桥面中心最低标高和引道路堤最低设计标高。

6. 桥下冲刷

冲刷计算的目的是确定桥下最大冲刷深度，确定桥梁基础最浅埋置。从水力水文的角度，为既安全又经济的墩台基础设计提供重要的依据。

桥梁墩台冲刷包括河床自然演变冲刷、一般冲刷和局部冲刷 3 部分。在确定基础埋深时，应根据桥位河段情况，取其不利组合作为基础埋深的依据。从图 6.2 中可以看到冲刷对桥梁下部结构的破坏。

墩台冲刷深度应根据地区特点、河段特性、水文与泥沙特征、河床地质等情况采用与规范相应的公式计算，必要时可采用其他公式或利用实测、调查资料验算，分析认证后选用合理的计算成果。自然演变冲刷目前尚无可靠的计算方法，可通过断面资料分析确定。

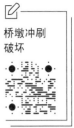
桥墩冲刷破坏

图 6.2 冲刷对桥梁下部结构的破坏

特别提示

水滴石穿，水的作用力不容忽视。

流向桥墩的水流受到桥墩阻挡，桥墩周围的水流结构发生急剧变化，水流的绕流使流线严重弯曲，床面附近形成螺旋形水流，剧烈淘刷桥墩周围，特别是迎水面的河床泥沙，形成冲刷坑的现象，称为局部冲刷，如图 6.3 所示。

影响局部冲刷的主要因素有流速、墩形、墩宽、水深和床沙粒径等。在进行桥墩设计时要合理加以考虑。

7. 确定墩台基底最浅埋置深度

为了确定桥下最大冲刷线和墩台基底最浅埋置深度，应根据桥位河段具体情况，取河床自然演变冲刷、一般冲刷和局部冲刷的不利组合，作为确定墩台基础埋深的依据，同时应符合《公路桥涵地基与基础设计规范》（JTG 3363—2019）的有关规定。

全部冲刷完成后，最大冲刷水深包括 3 个部分。

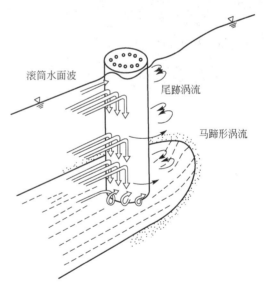

图 6.3 桥墩局部冲刷示意

$$h_s = h_P + h_b + \Delta h \quad (6-1)$$

式中：h_s——最大冲刷水深，m；

h_P——桥下一般冲刷后的最大水深，m；

h_b——桥墩局部冲刷深度，m；

Δh——自然演变冲刷深度，m，（可通过现场观测和调查确定）。

同时，推算各墩台最大冲刷时的标高 H_{CM} 的公式如下。

$$H_{CM} = H_P - h_s \quad (6-2)$$

式中：H_P——桥位断面的设计水位，m。

依据各墩台的 H_{CM} 值可在桥轴给断面上绘制出最大冲刷线。

非岩性河床墩台基底埋深应在最大冲刷线以下，不小于表值（表6-1）。

表6-1 基底埋深安全值 Δ

桥梁类别	总冲刷深度/m					桥梁类别	总冲刷深度/m				
	0	5	10	15	20		0	5	10	15	20
一般桥梁	1.5	2.0	2.5	3.0	3.5	特殊大桥	2.0	2.5	3.0	3.5	4.0

注：表列数字为墩台基底埋入总冲刷深度以下的最小限值，若计算流量、水位和原始断面资料无十分把握或河床演变尚不能获得准确资料时，安全值 Δ 可适当加大。

桥梁各墩台基底最浅埋置标高：

$$H_{JM} = H_{CM} - \Delta \tag{6-3}$$

若桥梁墩台基础建于岩石河床上，其取值见表6-2。

表6-2 岩石上桥墩基础冲刷及基底埋置深度参考数据表

岩石类别	极限抗压强度/MPa	岩石特征		调查资料		建议埋入岩面深度（按施工枯水季平均水位至岩面的距离分级）/m		
		调查到有冲刷的桥渡岩石特征		桥梁座数	各桥的最大冲刷深度/m	$h<2$	$h=2\sim10$	$h>10$
		岩石名称	特征					
I 极软岩	<5	胶结不良的长石砂岩、炭质页岩等	成分以长石为主，石英凝灰碎屑、云母次之；以黏土及铁质胶结，胶结不良，用手可捏成散砂，淋滤现象明显，但岩质均匀，节理、裂隙不发育；其他岩石如风化严重，节理、裂隙发育，强度小于5MPa，用镐、锹易挖动者	2	0.65～3.0	3～4	4～5	5～7
II 软质岩	H_1 5～15	黏土岩、泥质页岩等	成分以黏土为主，方解石、绿泥石、云母次之；胶结成分以泥质为主，钙质铁质次之；干裂现象严重，易风化；处于水下岩石整体性好，不透水，暴露后易干裂成碎块，碎块较坚硬，但遇水后崩解成土状	10	0.4～2.0	2～3	3～4	4～5
	H_2 15～30	砂质页岩、砂页岩互层、砂岩、砾岩等	砂页岩成分同上，夹砂颗粒；砂岩以石英为主，长石、云母次之；砾岩由圆砾石砂粒黏土等组成；胶结物以泥质、钙质为主，砂质次之；层理、节理处易干裂、崩解	9	0.4～1.25	1～2	2～3	3～4

续表

岩石类别	极限抗压强度/MPa	岩石特征			调查资料		建议埋入岩面深度（按施工枯水季平均水位至岩面的距离分级）/m		
		调查到有冲刷的桥渡岩石特征			桥梁座数	各桥的最大冲刷深度/m	$h<2$	$h=2\sim10$	$h>10$
		岩石名称	特 征						
Ⅲ	>30	板岩、钙质砂岩、矽质岩、石灰岩、花岗岩、流纹岩、石英岩等	岩石坚硬，强度虽大于30MPa，但节理、裂隙、层理非常发育，应考虑冲刷，如岩体完整节理、裂隙、层理少，风化很微弱，可不考虑冲刷，但基底也宜埋入岩面0.2～0.5m		9	0.4～0.7	0.2～1.0	0.2～2.0	0.5～3.0

注：表中建议埋深指扩大基础或沉井的埋深，如用桩基可作为最大冲刷线的位置。

桩基础设计详见"基础工程"课程相关内容。

8. 小桥孔径计算

在孔径计算中，小桥与大、中桥有不同的特点。大、中桥允许河床发生一定的冲刷，小桥一般不允许桥下的河底发生冲刷，但允许有较大的壅水高度。小桥通常采用人工加固河床的方法，来提高河床的容许（不冲刷）流速，以达到适当缩减孔径的目的。设计流量确定之后，运用水力计算正确地确定：小桥孔径和孔数；河床加固的类型和尺寸；壅水高度和小桥桥面最低标高。

同一设计流量可能有多种孔径和孔数方案，此时应充分考虑地形、地质、施工等条件，并根据当地群众的合理要求，按经济和安全的原则来确定最终的方案。

6.2 桥梁基础

桥梁基础是桥梁结构直接与地基接触的最下部分，是桥梁下部结构的重要组成部分。桥梁基础根据埋置深度可分为浅基础和深基础两类。浅基础是在桥台或桥墩下直接修建的埋置较浅的基础（一般小于5m）；由于浅层土质不良，有时需把基础埋置于较深的地层，这样的基础称为深基础（一般埋深大于等于5m）。基础埋置在土层内虽然较浅，但在水下部分较深，称为深水基础。浅基础一般采用明挖工程；深基础可采用多种方法施工，如打入桩、钻孔灌注桩、沉井、沉箱等。

本节重点介绍浅基础和钻孔灌注桩基础。

6.2.1 浅基础

桥梁工程中的浅基础又称为明挖基础，可分为柔性基础和刚性扩大基础。柔性基础一一般采用钢筋混凝土筑成；刚性扩大基础不需配置钢筋，一般采用圬工材料砌筑。

在天然土层上直接建造桥梁浅基础，可采用明挖法，即不用任何支撑的一种开挖方式。当地基土层较软，放坡受施工条件限制时，可采用各种坑壁支撑。在河岸或水中修筑墩台时，为防止河水由基坑顶面进入基坑，需要修筑围堰。所谓围堰，就是在基坑四周修筑的一道临时、封闭、挡水的构筑物。围堰有以下几种常见的形式。

1. 土围堰

土围堰（图6.4）是一种最简易的围堰，适用于水深1.5m以内、流速0.5m/s以内、河床土质渗水性较小的河床。土围堰宜用黏性土填筑，缺黏性土时，也可用砂土类填筑。

2. 土袋围堰

土袋围堰（图6.5）适用于水深3.0m以内、流速1.5m/s以内、河床土质渗水性较小的河床。土袋内应装1/3~1/2容量的松散的黏土或亚黏土，袋口缝合。土袋采用草包、麻袋和尼龙编织袋，而尼龙编织袋不易腐烂，给拆除带来麻烦。

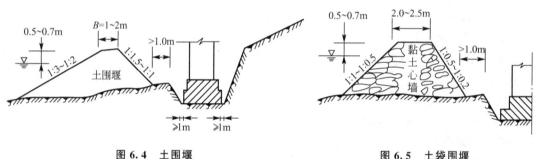

图6.4 土围堰　　　　　图6.5 土袋围堰

3. 板桩围堰

板桩围堰根据河床土质、水深、流速等条件可分别采用木板桩围堰、钢板桩围堰和钢筋混凝土板桩围堰等。木板桩现已很少使用。

（1）钢板桩围堰（图6.6）。

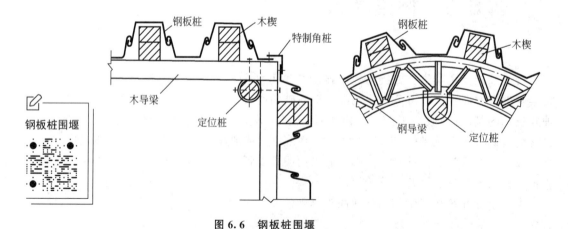

图6.6 钢板桩围堰

钢板桩一般采用拉森桩，也可采用槽钢、工字钢等型钢。当水深大于5m且不能用其他围堰的情况下，砂性土、半干硬性黏土、碎卵石类土及风化岩等透水性好的河床，常采用钢板桩围堰。根据需要可修筑成单层、双层结构体式。适用于防水及挡土，施工方便，入土深度应大于河床以上部分长度。可布置成矩形、圆形，在双层围堰夹层中应填以黏土。特殊情况下，夹层下部浇筑水下混凝土以提高防渗能力。

（2）钢筋混凝土板桩围堰。

钢筋混凝土板桩围堰适用于黏性土、砂类土、碎石土河床，除用于基坑挡土防水外，可不拔除而作为建筑物结构的一部分，或作为水中墩台基础的防护结构物，也可拔除周转使用。

6.2.2 钻孔灌注桩基础

钻孔灌注桩基础是采用不同的钻孔或挖孔方法，在土中形成一定直径的井孔，达到设计标高后，将钢筋骨架吊入井孔中，灌注混凝土（有地下水时灌注水下混凝土），成为桩基础的一种工艺。钻孔灌注桩基础在如今的桥梁建设，特别是城市桥梁的建设中得到了广泛的应用。目前在国内桥梁基础工程领域中，钻孔灌注桩基础已占据了重要地位，并向大直径、多样化方向发展（详见"基础工程"课程相关内容）。

6.3 桥墩构造

桥墩主要由墩帽、墩身和基础三部分组成，如图6.7所示。

桥墩是指多跨（不少于两跨）桥梁的中间支撑结构，是支撑桥跨结构（又称上部结构）和传递桥梁荷载的结构物。它承受上部结构自重以及作用于其上的车辆荷载作用，并将荷载传到地基上，而且还承受流水压力、水面以上风力以及可能出现的地震力、冰压力、船只和漂流物的撞击力等。桥墩自身应具有足够的强度、刚度和稳定性，对地基的承载力、沉降量、地基与基础之间的摩阻力也提出一定的要求，避免在上述荷载作用下产生危害桥梁整体结构的水平、竖向位移和转角位移。

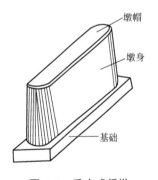

图 6.7 重力式桥墩

知识链接

2009年12月20日，正在建设的雅（安）西（昌）高速公路迎来了历史性的时刻——位于雅安境内的腊八斤特大桥10号桥墩成功封顶。雅西高速公司相关负责人介绍，墩高达到182.5m的10号桥墩当时是亚洲第一高墩。工人们都说，如果雾大一点儿，从下往上看，看不到桥墩的顶部，如图6.8所示。

图 6.8 建设中的腊八斤特大桥

6.3.1 桥墩的分类

1. 按构造划分

桥墩按其构造可划分为实体桥墩、空心桥墩、柱式桥墩、桩式桥墩、排架桥墩和框架式桥墩等。

2. 按受力特点划分

桥墩按其受力特点可划分为柔性墩和刚性墩。

3. 按截面形状划分

桥墩按截面形状可划分为矩形、圆形、圆端形、尖端形以及各种截面组合而成的空心桥墩，桥墩截面形式如图 6.9 所示。

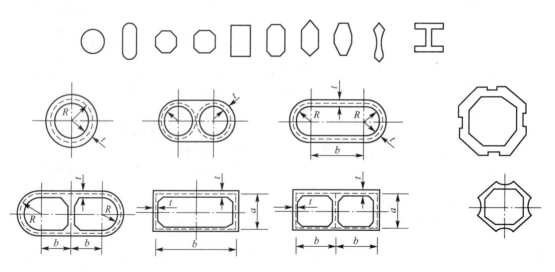

图 6.9 桥墩截面形式

4. 按施工工艺划分

桥墩按施工工艺可划分为就地砌筑或浇筑桥墩和预制安装桥墩。

6.3.2 梁桥桥墩及尺寸拟定

1. 梁桥桥墩

（1）实体桥墩。

实体桥墩是指由一个实体结构组成的桥墩，按其结构尺寸和质量的不同又可分为实体重力式桥墩和实体轻型桥墩，如图 6.10 和图 6.11 所示。

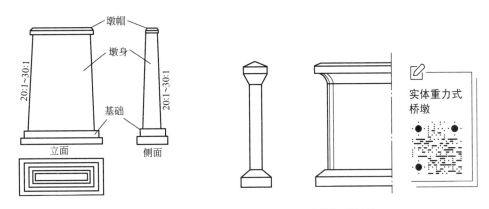

图 6.10　实体重力式桥墩（尺寸单位：m）　　图 6.11　实体轻型桥墩

实体重力式桥墩主要靠自身的重力（包括桥跨结构重力）来平衡外力，从而保证桥墩的强度和稳定。此种桥墩通常由圬工材料修筑而成，具有自身刚度大、防撞能力强的优点，但同时存在阻水面积大、圬工数量大、对地基承载力要求高等缺点。比较适用于荷载较大的大、中型桥梁或流冰、漂浮物多的河流中，以及砂石料丰富的地区和基岩埋深较浅的地基。

墩帽位于桥墩顶部，通过支座支撑桥跨结构，应力较集中，应具有足够的厚度和强度。对于大跨径的重力式桥墩，墩帽厚度不应小于 0.4m，中、小跨径梁桥也不应小于 0.3m。墩帽采用 C20 以上的混凝土浇筑，加配构造钢筋。小跨径桥的墩帽除严寒地区外，可不设构造钢筋。构造钢筋直径一般取 8~12mm，采用间距 20cm 左右的网格布置。在墩帽放置支座的部位，应布置一层或多层加强钢筋网，其平面分布范围取支座支承垫板面积的两倍，钢筋直径为 8~12mm，网格间距 5~10cm。当桥墩上相邻两孔的支座高度不同时，需加设混凝土垫石调整，并在垫石内设置钢筋网。墩帽的钢筋构造如图 6.12 所示。对于小桥，也可用 M5 以上砂浆砌筑或 MU25 以上料石作墩帽。

当桥面较宽时，为了节省桥墩圬工，减小结构自重，可选用悬臂式墩帽或托盘式墩帽，如图 6.13 所示。悬臂的长度和宽度根据上部结构的形式、支座的位置及施工荷载的要求确定。悬臂的受力钢筋需经过计算确定。一般要求悬臂式墩帽的混凝土强度等级要高些，悬臂端部的最小高度不小于 0.3~0.4m。

梁式桥墩帽的平面尺寸，必须满足桥跨结构支座布置的需要。为了避免支座过于靠近墩身侧面的边缘，造成应力集中，应提高混凝土的局部承压能力，并考虑施工误差及预留锚栓孔的要求。支座边缘到墩（台）身边缘的最小距离见表 6-3。

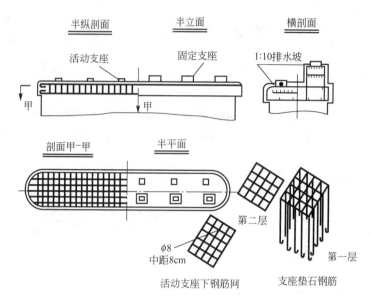

图 6.12　墩帽的钢筋构造

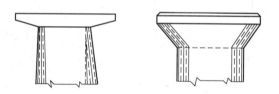

图 6.13　悬臂式墩帽和托盘式墩帽

表 6-3　支座边缘到墩(台)身边缘的最小距离

跨　径	顺桥向/cm	横桥向/cm	
		圆弧形端头(自支座边角量起)	矩形端头
大桥	25	25	40
中桥	20	20	30
小桥	15	15	20

注：① 采用钢筋混凝土悬臂式墩台帽时，上述最小距离为支座至墩台帽边缘的距离；
　　② 跨径 100m 及以上的桥梁应按实际情况决定。

当桥面的横向排水坡不用桥面三角垫层调整时，可在墩帽顶面从中心向两端横桥向做成一定的排水坡，并设有 5～10cm 的檐口。

重力式桥墩的墩身用不低于 C15 的片石混凝土浇筑，或用浆砌块石和料石，也可以用混凝土预制块砌筑。墩身的主要尺寸包括墩高、墩顶面、底面的平面尺寸及墩身侧坡。用于梁式桥的墩身宽度对小跨径桥不宜小于 0.8m，中等跨径桥不宜小于 1m，大跨径桥的墩身宽度视上部结构类型确定。墩身的侧坡可采用 30∶1～20∶1(竖∶横)。小跨径且桥墩不高时可以不设侧坡，做成直坡。其截面形式主要有圆形、圆端形、矩形和尖端形等，如图 6.14 所示。在有强流水或大量漂浮物的河道上(冰厚大于 0.5m，流冰速度大于 1m/s)，桥墩的迎水面应做成破冰凌体。破冰凌体可由强度较高的石料砌成，也可用强度等级高的混凝土辅以钢筋加固。

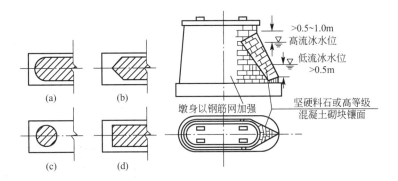

图 6.14　实体重力式桥墩截面形式

实体轻型桥墩可用混凝土、浆砌块石或钢筋混凝土材料做成。其中实体式钢筋混凝土薄壁桥墩最为典型。此结构显著减小了圬工体积，但其抵抗冲击的能力较差，不宜用在流速大并且夹有大量泥沙的河流或可能有船舶、冰块、漂流物撞击的河流中，一般用于中、小跨径的桥梁上。实体轻型桥墩较多采用圆端形。

实体轻型桥墩墩帽采用不低于 C15 的混凝土，配置 Φ8mm 的构造钢筋。墩帽在平面上的尺寸随墩身顶部尺寸而定，同时也应满足布置支座的需要。墩帽高度不小于 25～30cm。墩帽四周挑檐宽度为 5cm，周边做成 5cm 倒角。

墩身用不低于 C15 的混凝土浇筑，也可使用浆砌块石。石料标号不得低于 25 号，砂浆强度等级不得低于 M5。

墩身的宽度应满足上部构造的支撑需要，一般不小于 60cm。墩身的长度应符合上部构造宽度的要求。

桥墩基础一般采用 C15 混凝土，其平面尺寸较桥墩底面尺寸略大（四周各放大 20cm）。基础多做成单层的，其高度一般为 50cm 左右。

（2）空心桥墩。

空心桥墩有两种形式：一种为部分镂空实体桥墩；另一种为薄壁空心桥墩。

部分镂空实体桥墩仍保持实体桥墩的基本特点，如较大的轮廓体形，较大的圬工结构，少量的钢筋等。镂空的主要目的是在截面强度和刚度足以承担和平衡外力的前提条件下，减少圬工数量，使结构更经济。具体镂空部位受到一定条件限制，如在墩帽下一定高度范围内，为保证上部结构荷载安全有效地传递给墩身壁，应设置一定的实体过渡段。在空心部分与实体部分连接处应设倒角或配置构造钢筋，从而避免墩身传力过程中产生的局部应力集中问题。对于受船只、漂浮物撞击或易磨损、需防冰害的墩身部分，一般不宜镂空。

薄壁空心桥墩（图 6.15 和图 6.16）基本结构形式与部分镂空实体桥墩相似，是采用强度高、墩身壁较薄的钢筋混凝土构筑而成的空格形桥墩，混凝土一般为 C20～C30。根据受力情况、桥墩高度以及自身构造要求，壁厚一般在 30～50cm。这种构件较大幅度削减了墩身自重；减小了软弱地基的负荷；减小了自身的截面尺寸；使结构在外观上变得更加轻盈，适用于软弱地基。其构造除应满足部分镂空实体桥墩规定的要求外，为了降低薄壁墩身内外温差，减小水浮力或避免冻胀，应在薄壁空心桥墩上设通风孔及排水孔。为保证薄壁空心桥墩的墩壁自身稳定和施工方便，应在适当间距设置水平隔板。通常的做法是对40m以上的高墩，不论壁厚如何，均按6～10m的间距设置横隔板；墩顶实体段高度不小于1.0～2.0m；薄壁空心桥墩按计算配筋，一般配筋率在0.5%左右。

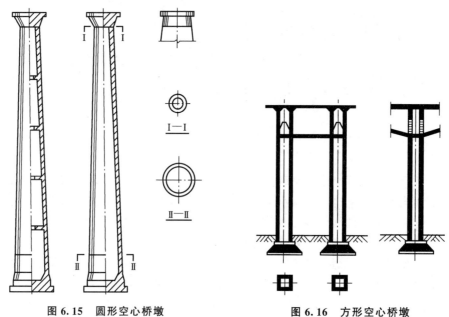

图 6.15　圆形空心桥墩　　　　　图 6.16　方形空心桥墩

(3) 柱式桥墩和桩式桥墩。

柱式桥墩和桩式桥墩是目前公路桥梁中广泛采用的桥墩形式。它具有线条简捷、明快、美观，既节省材料数量又施工方便的特点，特别适用于桥梁宽度较大的城市高架桥和立交桥。

柱式桥墩如图6.17所示，一般可分为单柱式、双柱式、哑铃式和混合双柱式等形式，它可以根据桥宽的需要以及地物地貌条件任意组合。此类桥墩由承台、柱式墩身和盖梁组成，对于上部结构为大悬臂箱形截面的，墩身可以直接与梁相接。单柱式桥墩适用于斜交角大于15°的桥梁、流向不固定的桥梁和立交桥上；双柱式桥墩在公路桥上用得最多；哑铃式和混合双柱式桥墩对有较多漂流物和流冰的河道较为适用。柱式桥墩一般由C20～C30的钢筋混凝土构件组成。

桩式桥墩是将钻孔桩基础向上延伸作为桥墩的墩身，在桩顶浇筑盖梁。桩式桥墩在墩位的横向可以是一根、两根或数根。在一个桥墩纵向设置一排桩时，称为单排桩墩；设置两排时，称为双排桩墩。单排桩墩一般适用于墩高不超过4～5m的中、小跨径梁桥。双排桩墩的承载能力和稳定性都较强，但墩身高度不宜大于10m。

(4) 排架桥墩。

排架桥墩由单排或双排的钢筋混凝土桩与钢筋混凝土盖梁连接而成，大多为柔性墩。其主要特点是：可以通过一些构造措施，将上部结构传来的水平力(制动力、温度影响力等)按各墩台的刚度分配到各墩台；作用在每个柔性墩上的水平力较小，而作用在刚性墩台上的水平力较大。因此，达到了减小柔性桩墩截面尺寸的目的。

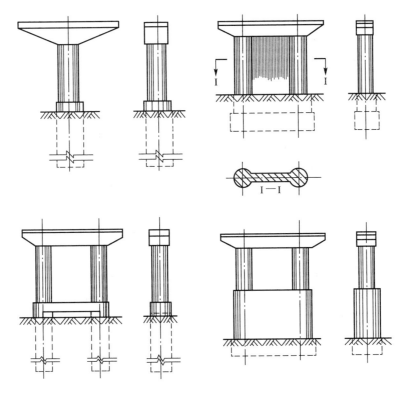

图 6.17 柱式桥墩

(5) 框架式桥墩。

框架式桥墩采用钢筋混凝土或预应力混凝土等压挠和挠曲构件组成平面框架代替墩身，支承上部结构，必要时可做成双层或多层框架。这是较空心墩更进一步的轻型结构，构造形式如图 6.18 所示。V 形桥墩（图 6.21）、Y 形桥墩（图 6.22）、X 形桥墩（图 6.23）等也属于框架式桥墩。此种桥墩结构的出现，给桥梁建筑增添了新的艺术造型；改变了桥墩原先笨拙的形象，使桥梁整体结构造型更加轻巧美观，同时使桥梁的跨越能力提高，缩短了主梁的跨径，降低了梁高；但结构构造比较复杂，施工比较麻烦。

图 6.18 框架式桥墩

(6) 柔性墩与刚性墩。

柔性墩一般布设在两端具有刚性较大桥台的多跨桥中，同时，全桥除在一个中墩上设置活动支座外，其余墩台均采用固定支座，如图 6.19 所示。

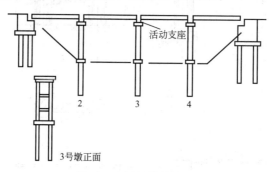

图 6.19　柔性墩的布置

柔性墩固定支座的墩顶位移量过大而处于不利状态时，活动支座的活动量也要大；刚性桥台的支座所受的水平力较大。因此，多跨长桥采用柔性墩时宜分成若干联，每联设置一个刚性墩（台），刚性墩宜布置在地基较好和地形较高的地方。两个活动支座之间或刚性台与第一个活动支座间称为一联，如图 6.20 所示。一联长度的划分视地形、构造和受力情况确定。

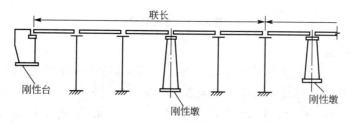

图 6.20　多跨柔性墩的布置

柔性墩多用于墩高为 5.0~7.0m，跨径 13m 以下，桥长 50~80m 的中小型桥中。不宜用在山区河流或漂浮物严重的河流。

2. 梁桥桥墩尺寸拟定

本处以重力式桥墩的主要尺寸拟定。

（1）墩帽。

梁桥桥墩的平面尺寸首先应满足上部结构支座布置的要求，如图 6.24 所示。

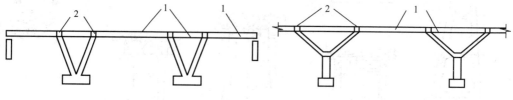

图 6.21　V 形桥墩
1—预制梁；2—接头

图 6.22　Y 形桥墩
1—预制梁；2—接头

图 6.23 X 形桥墩

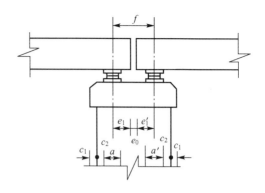

图 6.24 墩帽纵桥向宽度

① 纵桥向墩帽最小宽度由式（6-4）确定。

$$b \geqslant f + \frac{a}{2} + 2c_1 + 2c_2 + \frac{a'}{2} \qquad (6-4)$$

式中：f——相邻两跨支座的中心距离，cm，
$f = e_1 + e_0 + e'_1$；
a——支座的纵桥向宽度，cm；
a'——支座的纵桥向宽度，cm；
c_1——出檐宽度，一般为 5~10cm；
c_2——为了避免支座过于靠近墩身侧面边缘，造成应力集中，同时考虑施工的要求，支座边缘到墩身顶部边缘的最小距离（图 6.25），应按表 6-3 的规定值采用。

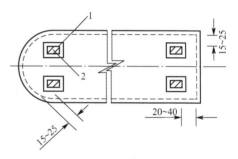

图 6.25 支座边缘到墩身（台）顶部边缘的
最小距离（尺寸单位：cm）
1—垫板；2—支座

其中：
e_1——支座中心轴到桥跨结构端部的距离，cm；
e'_1——支座中心轴到桥跨结构端部的距离，cm；
e_0——相邻两桥跨结构间的伸缩缝宽，中、小跨径桥梁为 2~5cm，大跨径桥梁应根据具体情况确定。

② 横桥向墩帽最小宽度由式（6-5）确定

$$B = 桥跨结构两边梁中心 + 支座横向宽度 + 2c_1 + 2c_2$$

对于圆头形墩帽 c_2 值应根据圆弧形端头至支座边角间的最小距离确定。

③ 墩帽厚度的确定。

大跨径桥梁的墩帽厚度不小于 40cm；中、小跨径桥梁的墩帽厚度不小于 30cm。

（2）墩身。

墩身顶宽，小跨径桥不宜小于 80cm（轻型桥墩不宜小于 60cm）；中跨径桥不宜小于 100cm；大跨径桥应视上部构造类型而定。墩身的侧坡一般采用 20∶1~30∶1，小跨径桥的墩身也可采用直坡。墩身宽度和高度应保持一定的比例，以保证稳定性和强度的要求。

墩身宽度 $b_1=(1/6\sim1/5)H_1$（H_1 为墩身某截面至墩顶的高度，如图 6.26 所示）。

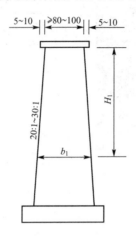

图 6.26 梁桥重力式桥墩（尺寸单位：cm）

（3）基础。

基础在平面上的尺寸宜较墩身底面积尺寸略大，四周放大的尺寸每边约 0.25～0.75m。每层高度一般采用 0.5～1.0m。基础扩散角（刚性角）：用 M5 以下砂浆砌筑的砌体应不大于 30°；用 M5 及 M5 以上砂浆砌筑的砌体应不大于 35°；用混凝土浇筑的砌体应不大于 40°。

6.3.3 拱桥桥墩

1. 重力式桥墩

拱桥重力式桥墩，其形式基本上与梁桥重力式桥墩相仿。因为承受较大的水平推力，所以，拱桥重力式桥墩的宽度尺寸比梁桥大。同时，墩帽顶部做成斜坡，如图 6.27 所示，尽量考虑设置成与拱轴线正交的拱座。

由于拱座承受着较大的拱圈压力，故一般采用强度等级 C20 以上的整体式混凝土、混凝土预制块或 MU40 以上的块石砌筑。肋拱桥拱座由于压力比较集中，故应采用高强度等级混凝土及数层钢筋网加固。装配式的肋拱以及双曲拱桥的拱座，可预留供插入拱肋的孔槽，就位后再浇筑混凝土封固，如图 6.28 所示。为了加强拱肋与拱座的连接，底部可设 U 形槽浇灌混凝土，其强度等级不低于 C25，有时孔底与孔壁还应增设一些加固钢筋网。

拱桥墩身体积较大，除了用块石砌筑外，也有用片石混凝土浇筑。有时为了节省圬工砌体，可将墩身做成空心，中间填砂石。

拱桥桥墩基础与梁桥相同。

2. 柱式桥墩和桩式桥墩

拱桥的柱式桥墩和桩式桥墩与梁桥相同。由于承受较大的水平推力，柱和桩的直径比梁桥大，根数也比梁桥多。当跨径较大（40～50m）时，可以采用双排桩。拱座（盖梁）采用钢筋混凝土，构造与重力式桥墩拱座基本相同。

3. 单向推力墩

多跨拱桥根据施工和使用要求，每隔 3～5 孔设置单向推力墩。常用的单向推力墩有以下几种形式。

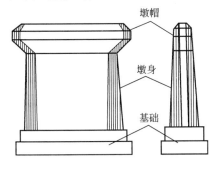

图 6.27 拱座构造

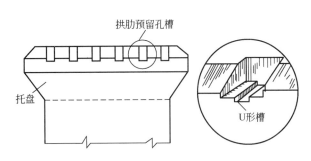

图 6.28 拱桥重力式桥墩

(1)普通柱墩加设斜撑的单向推力墩。

这种单向推力墩是在普通墩柱上对称增设一对钢筋混凝土斜撑,如图 6.29 所示,以提高其抵抗单向水平推力的能力。接头只承受压力而不承受拉力。在基础埋深不大,地基条件较好时,也可把桥墩基础加宽成⊥形的单向推力墩。

(2)悬臂式单向推力墩。

悬臂式单向推力墩是在桥墩的顺桥向双向挑出悬臂,如图 6.30 所示。当邻孔遭到破坏后,由于悬臂端的存在,使拱支座竖向反力通过悬臂端而成为稳定力矩,保证了单向推力墩不致遭到破坏。

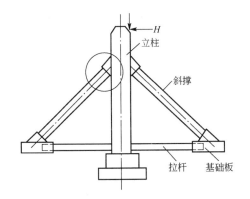

图 6.29 普通柱墩加设斜撑的单向推力墩

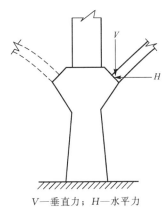

V—垂直力;H—水平力

图 6.30 悬臂式单向推力墩

(3)实体单向推力墩。

当桥墩较矮及单向推力不大时,只需加大实体墩身的尺寸即可。

6.4 桥台构造

桥台主要由台帽、台身和基础三部分组成如图 6.31 所示。

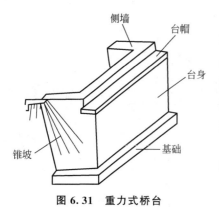

图 6.31 重力式桥台

桥台和桥墩一样承担着桥梁上部结构所产生的荷载,并将荷载有效地传给地基基础,起着"承上启下"的作用。桥台设置在桥梁两端,除了支承桥跨结构外,又是衔接两岸路堤的构筑物,既能挡土护岸,又能承受台背填土及填土上车辆荷载所产生的附加侧压力。

桥台按其形式可划分为重力式桥台、轻型桥台、框架式桥台、组合式桥台和承拉桥台。

6.4.1 梁桥桥台

1. 重力式桥台

重力式桥台也称实体式桥台,一般采用块石、片石混凝土或混凝土等圬工材料就地砌筑或浇筑而成,主要靠自重来平衡台后的土压力,从而保证自身的稳定。重力式桥台依据桥梁跨径、桥台高度及地形条件的不同有多种形式,常用的类型有 U 形桥台、埋置式桥台和拱形桥台、埋置衡重式高桥台、八字式桥台和一字式桥台等。

(1) U 形桥台。

U 形桥台由台帽、前墙与两侧的翼墙(侧墙)、基础组成,在平面上呈 U 字形。前墙支承桥跨结构,并承受台后土压力,顶部设置台帽,用以放置支座和安放上部结构。台顶部分用防护墙将台帽与填土分开。翼墙连接路堤,外侧设锥形护坡,在满足一定条件下,和前墙共同承受土压力,前墙和翼墙组成 U 形桥台的台身。U 形桥台的一般构造如图 6.32 所示。

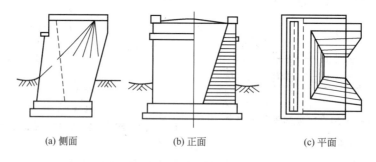

(a) 侧面　　　　(b) 正面　　　　(c) 平面

图 6.32 梁桥重力式 U 形桥台构造

梁桥 U 形桥台台帽的构造要求与墩帽基本相同。防护墙顶宽,对于片石砌体不小于 50cm,对于块石、料石砌体及混凝土不小于 40cm。前墙任意水平截面的宽度,不宜小于该截面至墙顶高度的 0.4 倍,背坡一般采用 5∶1~8∶1,前坡为 10∶1 或直立,桥台前墙的下缘一般与锥坡下缘相齐。侧墙长度可根据锥形护坡长度决定;尾端上部做成垂直,下部按一定坡度缩短,前端与前墙相连;侧墙外侧直立,内侧为 3∶1~5∶1 的斜坡;侧墙顶宽一般为 60~100cm;任意水平截面的宽度,对于片石砌体不宜小于该截面至墙顶高度的 0.4 倍，对于块石、料石砌体及混凝土不小于 0.35 倍，如桥台内填料为透水性良好的砂性土或砂砾，则上述两项分别相应减为 0.35 和 0.3 倍。

基础尺寸可参照桥墩拟定。

桥台两侧设锥坡，坡度由纵向的 1∶1 逐渐变到横向的 1∶1.5。锥坡的平面形状为 1/4 椭圆，用土夯实填筑，其表面用片石砌筑。

U 形桥台构造简单，基地承压面大，应力较小，但圬工体积大，桥台内的填土容易积水，结冰后冻胀，使桥台结构产生裂缝。为了排除桥台前墙后面的积水，应于侧墙间略高于高水位的平面上铺一层向路堤方向设有斜坡的夯实黏土作为防水层，并在黏土层上铺一层碎石，将积水引向设于桥台后横穿路堤的盲沟内。

U 形桥台适用于填土高度为 8～10m 的中等以上跨径的桥梁，要求桥台中间填料用渗水性较好的土夯填，并做好台背排水。

（2）埋置式桥台。

埋置式桥台（图 6.33）台身埋置于台前溜坡内，不需另设翼墙，仅由台帽两端的耳墙与路堤衔接。埋置式桥台圬工数量较省，但由于溜坡深入桥孔，压缩了河道，有时需要增加桥长。因此，它适用于桥头为浅滩，溜坡受冲刷影响较小，填土高度在 10m 以下的中等跨径的多跨桥中使用。

埋置式桥台台身可用混凝土、片石混凝土或浆砌块石筑成，台帽及耳墙采用钢筋混凝土。台身常做成向后倾斜，这样可减小台后土压力和基底合力偏心距；在拟定尺寸后，台身底部可略大于顶部尺寸，最后由验算确定；耳墙长度一般不超过 3～4m，厚度为 0.15～0.3m，高度为 0.5～2.5m，其主筋伸入台帽或背墙借以锚固，耳墙伸入路堤的长度一般不小于 50cm。

当地质情况较好时，可将台身挖空成拱筒形，以节省圬工，减小自重，此种桥台称为拱形桥台。

（3）埋置衡重式高桥台。

埋置衡重式高桥台（图 6.34）靠衡重台及其上的填土重力来平衡部分土压力，在高桥中圬工较省。它适用于跨径大于 20m，高度大于 10m 的跨深沟及山区特殊地形的桥梁。

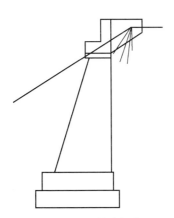

图 6.33　埋置式桥台

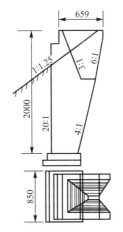

图 6.34　埋置衡重式高桥台(尺寸单位：cm)

(4) 八字式桥台和一字式桥台。

台身两侧为独立的翼墙,一般将台身与翼墙分开,其间设变形缝。当台身与翼墙斜交时则为八字式桥台,如图 6.35 所示;台身与翼墙在同一平面则为一字式桥台,如图 6.36 所示。它适用于河岸稳定,桥台不高,河床压缩小的中、小跨径桥梁,对于跨越人工河道的桥梁及立交桥亦可使用。八字式桥台和一字式桥台的翼墙除挡住路堤填土外,还起到引导河流的作用。翼墙的构造与地形、填土高度和接线有关。

 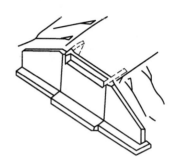

图 6.35　八字式桥台　　　　图 6.36　一字式桥台

2. 轻型桥台

轻型桥台通常用圬工材料或钢筋混凝土砌筑。圬工轻型桥台只限于桥台高度较小的情况,而钢筋混凝土轻型桥台应用更广泛。钢筋混凝土轻型桥台,其构造特点是利用钢筋混凝土结构的抗弯能力来减小圬工体积而使桥台轻型化。

从结构形式上划分,轻型桥台分为薄壁轻型桥台和支撑梁轻型桥台。

(1) 薄壁轻型桥台。

薄壁轻型桥台常用的形式有悬臂式、扶壁式、撑墙式及箱式等,如图 6.37 所示。在一般情况下,悬臂式的混凝土数量和用钢量较大,撑墙式与箱式的模板用量较大。

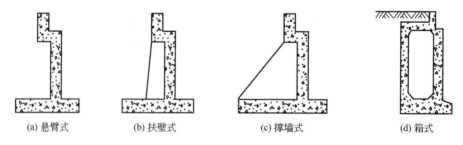

图 6.37　薄壁轻型桥台

用得较多的钢筋混凝土薄壁轻型桥台,是由扶壁式挡土墙和两侧的薄壁侧墙构成的。挡土墙由厚度不小于 15cm 的前墙和间距为 2.5～3.5m 的扶壁组成。其顶帽与背墙呈 L 形,并与其下的倒 T 形竖墙台身及底板连成钢筋混凝土整体结构。

(2) 支撑梁轻型桥台。

单跨或少跨的小跨径桥,在条件许可的情况下,可在轻型桥台之间或台与墩之间设置 3～5 根支撑梁。支撑梁设在冲刷线或河床铺砌线以下。梁与桥台设置锚固栓钉,使上部结构与支撑梁共同支撑桥台承受台后土压力。此时桥台与支撑梁及上部结构形成四角框架共同受力。

轻型桥台可采用八字式［图6.38(a)］和一字式翼墙挡土［图6.38(b)］；为了节省圬工数量，也可在边柱上设置耳墙［图6.38(c)］；为了增加桥台抵抗水平推力的抗弯刚度，也可将台身做成T形截面［图6.38(d)］。

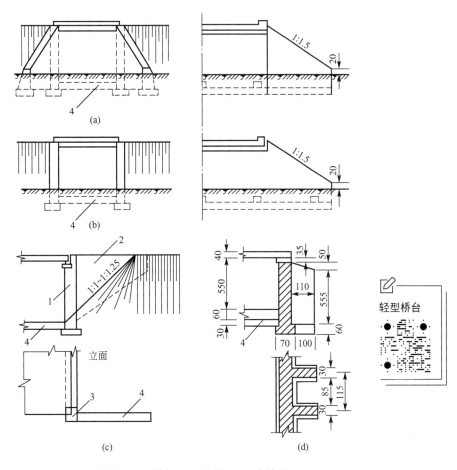

1—桥台；2—耳墙；3—边柱；4—支撑梁

图6.38 支撑梁轻型桥台(尺寸单位：cm)

3. 框架式桥台

框架式桥台是一种在横桥向呈框架式结构的桩基础轻型桥台。它埋置于土中，所受的土压力较小，适用于地基承载力较低、台身较高、跨径较大的梁桥。其构造形式有双柱式、多柱式、墙式、半重力式、双排架式、板凳式等。

双柱式桥台如图6.39所示，适用于填土高度小于5m的情况。当桥较宽时，为减小台帽跨径，可采用多柱式，或直接在桩上面建造

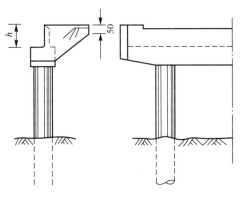

图6.39 双柱式桥台（单位：cm）

台帽。为了使桥台填土密实，减少填土沉降，也为了减小桥台填土对桥台产生的水平推力，往往先填土，然后沉桩、浇筑台帽。

当填土高度大于 5m 时，可采用墙式桥台，如图 6.40 所示。墙厚一般为 0.4～0.8m，设少量钢筋。台帽可做成悬臂式或简支式，需要配置受力钢筋。

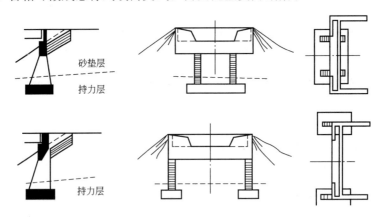

图 6.40　墙式桥台

半重力式桥台构造与墙式桥台相同，墙较厚，不设钢筋。当柱式桥台采用钻孔桩基础并延伸作台身时，可不设承台。对于柱式桥台和墙式桥台一般在基础之上设置承台。

当水平力较大时，桥台可采用双排架式或板凳式，由台帽、背墙、台柱和承台组成。图 6.41 所示为中国铁路部门使用的排架式装配桥台。

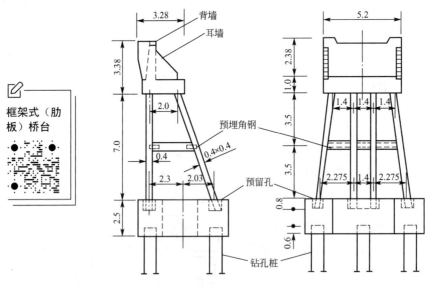

图 6.41　排架式装配桥台（尺寸单位：m）

框架式桥台均采用埋置式，台前设置溜坡。为满足桥台与路堤的连接，在台帽上部设置耳墙，必要时在台帽前方两侧设置挡板。

4. 组合式桥台

为使桥台轻型化，可以将桥台上的外力分配给不同对象来承担，桥台本身主要承受桥跨结构传来的竖向力和水平力,而台后的土压力由其他结构来承受,形成组合式桥台。常见的组合式桥台有锚碇板式桥台、过梁式与框架式组合桥台以及桥台与挡土墙组合桥台。

(1)锚碇板式(锚拉式)桥台。

锚碇板式桥台有分离式和组合式两种形式。分离式是台身与挡土结构分开,台身主要承受上部结构传来的向力和水平力,锚碇板设施承受土压力。锚碇板结构由锚碇板、立柱、拉杆和挡土板组成,如图6.42(a)所示。桥台与锚碇板结构间预留空隙,上端做伸缩缝。桥台与锚碇板结构的基础分离,互不影响,使受力明确,但结构复杂,施工不方便。组合式锚碇板式桥台的构造如图6.42(b)所示,它的锚碇板结构与台身结合在一起,台身兼做立柱和挡土板。作用在台身的所有水平力假定均由锚碇板的抗拔力来平衡,台身仅承受竖向荷载。组合式锚碇板式桥台结构简单,施工方便,工程量较小,但受力不够明确,若台顶位移量计算不准,可能会影响施工和运营。

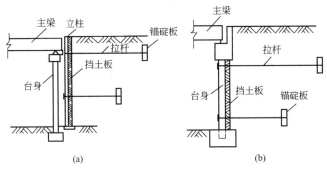

图 6.42 锚碇板式桥台

锚碇板可用混凝土或钢筋混凝土制作,根据试验采用矩形为佳。为便于机械化填土作业,锚碇板的层数一般不宜多于两层。立柱和挡土板通常采用钢筋混凝土,锚碇板的设置位置以及拉杆等结构均要通过计算确定。

(2)过梁式与框架式组合桥台。

桥台与挡土墙用梁结合在一起的桥台为过梁式组合桥台,使桥台与桥墩的受力相同。当梁与桥台、挡土墙结合,则形成框架式组合桥台,如图6.43所示。框架的长度及过梁的跨径由地形及土方工程比较确定。组合式桥台越长,需要梁的材料数量就越大,而桥台与挡土墙的材料数量相应地有所减少。

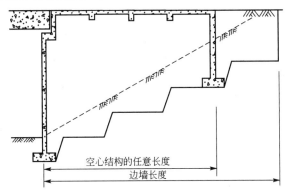

图 6.43 框架式组合桥台

(3) 桥台与挡土墙组合桥台。

由轻型桥台支承上部结构，台后设挡土墙承受土压力的组合式桥台为桥台与挡土墙组合桥台。台身与挡土墙分离，上端做伸缩缝，使受力明确。当地基比较好时也可将桥台与挡土墙放在同一个基础之上，如图6.44所示。这种组合式桥台不压缩河床，但构造较复杂，是否经济需通过比较确定。

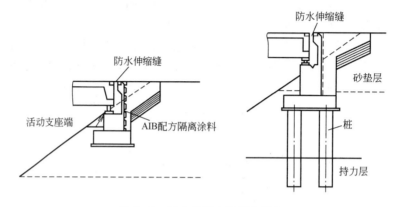

图6.44 桥台与挡土墙组合桥台

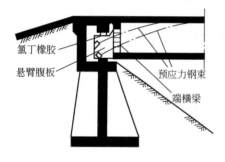

图6.45 承拉桥台的构造

5. 承拉桥台

根据桥台受力的需要，桥台需具有承压和承拉的功能，在桥台构造和设计中，必须满足受力要求。图6.45所示为承拉桥台的构造。该桥台上部结构为单箱单室截面，箱梁的两个腹板延伸至桥台形成悬臂腹板，它在桥台顶梁之间设氯丁橡胶支座受拉，悬臂腹板与台帽之间设置氯丁橡胶支座支承上部结构，并可设置扁千斤顶，以备调整。

6.4.2 拱桥桥台

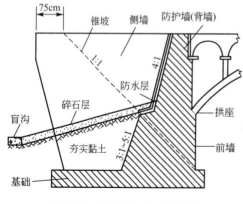

图6.46 拱桥重力式U形桥台

1. 重力式U形桥台

重力式U形桥台在拱桥中用得最多，其构造与梁桥U形桥台相仿，也是由台身（前墙）、台帽、基础与两侧的翼墙（侧墙）组成的，如图6.46所示。前墙承受拱圈推力和路堤填土压力。前墙上设有台帽，构造和拱桥墩帽相同。对于空腹式拱桥，在前墙顶设有防护墙。侧墙和前墙连成整体，伸入路堤锥坡内75cm，并抵挡路堤填土向两侧的压力。

2. 组合式桥台

组合式桥台由台身和后座两部分组成，

如图 6.47 所示。台身基础承受竖向力，一般采用桩基础。

拱的水平推力则主要由后座基底摩阻力及台后的土侧压力来平衡。组合式桥台的承台与后座间必须密切贴合并设置沉降变形缝，以适应两者的不均匀沉降。后座基底高程应低于拱脚下缘高程，承台后土侧压力和基底摩阻力的合力作用点同拱座中心高程一致。

3. 轻型桥台

（1）八字形轻型桥台。

八字形桥台的台身可做成等厚度或变厚度。变厚度的台身背坡一般为 2∶1～4∶1，台口尺寸应满足抗剪强度要求。两边八字翼墙与台身分开，其顶宽为 40cm，前坡为 10∶1，后坡为 5∶1，如图 6.48 所示。

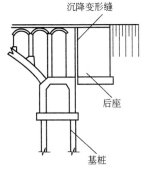

图 6.47 拱桥组合式桥台

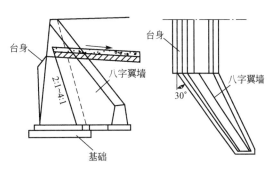

图 6.48 拱桥八字式桥台

（2）前倾式轻型桥台。

前倾式桥台由于台身向桥孔方向倾斜，因此比直立台身的受力情况要好，用料要省。前倾台身可做成等厚度，前倾坡度可达 4∶1，如图 6.49 所示。其缺点是施工比较麻烦。

此外，拱桥轻型桥台还有多种形式，如 U 形轻型桥台，如图 6.50 所示，由前墙（等厚度的）和平行于行车方向的侧墙组成。当桥台宽度较大时，为了保证前墙和侧墙的整体性，可在 U 形桥台的中间加一道背撑，成为山字形桥台。当拱桥在软土地基而桥台本身不高时可采用空腹 L 形桥台（图 6.51）、齿槛式桥台（图 6.52）、屈膝式桥台等。

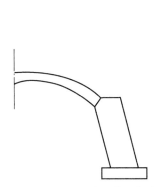

图 6.49 拱桥前倾式一字形桥台图

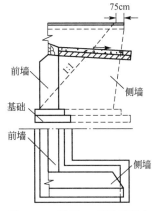

图 6.50 拱桥 U 形轻型桥台

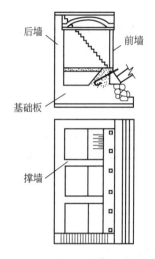

图 6.51 拱桥空腹 L 形桥台

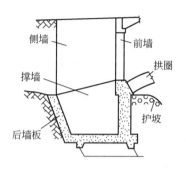

图 6.52 拱桥齿槛式桥台

模块小结

墩台、基础是桥梁下部结构的重要组成部分。本模块主要介绍了以下内容。

(1) 桥梁基础分为浅基础和深基础两类。着重介绍了浅基础以及围堰的形式(土围堰、土袋围堰、板桩围堰)。

(2) 桥墩由墩帽、墩身和基础 3 部分组成。简单介绍了桥墩的作用、分类和拱桥的重力式桥墩、柱式和桩柱式桥墩、单向推力墩；着重介绍了梁桥桥墩中的实体、空心、柱式和桩式、柔性排架、框架桥墩的构造，以及梁桥重力式桥墩主要尺寸的拟定。

(3) 桥台由台帽、台身和基础 3 部分组成。简单介绍了桥台的作用、分类，拱桥的重力式 U 形桥台、组合桥台和轻型桥台；着重介绍了梁桥桥台中的重力式、轻型、框架式、组合式和承拉桥台的构造。

习 题

一、单选题

1. 下列哪一种基础不属于深基础(　　)。

A. 钻孔灌注桩基础　　　　　　　　　　B. 明挖扩大基础

C. 沉井基础　　　　　　　　　　　　　D. 沉箱基础

2. (　　)适用于水深 3.0m 以内、流速 1.5m/s 以内、河床土质渗水性较小的河床。

A. 土围堰　　　　　　　　　　　　　　B. 土袋围堰

C. 钢板桩围堰　　　　　　　　　　D. 钢筋混凝土板桩围堰

3. 重力式桥台的主要特点是依靠(　　)来平衡外力而保持其稳定。

A. 台后土压力　　　　　　　　　　B. 自身重量
C. 台内填土　　　　　　　　　　　D. 锥坡填土

4. 在结构功能方面,桥台不同于桥墩的地方是(　　)。

A. 传递荷载　　　　　　　　　　　B. 抵御路堤的土压力
C. 调节水流　　　　　　　　　　　D. 支承上部结构

5. 下列哪一种桥台形式不属于重力式桥台(　　)?

A. 双柱式桥台　　　　　　　　　　B. 埋置式桥台
C. 八字式桥台　　　　　　　　　　D. U形桥台

6. 跨径大而墩的高度小的连续钢构桥常采用(　　)。

A. 实体重力式墩　　　　　　　　　B. 水平抗推刚度较小的桥墩
C. 水平抗推刚度较大的桥墩　　　　D. 对主梁嵌固作用大的桥墩

7. (　　)特别适用于桥梁宽度较大的城市高架桥和立交桥。

A. 柔性排架墩　　　　　　　　　　B. 框架式桥墩
C. 柱式和桩式桥墩　　　　　　　　D. 空心桥墩

8. 在墩身宽度公式 $b_1 = (1/6 \sim 1/5)H_1$ 中,H_1 是指(　　)。

A. 墩身某截面至墩顶的高度　　　　B. 墩身的高度
C. 墩身某截面至墩底的高度　　　　D. 墩的高度

9. 下列所示薄壁轻型桥台(　　)是箱式结构。

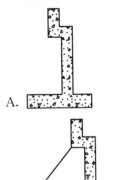
A.

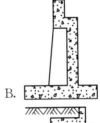
B.

C.　　　　　　　　　　　　　　　D.

二、简答题

1. 试述桥梁墩台的组成及作用。
2. 梁桥桥墩按其构造可分为哪几类?其各自的特点如何?
3. 简述 U 形桥台的组成。
4. 如何排除 U 形桥台前墙后面的积水?并画图示意。
5. 简述桥梁重力式桥墩与拱桥重力式桥墩的区别。

模块6
在线答题

模块 7 涵洞构造

思维导图

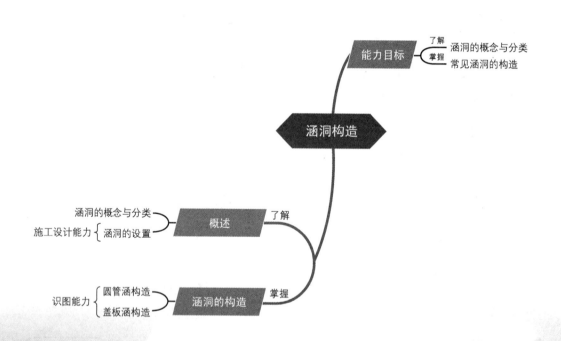

模块 7 涵洞构造

> **学习重点**
>
> 涵洞的设计原则；圆管涵和盖板涵的构造特点。

引例

涵洞一般不像桥梁那样直观可见，所以人们可能不太注意它。涵洞横穿道路设置，最常见的就是高填方路基在纵断面设计时，为了方便公路两侧排水，防止冲毁路堤而设置的涵洞（引例图）。

引例图　涵洞

7.1 概述

7.1.1 涵洞的概念与分类

根据《桥规》的规定，单孔标准跨径 $L_K<5m$（圆管涵及箱涵不论管径或跨径大小、孔数多少）的桥涵均称为涵洞。它是为保证地面水流能够横穿公路而设置的小型构造物，一般由基础、洞身、洞口组成。

1. 按建筑材料分类

（1）石涵：可做成石盖板涵和石拱涵。石涵造价、养护费用低，节省钢材和水泥，在产石地区应优先考虑采用石涵。

石涵

（2）混凝土涵：可现场浇筑或预制成拱涵、圆管涵和小跨径盖板涵。这种涵节省钢材，便于预制，但损坏后修理和养护较困难。

（3）钢筋混凝土涵：可用于圆管涵、盖板涵、拱涵和箱涵。钢筋混凝土涵涵身坚固，经久耐用，养护费用少。圆管涵、盖板涵安装运输便利，但耗费钢量较多，预制工序多，造价较高。

（4）砖涵：主要指砖拱涵。砖涵便于就地取材，但强度较低，不宜在水流含碱量大或冰冻地区采用。

(5) 其他材料涵洞：陶瓷管涵、铸铁管涵、波纹管涵、石灰三合土拱涵等。

2. 按构造形式分类

(1) 圆管涵：受力性能和对地基的适应性能较好，不需要墩台，圬工数量少，造价低，适用于有足够填土高度的小跨径暗涵。

(2) 盖板涵：构造简单，易于维修。根据路基高低可分别做成明涵或暗涵。跨径较小时可用石盖板，跨径较大时可用钢筋混凝土盖板。

(3) 拱涵：跨越深沟或高路堤时采用，承载能力大，砌筑技术容易掌握。

(4) 箱涵：整体性强，适用于软土地基。但用钢量多，造价高，施工较复杂。

3. 按洞顶填土情况分类

(1) 明涵：洞顶不填土或填土高度小于50cm的涵洞，适用于低路堤、浅沟渠。

(2) 暗涵：洞顶填土高度大于或等于50cm的涵洞，适用于高路堤、深沟渠。

4. 按水力性能分类

(1) 无压力式涵洞：进水口水深小于洞口高度，涵内水流均保持自由水面。

倒虹吸管

(2) 半压力式涵洞：进水口水深大于洞口高度，水流仅在进水口处充满洞口，而在涵洞其他部分均为自由水面。

(3) 压力式涵洞：进水口水深大于洞口高度，全涵内充满水流，无自由水面。

(4) 倒虹吸管：路线两侧水深都大于涵洞进出水口高度，进出水口处必须设置竖井，水流充满全涵身。

7.1.2 涵洞的设置

1. 涵洞的野外勘测

(1) 涵洞位置的确定。

小桥涵位置原则上应服从路线走向。桥涵中心桩号可根据已定的路线走向及水流流向确定，同时用方向架或有度盘的水准仪测量桥涵与路线的夹角。

在以下位置一般应设置桥涵。

① 一沟一涵：凡路线跨越明显的干沟、小溪时，原则上均应设涵。

② 农田灌溉涵：路线经过农田，跨越灌溉用渠，为了不致因修路而影响农田灌溉，必须设置灌溉涵。

③ 路基边沟排水涵：山区公路的傍山线，为了排除路基内侧边沟的流水，通常每隔200~400m应设置一道涵洞，其具体位置可根据路线纵、横断面及实际地形情况设置。在设置截水沟的地段，截水沟排水出口处应设置涵洞；路线的转角较大(大于90°)，曲线半径又比较小，且进入弯道前的纵坡大于4%，坡长在200m内又无别的排水涵洞，在弯道地点附近应设置涵洞；由路线的陡坡段过渡到缓坡段，在此200m内又无其他涵洞，在变坡点附近应设置涵洞。

④ 路线交叉涵：当路线与铁路、公路、机耕道平面交叉时，为了不使边沟流水受阻，同时不致冲坏相交路线的路基，一般应设排水涵。

⑤ 其他情况：路线通过积水洼地、池塘、泥沼地带时，为沟通公路两侧水位应设置

涵洞；路线穿越村镇时，为保证地面排水畅通，也应设置涵洞。

（2）水文资料调查。

小桥涵水文资料调查的目的是为确定设计流量和孔径计算提供所需的资料，根据所采用的水文计算方法的不同来确定具体调查内容。公路小桥涵常采用的水文计算方法有形态调查法、直接类比法和径流形成法。

① 形态调查法：是通过调查河槽形态断面、平均流速及洪水概率等资料来确定设计流量的方法。主要调查内容有：通过访问当地居民，确定涵址附近不同年代较大洪水位及其概率；河槽比降测定；形态断面布设及其测量。形态断面测量可用水准仪沿垂直河流方向施测，施测范围应测至洪水痕迹或高程特征点以上1～2m。天然流速可用流速仪测定或用天然流速公式计算。形态断面布设及天然流速计算可查阅桥涵水力水文课程有关的教材。

② 直接类比法：是从河流上、下游原有小桥涵的使用情况来拟定新建小桥涵的设计流量和孔径的方法。其主要调查的内容有：原有桥涵的形式、孔径、墩台和进出口的类型，涵底纵坡，涵洞修建年月、目前使用情况、有无冲刷和淤积现象等。另外尚需了解新建桥涵与原桥涵之间的距离，地质上有无明显差异，两涵汇水面积的差值等。据此拟定新建桥涵的设计流量和孔径。

③ 径流形成法：是通过调查汇水面积等资料来确定设计流量的方法。在公路测设前首先应搜集公路沿线1∶10000～1∶50000的地形图，在野外勘测期间勾绘出较大构造物的汇水面积。无地形图时，可利用平板仪实地测绘。在深入汇水区进行勘测时，应将汇水区土壤的类属、植被情况以及水力化设施等情况进行记录，用来计算流量。

（3）河沟横断面测量。

一般沿路线方向测量涵址中线横断面。当河沟与路线斜交时，还应在涵位附近测量垂直河沟的断面，测绘范围一般在调查历史洪水位以上1m或水面宽度以外2～10m。当沟形复杂，地形起伏较大，不宜布设洞口时，可在上下游纵面起伏较大处增测几个横断面，将这些断面套绘在一张米格纸上，以便检查涵位及其路线夹角是否合适，涵身与翼墙基础有无不良地质现象等。

（4）河沟纵断面及河沟比降测量。

测量河沟纵断面主要是了解涵址附近河沟的纵坡情况，以便于计算流量、水位及考虑构造物的纵向布置。河沟纵断面测量应自涵位中桩沿涵洞中线方向分别向上、下游施测，施测范围为上、下游洞口外20m，遇有改沟、筑坝或设缓流设备等附属工程时，应适当延长。当采用形态调查法时，尚需测量河段比降，由于一般洪水位比降不易测到，可用常水位、低水位或沟底平均纵坡代替。其施测长度：在平原区，一般河沟上游测量200m，下游100m；在山区上游测量100m，下游50m，如有跌水陡坡时，还应将跌水陡坡测出。

（5）涵址平面示意图勾绘。

为了便于内业设计时了解涵址附近的地形、地貌现状，对于有地形复杂、河流较弯曲、涵位与路线斜交、上下游河沟需改道等情况的，有必要勾绘出涵址平面示意图。勾绘时一般是先按比例绘好路线和涵洞方向的关系图，再用目测的方法将地形、地貌、地物等勾绘在示意图上。必要时可用平板仪实测地形图。

（6）小桥涵地质调查。

小桥涵地质调查的目的在于了解桥涵基底土壤的承载能力、地质构造和地下水情况以及其对构造物的稳定性影响等，并为正确选定桥涵及附属工程的基础类型和尺寸、埋置深度等提供有关资料。调查内容有：基底土壤类别与特征、有无不良地质情况、土壤冻结深度及水位地质对桥涵基础与施工有无影响等。调查方法常采用调查与挖探、钻探相结合的方法。

调查原有构造物基础情况是通过地质部门搜集各种有关的地质资料和附近原有构造物的基础情况，并详细记录河床地表土壤情况。

挖探法是在沟底中心或两侧涵台附近开挖不小于预定基底高程以下 $1\sim2m$ 的探坑，开挖的同时应分层选取代表性土样进行试验。

钻探法一般是用轻型螺钻，最大钻进深度为 $5m$，能取出扰动土样，可以判断土石类别及液性指数等。

2. 涵洞设计

(1) 涵洞设计的一般原则。

① 宜就地取材，尽量节约钢材。

② 尽量套用标准设计，从而加快设计、施工速度。

③ 在同一段线路范围内应尽量减少涵洞类型，以便大量集中制造、简化施工。

④ 充分考虑到日后维修养护的方便。

⑤ 同一段线路的涵洞应做合理的布局，使全线桥涵能形成畅通无阻的、良好的排水系统。

⑥ 设计中应加强方案比选工作。除技术条件外，应充分考虑经济效益，节省投资。

(2) 涵洞类型的选择。

在选择涵洞类型时要综合考虑以下因素。

① 地形、地质、水文和水力条件。涵洞类型选择时应考虑水流情况、设计流量大小、路堤填方高度、涵前允许最大壅水高度、地基承载能力等。一般当设计流量在 $10m^3/s$ 左右时，宜采用圆管涵；设计流量在 $20m^3/s$ 以上时，宜采用盖板涵；设计流量更大时，宜采用拱涵。同时，还应综合考虑路堤填方高度是否满足要求。当地基情况较差时，可考虑采用箱涵。

② 经济造价。涵洞造价主要取决于材料的市场价格，其次是材料的运输费用和当地的人工、机具费用。所以在不同地区，涵洞的造价差异也很大。在盛产石料地区，应优先考虑石涵；在缺乏石料地区，可根据流量大小选用钢筋混凝土圆管涵、盖板涵或拱涵。

③ 材料选择和施工条件。涵洞材料选择的原则是尽可能就地取材，优先考虑圬工结构，少用钢材。为方便施工，一段线路上不宜采用过多类型的涵洞，以便于集中预制，节省模板，保证质量，从而加快施工进度。

④ 养护维修。为便于养护，孔径不宜过小，洞身不宜过长。冰冻地区不宜采用倒虹吸管，否则，应在冻期前将管内积水排除，并将两端进口封闭。

(3) 涵洞孔径的确定。

根据设计流量确定涵洞的净跨径。在确定涵洞净跨径时，应结合涵洞净高综合考虑。根据计算的涵洞净跨径套用标准跨径。

《桥规》规定的涵洞标准跨径有 75cm、100cm、125cm、150cm、200cm、250cm、300cm、400cm、500cm 共 9 种。

(4) 涵洞布置。

涵洞的布置包括平面布置和立面布置。

涵洞的平面布置主要是解决好涵位及涵轴线与路线交角的问题。应尽量布置成正交涵洞。正交涵洞长度短，工程数量小，施工简便。当天然河道与路线斜交，但地形变化不大，且水流较小时，可经过人工改河，仍设正交涵洞；如经过技术经济比较，不宜改河时，则只能采用斜交涵洞。为便于套用标准图，斜交涵洞的斜交角通常采用5°为一级。

涵洞的立面布置主要有以下几个内容。

① 涵洞高程确定。涵洞顶面中心高程应服从路线纵断面要求，可从路线设计高程推算出来。涵底中心高程一般与天然沟床高程一致或略低一些。如果是老涵改建，涵底的高程应考虑涵洞进出口沟底高程，以此确定涵底中心高程。

② 涵底纵坡。涵底纵坡最好选用临界坡度，此时涵洞的排洪能力最大。但在实际设计时，涵底纵坡通常根据沟底纵坡确定。其最小纵坡不小于0.4%，以防淤积；且不大于最大纵坡，以防涵底铺砌被冲毁。

③ 涵底基础。当设置在除岩石、砾石及粗砂地基外的天然地基上时，均应将基底埋入冰冻线以下不小于0.25m。当基底下有软土层时，为了将基础置于好土层上或需要人工加固地基时，往往需将基础埋置于较深的土层中。当沟床坡度大于5%时，涵底基础宜每隔3~5m设置防滑横隔墙或把基础分段做成阶梯形（如山坡涵洞）。在无冲刷处，除岩石地基外，涵洞基底一般应设在天然地面或河底面以下1m，如河床上有铺砌层时，一般宜设在铺砌层顶面以下1m。

(5) 涵洞尺寸及工程数量。

当涵洞选择标准跨径后，可套用相应的标准图来确定其细部尺寸及工程数量，在使用时应注意以下几点。

① 计算荷载应与标准图一致，不能大于标准图的规定。
② 材料强度等级、地基承载力等不能低于标准图的要求，否则应进行强度验算。
③ 当设计的墙身高与标准图不一致时，应选用标准图上大一级墙身所对应的各部分尺寸。
④ 无法从标准图上查得的工程数量，应通过计算确定。

特别提示

涵洞是道路工程项目建设中变更索赔的重要项目，会调整布置、懂工程量计算是关键。

(6) 洞口形式。

涵洞的洞口形式应根据涵洞进出口的地形和流量大小确定。选定后，也可套用标准图。无论采用的是何种洞口形式，其进水口均须铺砌。

7.2 涵洞的构造

涵洞是由洞身及洞口建筑组成的排水构造物。

洞身是形成过水孔道的主体，它应具有保证设计流量通过的必要孔径，同时因承受活载压力和填土压力，并将其传递给地基，所以又要求它本身坚固而稳定。通常由承重结构（如盖板、拱圈等）、涵台(墩)、基础以及防水层、伸缩缝等部分组成。

洞口建筑连接着洞身、路基和河道，它应与洞身较好地衔接并形成良好的泄水条件以确保路基边坡不受水流冲刷，由进水口、出水口和沟床加固3部分组成。本节主要介绍圆管涵和盖板涵的构造。

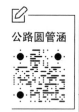
公路圆管涵

7.2.1 圆管涵构造

1. 洞身构造

（1）洞身及组成。

圆管涵主要由管身、基础、接缝及防水层组成，各组成部分如图7.1所示。圆管涵各分段圆管节和支撑管节的基础垫层组成如图7.2所示。

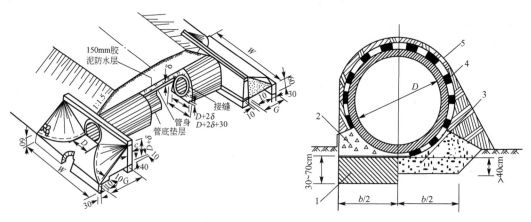

图7.1 圆管涵各组成部分（尺寸单位：cm）

1—浆砌片石；2—混凝土；3—砂垫层；
4—防水层；5—黏土

图7.2 圆管涵基础垫层

当整节钢筋混凝土圆管涵不设铰时，称为刚性管涵。刚性管涵在横断面上是一个刚性圆环。管壁内设内外两层钢筋，钢筋可加工成一个个的圆圈或螺旋筋，如图7.3所示。

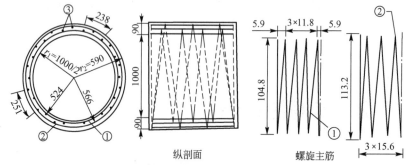

图7.3 钢筋混凝土圆管涵（尺寸单位：mm）

当管节沿横截面圆周对称加设 4 个铰时，称为四铰管涵。铰通常设置在弯矩最大处，即涵洞两侧和顶部、底部，如图 7.4 所示。由于四铰管涵有铰的作用，降低了管节的内力。四铰管涵可布置在天然地基或砂垫层上。

圆管涵常用孔径 d_0 为 50cm、75cm、100cm、125cm、150cm、200cm，对应的管壁厚度 δ 分别为 6cm、8cm、10cm、12cm、14cm、15cm。

基础垫层厚度 t 根据基底土质确定，当为卵石、砾石、粗中砂及整体岩石地基时，$t=0$；当为亚砂土、黏土及破碎岩层地基时，$t=15cm$；当为干燥地区的黏土、亚黏土、亚砂土及细砂的地基时，$t=30cm$。

图 7.4 四铰管涵
（尺寸单位：cm）

（2）洞身分段及接头处理。

圆管涵多采用预制安装施工，将圆管分成多段，分段长度一般为 3～6m。为防止接头漏水，应在接缝处作防水处理，先在外面用涂满热沥青的油毛毡圈裹两道，再在圆管外圈填筑厚 15cm 的胶泥防水层。

2. 洞口建筑

涵洞洞口形式多样，不同洞口的选择直接影响着涵洞的宣泄能力和河床加固类型的选用。

常用的洞口形式有端墙式、八字式、走廊式和平头式 4 种。无论采用何种形式，洞口进出水口河床必须铺砌。

（1）正交涵洞的洞口建筑。

① 端墙式：端墙式洞口由一道垂直于涵洞轴线的竖直端墙以及盖于其上的帽石和设在其下的基础组成，如图 7.5(a) 所示。这种洞口构造简单，但泄水能力小，适用于流速较小的人工渠道或不易受冲刷影响的岩石河沟上。

② 八字式：在洞口两侧设张开呈八字形的翼墙 [图 7.5(b)]，为缩短翼墙长度并便于施工，可将其端部建成平行于路线的矮墙。八字翼墙与涵洞轴线的夹角，按水力条件考虑，进水口为 13°左右，出水口为 10°左右为宜，但为便于集纳水流和减小出口翼墙末端的单宽流量，习惯上都按 30°设置。这种洞口工程数量小，水力性能好，施工简单，造价较低，因而是最常用的洞口形式。

③ 走廊式：走廊式洞口建筑是由两个前后高度相等的平行墙构成，平行墙的端部在平面上做成圆曲线 [图 7.5(c)]。这种洞口的进水口使涵前壅水水位在洞口部分提前收缩跌落，可以降低涵洞的设计高度，提高涵洞的宣泄能力。但是由于施工困难，目前较少采用。

④ 平头式：又称领圈式。常用于混凝土圆管涵 [图 7.5(d)]。因为需要制作特殊的洞口管节，所以模板耗用较多。但它较八字式洞口可节省材料 45%～85%，而宣泄能力仅减少 8%～10%。

（2）斜交涵洞的洞口建筑。

① 斜交斜做（图 7.6）：涵洞洞身端部与路线平行，此种做法称斜交斜做。此法费工较多，但外形美观且适应水流，较常采用。

② 斜交正做（图 7.7）：涵洞洞口与涵洞纵轴线垂直，即与正交时完全相同。此做法

构造简单。在圆管涵中,为避免两端圆管施工困难,可采用此法。

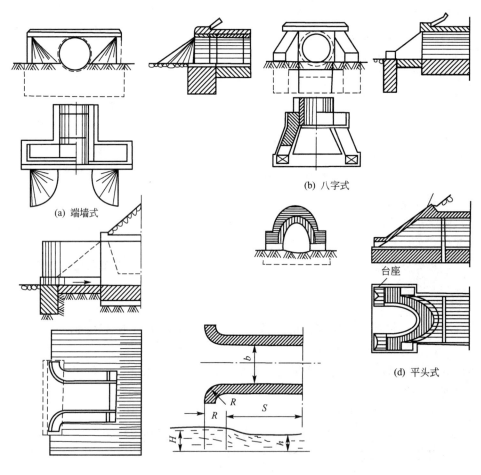

(a) 端墙式
(b) 八字式
(c) 走廊式
(d) 平头式

图 7.5 正交涵洞的洞口建筑

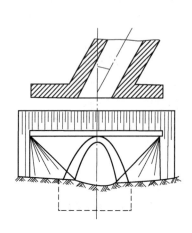

图 7.6 斜交涵洞的洞口建筑——斜交斜做

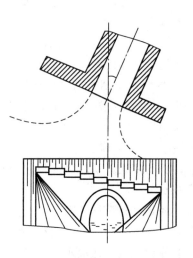

图 7.7 斜交涵洞的洞口建筑——斜交正做

7.2.2 盖板涵构造

1. 洞身构造

（1）洞身及组成。

盖板涵主要由盖板、涵台、基础、洞身铺底、沉降缝及防水层等部分组成，如图 7.8 所示。盖板涵洞身由涵台（墩）、基础和盖板组成，如图 7.9 所示。

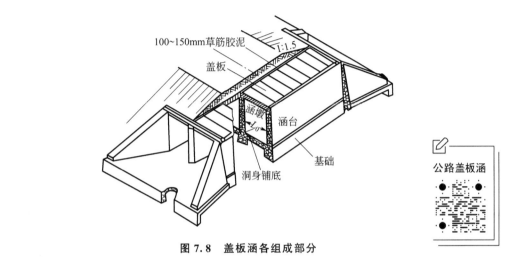

图 7.8 盖板涵各组成部分

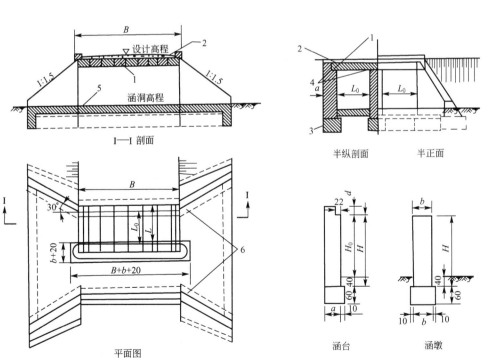

1—盖板；2—路面；3—基础；4—砂浆填平；5—铺砌；6—八字墙

图 7.9 盖板涵洞身构造（尺寸单位：cm）

盖板有石盖板及钢筋混凝土盖板等。当跨径较小且石料丰富时，可采用石盖板涵，厚度一般为15～40cm；当跨径大或无石料地区，宜采用钢筋混凝土盖板涵，跨径L_K为150cm、200cm、250cm、300cm、400cm、500cm，盖板厚度d为15～22cm。

圬工涵台（墩）的临水面一般采用垂直面；背面采用垂直或斜坡面；涵台（墩）顶面可做成平面，也可做成L形，借助盖板的支撑作用来加强涵台的稳定性。同时在台（墩）帽内预埋栓钉，使盖板与台（墩）加强连接。

基础有分离式（即涵台基础与河底铺砌分离）和整体式（即涵台基础与河底连成整体）两种，前者适用于地基较好的情况，后者适用于地基较差的情况。当采用分离式基础时，涵底铺砌层下应垫10cm厚的砂垫，并在涵台（墩）基础与涵底间设纵向沉降缝。为加强涵台的稳定，基础顶面间应设置数道支撑梁。

（2）洞身分段及接头处理。

洞身较长的涵洞，沿涵身长度方向要求每隔4～6m设置沉降缝，从而将其分成数段，基础也同时分开。涵洞分段可以防止由于荷载分布不均及基底土壤性质不同引起的不均匀沉降，避免涵洞开裂。沉降缝的设置是在缝隙间填塞浸涂沥青的木板或浸以沥青的麻絮。对于盖板暗涵则应再在全部盖板以及涵台背坡均填筑厚15cm的胶泥防水层。

（3）山坡涵洞洞身构造。

山坡涵洞的洞底坡度大，一般为10%～20%或更大一些。洞底纵坡主要由进水口和出水口处的高程决定。洞身的布置也有所不同，视底坡情况有以下几种形式。

① 跌水式底槽（适用于底坡小于12.5%）。底槽的总坡度等于河槽或山坡的总坡度。洞身由垂直缝分开的管节组成，每节有独立的底面水平的基础，如图7.10所示。后一节比前一节垂直降低一定高度，使涵洞得到稳定。为了防止因管节错台在盖板间产生缝隙，错台厚度不得大于盖板厚度的3/4 [图7.10(a)]。当相邻两节的高差大于涵顶厚度时，需加砌挡墙 [图7.10(b)]，但两节间高差也不应大于0.7m或1/3涵洞净高，以保证泄水断

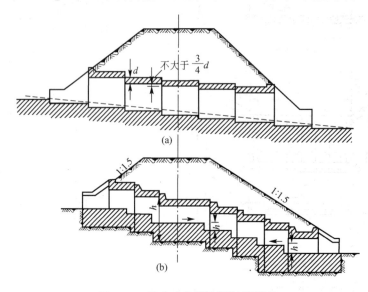

图7.10 跌水式底槽的涵洞纵断面

面不受过大的压缩。管节的长度一般不小于台阶高度的 10 倍。若小于 10 倍时，涵洞应按台阶跌水进行水力验算。做成台阶形的涵洞，其孔径应比按设计流量算出的孔径大些。

② 急流坡式底槽（适用于坡度大于 12.5%）。当跌水式底槽每一管节的跌水高度太大，不能适应台阶长度的要求时，可建造急流坡式底槽。急流坡式底槽坡度应等于或接近于天然坡度，如图 7.11 所示。涵洞的稳定性主要靠加深管节基础深度来保证，其形式一般为齿形或台阶形。

③ 小坡度底槽。如果地质情况不好，不允许修建坡度较大的涵洞时，应改为小坡度底槽，在进出水口设置有消能设备的涵洞，如图 7.12 所示。

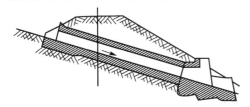

图 7.11　急流坡式底槽的涵洞纵断面图　　　　图 7.12　小坡度底槽的涵洞纵断面

2. 洞口建筑

参考圆管涵相关内容。

模块小结

涵洞是公路的重要组成部分。本模块主要介绍了以下内容。
(1) 按材料、构造、水力性能等不同方法，将涵洞进行分类。
(2) 通过野外勘测，确定涵洞位置，计算出设计流量以及孔径。
(3) 涵洞在设计和布置时，应该注意的问题和细节要求。
(4) 涵洞由洞身和洞口建筑组成。
(5) 根据洞身构造的不同，主要介绍了圆管涵和盖板涵。
(6) 洞口建筑常用的形式有端墙式、八字式、走廊式和平头式。

习　题

一、选择题

1. 暗涵洞顶填土一般应大于(　　)cm。
   A. 30　　　　　　　　　　　　　　B. 50
   C. 80　　　　　　　　　　　　　　D. 100
2. 钢筋混凝土圆管涵管节长度普遍采用(　　)m。
   A. 4　　　　　　　　　　　　　　B. 3
   C. 2　　　　　　　　　　　　　　D. 1

3. 圆管涵常用孔径不包括( )cm。

A. 50   B. 75
C. 120   D. 150

二、简答题

1. 涵洞按不同方法分类，分别有哪些类型？
2. 常用的洞口形式有哪些？
3. 盖板涵主要由哪几部分组成？
4. 涵洞设计的一般原则是什么？

模块7 在线答题

第2篇

桥梁施工技术

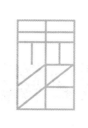

模块 8 桥梁施工准备工作

思维导图

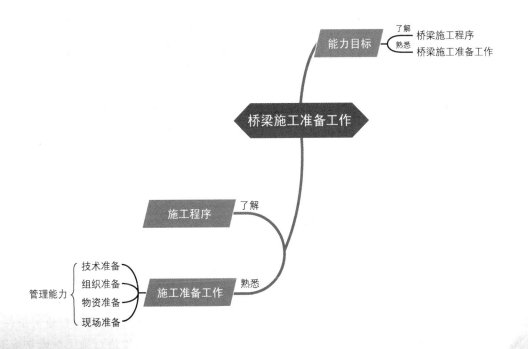

> **学习重点**
>
> 桥梁施工准备工作的四大内容。

引例

引例图为某工程施工现场平面布置图。有一个合理有序的现场施工环境才能保证工程建设的顺利进行。施工技术人员不仅负责工程技术问题,同时还是施工现场的生产管理者。

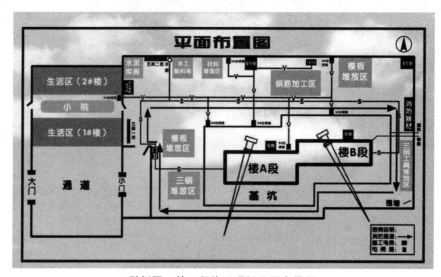

引例图　某工程施工现场平面布置图

8.1 施工程序

桥梁的施工程序:①施工准备工作和桥位放样;②下部结构施工;③上部结构施工。

(1) 施工准备工作和桥位放样:包括熟悉设计文件、施工图纸和现场调查施工条件,拟定施工方案,编制施工组织设计,以便有组织、有计划、有步骤地进行施工。成立施工管理机构并配备人员,组织劳力、材料、施工机具设备和做好施工现场准备等;桥位施工勘测,墩台中心线定位与放样等。

(2) 下部结构施工:包括墩台基础施工、墩台施工、支座安装和桥台锥坡施工等。

(3) 上部结构施工:包括模板制作与安装,钢筋制作与安装,混凝土浇筑,预制构件的运输和安装,桥面系施工等。

在整个施工过程中必须严格控制施工质量,注意节约人力、物力和财力,同时要特别注意施工安全。在选择预制场地和临时道路时,要尽量节约用地。

施工完毕后,应清理场地,清除堵塞河道的施工设施。

8.2 施工准备工作

桥梁施工准备工作包括技术准备、组织准备、物资准备和现场准备等工作。

8.2.1 技术准备

技术准备是施工准备工作的核心。技术准备必须认真做好以下准备工作。

1. 图纸会审和技术交底

(1) 图纸会审。

施工单位在收到拟建工程的设计图纸和有关技术文件后,应尽快组织工程技术人员熟悉、研究所有技术文件和图纸,全面领会设计意图;检查图纸与其各组成部分之间有无矛盾和错误;在几何尺寸、坐标、高程、说明等方面是否一致;技术要求是否正确;并与现场情况进行核对。同时要做好详细记录,记录应包括对设计图纸的疑问和有关建议。

(2) 技术交底。

设计技术交底一般由建设单位(业主)主持,设计、监理和施工单位(承包人)参加。先由设计单位说明工程的设计依据、意图和功能要求,并对特殊结构、新材料、新工艺和新技术提出设计要求,进行技术交底。然后施工单位根据研究图纸的记录以及对设计意图的理解,提出对设计图纸的疑问、建议和变更。最后在统一认识的基础上,对所探讨的问题逐一做好记录,形成"设计技术交底纪要"。由建设单位正式行文,参加单位共同会签盖章作为与设计文件同时使用的技术文件和指导施工的依据,以及建设单位与施工单位进行工程结算的依据。当工程为设计施工总承包时,应由总承包人主持进行内部设计技术交底。

2. 原始资料的进一步调查分析

对拟建工程进行实地勘察,进一步获得有关原始数据的第一手资料,这对于正确选择施工方案、制定技术措施、合理安排施工顺序和施工进度计划是非常必要的。

(1) 自然条件的调查分析。

其内容包括:河流水文、河床地质、气候条件、施工现场的地形地物等自然条件的调查分析。

(2) 技术经济条件的调查分析。

其主要内容包括:施工现场的动迁状况、当地可利用的地方材料状况、地方能源和交通运输状况、地方劳动力和技术水平状况、当地生活物资供应状况、可提供的施工用水用电状况、设备租赁状况、当地消防治安状况及分包单位的实力状况等。

3. 拟定施工方案

在全面掌握设计文件和设计图纸,正确理解设计意图和技术要求,以及进行以施工为目的的各项调查后,施工单位应根据进一步掌握的情况和资料,对投标时初步拟定的施工方法和技术措施等进行重新评价和深入研究,以制定出详尽的更符合现场实际情况的施工方案。

施工方案一经确定,即可进行各项临时性结构诸如基坑围堰、钢围堰的制造场地及下水、浮运、就位、下沉等设施,钻孔桩水上工作平台,模板支架及脚手架等施工设计。施工设计应在保证安全的前提下尽量考虑使用现有材料和设备,因地制宜,使设计出的临时结构经济适用、装拆简便、功能性强。

市政工程施工组织设计规范

4. 编制施工组织设计

施工组织设计是施工准备工作的重要组成部分,也是指导工程施工中全部生产活动的基本技术经济文件。编制施工组织设计的目的在于全面、合理、有计划地组织施工,从而具体实现设计意图,优质高效地完成施工任务。

施工组织设计大致包括的内容有:

①编制说明;②编制依据;③工程概况和特点;④施工准备工作;⑤施工方案(含专项设计);⑥施工进度计划;⑦工料机需要量及进场计划;⑧资金供应计划;⑨施工平面图设计;⑩施工管理机构及劳动力组织;⑪季节性施工的技术组织保证措施;⑫质量计划;⑬有关交通、航运安排;⑭公用事业管线保护方案;⑮安全措施;⑯文明施工和环境保护措施;⑰技术经济指标等。

5. 编制施工预算

根据施工图纸、施工组织设计或施工方案、施工定额等文件及现场的实际情况,由施工单位编制施工预算。施工预算是施工企业内部控制各项成本支出、考核用工、签发施工任务单、限额领料以及基层进行经济核算的依据,也是制订分包合同时确定分包价格的依据。

8.2.2 组织准备

(1) 建立组织机构。

确定组织机构应遵循的原则是:根据工程项目的规模、结构特点和管理机构中各职能部门的职责建立组织机构,如图8.1所示。人员的配备应力求精干,以适应任务的需要。坚持合理分工与密切协作相结合,使之便于指挥和管理,分工明确,责权具体。

(2) 合理设置施工班组。

施工班组的建立应认真考虑专业和工种之间的合理配置,技工和普工的比例要满足合理的劳动组织的需要,并符合流水作业方式的要求,同时制订出该工程的劳动力需要量计划。

(3) 集结施工力量,组织劳动力进场。

进场后对工人进行技术、安全操作规程以及消防、文明施工等方面的培训教育。

(4) 施工组织设计、施工计划、施工技术与安全交底。

在单位工程或分部分项工程开工之前,应将工程的设计内容、施工组织设计、施工计划和施工技术等要求,详尽地向施工班组和工人进行交底,以保证工程能严格按照设计图纸、施工工艺、安全技术措施、降低成本措施和施工验收规范的要求施工;保障新技术、新材料、新结构和新工艺的实施方案和保证措施的落实;确认有关部位的设计变更和技术核定等事项。

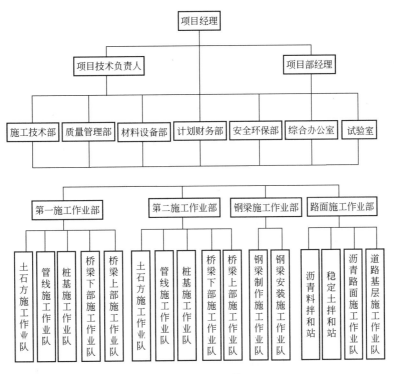

图 8.1 组织机构

> **特别提示**
> 施工中必须建立技术与安全交底制度。施工作业前,主管施工的技术人员必须向作业人员进行安全与技术交底,并形成文件。

(5)建立、健全各项管理制度。

管理制度通常包括:技术质量责任制度、工程技术档案管理制度、施工图纸学习和会审制度、技术交底制度、技术部门及各级人员的岗位责任制、工程材料和构件的检查验收制度、工程质量检查与验收制度、材料出入库制度、安全操作制度、机具使用保养制度等。

8.2.3 物资准备

(1)工程材料,如钢材、木材、水泥、砂石等的准备。
(2)工程施工设备的准备。
(3)其他各种小型生产工具、小型配件等的准备。

8.2.4 现场准备

(1)施工控制网测量。

按照勘测设计单位提供的桥位总平面图和测试图控制网中所设置的基线桩、水准高程以及重要的桩志和保护桩等资料,进行三角控制网的复测,并根据桥梁结构的精度要求和施工方案补充加密施工所需要的各种标桩,进行满足施工要求的平面和立面施工测量控制网。

(2) 搞好"四通一平"。

"四通一平"是指水通、电通、通信通、路通和平整场地。考虑寒冷冰冻地区特殊性,还要考虑暖气供热的要求。

(3) 建造临时设施。

按照施工总平面图的布置,建造所有生产、办公、生活、居住和储存等临时用房,以及临时便道、码头、混凝土拌和站、构件预制场地等。

(4) 安装调试施工机具。

必须在开工之前对所有施工机具进行检查和试运转。

(5) 材料的试验和储存堆放。

按照材料的需要量进行计划,应及时提供,包括混凝土和砂浆的配合比与强度、钢材的机械性能等各种材料的试验申请计划。并组织材料进场,按规定的地点和指定的方式进行储存堆放。

(6) 冬季、雨季施工安排。

按照施工组织设计要求,落实冬季、雨季施工的临时设施和技术措施,做好施工安排。

(7) 消防、保安措施。

建立消防、保安等组织机构和有关的规章制度,布置安排好消防、保安等措施。

(8) 建立、健全施工现场各项管理制度。

依据工程特点,制定施工现场必要的各项规章制度。

知识链接

工地现场常见标志标牌如图8.2所示。

图8.2 工地现场常见标志标牌

模块小结

本模块介绍了桥梁施工中的前期准备工作,包括技术准备、组织准备、物资准备和现场准备等。

教学的目的在于让学生理解管理和技术的相互关系,明白一个施工员在现场的主要工作职责。

习　题

一、填空题

1. 施工完毕后，应（　　），清除堵塞河道的施工设施。
2. "四通一平"是指（　　）、（　　）、（　　）、（　　）和（　　）。
3. 设计技术交底一般由（　　）主持，（　　）、（　　）和（　　）参加。

二、简答题

1. 简述桥梁施工程序。
2. 简述桥梁施工准备工作的主要内容。

模块8 在线答题

模块 9　桥梁基础施工

思维导图

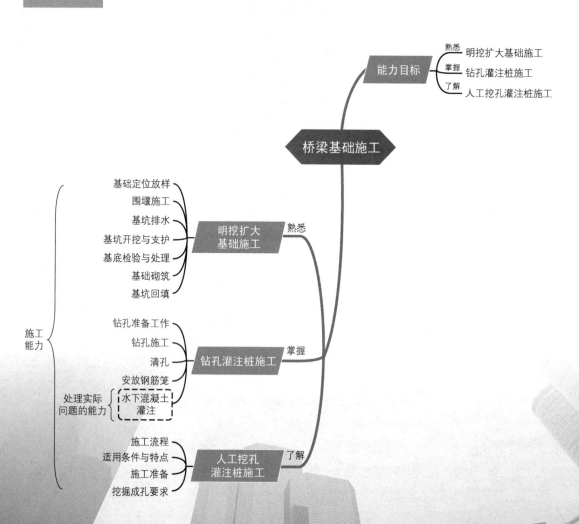

模块 9 桥梁基础施工

学习重点

桩基础施工技术要点。

引例

桥梁深水基础施工一直是桥梁施工技术中的一个难点(引例图)。因为是隐蔽工程,其质量验收是工程施工的关键。

引例图 搭设水中平台进行基础施工

桥梁上部结构承受的各种荷载,通过桥台或桥墩传至基础,再由基础传给地基。基础是桥梁下部结构的重要组成部分,桥梁的基础施工属于桥梁下部结构施工。根据桥梁基础埋置深度分为浅基础和深基础。浅基础一般采用明挖工程,深基础有桩基础、管柱基础、沉井基础、地下连续墙基础等。本模块主要介绍浅基础施工、钻孔灌注桩施工。

9.1 明挖扩大基础施工

天然地基上浅基础施工又称明挖法施工。采用明挖法施工的特点是工作面大,施工简便,其施工程序和主要内容为基础定位放样、围堰施工、基坑排水、基坑开挖与支护计算、基底检验与处理、基础砌筑及基坑回填。

明挖扩大基础施工

9.1.1 基础定位放样

基础定位放样是根据墩台的位置和尺寸将基础的平面位置与基础各部分的标高标定在地面上。放样时,首先定出桥梁的主轴线,然后定出墩台轴线,最后详细定出基础各部分的尺寸。基础位置确定后采用钉设龙门板或测设轴线控制桩,作为基坑开挖后各阶段施工恢复轴线的依据。

基础的尺寸 a、b（图 9.1）由设计图纸查得，根据土质确定放坡率与工作面等宽度可得到基坑顶的尺寸为：

$$A=a+2\times(0.5\sim1\text{m})+2\times H\times n$$
$$B=b+2\times(0.5\sim1\text{m})+2\times H\times n$$

(9-1)

式中：A——基坑顶的长，m；

B——基坑顶的宽，m；

H——基底高程与地面平均高程之差，m；

n——边坡率。

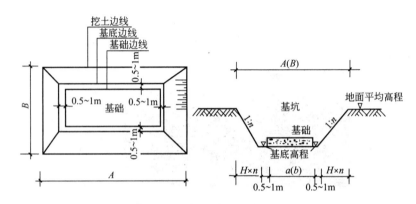

图 9.1 基坑放坡示意图

9.1.2 围堰施工

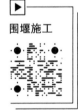

在水中修筑基础，必须防止地下水和地表水浸入基坑内，常用的防水措施是围堰法。围堰是一种临时性的挡水结构物，其方法是在基坑开挖之前，在基础范围的四周修筑一个封闭的挡水堤坝，将水挡住，然后排除堰内水，使基坑的开挖在无水或很少水的情况下进行。待工作结束后，即可拆除。

1. 围堰的一般要求

（1）堰顶应高出施工期间可能出现的最高水位（包括浪高）0.5～0.7m。

（2）围堰的外形应与基础的轮廓线及水流状况相适应，堰内平面尺寸应满足基础施工的需要，堰的内脚至基坑顶边缘不小于 1m 距离。

（3）围堰要求坚固、稳定，防水严密，减少渗漏。

2. 常用围堰的形式和施工要求

（1）土围堰。

土围堰适用于河边浅滩地段和水深小于 1.5m，流速小于 0.5m/s，渗水性较小的河床上，如图 9.2 所示。

一般采用松散的黏性土作填料。如果当地无黏性土，也可以用河滩细砂或中砂填筑，这时最好设黏土心墙，以减少渗水现象。筑堰前，应将河床底杂物淤泥清除以防漏水，先从上游开始，并填筑出水面，逐步填至下游合龙。倒土时应将土沿着已出水面的堰顺坡送入水中，切勿直接向水中倒土，以免使土离析。水面以上的填土应分层夯实。

土围堰的构造：顶宽1~2m，堰外迎水面边坡率为1:3~1:2，堰内边坡率为1:1.5~1:1，外侧坡面加铺草皮、柴排或草袋等加以防护。

（2）土袋围堰。

土袋围堰适用于水深3m以下，流速小于1.5m/s的透水性较小的河床，如图9.3所示。

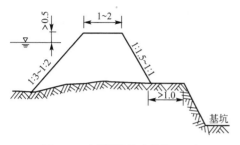

图9.2　土围堰（尺寸单位：m）　　　图9.3　土袋围堰（尺寸单位：m）

堰底处理及填筑方向与土围堰相同。土袋内应装容量1/3~1/2的松散黏土或亚黏土。土袋可采用草包、麻袋或尼龙编织袋。叠砌土袋时，要求上下、内外相互错缝，堆码整齐。土袋围堰也可用双排土袋与中间填充黏土组成。

土袋围堰构造：顶宽2~3m，堰外边坡率为1:1~1:0.5，堰内边坡率为1:0.5~1:0.2。

（3）板桩围堰。

① 木板桩围堰。木板桩围堰适用于砂性土、黏性土和不含卵石的其他土质河床。当水深在2~4m时，可采用单层木板桩围堰，必要时可在外侧堆土，如图9.4(a)所示。当水深在4~6m时，可用中间填黏土的双层木板桩围堰，如图9.4(b)所示。

② 钢板桩围堰。钢板桩围堰适用于水深5m以上各类土质的深水基坑，如图9.5所示。

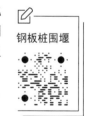

钢板桩围堰

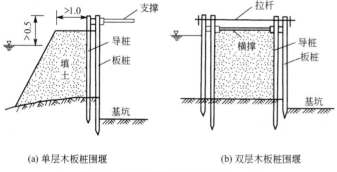

(a) 单层木板桩围堰　　(b) 双层木板桩围堰

图9.4　木板桩围堰（尺寸单位：m）

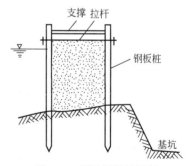

图9.5　双层钢板桩围堰

钢板桩在使用前要检查其机械性能和尺寸，并进行锁口试验与检查，钢板桩的锁口应用止水材料捻缝。施打顺序一般由上游分两头向下游合龙，施打时宜先将钢板桩打到稳定的深度再依次打到设计深度。钢板桩需接长时，相邻两桩的接头位置应上下错开。施打过程要检查其位置的正确性和桩身的垂直度，不符合要求时应立即纠正或拔出重打。

钢板桩可用锤击、振动或辅以射水等方法下沉，但在黏土地基中不宜使用射水。锤击时宜使用桩帽，以分布冲击力和保护桩头。

板桩入土深度，应按基坑开挖深度、土质、施工周期、施工荷载等因素经计算确定。

9.1.3 基坑排水

1. 集水坑排水

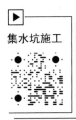

集水坑排水适用于除严重流沙以外的各种土质。它主要是用水泵将水排出坑外。排水时,泵的抽水量应大于集水坑内的渗水量。

基坑施工接近地下水位时,在坑底基础范围以外设置集水坑并沿坑底周围开挖排水沟,使渗出的水从沟流入集水坑内,排出坑外。随着基坑的挖深,集水坑也应随之加深,并低于坑底面 0.3～0.5m,集水坑宜设在上游。

2. 井点排水法

井点排水法适用于粉、细砂或地下水位较高,挖基较深,坑壁不易稳定的土质基坑。井点的选择应根据土壤的渗透系数、要求的降低水位深度以及工程特点而定。各种井点排水法的适用范围见表 9-1。

表 9-1 各种井点排水法的适用范围

井点类别	渗透系数 /(m·a^{-1})	降低水位 深度/m	井点类别	渗透系数 /(m·a^{-1})	降低水位 深度/m
一级轻型井点法	0.1～80	3～6	电渗井点法	<0.1	5～6
二级轻型井点法	0.1～80	6～9	管井井点法	20～200	3～5
喷射井点法	0.1～50	8～20	深井泵法	10～80	>15
射流泵井点法	<50	<10			

(1) 轻型井点法降低地下水位。

轻型井点法是在基坑四周将井点管按一定的间距插入地下含水层内,井点管的上端通过弯联管与总管相连接,再用抽水设备将地下水从井点管内不断抽出,使地下水位降至坑底以下,保证在基坑挖土施工处于干燥无水的状态下进行。

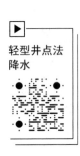

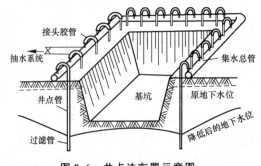

图 9.6 井点法布置示意图

轻型井点系统的主要设备有井点设备(井点管、弯联管、集水总管)和抽水设备(真空泵、离心水泵、集水箱),如图 9.6 所示。其施工程序为埋设井管、用弯联管连接井点管和集水总管、连接抽水系统、开动抽水系统抽水、拔管。

(2) 井点法施工注意事项。

① 井点管距离基坑壁一般不宜小于 1m,宜布置在地下水流的上游。

② 井点的布置随基坑形状、大小、地质、地下水位高低与降水深度等要求可采用单排、双排、环形井点。有时为了施工需要,也可留出一段不加封闭。

③ 井点管露出地面 0.2~0.3m，尽可能将过滤管埋设在透水性较好的土层中，埋深保证地下水位降至基坑底面以下 0.5~1m。

④ 射水冲孔深度低于过滤管底 1m，并灌粗砂至滤管以上 1m，距地面 1.5m 处用黏土封口以防漏气。

⑤ 应对整个井点系统加强维护和检查，保证不间断地抽水。

⑥ 应考虑水位降低区域建筑物可能产生的沉降，应做好沉降观测，必要时应采取防护措施。

⑦ 为防止在抽水过程中，个别井点管因失效而影响抽水效果，在使用时井点管应比原来确定数增加 10%。

9.1.4 基坑开挖与支护

1. 不加固坑壁的开挖（放坡法）

（1）适用条件。

对于在干涸无水河滩、河沟或修筑围堰后排除地面水的河沟；在地下水位低于基底，或渗水小不影响坑壁稳定时；基础埋置不深，施工周期短，挖基坑不影响临近建筑物的安全时可采用放坡开挖。

（2）开挖注意事项。

① 为避免地面水冲刷坑壁，在基坑顶四周适当距离设置截水沟。

② 基坑顶边应留有护道，弃土或静荷载距基坑边缘不小于 0.5m，动荷载距基坑边缘不小于 1m，堆置弃土的高度不得超过 1.5m。

③ 基坑深度在 5m 以内，施工期较短，基坑底在地下水位以上，土的湿度正常（接近最佳含水量），应将坑壁坡度率放大，或土层构造均匀时，基坑坑壁坡度应参考基坑坑壁边坡系数；基坑深度大于 5m 时，应将坑壁坡度率放大或采用二次放坡法施工，在边坡中段加设宽 0.5~1m 的护道，如图 9.7 所示。

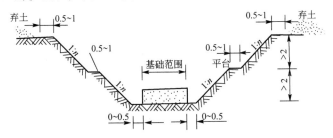

图 9.7 放坡开挖（尺寸单位：m）

④ 基坑开挖在有条件的情况下，宜在枯水或少雨季节进行，基坑挖至标高后应及时进行基础施工，不得长期暴露。

⑤ 当采用机械挖土时，挖至坑底时应保留 0.2~0.3m 底层，在基础浇筑圬工前用人工挖至基底标高。

⑥ 基坑开挖不得扰动基底土，如发生超挖，严禁用土回填。

⑦ 开挖后的基坑不得长期暴露、扰动或浸泡，应及时组织验槽、砌筑。

⑧ 施工时应随时观察基坑边缘顶面土有无裂缝，坑壁有无松散塌落，确保安全施工。

⑨ 基坑内地基承载力必须满足设计要求。基坑开挖完成后,应会同设计、勘察单位进行验收。

2. 加固坑壁的开挖

当地下水位较高而基坑较深、坑壁土质不稳定,放坡开挖工作量大,施工影响邻近建筑物的安全时,可将基坑的坑壁加固后再开挖或边开挖边加固坑壁。加固坑壁的方法有挡板支撑和喷射混凝土护壁。

(1)挡板支撑。

① 垂直衬板式支撑加固坑壁。在黏性土、紧密的干砂土地基中,当基坑尺寸较小,挖深不超过 2m 时,可采用图 9.8(a)所示的加固方法,一次挖至基底后再安装支撑。但有些黏性差的土,开挖时易坍塌,可采用图 9.8(b)所示的加固方法,分段下挖,随挖随撑。

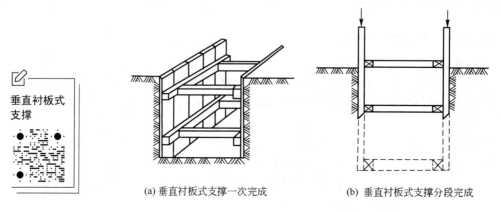

(a)垂直衬板式支撑一次完成　　(b)垂直衬板式支撑分段完成

图 9.8　垂直衬板式支撑

② 水平衬板式支撑加固坑壁。用水平衬板式支撑加固坑壁要比垂直衬板加固坑壁简单方便。如土质的黏性较好,地基密实,可一次挖到设计标高后进行支撑加固,如图 9.9(a)所示。对于黏性较差、易坍塌的土,可分层开挖,分层支撑,最后以长立木替换短立木,如图 9.9(b)所示。

如果基坑宽度很大,无法安设支撑,可采用锚桩式支撑,如图 9.10 所示。柱桩采用螺栓拉杆连接锚桩,锚桩距柱桩 $L \geqslant H/\tan\varphi$,式中 H 为基坑开挖深度,φ 为土的内摩擦角。

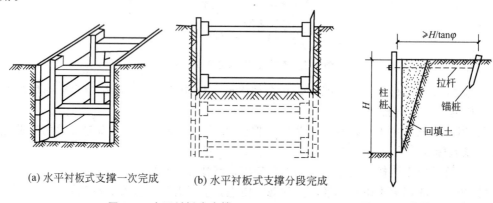

(a)水平衬板式支撑一次完成　(b)水平衬板式支撑分段完成

图 9.9　水平衬板式支撑　　　　图 9.10　锚桩式支撑

(2) 喷射混凝土护壁。

喷射混凝土护壁施工是在基坑开挖限界内，先向下挖土 1m 左右，即用混凝土喷射机喷射一层含速凝剂的混凝土，以保护坑壁。应按设计要求逐层开挖，逐层喷护加固直至坑底。一次下挖深度，较稳定的土层可为 1m 左右，含水量大的土壁不宜超过 0.5m；对于无水少水的坑壁，喷射应由下向上进行，有渗水的坑壁，喷射则应由上向下进行，以防新喷的混凝土被水冲坏。

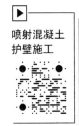
喷射混凝土护壁施工

9.1.5　基底检验与处理

1. 基底检验

基坑内地基承载力必须满足设计要求。基坑开挖完成后，应会同设计、勘探单位实地验槽，确认地基承载力满足设计要求。基底检验内容如下。

(1) 检查基底的平面位置、尺寸和高程是否符合设计要求。
(2) 检查基底的工程地质的均匀性、稳定性及承载力等。
(3) 对特别复杂的地质应进行荷载试验，对大、中桥，采用触探和钻探取样做土工试验。
(4) 检查开挖基坑处理施工过程中的有关施工记录和试验等资料。

2. 基底处理

天然地基上的基础是直接靠基底土壤来承受荷载的，因此基底土壤性质的好坏，对基础、墩台及上部结构的影响极大。经基底检查发现土壤与容许承载力有问题还应进行基底处理，为土壤更有效地承担荷载创造条件。

9.1.6　基础砌筑

基础砌筑可分为无水砌筑、排水砌筑及水下灌筑三种情况，扩大基础的种类有浆砌片石、浆砌块石、片石混凝土、钢筋混凝土基础等几种。

1. 浆砌块(片)石基础

一般要求砌块在使用前必须浇水湿润，将表面的泥土、水锈清洗干净，砌第一层砌块时，如基底为岩层或混凝土基础，应先将基底表面清洗、湿润，再坐浆砌筑。砌筑应分层进行，各层先砌筑外圈定位行列，然后砌筑里层，外圈砌石与里层砌块交错连成一体。各砌层的砌块应安放稳固，砌块间应砂浆饱满，黏结牢固，不得直接贴靠或脱空。

片石砌体宜以 2～3 层砌块组成一工作层，每层的水平缝应大致找平，各层竖缝应相互错开，不得贯通。外圈定位行列和转角石，应选择形状较为方正及尺寸较大的片石，并长短相间地与里层砌块咬接，砌缝宽度一般不应大于 4cm。较大的砌块应放在下层，石块的尖锐突出部分应敲除。竖缝较宽时，在砂浆中塞以小石块填实。

块石砌筑时每层石料高度应大致一样，外圈定位行列和镶面石块，应丁顺相间或二顺一丁排列，砌缝宽度不大于 3cm，上下层竖缝错开距离不小于 8cm。

2. 片石混凝土基础

混凝土中填放片石时应符合以下规定。

(1) 埋放石块的数量不宜超过混凝土结构体积的 25%；当设计为片石混凝土砌体时，

石块可增加为50%~60%。

(2) 应选用无裂纹、夹层且未被煅烧过的、高度小于15cm、具有抗冻性能的石块。

(3) 石块的抗压强度应不小于25MPa及混凝土强度等级。

(4) 石块应清洗干净，应在捣实的混凝土中埋入一半以上；石块应分布均匀，净距不小于1cm，距结构侧面和顶面净距不小于15cm，对于片石混凝土，石块净距应为4~6cm；石块不得挨靠钢筋或预埋体。

3. 钢筋混凝土基础

钢筋混凝土基础

旱地浇筑钢筋混凝土基础，应在对基底及基坑验收完成后尽快绑扎、放置钢筋；在底部放置混凝土垫块，保证钢筋的混凝土净保护层厚度，同时安放墩柱或台身钢筋的预埋部分，保证其定位准确；对全部钢筋进行检查验收，保证其根数、直径、间距、位置满足设计文件和技术规范要求时，即可浇筑混凝土。拌制好的混凝土运输至现场后，若高差不大，可直接倒入基坑内；若倾卸高度过大，为防止发生离析，应设置串筒或滑槽，槽内焊上减速钢梳，保证混凝土整体均匀运入基坑，用插入式振捣器振捣密实。浇筑应分层进行，但应连续施工，在下层混凝土开始凝结之前，应先将上层混凝土灌注捣实完毕。基础全部浇筑完凝结后，要立即覆盖草袋、麻袋、稻草或沙子，并经洒水养生。养生时间对一般普通硅酸盐水泥混凝土为7昼夜以上，对矿渣水泥、火山灰质水泥或掺用塑化剂的混凝土应为14昼夜以上。水中混凝土基础在基坑排水的情况下施工方法与旱地基础相同，只是在混凝土凝固后即可停止排水，也不需要再进行专门的养生工作。

9.1.7 基坑回填

基坑回填应满足下列要求。

(1) 基坑回填时，其结构的混凝土强度应不低于设计强度的70%。

(2) 在覆土线以下的结构必须通过隐蔽工程验收。

(3) 填土前抽除基坑内积水，清除淤泥及杂物等。

(4) 凡淤泥、腐殖土、有机物质超过5%的垃圾土、冻土或大石块不得回填，应采用含水量适中的同类亚黏土或砂质黏土。

(5) 填土应水平分层回填压实，每层松铺厚度一般为30cm，在其含水量接近最佳含水量时压实。

(6) 填土经碾压、夯实后不得有翻浆、"弹簧"现象。

(7) 填土施工中，应随时检查土的含水量和密实度。

9.2 钻孔灌注桩施工

钻孔灌注桩施工是采用不同的钻孔方法，在土中形成一定直径的井孔，达到设计标高后,再将钢筋骨架吊入井孔中,灌注混凝土(有地下水时灌注水下混凝土)形成桩基础。

钻孔灌注桩施工应根据土质、桩径大小、入土深度和机具设备等条件选用适当的钻具和钻孔方法,目前使用的钻孔方法有冲击法、冲抓法和旋转法3种类型。钻孔灌注桩具有施工设备简单、施工便利、用钢量少、承载力大等优点。旋转钻孔直径由初期的0.25m发展到6m以上,桩长从十余米发展到百余米以上。钻孔灌注桩基础在如今的桥梁建设中得到广泛的应用。钻孔灌注桩施工的工艺流程如图9.11所示,图9.12为旋转式钻孔灌注桩施工示意图。

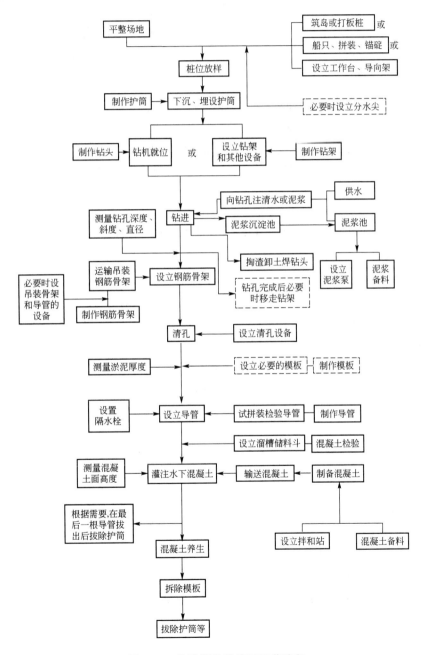

图9.11 钻孔灌注桩施工工艺流程

注:虚线方框表示有时采用的工序。

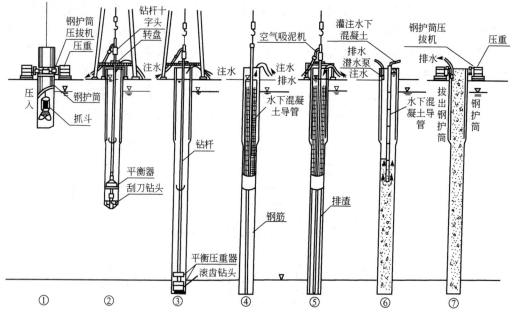

① 埋入钢护筒；② 在覆盖层中钻进；③ 在岩中钻进；④ 安装钢筋及水下混凝土导管；
⑤ 清孔；⑥ 灌注水下混凝土；⑦ 拔出钢护筒

图 9.12 旋转式钻孔灌注桩施工示意图

9.2.1 钻孔准备工作

1. 场地准备

钻孔场地的平面尺寸应按桩基设计的平面尺寸、钻机数量和钻机机座平面尺寸、钻机移位要求、施工方法及其他配合施工机具设施布置等情况决定。

场地准备要查明施工场地的水文、地质、地下障碍物的情况，制定详尽的施工方案。旱地应平整坚实；浅水采取围堰筑岛法；深水可搭设施工平台。施工现场或工作平台的高度应高于施工期间可能出现的最高水位 0.5m 以上。

2. 桩位放样

根据设计提供的桩与墩台中心的相对位置，准确放出钻孔灌注桩的桩位中心位置，钉设的中心桩必须采取可靠的栓桩措施。

3. 埋设护筒

(1) 护筒的作用。

① 固定桩位，并作钻孔导向。

② 保护孔口，防止坍塌。

③ 隔离地表水，并保持孔内水位（泥浆）高出地下水位或施工水位一定高度，形成静水压力（水头），以保护孔壁。

(2) 护筒的要求。

① 用钢板或钢筋混凝土制成的护筒，应坚固、轻便耐用、不漏水。

② 护筒的内径应比设计桩径大 2~4m，长度应根据施工水位决定。

③ 护筒顶标高应高出地下水位和施工最高水位 2m，旱地应高出地面 0.3m；护筒底应低于施工最低水位 0.1～0.3m。

④ 护筒的入土深度，当河底是黏性土时为 1～1.5m，是砂性土时为 3～4m。

(3) 护筒的埋设。

护筒对成孔、成桩的质量有重要影响，埋设时，其平面位置的偏差不得大于 5cm，倾斜度的偏差不得大于 1%。

① 在旱地或岸滩埋设护筒（下埋设）。

当地下水位在地面以下超过 1m 时，可采用挖埋法，如图 9.13 所示。

在砂类土（粉砂，细、中砂）、沙砾等河床挖埋护筒时，先在桩位处挖出比护筒外径大 80～100cm 的圆坑。然后在坑底填筑 50cm 左右厚的黏土，分层夯实，以备安设护筒。

在黏土中挖埋时，坑的直径与上述相同，坑底与护筒底相同，坑底应平整。

护筒埋设深度，在黏性土中不少于 1m，在砂性土中不少于 2m。在冰冻地区，护筒应埋入冻土层以下 0.5m。

当桩位处的地面标高与施工水位（或地下水位）的高差为 1.5～2.0m（视钻孔方法和土层情况而定）时，宜采用填筑法安装护筒，如图 9.14 所示。宜先用黏土填筑工作场地，再挖坑埋设护筒。填筑的土台高度应使护筒顶端比施工水位高 1.5～2.0m。顶面平面尺寸应满足钻孔机具布置的需要，并且便于操作。

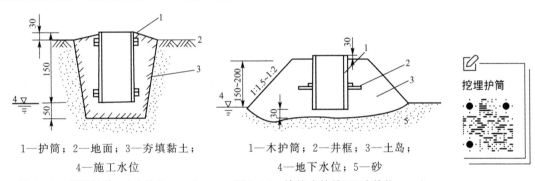

1—护筒；2—地面；3—夯填黏土；
4—施工水位

图 9.13 挖埋护筒（尺寸单位：cm）

1—木护筒；2—井框；3—土岛；
4—地下水位；5—砂

图 9.14 填筑式护筒（尺寸单位：cm）

② 在水深小于 3m 的浅水处理设护筒（上埋设）。

一般需围堰筑岛，岛面应高出施工水位 0.5～0.7m。若岛底河床为淤泥或软土，应将淤泥或软土挖除，如果挖除量过大，则成本过高，宜改用长护筒，用加压、锤击或振动法将护筒沉入河底土层，其刃应尽量插入土层。插入深度，在黏土层不小于 2m，在砂土层不小于 3m，然后按前述旱地埋设护筒的方法施工，如图 9.15 所示。

③ 在水深大于 3m 的深水河床安放护筒。

在水深流急的江河，因流速较大（3m/s 以上），可用钢板桩围堰工作平台，如不先设围堰，则钻孔桩基础施工十分困难。为了便于施工，常在墩位处设置围堰，使堰内的水成为静水，其钻孔桩基础在钢板桩围堰内设置工作平台进行。因钢板桩本身很坚固，打入河床后使各板块互相扣合成整体，可抵抗水流冲刷和流水撞击。

4. 泥浆

(1) 泥浆的作用。

① 对砂性土地基起稳定和保护孔壁的作用，防止坍塌。

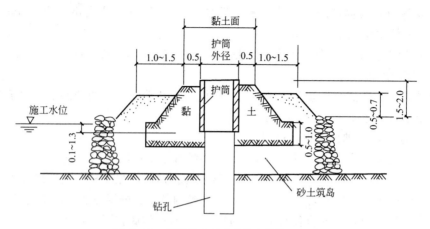

图 9.15 筑岛法定桩位(尺寸单位：m)

② 泥浆可将钻渣浮起与泥浆一起排出孔外。

③ 泥浆可以冷却、润滑钻头。

(2) 泥浆的要求。

泥浆由水、黏土(膨润土)和添加剂按适当配比配制而成。黏土以水化快、造浆能力强、黏度大的膨润土为好。通常采用塑性指数大于 25、粒径小于 0.005mm、黏粒含量大于 50% 的黏土。

(3) 泥浆的制备。

泥浆的制备按照钻孔方法的不同采用不同的制备方法：当采用冲击钻孔时，可直接将黏土投入钻孔内，依靠钻头的冲击作用成浆；当采用回转钻机钻孔时，通过泥浆搅拌机成浆，储存在泥浆池内，再用泥浆泵输入钻孔内。

5. 钻架与钻机就位

钻架是钻孔、吊放钢筋笼、灌注混凝土的支架。定型旋转钻机和冲击钻机都附有定型钻架。

钻架应能承受钻具和其他辅助设备的重量，具有一定的刚度；钻架高度与钢筋骨架分节长度有关，钻架主要受力构件的安全系数不宜小于 3。

在钻进过程中，成孔中心必须对准桩位中心，钻机(架)必须保持平稳，不发生位移、倾斜和沉陷。钻机(架)安装就位时，应详细测量，底座用枕木垫实塞紧，顶端用缆风绳固定平稳，并在钻进过程中经常检查。

9.2.2 钻孔施工

1. 钻孔工艺

钻孔工艺与各种成孔设备(方法)使用的土层、孔径、孔深、是否需要泥浆浮悬钻渣、钻土设备的功率大小、施工管理好坏有关。目前钻孔均采用机械成孔，有冲击钻进成孔、冲抓钻进成孔和旋转钻进成孔。

(1) 冲击钻进成孔。

利用钻锥(重 10~35kg)不断地提锥、落锥反复冲击孔底土层，把土层中泥砂、石块挤向四壁或打破碎渣，钻渣悬浮于泥浆中，利用掏渣筒取出，重复上述过程即为冲击钻进成孔。

冲击钻进成孔使用的钻锥与土层的种类有关。实心锥适用于漂石、卵石、大块石的土层及岩层，空心锥（管锥）适用于其他土层，成孔深度一般不宜大于50m。

(2) 冲抓钻进成孔。

用兼有冲击和抓土作用的抓土瓣，通过钻架，由带离合器的卷扬机操纵，靠冲锥自重（10～20kg）冲下，使抓土瓣锥尖张开插入土层，然后由带离合器的卷扬机锥头收拢抓土瓣，将土抓出，弃土后继续冲击而成孔。

冲抓钻进成孔适用于黏性土、砂性土及夹有碎卵石的沙砾土层，成孔深度宜小于30m。

(3) 旋转钻进成孔。

利用钻具的旋转切削土体钻进，并在钻进的同时使用循环泥浆的方法护壁排渣，继续钻进成孔。钻机的泥浆循环程序分为正循环回转法与反循环回转法两种。

① 正循环回转法。正循环是用泥浆泵将泥浆以一定压力通过空心钻杆顶部，从钻杆底部射出。底部的钻锥在回转时将土搅松成为钻渣，被泥浆悬浮，随着泥浆上升而溢出流至孔外的泥浆池，经过沉淀池中沉淀净化，再循环使用，如图9.16所示。孔壁靠水头和泥浆保护。因钻渣需靠泥浆浮悬才能随泥浆上升，故对泥浆要求较高。

② 反循环回转法。反循环与正循环程序相反。泥浆由孔外流入孔内，而用真空泵或空气吸泥机将钻渣通过钻杆中心从钻杆顶部吸出，或将泥浆泵随同钻锥一同钻进，从孔底将泥渣吸出孔外，如图9.17所示。反循环钻杆直径宜大于127mm，故钻杆内泥水上升较正循环快得多，即使清水也可把钻渣带上钻杆顶端流入泥浆池，净化后循环使用。因泥浆主要起护壁作用，其质量要求可降低，但如果钻深孔或易坍塌土层，则仍需用高质量的泥浆。

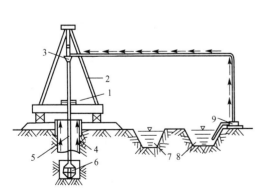

1—钻机；2—钻架；3—泥浆笼头；4—护筒；
5—钻杆；6—钻头；7—沉淀池；
8—泥浆池；9—泥浆泵

图 9.16 正循环回旋钻孔

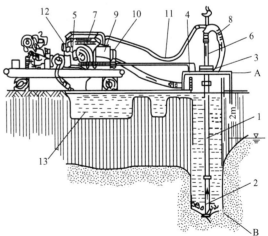

1—钻杆；2—钻锥；3—转盘；4—液压电动机；
5—油压泵；6—方形传动杆；7—泥石泵；
8—吸泥胶管；9—真空罐；10—真空泵；
11—真空胶管；12—冷却水槽；13—泥浆
沉淀池；A—井盖；B—井底

图 9.17 反循环回旋钻孔

反循环与正循环相比,具有钻孔进度快4～5倍,需用泥浆料少,转盘所消耗动力较少,清孔时间较快等优点。

2. 钻孔注意事项

(1) 钻孔过程中,始终保持孔内外既定的水位差和泥浆浓度,以起到护壁作用,防止坍孔。

(2) 钻孔宜一气呵成,不宜中途停钻以避免坍孔。

(3) 在钻孔过程中,应根据土质等情况控制钻进速度,开钻时均应慢速钻进。

(4) 钻孔过程中应加强对桩位、成孔情况的检查工作。终孔时应对桩位、孔径、形状、深度、倾斜度及孔底土质等情况进行检查,合格后立即清孔,吊放钢筋笼,灌注混凝土。

3. 钻孔常见问题和预防处理方法(表9-2)

表9-2 钻孔常见问题和预防处理方法

常见问题	产生原因	防治措施及处理方法
坍孔	(1) 护筒周围未用黏土填封紧密而漏水,或护筒埋置太浅; (2) 未及时向孔内加泥浆,孔内泥浆面低于孔外水位,或孔内出现承压水降低了静水压力,或泥浆密度不够; (3) 在流砂、软淤泥、破碎地层、松散砂层进钻,进尺太快或停在一处空转时间太长,转速太快	(1) 护筒周围用黏土填封紧密; (2) 钻进中及时添加新鲜泥浆,使其高于孔外水位; (3) 遇流砂、松散土层时,适当加大泥浆密度,不要使进尺过快、空转时间过长; (4) 轻度坍孔,加大泥浆密度和提高水位;严重坍孔,用黏土泥浆投入,待孔壁稳定后采用低速钻进
钻孔偏移 (倾斜)	(1) 桩架不稳,钻杆导架不垂直,钻机磨损,部件松动,或钻杆弯曲接头不直; (2) 土层软硬不均匀; (3) 钻机成孔时,遇较大孤石或探头石,或基岩倾斜未处理,或在粒径悬殊的砂、卵石层中钻进,钻头所受阻力不均匀	(1) 安装钻机时,要对导杆进行水平和垂直校正,检修钻孔设备; (2) 如钻杆弯曲,应及时调换,遇软硬土层应控制进尺,低速钻进; (3) 偏斜过大时,填入石子、黏土后重新钻进,控制钻速,慢速提升、下降,往复扫孔纠正; (4) 如有探头石,宜用钻机钻透,使用冲孔机时用低锤密击,把石块打碎; (5) 倾斜基岩时,投入块石,使表面略平,用锤密打
流砂	(1) 孔外水压比孔内大,孔壁松散,使大量流砂涌塞桩底; (2) 遇粉砂层,泥浆密度不够,孔壁未形成泥皮	(1) 使孔内水位高于孔外水位0.5m以上,适当加大泥浆密度; (2) 流砂严重时,可抛入碎砖、石、黏土,用锤冲入流砂层,做成泥浆结块,使其成坚厚孔壁,阻止流砂涌入
不进尺	(1) 钻头粘满黏土块(糊钻头),排渣不畅,钻头周围堆积土块; (2) 钻头合金刀具安装角度不适当,刀具切土过浅,泥浆密度过大,钻头配重过轻	(1) 加强排渣,重新安装刀具角度、形状、排列方向;降低泥浆密度,加大配重; (2) 糊钻时,可提出钻头,清除泥块后,再施钻
钻孔漏浆	(1) 遇到透水性强或有地下水流动的土层; (2) 护筒埋设过浅,回填土不密实或护筒接缝不严密,在护筒刃脚或接缝处漏浆; (3) 水头过高使孔壁渗透	(1) 适当加稠泥浆; (2) 倒入黏土慢速转动; (3) 在回填土内掺片石、卵石,反复冲击,增强护壁、护筒周围及底部接缝,用土回填密实,适当控制孔内水头高度,不要使压力过大

续表

常见问题	产生原因	防治措施及处理方法
钢筋笼偏位、变形、上浮	(1) 钢筋笼过长，未设加劲箍，刚度不够，造成变形； (2) 钢筋笼上未设垫块或耳环控制保护层厚度，或桩孔本身偏斜或偏位； (3) 钢筋笼吊放未垂直缓慢放下，而是斜插入孔内； (4) 孔底沉渣未清理干净，使钢筋笼达不到设计强度； (5) 当混凝土面至钢筋笼底时，混凝土导管埋深不够，混凝土冲击力使钢筋笼被顶托上浮	(1) 钢筋过长，应分 2～3 节制作，分段吊放，分段焊接或设加劲箍加强；在钢筋笼部分主筋上，应每隔一定距离设置混凝土垫块或焊耳环控制保护层厚度； (2) 桩孔本身偏斜、偏位应在下钢筋笼前往复扫孔纠正，孔底沉渣应置换清水或适当密度的泥浆清除；浇灌混凝土时，应将钢筋笼固定在孔壁上或压住；混凝土导管应埋入钢筋笼底面以下超过 1.5m
吊脚桩	(1) 清孔后泥浆密度过小，孔壁坍塌或孔底涌进泥浆或未立即灌注混凝土； (2) 清渣未净，残留石渣过厚； (3) 吊放钢筋骨架导管等物碰撞孔壁，使泥土坍落孔底	(1) 做好清孔工作，达到要求立即灌注混凝土； (2) 注意泥浆密度和使孔内水位经常保持高于孔外水位 0.5m 以上； (3) 施工注意保护孔壁，不让重物碰撞，以免造成孔壁坍塌
黏性土层缩颈、糊钻	黏性土层有较强的造浆能力和遇水膨胀的特性，使钻孔易于缩颈，或使黏土附在钻头上，产生抱钻、糊钻现象	(1) 除严格控制泥浆的黏度增大外，还应适当向孔内投入部分沙砾，防止糊钻； (2) 钻头宜采用带肋骨的钻头，边钻进上下反复扩孔，防止缩颈、卡钻事故
孔斜	(1) 钻进松散地层中遇有较大的圆弧石或探头石，将钻具挤离钻孔中心轴线； (2) 钻具由软地层进入陡倾角硬地层，或粒径差别太大的沙砾层钻进时，钻头所受阻力不均匀； (3) 钻具导正性差，在超径孔段钻头走偏，以及由于钻机位置发生串动或底座产生局部下沉使其倾斜等	(1) 针对地层特征选用优质泥浆，保持孔壁的稳定； (2) 防止或减少出现探头石，一旦发现探头石，应暂停钻进，先回填黏土和片石，用锥形钻头将探头石挤压在孔壁内； (3) 用冲击钻冲击或将钻机（或钻架）略移向探头石一侧，用十字或一字形冲击钻头猛击，将探头石击碎； (4) 如遇冲击钻也不能击碎探头石，则可用小直径钻头在探头石上钻孔，或在表面放药包爆破
断桩	(1) 因首批混凝土多次浇灌不成功，再灌上层出现一层泥夹层而造成断桩； (2) 孔壁塌方将导管卡住，强力拔管时，使泥水混入混凝土内或导管接头不良，泥水进入管内； (3) 施工时突然下雨，泥浆冲入桩孔； (4) 采用排水方法灌注混凝土，或将水抽干，地下水大量进入，将泥浆带入混凝土中造成夹层；另一方面，由于桩身混凝土使用分层振捣，下面的泥浆被振捣到上面，然后再灌入混凝土振捣，两段混凝土间夹杂泥浆，造成分节脱离，出现断层	(1) 力争首批混凝土灌注一次成功，钻孔选用较大密度和黏度、胶体率好的泥浆护壁； (2) 控制进尺速度，保持孔壁稳定； (3) 导管接头应用方丝扣连接，并设橡皮圈密封严密； (4) 孔口护筒不宜埋置太浅； (5) 下钢筋笼骨架过程中，不使其碰撞孔壁； (6) 施工时突然下雨，要争取一次性灌注完毕，灌注桩严重塌方或导管无法拔出形成断桩时，可在一侧补桩； (7) 深度不大可挖出时，对断桩处作适当处理后，支模重新浇筑混凝土

9.2.3 清孔

1. 清孔目的

钻孔过程中必有一部分泥浆和钻渣沉于孔底，必须将这些沉积物清除干净，才能使灌注的混凝土与地层或岩层紧密结合，保证桩的设计承载能力。

2. 清孔方法

清孔方法有以下 3 种。

（1）抽浆清孔。

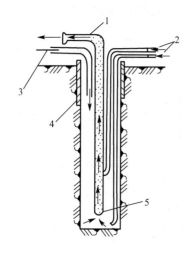

1—泥浆砂石渣喷出；2—通入压缩空气；3—注入清水；4—护筒；5—孔底沉积物

图 9.18 抽浆清孔

抽浆清孔是指用空气吸泥机吸出含钻渣的泥浆而达到清孔目的。由风管将压缩空气输进排泥管，使泥浆形成密度较小的泥浆空气混合物，在水柱压力下沿排泥管向外排出泥浆和孔底沉渣，同时用水泵向孔内注水，保持水位不变直至喷出清水或沉渣厚度达设计要求为止，适用于孔壁不易坍塌的各种钻孔后的柱桩和摩擦桩，如图 9.18 所示。

（2）掏渣清孔。

掏渣清孔是指用掏渣筒或大锅锥掏清孔内粗粒钻渣，适用于冲抓、冲击、简便旋转成孔的摩擦桩。

（3）换浆清孔。

换浆清孔是指正、反循环回旋钻机可在钻孔完成后不停钻、不进尺，继续循环换浆清渣直至达到清理泥浆的要求，适用于各类土的摩擦桩。

3. 清孔应符合的规定

（1）钻孔至设计标高后，应对孔径、孔深进行检查，确认合格后即进行清孔。

（2）清孔时，必须保持孔内水头，防止坍孔。

（3）清孔后应对泥浆试样进行性能指标试验。

（4）清孔后的沉渣厚度应符合设计要求。设计未规定时，摩擦桩的沉渣厚度不应大于 300mm，端承桩的沉渣厚度不应大于 100mm。

9.2.4 安放钢筋笼

钢筋笼根据图纸设计尺寸和钻架允许起吊高度，可整节或分节制作，应在清孔前制成，并经检查合格后使用。安放钢筋笼前需知孔深与孔径，安放时，注意对准桩位中心，轻轻下落，并防止碰撞孔壁。为保证灌注混凝土时钢筋笼四周有足够的保护层，可沿护筒顶面四周悬挂几根钢管，其长度为钢筋笼长度的一半。如保护层为 5cm，则可用直径为 3.8～4cm 的钢管，或用直径为 10cm 的混凝土设置在钢筋笼的箍筋上，其间距竖向为 2m，径向圆周不得少于 4cm。骨架应设置吊环。为了保证骨架起吊时不变形，宜用两点吊，第一吊点设在骨架的下部，第二吊点设在骨架长度的中点到上三分点之间。钢筋骨架下到设计高程后,应在顶部采取相应措施反压,并固定在孔口,防止在混凝土灌注过程中产生上浮,立即灌注水下混凝土。钢筋骨架的顶面与底面标高应符合设计要求,误差不得大于±5cm。平面位置纵横向偏差不得大于5cm。

知识链接

图 9.19 所示为钢筋笼的下放过程。

图 9.19　下放钢筋笼

9.2.5　水下混凝土灌注

1. 灌注方法

水下混凝土灌注采用导管法,施工过程如图 9.20 所示。

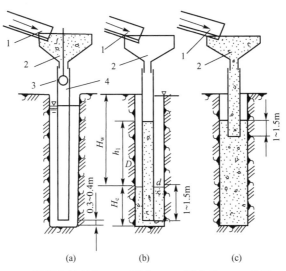

1—混凝土储料槽;2—漏斗;3—隔水球;4—导管

图 9.20　灌注水下混凝土

知识链接

导管上口接漏斗，如图9.21所示。

图9.21 接漏斗准备灌注混凝土

将导管居中插入到离孔底0.3~0.4m（不能插入孔底沉积的泥浆中），导管上口接漏斗，在接口处设隔水球，以隔绝混凝土与管内水的接触。在漏斗中储备足够的混凝土，放开隔水球，储备的混凝土通过隔水球向孔底猛落，这时孔内水位骤涨外溢，说明混凝土已灌入孔内。若落下足够数量的混凝土则将导管内水全部压出，并使导管下口埋入孔内混凝土内1m深，保证钻孔内的水不可能重新流入导管。随着混凝土不断通过漏斗、导管灌入钻孔，钻孔内初期灌注的混凝土及其上面的水泥浆或泥浆不断被顶托升高，相应地不断提升导管和拆除导管，直到钻孔内混凝土灌注完毕。

导管的分节长度应便于拆装与搬运，一般为1~2m，最下面一节导管较长，一般为3~4m。导管两端用法兰盘及螺栓连接，并垫橡皮圈以保证接头不漏水。为使首批灌注的混凝土数量能保证将导管内的水全部压出，并满足导管初次埋入深度的需要，应计算漏斗的最小容量以确定漏斗的尺寸大小。漏斗和储料槽最小容量V可参照图9.20和式(9-2)计算。

$$V = h_1 \times \frac{\pi d^2}{4} + H_c \times \frac{\pi D^2}{4} \tag{9-2}$$

式中：V——首批混凝土的最小储量或储料斗的容积，m^3；

　　H_c——导管初次埋深加上开始时导管离孔底的间距，m；

　　h_1——孔内混凝土高度达H_c时，导管内混凝土柱与导管外水压平衡所需高度，m。

　　D——钻孔桩直径，m；

　　d——导管直径，m。

h_1的计算公式为式(9-3)。

$$h_1 = \frac{H_w \gamma_w}{\gamma_c} \tag{9-3}$$

式中：H_w——孔内混凝土面至孔内水面的距离，m；

　　γ_w——井孔内水或泥浆的密度，t/m^3；

γ_c——混凝土拌合物的密度，取 $2.4t/m^3$。

漏斗顶端应比桩顶（桩顶在水面以下时应比水面）高出至少 3m，以保证灌注混凝土最后阶段时，管内混凝土能满足顶出桩管外混凝土及其上的水泥或泥浆重量的需要。

【示例】 设钻孔直径 1.5m 无扩孔，导管直径 0.25m，钻孔深度为孔内水面以下 50m，泥浆相对密度 $1.1t/m^3$，孔底有沉淀土 0.1m，导管埋入混凝土中 1m，导管下口距离井底部的尺寸按经验取 0.4m，求首批混凝土的最小储量。

解：

$$H_c = 1 + 0.1 + 0.4 = 1.5(m)$$
$$H_w = 50 - 1.5 = 48.5(m)$$
$$h_1 = 48.5 \times \frac{1.1}{2.4} = 22.33(m)$$
$$V = 22.23 \times \frac{\pi \times 0.25^2}{4} + 1.5 \times \frac{\pi \times 1.5^2}{4}$$
$$= 3.74(m^3)（相应重量为 8.9t）$$

若采用 $0.4m^3$ 的混凝土拌和机则需要拌和 10 拌混凝土，总重约 9t，考虑 10t 以上的起吊设备。

2. 对混凝土材料的要求

水下混凝土常用的强度等级为 C20～C25。为了保证质量，混凝土的配合比应按设计强度的混凝土标号提高 10%～20% 进行设计，混凝土应具有足够的流动性和良好的和易性，坍落度宜在 18～22cm 范围内。水泥的强度等级不应低于 42.5，每立方米混凝土水泥用量不得少于 300kg，水泥的初凝时间不宜小于 2.5h。水灰比宜采用 0.5～0.6，含砂率宜采用 0.4～0.5，使混凝土有较好的和易性；为防卡管，石料尽可能采用卵石，适宜粒径为 5～30mm，最大粒径不应超过 40mm；细骨料宜采用中砂。

3. 灌注水下混凝土时注意的问题

（1）首批灌注混凝土的初凝时间不得早于灌注桩全部混凝土灌注完成时间。首批混凝土的数量应能满足导管埋置深度不小于 1m 和充填导管底部的需要。

（2）灌注应连续，中途停顿时间不得大于 30min，水下混凝土严禁有夹层和松散层。

（3）后续混凝土要徐徐灌入，以免在导管内形成高压气囊，挤出管节间的橡皮垫，而使导管漏水。

（4）在灌注过程中应经常用测深锤或超声波测深，导管的埋置深度宜控制在 2～6m。要防止导管提升过猛，管底提离混凝土面或埋入过浅，而使导管内进水造成断桩夹泥；也要防止导管埋入过深，而造成导管内混凝土无法压出或导管被混凝土埋住而不能提升，导致终止灌注而断桩。

（5）提升导管时要保持其轴线竖直和位置居中，逐步提升，拆除导管的动作要快。

（6）为了防止钢筋骨架上浮，当灌注的混凝土顶部距钢筋骨架底部 1m 左右时，应降低混凝土的灌注速度。当混凝土上升到骨架底部 4m 以上时，提升导管，使其底口高于骨架底部 2m 以上再恢复正常的灌注速度。

（7）为了确保桩顶质量，灌注的桩顶标高应比设计标高高出 0.5～1.0m。待混凝土凝结前，挖除多余的桩头，但应保留 10～20cm，以待随后修凿，浇筑承台。

知识链接

工人正在凿除桩头多余的混凝土,如图 9.22 所示。

图 9.22 凿除桩头多余的混凝土

图 9.23 所示为凿除以后的现场,工人在调钢筋。

图 9.23 调钢筋,准备施工承台

(8) 灌注混凝土快结束时,因导管内混凝土超压力降低,混凝土上升困难可加水稀释泥浆。在拔最后一节导管时,提升必须缓慢,以防止桩顶沉淀的泥浆挤入导管形成泥心。

(9) 在灌注混凝土时,每根桩应制作不少于 2 组的混凝土试件块,桩长 20m 以上者不少于 3 组。

(10) 及时记录混凝土灌注的时间、混凝土面的深度、导管埋深等。灌注中如果发生故障,应及时查明原因,合理确定方案,及时处理。

4. 灌注中常见问题和处理方法(表9-3)

表9-3 灌注中常见问题和处理方法

常见问题	产生原因	防治措施及处理方法
导管进水	(1) 首批混凝土储量不足,下落后不能埋没导管底口,以致泥水从底口进入管内; (2) 导管接头不严,或接头间的橡胶垫被高压气流冲开,或焊缝破裂,水从接头或焊缝中流入; (3) 测探错误,导管提升过多,使导管底口超出原混凝土面,底面涌入泥水	(1) 将导管拔出,将已灌入底的水用空气吸泥机或抓斗清出,换新导管,准备足够储量的混凝土重新灌注; (2) 若混凝土面不深,且无地下水,则可开槽挖出,按接桩处理; (3) 若混凝土面较深,且有地下水,则按断桩处理,重新设计、补桩或补强
卡管	(1) 由于各种原因使混凝土离析,粗集料集中而造成导管堵塞; (2) 由于灌注时间持续过长,最初灌注的混凝土已经初凝,增大了管内混凝土下落的阻力,致使混凝土堵在管内	可用长杆冲捣管内混凝土,如果不行,可按照导管进水的处理方法进行处理
灌注混凝土过程中坍孔	可用测深锤测探混凝土面,若达不到原来的深度,相差很多,即证实确为坍孔	用吸泥机吸出坍入孔中的泥土,同时保持或加大水头,如不继续坍孔,可继续灌注;如坍孔仍不停止,宜将导管、钢筋骨架拔出,回填黏土,重新钻孔和灌注
埋管	导管由于埋入混凝土过深或管内外混凝土已初凝,使导管与混凝土间摩阻力过大,造成导管无法拔出	用链式滑车、千斤顶、卷扬机进行试拔,若仍拔不出来,可加力至拔断为止,然后按断桩处理
浇短桩头	在灌注将近结束时,浆渣过稠,用测深锤测探以判断浆渣或混凝土面,或由于测深锤太轻,沉不到混凝土表面,发生误测,将导管拔出中止灌注,而造成浇短桩头	若无地下水,则可开挖后做接桩处理;若有地下水,则可接长护筒,并将护筒压至已灌注的混凝土面以下,然后抽水、除渣,按接桩处理
断桩、夹泥	大多是以上各种事故引起的次生结果,此外,由于清孔不彻底或灌注时间过长,首批混凝土已初凝,流动性降低,续灌的混凝土冲破顶层而上升,因而在两层混凝土中夹有泥浆渣土,形成断桩或夹泥	可用地质钻机钻芯取样,也可用无破损检验方法,检验灌注桩的质量,当有以下情况之一时,应采取压浆补强方法处理 (1) 对于柱桩,柱底与基岩之间的夹泥厚度大于5cm; (2) 桩身混凝土有断桩、夹泥或局部混凝土松散; (3) 取芯率小于40%,并有蜂窝、松散、裹浆等情况

9.3 人工挖孔灌注桩施工

1. 人工挖孔灌注桩施工流程

人工挖孔灌注桩施工的主要流程是:挖孔→支护孔壁→清底→安放钢筋笼→灌注混凝

土。人工挖孔桩施工流程图如图9.24所示。

2. 适用条件与特点

人工挖孔灌注桩适用于孔径比较大、无地下水或地下水很少的密实土层或岩石地层。桩形有圆形、方形两种。人工挖孔灌注桩所用机具少，成孔后可直观检查孔内土质情况，孔底易清除干净，桩身质量易保证。场区内各桩可同时施工，因此造价低、工期短。

3. 施工准备

施工前应根据地质和水文地质条件以及安全施工、提高挖掘速度和因地制宜的原则，选择合适的孔壁支护类型。

平整场地、清除松软的土层并夯实，施测墩台中心线，定出桩孔位置；在孔口四周挖排水沟，及时排除地表水；安装提升设备；布置出土道路；合理堆放材料和机具。

井口周围需用木料、型钢或混凝土制成框架或围圈予以围护，其高度应高出地面20～30cm，防止土、石、杂物滚入孔内伤人。若井口地层松软，为防止空洞的坍塌，应在孔口用混凝土护壁，高约2m。

4. 挖掘成孔要求

（1）挖孔桩的桩芯尺寸不得小于0.8m。

（2）桩孔挖掘及支撑护壁两道工序必须连续作业，不宜中途停顿，以防坍孔。

（3）土层紧实、地下水不大时，一个墩台基础的所有桩孔可同时开挖，便于缩短工期。但渗水量大的孔应超前开挖、集中抽水，以降低其他孔水位。

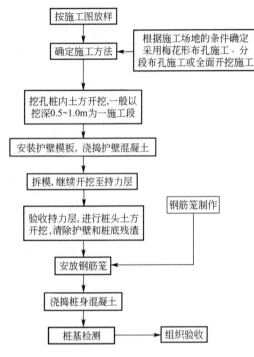

图9.24 人工挖孔桩施工流程图

（4）挖掘时要使孔壁稍有凹凸不平，以增加桩的摩阻力。

（5）在挖孔过程中，应经常检查桩孔尺寸和平面位置，孔径、孔深、垂直度必须符合设计要求。

（6）挖孔达到设计深度后，应进行孔底处理。

（7）挖孔时应注意施工安全，经常检查孔内有害气体的含量。二氧化碳含量超过0.3%或孔深超过10m时应采用机械通风。

（8）孔深大于5m时，必须采用电雷管引爆。孔内爆破后应先排烟15min，并经检查无有害气体后，施工人员方可下井继续作业。

人工挖孔桩

知识链接

图9.25所示为人工挖孔桩施工现场，注意其围护形式。

图 9.25 人工挖孔桩施工

5. 支撑护壁

对岩层、较坚硬密实土层，不透水，开挖后期不会塌孔者，可不设支撑。在其他土质情况下，应设支撑护壁，以保证安全。支撑形式视土质、渗水情况等条件而定。支撑护壁方法有预制钢筋混凝土套壳护壁和现浇混凝土护壁。

（1）预制钢筋混凝土套壳护壁。

这种方法一般用于渗水、涌水较大和流砂、淤泥的土层中。施工方法与沉井相同，通常用 C20 或 C25 混凝土预制，壁厚一般为 100~150mm。每节长度视吊装能力而定，上口预埋吊环，每节上下口用 50mm 高的钢筋焊接。

（2）现浇混凝土护壁。

为防止塌孔，每挖深约 1m，即立模分段浇筑一节混凝土护壁，壁厚 100~150mm，强度等级一般为 C15。等厚度两节护壁之间留 20~30cm 空隙，以便浇筑施工模板。施工模板不需光滑平整，以利于与桩体混凝土连接。挖孔桩桩端部分可做成扩大头以提高承载能力。现浇混凝土护壁分段浇筑，有等厚度护壁、外齿式护壁与内齿式护壁三种形式。

其他清孔、安放钢筋笼、灌注混凝土等施工方法均同钻孔灌注桩。

模块小结

本模块介绍了桥梁浅基础和深基础的主要施工方法，重点讲解桩基础的施工工艺。

本模块的教学目的在于让学生掌握基础施工的主要技术要点，特别是桩基础施工中常见问题的处理。注重学生将来工作能力的培养，要让学生学习和理解分析问题、解决问题的方法和重要性。

习 题

一、选择题

1. 基坑边堆置弃土的高度不得超过（　　）m。

A. 0.5　　　　　　B. 1　　　　　　C. 1.5　　　　　　D. 2

2. 当采用机械开挖基坑时，挖至坑底时应保留（　　）cm厚的底层，以防超挖。

A. 0.1~0.2　　　B. 0.2~0.3　　　C. 0.3~0.5　　　D. >0.5

3. 基坑回填时，其结构的混凝土强度应不低于设计强度的（　　）%。

A. 50　　　　　　B. 70　　　　　　C. 85　　　　　　D. 100

4. 为了保证钢筋骨架起吊时不变形，宜用两点吊，第一吊点设在骨架的下部，第二吊点设在骨架长度的中点到（　　）之间。

A. 上三分点　　　B. 下三分点　　　C. 上四分点　　　D. 下四分点

5. 适用于正循环钻孔的摩擦桩的清孔方法是（　　）。

A. 掏渣清孔法　　B. 换浆清孔法　　C. 抽浆清孔法　　D. 喷射清孔法

二、简答题

1. 简述浅基础的主要施工方法，深基础的主要施工方法。
2. 围堰有哪些类型？
3. 井点法施工应注意哪些事项？
4. 基坑回填应满足哪些条件？
5. 简述护筒的作用。
6. 简述泥浆的作用。
7. 什么是正循环回转法？什么是反循环回转法？
8. 清孔的目的是什么？
9. 水下混凝土灌注中有哪些常见问题？

三、案例题

某桥梁钻孔灌注桩基础，在平面尺寸为5m×20m的承台下设计20根桩，桩径1.2m，桩深28m，土质为松软砂层。回答以下问题。

1. 简述钻孔灌注桩的施工工序。
2. 在钻孔时为了赶进度，一开始就进尺太快，发生坍孔事故，应如何处理？
3. 在混凝土灌注过程中为防止钢筋骨架上浮，应采取什么措施？
4. 首批灌注混凝土应满足什么要求？
5. 在灌注混凝土时，每根桩应留取多少试块？

模块9
在线答题

模块 10 桥梁墩台施工

思维导图

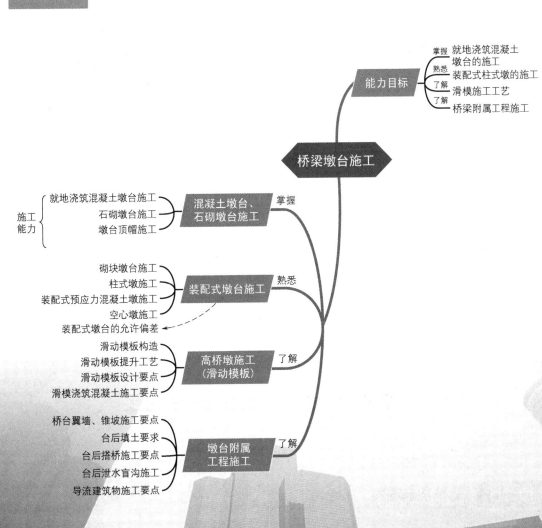

学习重点

就地浇筑混凝土墩台施工；装配式柱式墩台施工；台后填土要求。

引例

市政工程中，承台立柱式的下部结构（引例图 A）最为常见。

下部结构施工中较困难的是水中墩台的施工，如引例图 B 所示。

引例图 A　承台立柱式的下部结构　　　　引例图 B　水中墩台的施工

桥梁墩台施工是桥梁工程施工中的一个重要部分，其施工质量的优劣，不仅关系桥梁上部结构的制作与安装质量，而且对桥梁的使用功能也关系重大。桥梁墩台施工方法通常分为两大类：一类是现场就地浇筑与砌筑，该方法工序简便，机具较少，技术操作难度较小，但是施工期限较长，需耗费较多的劳力与物力；另一类是拼装预制的混凝土砌块、钢筋混凝土或预应力混凝土构件。随着交通建设迅速发展，施工机械（起重机械、混凝土泵送机械及运输机械）也随之有了很大进步，采用预制装配构件建造桥梁墩台的施工方法有了新的进展，其特点是既可确保施工质量、减轻工人劳动强度，又可加快工程进度、提高工程效益，对施工场地狭窄，尤其对缺少砂石地区或干旱缺水地区等建造墩台更有着重要意义。

10.1　混凝土墩台、石砌墩台施工

10.1.1　就地浇筑混凝土墩台施工

就地浇筑混凝土墩台施工有两个主要工序：一是制作与安装墩台模板，二是混凝土浇筑。

1. 墩台模板

模板一般用木材、钢料或其他符合设计要求的材料制成。木模板重量轻,便于加工成结构物所需要的尺寸和形状,但装拆时易损坏,重复使用次数少。对于大量或定型的混凝土结构物,则多采用钢模板。钢模板的造价较高,但可重复多次使用,且拼装拆卸方便。

组合钢模板技术规范

常用的模板类型有拼装式模板、整体吊装模板、组合钢模板及滑动钢模板等,如图10.1所示。各种模板在工程上的应用,可根据墩台高度、墩台形式、机具设备及施工期限等条件,因地制宜,合理选用。模板的设计可参照《公路钢结构桥梁设计规范》(JTG D64—2015)的有关规定,验算模板的刚度时,其变形值不得超过下列数值:结构表面外露的模板,挠度为模板构件跨径的1/400;结构表面隐蔽的模板,挠度为模板构件跨径的1/250;钢模板的面板变形为1.5mm;钢模板的钢棱、柱箍变形为3.0mm。

图 10.1 桥墩模板

模板安装前应对模板尺寸进行检查;安装时要坚实牢固,以免振捣混凝土时引起跑模漏浆;安装位置要符合结构设计要求。有关模板制作与安装的允许偏差见表10-1和表10-2。

表 10-1 模板制作与安装的允许偏差 1

项次	项 目		允许偏差/mm
木模板	(1) 模板的长度和宽度		±5.0
	(2) 不刨光模板相邻两板表面高低差		3.0
	(3) 刨光模板相邻两板表面高低差		1.0
	(4) 平板模板表面最大的局部不平(用2m直尺检查)	刨光模板	3.0
		不刨光模板	5.0
	(5) 拼合板中木板间的缝隙宽度		2.0
	(6) 榫槽嵌接紧密度		2.0
钢模板	(1) 外形尺寸	长和宽	0,-1
		肋高	±5.0
	(2) 面板端偏斜		≤0.5
	(3) 连接配件(螺栓、卡子等)的孔眼位置	孔中心与面板的间距	±0.3
		板端孔中心与面板的间距	0,-0.5
		沿板长、宽方向的孔	±0.6
	(4) 板眼局部不平(用300mm长平尺检查)		1.0
	(5) 板面和板侧挠度		±1.0

表 10-2　模板制作与安装的允许偏差 2

项次	项	目	允许偏差/mm
一	模板高程	基础	±15
		墩台	±10
二	模板内部尺寸	基础	±30
		墩台	±20
三	轴线偏位	基础	±15
		墩台	±10
四	装配式构件支承面的高程		+2, -5
五	模板相邻两板表面高低差		2
	模板表面平整度(用 2m 直尺检查)		5
六	预埋件中心线位置		3
	预留孔洞中心线位置		10
	预留孔洞截面内部尺寸		+10, 0

2. 混凝土浇筑施工要求

墩台身混凝土施工前,应将基础顶面冲洗干净,凿除表面浮浆,整修连接钢筋。灌注混凝土时,应经常检查模板、钢筋及预埋件的位置和保护层的尺寸,确保位置正确,不发生变形。混凝土施工中,应切实保证混凝土的配合比、水灰比和坍落度等技术性能指标满足规范要求。

(1) 混凝土的运送。

混凝土的水平和垂直运输相互配合方式与适用条件见表 10-3。如混凝土的数量大,浇筑振捣速度快时,可采用混凝土的皮带运输机或混凝土的输送泵。皮带运输机速度应不大于 1.0~1.2m/s,其最大倾角:当混凝土坍落度小于 40mm 时,向上传送为 18°,向下传送为 12°;当混凝土坍落度为 40~80mm 时,则分别为 15°与 10°。

表 10-3　混凝土的水平和垂直运输相互配合方式与适用条件

水平运输	垂直运输	适用条件	附注
人力混凝土手推车、内燃翻斗车、轻便轨人力推运翻斗车、混凝土吊车	手推车	墩高 H<10m	搭设脚手平台,铺设坡道,用卷扬机拖拉手推车上平台
	轨道爬坡翻斗车	H<10m	搭设脚手平台,铺设坡道,用卷扬机拖拉手推车上平台
	皮带运输机	中、小桥梁,水平运距较近 H<10m	倾角不宜超过 15°,速度不超过 1.2m/s;高度不足时,可用两台串联使用
	履带(或轮胎)起重机起吊高度约 20m		10<H<20m	用吊斗输送混凝土
	木制或钢制扒杆	10<H<20m	用吊斗输送混凝土
	墩外井架提升	H>20m	在井架上安装扒杆提升吊斗
	墩内井架提升	H>20m	适用于空心桥墩
	无井架提升	H>20m	适用于滑动模板

续表

水平运输	垂直运输	适用条件		附注
轨道牵引输送混凝土车、翻斗车或混凝土吊斗汽车倾卸车、汽车运送混凝土吊斗、内燃翻斗车	履带(或轮胎)起重机起吊高度约30m	大、中桥梁，水平运距较远	20<H<30m	用吊斗输送混凝土
	塔式起重机		20<H<50m	用吊斗输送混凝土
	墩外井架提升		H<50m	井架可用万能杆件组装
	墩内井架提升		H>50m	适用于空心桥墩
	无井架提升		H>50m	适用于滑动模板
索道吊机		H>50m		
混凝土输送泵		H<50m		可用于大体积实心墩台

特别提示

图10.2所示为城市中常见的混凝土搅拌运输车。该车载重大，视线不畅，容易引发事故，是某种意义上的"马路杀手"，杭州曾对其交通安全开展专项整治活动。

图10.2 混凝土搅拌运输车

(2) 混凝土的浇筑速度。

为保证浇筑质量，混凝土的配制、运送及浇筑的速度采用式(10-1)计算。

$$V \geqslant Sh/t \tag{10-1}$$

式中：V——混凝土配料、输送及灌注容许的最小速度，m³/h；

S——浇筑的面积，m²；

h——浇筑层的厚度，m；

t——所用水泥的初凝时间，h。

如混凝土的配制、运送及浇筑需较长的时间，则采用式(10-2)计算。

$$V \geqslant Sh/(t-t_0) \tag{10-2}$$

式中：t_0——混凝土的配制、运送及浇筑所消耗的时间，h。

混凝土浇筑层的厚度h，可根据使用的捣固方法，按规定数值采用。

墩台是大体积圬工,为避免水化热过高,导致混凝土因内外温差引起裂缝,可采取如下措施。

① 用改善集料级配、降低水灰比、掺加混合材料与外加剂、掺入片石等方法减少水泥用量。

② 采用 C_3A 和 C_3S 含量小、水化热低的水泥,如大坝水泥、矿渣水泥、粉煤灰水泥、低强度水泥等。

③ 减少浇筑层厚度,加快混凝土散热速度。

④ 混凝土用料应避免日光暴晒,以降低初始温度。

⑤ 在混凝土内埋设冷却管通水冷却。

当浇筑的平面面积过大,不能在前层混凝土初凝或能重塑前浇筑完成次层混凝土时,为保证结构的整体性,宜分块浇筑。分块时应注意:各分块面积不得小于 $50m^2$;每块高度不宜超过 2m;块与块间的竖向接缝面应与墩台身或基础平截面短边平行,与平截面长边垂直;上下邻层间的竖向接缝应错开位置做成企口,并应按施工接缝处理。混凝土中填放片石时应符合有关规定。

混凝土浇筑

(3) 混凝土浇筑。

为防止墩台基础第一层混凝土中的水分被基底吸收或基底水分渗入混凝土,对墩台基底处理除应符合天然地基的有关规定外,还应满足以下要求。

① 基底为非黏性土或干土时,应将其湿润。

② 如为过湿土时,应在基底设计高程下夯填一层 10~15cm 厚片石或碎(卵)石层。

③ 基底面为岩石时,应加以润湿,铺一层厚 2~3cm 水泥砂浆,然后在水泥砂浆凝结前浇筑第一层混凝土。

墩台身钢筋的绑扎应和混凝土的浇筑配合进行。在配置第一层垂直钢筋时,应有不同的长度,同一断面的钢筋接头应符合施工规范的规定,水平钢筋的接头,也应内外、上下互相错开。钢筋保护层的净厚度,应符合设计要求。如无设计要求时,则可按照墩台身受力钢筋的净保护层不小于 30mm,承台基础受力钢筋的净保护层不小于 35mm。墩台身混凝土宜一次连续浇筑,否则应按桥涵施工规范的要求,处理好连接缝。墩台身混凝土未达到终凝前,不得泡水。混凝土、钢筋混凝土基础及墩台的允许偏差见表 10-4。

表 10-4 混凝土、钢筋混凝土基础及墩台的允许偏差   单位:mm

项次	项目	基础	承台	墩台身	柱式墩台	墩台帽
1	端面尺寸	±50	±30	±20	—	±20
2	垂直或斜坡	—	—	0.2%H	0.3%H≤20	—
3	底面高程	±50	—	—	—	—
4	顶面高程	±30	±20	±10	±10	—
5	轴线偏位	25	15	10	10	10
6	预埋件位置	—	—	10	—	—
7	相邻间距	—	—	—	±15	—

续表

项次	项目		基础	承台	墩台身	柱式墩台	墩台帽
8	平整度		—	—	—	—	—
9	标准跨径	$L_0 \leq 60m$	—	—	±20	—	—
		$L_0 > 60m$	—	—	$\pm L_0 / 3000$	—	—
10	支座处顶面高程	简支梁	—	—	—	—	±10
		连续梁	—	—	—	—	±5
		双支座梁	—	—	—	—	±2

注：表中 H 为结构高度。

10.1.2 石砌墩台施工

石砌墩台具有就地取材、经久耐用等优点。在石料丰富地区建造墩台时，在施工期限许可的条件下，为节约水泥，应优先考虑石砌墩台方案。

1. 石料、砂浆与脚手架

石砌墩台是用片石、块石及粗料石以水泥砂浆砌筑的，石料与砂浆的规格要符合有关规定。将石料吊运并安砌到正确位置是砌石工程中比较困难的工序。当重量小或距地面不高时，可用简单的马凳跳板直接运送；当重量较大或距地面较高时，可采用固定式动臂吊机、桅杆式吊机或井式吊机，将材料运到墩台上，然后再分运到安砌地点。脚手架一般常用固定式轻型脚手架（适用于 6m 以上的墩台）、简易活动脚手架（能用在 25m 以下的墩台）以及悬吊式脚手架（用于较高的墩台）。

2. 墩台砌筑施工要点

在砌筑前应按设计图放出实样，挂线砌筑。砌筑基础的第一层砌块时，如基底为土质，只在已砌石块的侧面铺上砂浆即可，不需坐浆；如基底为石质，应将其表面清洗、润湿后，先坐浆再砌筑。砌筑斜面墩台时，斜面应逐层放坡，以保证规定的坡度。砌块间用砂浆黏结并保持一定的缝厚，所有砌缝要求砂浆饱满。形状比较复杂的工程，应先做出配料设计大样图，如图 10.3 所示，注明块石尺寸；形状比较简单的，也要根据砌体高度、尺寸、错缝等，先行放样配好石料再砌。

砌筑方法：同一层石料及水平灰缝的厚度要均匀一致，每层按水平砌筑，丁顺相间，砌石灰缝互相垂直，灰缝宽度和错缝按表 10-5 规定。砌石顺序为先角石，再镶面，后填腹。填腹时的分层厚度应与镶面相同。圆端、尖端及转角形砌体的砌石顺序，应自顶点开始，按丁顺排列接砌镶面石。砌筑图如图 10.4 所示，圆端形桥墩的圆端顶点不得有垂直灰缝，砌石应从顶端开始先砌石块[图 10.4（a）]，然后应丁顺相间排列，安砌四周镶面石；尖端桥墩的尖端及转角处不得有垂直灰缝，砌石应从两端开始，先砌石块[图 10.4（b）]，再砌侧面转角，然后丁顺相间排列，安砌四周的镶面石。

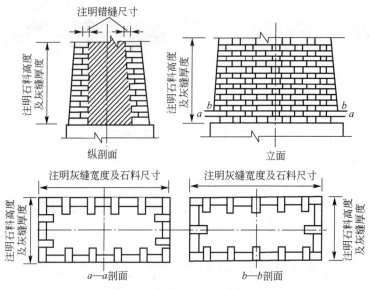

图 10.3 桥墩配料设计大样图

表 10-5 浆砌镶面石灰缝规定 单位：cm

种类	灰缝宽	错缝（层间或行间）	3块石料相接处空隙	砌筑行列高度
粗料石	1.5~2	≥10	1.5~2	每层石料厚度一致
半细料石	1~1.5	≥10	1~1.5	每层石料厚度一致
细料石	0.8~1	≥10	0.8~1	每层石料厚度一致

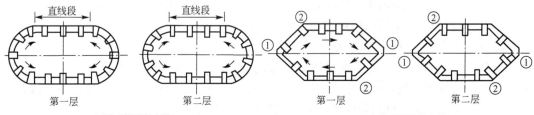

(a) 圆端形桥墩的砌筑　　　　　　　(b) 尖端形桥墩的砌筑

图 10.4 桥墩的砌筑

桥墩的砌筑

砌体质量应符合以下规定。

(1) 砌体所有各项材料类别、规格及质量符合要求。

(2) 砌缝砂浆或小石子混凝土铺填饱满、强度符合要求。

(3) 砌缝宽度、错缝距离符合规定，勾缝坚固、整齐，深度和形式符合要求。

(4) 砌筑方法正确。

(5) 砌体位置、尺寸不超过允许偏差。

墩台砌体位置及外形的允许偏差见表 10-6。

表 10-6　墩台砌体位置及外形的允许偏差

项次	检查项目	砌体类别	允许偏差/mm
1	标准跨径 L_K	$L_K \leqslant 60$m	±20
		$L_K > 60$m	±L_K/3000
2	墩台宽度及长度	片石镶面砌体	+40，-10
		块石镶面砌体	+30，-10
		粗料石镶面砌体	+20，-10
3	大面平整度（2m 直尺检查）	片石镶面	30
		块石镶面	20
		粗料石镶面	10
4	竖直度或坡度	片石镶面	0.5%
		块石、粗料石镶面	0.3%
5	墩台顶面高程		±10
6	轴线偏位		10

10.1.3　墩台顶帽施工

墩台顶帽是用以支承桥跨结构的，其位置、高程及垫石表面平整度等，均应符合设计要求，以避免桥跨安装困难，或使顶帽、垫石等出现碎裂或裂缝，影响墩台的正常使用功能与耐久性。墩台顶帽施工的主要工序为：墩台帽放样，墩台帽模板，钢筋和支座垫板的安设。

（1）墩台帽放样。

墩台混凝土（或砌石）浇筑至离墩台帽 30～50cm 高度时，即需测出墩台纵横中心线，并开始竖立墩台帽模板，安装锚栓孔或安装预埋支座垫板、绑扎钢筋等。墩台帽放样时，应注意不要以基础中心线作为台帽背墙线，浇筑前应反复核实，以确保墩台帽中心、支座垫石等位置方向与水平高程等不出差错。

（2）墩台帽模板。

墩台帽是支撑上部结构的重要部分，其尺寸位置和水平高程的准确度要求较严，浇筑混凝土应从墩台帽下约 30～50cm 处至墩台帽顶面一次浇筑，以保证墩台帽底有足够厚度的紧密混凝土。图 10.5 所示为混凝土桥墩墩台帽模板，墩台帽模板下面的一根拉杆可利用墩台帽下层的分布钢筋，以节省铁件。墩台帽背墙模板应特别注意纵向支撑或拉条的刚度，防止浇筑混凝土时发生鼓肚，侵占梁端空间。

（3）钢筋和支座垫板的安设。

墩台帽钢筋绑扎应遵照《公路桥涵施工技术规范》（JTG/T 3650—2020）有关钢筋工程的规定。墩台帽上的支座垫板的安设一般采用预埋支座和预留锚栓孔的方法。前者须在绑扎墩台帽和支座垫石钢筋时，将焊有锚固钢筋的钢垫板安设在支座的准确位置

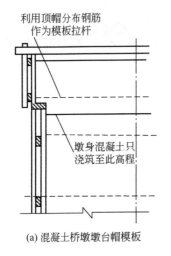
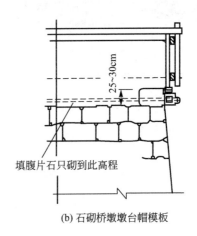

(a) 混凝土桥墩墩台帽模板　　　　(b) 石砌桥墩墩台帽模板

图 10.5　桥墩墩台帽模板

上，即将锚固钢筋和墩台帽骨架钢筋焊接固定，同时用木架将钢垫板固定在墩台帽上。此法在施工时垫板位置不易准确，应经常校正。后者须在安装墩台帽模板时，安装好预留孔模板，在绑扎钢筋时注意将锚栓孔位置留出。此法安装支座施工方便，支座垫板位置准确。

10.2　装配式墩台施工

装配式桥梁施工，从索塔到墩台

装配式墩台适用于山谷架桥或跨越平缓无漂流物的河沟、河滩等处的桥梁，特别是在工地干扰多，施工场地狭窄，缺水与砂石供应困难地区，其效果更为显著。装配式墩台的优点是：结构形式轻便，建桥速度快，圬工省，预制构件质量有保证等。常采用的有砌块式墩台、柱式墩台、管节式墩台、环圈式墩台等。

1. 砌块式墩台施工

砌块式墩台的施工大体上与石砌墩台相同，只是预制砌块的形式因墩台形式不同有很多变化。例如，兰溪大桥主桥身采用预制的素混凝土壳块分层砌筑而成，壳块按平面形状分为Ⅱ字形和Ⅰ字形两大类，再按其砌筑位置和具体尺寸又分为 5 种型号，每种块件等高，均为 35cm，块件单元重力为 0.9～1.2kN，每砌 3 层为一段落。该桥采用预制砌块建造桥墩，不仅节约混凝土约为 26%，节省木材 50m³ 和大量铁件，而且砌缝整齐，外形美观，更主要的是加快施工速度，避免了洪水对施工的威胁。图 10.6 所示为兰溪大桥预制砌块墩身施工。

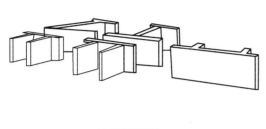
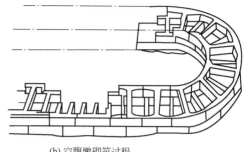

(a) 空腹墩壳板　　　　　　　　(b) 空腹墩砌筑过程

图 10.6　兰溪大桥预制砌块墩身施工

2. 柱式墩台施工

装配式柱式墩台是将桥墩分解成若干轻型部件，在工厂或工地集中预制，再运送到现场装配桥梁。其形式有双柱式、排架式、板凳式和刚架式等。图 10.7 为各种柱式墩台构造示意图。

施工工序为预制构件、安装连接与混凝土养护等。其中安装连接中的拼装接头是关键工序，既要牢固、安全，又要结构简单便于施工。常用的拼装接头有以下几种形式。

(1) 承插式接头：将预制构件插入相应的预留孔内，插入长度一般为构件宽度的 1.2～1.5 倍，底部铺设 2cm 砂浆，四周以半干硬性混凝土填充，常用于立柱与基础的接头连接。

(2) 钢筋锚固接头：构件上预留钢筋或型钢，插入另一构件的预留槽内，或将钢筋互相焊接，再浇筑半干硬性混凝土，多用于立柱与顶帽处的连接。

(3) 焊接接头：将预埋在构件中的铁件与另一构件的预埋铁件用电焊连接，外部再用混凝土封闭。这种接头易于调整误差，多用于水平连接杆与立柱的连接。

(4) 扣环式接头：相互连接的构件按预定位置预埋环式钢筋，安装时柱脚先坐落在承台的柱芯上，上下环式钢筋互相错接，扣环间插入 U 形短钢筋焊牢，四周再绑扎钢筋一圈，立模浇筑外围接头混凝土。要求上下扣环预埋位置正确，施工较为复杂。

(5) 法兰盘接头：在相互连接的构件两端安装法兰盘，连接时用法兰盘连接，要求法兰盘预埋位置必须与构件垂直。接头处可不用混凝土封闭。

装配式柱式墩台的施工应注意以下几个问题。

(1) 墩台柱构件与基础顶面预留环形基座应编号，并检查各个墩台高度是否符合设计要求；基坑口四周与墩台柱边的空隙不得小于 2cm。

(2) 墩台柱吊入基坑内就位时，应在纵横方向测量，使柱身垂直度或倾斜度以及平面位置均符合设计要求；对重大、细长的墩柱，需用风缆或撑木固定，方可摘除吊钩。

(3) 在墩台柱顶安装盖梁前，应先检查盖梁口预留槽眼位置是否符合设计要求，否则应先修凿。

(4) 柱身与盖梁(顶帽)安装完毕并经检查符合要求后，可在基坑空隙与盖梁槽眼处灌注稀砂浆，待其硬化后，撤除楔子、支撑或风缆，再在楔子孔中灌填砂浆。

在基础或承台上安装预制混凝土管节、环圈作为墩台的外模时，为使混凝土基础与墩台联结牢固，应由基础或承台中伸出钢筋插入管节、环圈中间的现浇混凝土内，插入钢筋

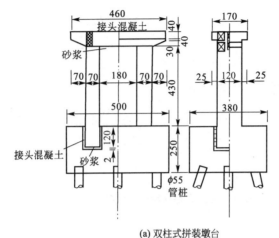

(a) 双柱式拼装墩台

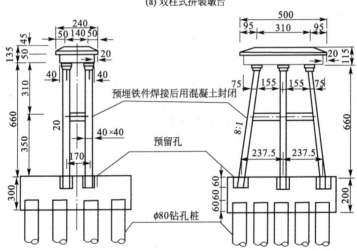

(b) 排架式拼装墩台

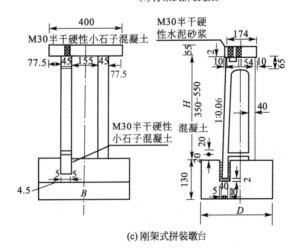

(c) 刚架式拼装墩台

图 10.7　各种柱式墩台构造示意图(尺寸单位：cm)

的数量和锚固长度应按设计规定或通过计算决定。管节或环圈的安装、管节或环圈内的钢筋绑扎和混凝土浇筑，应按现行《公路桥涵施工技术规范》有关规定执行。

3. 装配式预应力混凝土墩施工

装配式预应力混凝土墩分为基础、实体墩身和装配墩身三大部分。装配墩身由基本构件、隔板、顶板及顶帽4种不同形状的构件组成，用高强钢丝穿入预留的上下贯通的孔道内，张拉锚固而成，其构造如图10.8所示。实体墩身是装配墩身与基础的连接段，其作用是锚固预应力钢筋，调节装配墩身高度及抵御洪水时漂流物的冲击等。

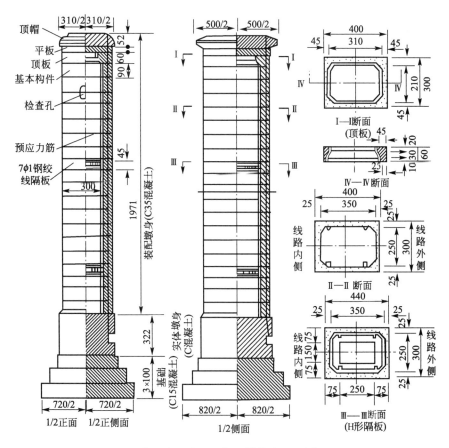

图10.8 装配式预应力混凝土墩构造（尺寸单位：cm）

装配式预应力混凝土墩施工工序流程如图10.9所示，分成施工准备、构件预制及墩身装配。全过程贯穿着质量检查工作。浇筑实体墩身时要按装配构件孔道的相对位置，预留张拉孔道及工作孔（图10.10）构件装配的水平拼装缝采用M5水泥砂浆，砂浆厚度为15mm，便于调整构件水平高程，不使误差积累。安装构件要求确保"平、稳、准、实、通"5个关键，即起吊平、构件顶面平、内外壁砂浆接缝要"抹平"；起吊、降落、松钩要"稳"；构件尺寸、孔道位置、中线及预埋配件位置要"准"；接缝砂浆要"密实"；构件孔道要"畅通"。

张拉预应力的钢丝束分两种，一种是直径为5mm的高强度钢丝，用18φ5锥形锚；另一种用7φ4mm钢丝线，用JM12—6型锚具，采用一次张拉工艺。张拉顺序如图10.11所示。可以在顶帽上张拉，亦可在实体墩下张拉，两者的利弊比较见表10-7，一般多在顶帽上张拉。

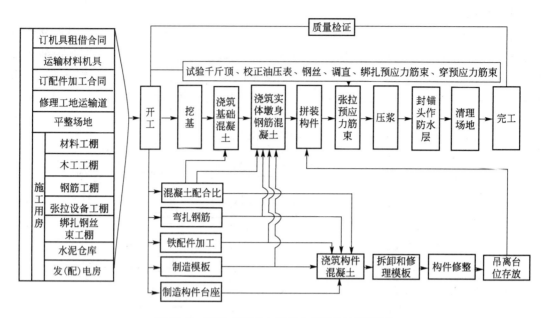

图 10.9 装配式预应力混凝土墩施工工艺流程

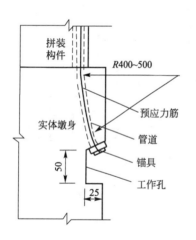

图 10.10 实体墩台的张拉工作孔
(尺寸单位:cm)

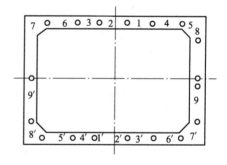

图 10.11 张拉顺序

表 10-7 顶帽上张拉和实体墩下张拉比较

顶帽上张拉	实体墩下张拉
1. 高空作业,张拉设备需起吊,人员需在顶帽操作,张拉便于指挥和操作	1. 地面作业,机土设备搬运方便。但彼此看不见指挥,不如顶帽操作方便
2. 在直线段张拉,不计算曲线管道摩阻损失	2. 必须计算曲线管道摩阻损失
3. 向下垂直安装千斤顶,对中容易	3. 向上斜向安装千斤顶,对中较困难
4. 实体墩开孔小,削弱面积小,无须割断钢筋	4. 实体墩开孔大,增大削弱面积,必须割断钢筋,增加封锚工作量

孔道压浆前先用高压水冲洗。采用纯水泥浆，为了减少水泥浆的收缩及泌水性能，可掺入为水泥质量(0.8～1.0)/10000 的铝粉。压浆最好由下而上压注。压浆分初压与复压，初压后，约停 1h，待砂浆初凝即进行复压，复压压力可为 0.8～1MPa，初压压力可小一点。压浆时，若构件上的砂浆接缝全部湿润，说明接缝砂浆空隙中压入了水泥浆，起到了密实接缝的作用。实体墩身的封锚采用与墩身同强度等级的混凝土，同时要采用防水措施。顶帽上的封锚采用钢筋网罩焊在垫板上，单个或多个连在一起，然后用混凝土封锚。

4. 无承台大直径钻孔埋入空心桩墩施工

无承台大直径钻孔埋入空心桩墩由预钻孔、预制大直径钢筋混凝土桩墩节、吊拼桩墩节并用预应力后张连接成整体、桩周填石压浆、桩底高压压浆、吊拼墩节、浇筑或组装盖梁等部分组成。它综合了预制桩质量的可靠性、钻孔成桩的工艺简单、成本低、适应性强等优越性，摒弃了管柱桩技术设备复杂、成本高、不易穿透砂砾层、桩易偏位及钻孔灌注桩桩身质量难以保证等缺陷，集当今桩基先进施工技术之大成。该项技术在河南、湖南、江西、福建等广大区域内的桥梁工程中应用广泛，并获得显著效益。

钻孔埋入空心桩墩(又可称为钻埋空心桩墩)的技术特点有以下几个。其一，直径大，承载力高。桩径一般大于 2.5m，钻埋空心桩桩径已达 5.0m，沉挖空心桩桩径已达 6.0～8.0m。由于采用了桩周填石压浆、桩底高压压浆，桩节间通过预应力形成整体，故使桩基承受垂直荷载和水平荷载的能力成倍增加。其二，无承台、空心截面，节省了围堰工程，减少了桩身混凝土体积，不仅简化了施工工序，而且可将大桥下部结构费用从占全桥费用50%以上，降至30%～40%。其三，施工快速，工期缩短。由于采用大直径桩，桩数少，多数情况下可以单桩独柱，加之钻机设备的先进与完善，一个枯水季节可完成基础工程。预制桩节、墩节与钻孔平行作业，大大加速了工程进度。其四，钻埋空心桩墩适用于土质地基。沉挖空心桩适用于松散的砂、砾、漂石和风化岩层。环保效果好，施工少振动、低噪声，城镇区施工对居民干扰少。其五，桩节、墩节预制，桩周、桩底压浆，节间用高强预应力筋连成整体，各项作业技术含量高，桩墩质量完全能得到保障。

图 10.12 为钻埋空心桩墩工序流程，图 10.13 为钻埋空心桩墩成桩工艺。切实解决钻孔机设备、泥浆配制、桩节(墩节)段预制、桩节竖拼安装以及压浆(桩周压浆与桩底压浆)成桩等技术，是钻埋大直径空心桩墩成败的关键所在。

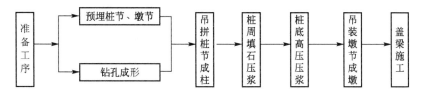

图 10.12 钻埋空心桩墩工序流程

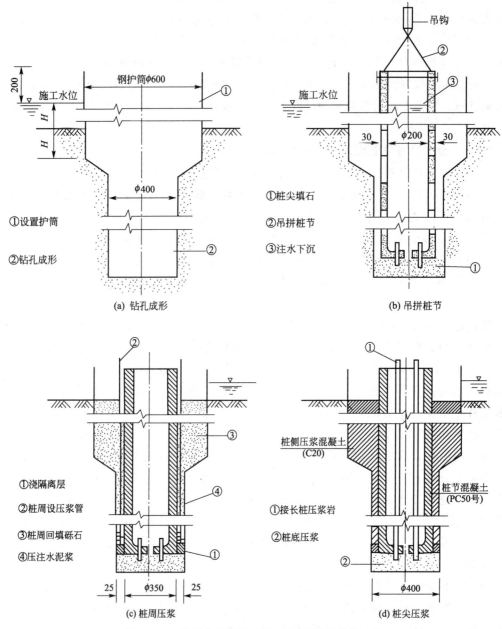

图 10.13 钻埋空心桩墩成桩工艺(尺寸单位:cm)

鉴于钻埋空心桩墩施工技术难度较大,各工序应有严格的质量控制标准,在现行《公路桥涵施工技术规范》尚未列入相关条文的情况下,在此以湖南省公路部门提供的质量控制标准作为借鉴。

(1) 成孔质量控制标准:孔深垂直度不大于±2%;成孔深度大于设计深度;成孔直径大于设计直径(钻头直径)。

(2) 终孔泥浆指标(应检验排渣口泥浆):相对密度为 1.08~1.10;黏度为 22~24Pa·s;pH 值为 7~8;含砂量小于 1%;胶体率为 100%。

(3) 预制桩节质量控制标准：应符合《公路桥涵施工技术规范》有关规定和设计技术要求；桩节长度误差不大于±5mm；偏离水面不大于2%；端面应平整，接口吻合良好，混凝土上下接头中心位置偏离不大于2～3mm；壁厚误差不大于5mm，内外径误差为±2mm；节长应依据施工起重能力决定。

(4) 桩壁压浆结石混凝土质量控制标准：桩底与桩节交界处应抛填直径为5～20mm的小石子作过渡段，厚度为0.5m，以消除桩底压浆混凝土收缩缝集中在预制混凝土底节钢板下；UBW—1型或SCR型絮凝混凝土隔离层厚度为0.5～0.6m；抛掷落水高度不大于0.5m；填石粒料直径应选ϕ20mm、ϕ40mm、ϕ40～ϕ60mm或ϕ40～ϕ80mm间断级配；压浆水泥应选425级以上普通硅酸盐水泥掺配膨胀剂，在条件许可时应尽量选用微膨胀水泥；水泥浆液流动度应根据空隙率和吸浆量确定，以确保压浆结石混凝土抗压强度。

(5) 桩底压浆结石混凝土质量控制标准：桩周压浆结石混凝土强度达到60%后，才能进行桩底高压压浆；压力值由扬压管控制，标准不超过设计值的±1%；桩的上抬量不超过设计值的±1%；注浆量应大于计算量的1.2～1.3倍；闭浆时间应在15～30min，由闭浆时的吸浆量决定。

5. 装配式墩台的允许偏差

《公路桥涵施工技术规范》规定，构件安装前必须检查其外形和构件的预埋件尺寸和位置，其允许偏差不得超过设计规定；构件安装就位完毕后，经过检查校正符合要求，才允许焊接或浇筑混凝土以固定构件；分段安装的构件继续安装时，必须在先安装的构件固定和受力较大的接头混凝土达到设计要求的强度后进行（一般应达到设计强度等级的70%）；装配式墩台完成时的允许偏差如下。

(1) 墩台柱埋入基座内的深度和砌块墩、台埋置深度，必须符合设计规定。
(2) 墩台倾斜为0.3%H（H为墩台高），最大不得超过20mm。
(3) 墩台顶面高程±10mm；墩、台中线平面位置±10mm；相邻墩、台柱间距±15mm。

10.3 高桥墩施工

公路通过深沟宽谷或大型水库，若采用高桥墩能使桥梁更为经济合理，它不仅可以缩短线路、节省造价，而且可以提高运营效益，减少日常维护工作。图10.14为我国南昆线铁路贵州兴义县境内清水河百米高墩构造图。高桥墩可分为实体墩、空心墩与刚架墩。20世纪70年代以后，较高的桥墩一般均采用空心墩。

高桥墩的施工设备与一般桥墩所用设备大体相同，但其模板却另有特色。一般有滑动模板、爬升模板、翻升模板等几种，这些模板都是依附于浇筑的混凝土墩壁上，随着墩身的逐步加高而向上升高，滑动模板的高度已达百米。滑动模板施工的主要优点：施工进度快，在一般气温下，每昼夜平均进度可达5～6m；混凝土质量好，采用干硬性混凝土，机械振捣，连续作业，可提高墩台质量；节约木材和劳动力，有资料统计表明，可节省劳动力 30%，节约木材 70%；滑动模板可用于直坡墩身，也可用于斜坡墩身；模板本身附带有内外吊篮、平台与拉杆等；以墩身为支架，墩身混凝土的浇筑随模板缓慢滑升，连续不断地进行，故而安全可靠。以下将重点介绍滑动模板施工法。

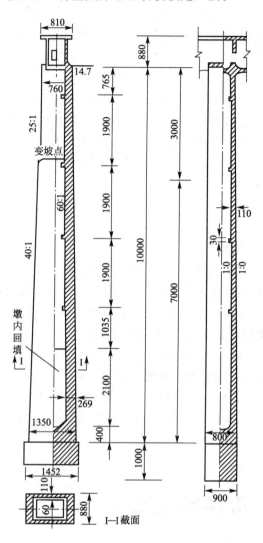

图 10.14 南昆线铁路清水河桥高墩构造图(尺寸单位：cm)

1. 滑动模板构造

滑动模板（即滑模）是将模板悬挂在工作平台的周围上，沿着所施工的混凝土结构截面的周界组拼装配，并随着混凝土的灌注由千斤顶带动向上滑升。滑动模板的构造，由于桥墩类型、提升工具的类型不同而稍有差异，但其主要部件与功能则大致相同，一般主要由工作平台、内外模板、混凝土平台、工作吊篮和提升设备等组成，如图 10.15 所示。

（1）工作平台 1 由外钢环 5、辐射梁 3、内钢环 6、栏杆 4、步板 18 组成，除提供施工操作的场地外，还用它把滑模的其他部分与顶杆 14 相互连接起来，使整个滑模结构支承在顶杆上。可以说，工作平台是整个滑模结构的骨架，因此，应具有足够的强度和刚度。

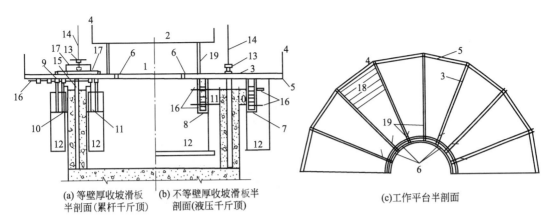

1—工作平台；2—混凝土平台；3—辐射梁；4—栏杆；5—外钢环；6—内钢环；7—外立柱；
8—内立柱；9—滚轴；10—外模板；11—内模板；12—吊篮；13—千斤顶；14—顶杆；
15—顶杆导管；16—收坡螺杆；17—顶架横梁；18—步板；19—混凝土立柱

图 10.15 滑动模板构造

（2）内外模板 10、11 采用薄钢板制作，用于上、下壁厚相同的直坡空心桥墩的滑模。内外模均通过立柱 7、8 固定在工作平台的辐射梁上。用于上、下壁厚相同的斜坡空心墩的收坡滑模，内外模板仍固定在立柱上，但立柱架（或顶架横梁 17）不是固定在辐射梁上，而是通过滚轴 9 悬挂在辐射梁上，并可利用收坡螺杆 16 沿辐射方向移动立柱架及内外模板位置。用于斜坡式不等壁厚空心墩的收坡滑模，则内外立柱固定在辐射梁上，而在模板与立柱间安装收坡螺杆，以便分别移动内外模板的位置。

（3）混凝土平台 2 由辐射梁、步板栏杆等组成，利用混凝土立柱 19 支承在工作平台的辐射梁上，供堆放及灌注混凝土的施工操作用。

（4）吊篮 12 悬挂在工作平台的辐射梁和内外模板的立柱上，它随着模板的提升而向上移动，供施工人员对刚脱模的混凝土进行表面修饰和养生等施工操作之用。

（5）提升设备由千斤顶 13、顶杆 14、顶杆导管 15 等组成，通过顶升工作平台的辐射梁使整个滑模提升。

2. 滑动模板提升工艺

滑动模板提升设备主要有提升千斤顶、支承顶杆及液压控制装置等几部分，其提升工艺如下。

滑模施工

（1）螺旋千斤顶提升步骤（图 10.16）。

① 转动手轮 2 使螺杆 3 旋转，使千斤顶顶座 4 及顶架上的横梁 5 带动整个滑模徐徐上升。此时，上卡头 6、卡瓦 7、卡板 8 卡住顶杆。而下卡头 9、卡瓦 7、卡板 8 则沿顶杆向上滑行，当滑至与卡瓦接触或螺杆不能再旋转时，即完成一个行程的提升。

② 向相反方向转动手轮，此时下卡头、卡瓦、卡板卡住顶杆 1，整个滑模处于静止状态。仅上卡头、卡瓦、卡板连同螺杆、手轮沿顶杆向上滑行，至上卡头与顶架上横梁接触或螺杆不能再旋转时为止，即完成整个一个循环。

（2）液压千斤顶提升步骤（图 10.17）。

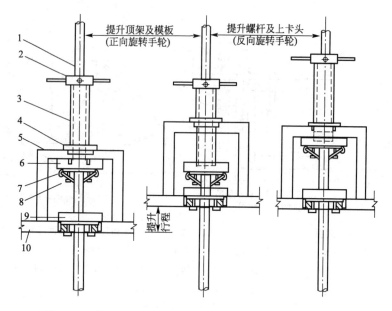

1—顶杆；2—手轮；3—螺杆；4—顶座；5—顶架上横梁；6—上卡头；
7—卡瓦；8—卡板；9—下卡头；10—顶架下横梁

图 10.16　螺旋千斤顶提升步骤

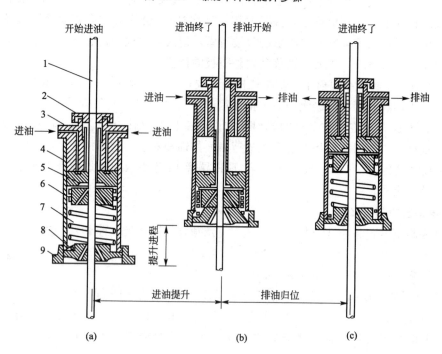

1—顶杆；2—行程调整帽；3—缸盖；4—缸筒；5—活塞；6—上卡头；
7—排油弹簧；8—下卡头；9—底座

图 10.17　液压千斤顶提升步骤

① 进油提升：利用油泵将油压入缸盖 3 与活塞 5 间，在油压作用时，上卡头 6 立即卡紧顶杆 1，使活塞固定于顶杆上 [图 10.17(a)]。随着缸盖与活塞间进油量的增加，缸盖连同缸筒 4、

底座9及整个滑模结构一起上升，直至上、下卡头8顶紧时，提升暂停［图10.16(b)］。此时，缸筒内排油弹簧7完全处于压缩状态。

② 排油归位：开通回油管路，解除油压。利用排油弹簧推动下卡头使其与顶杆卡紧，同时推动上卡头将油排出缸筒，在千斤顶及整个滑模位置不变的情况下，使活塞回到进油前位置。至此，完成一个提升循环［图10.16(c)］。液压前为了使各千斤顶能协同一致地工作，应将油泵与各千斤顶用高压油管连通，由操作台统一集中控制。

提升时，滑模与平台上临时荷载全由支撑顶杆承受。顶杆多用A3、A5圆钢制作，直径25mm，A5圆钢的承载能力约为12.5kN(A3则为10kN)。顶杆一端埋置于墩、台结构的混凝土中，一端穿过千斤顶芯孔，每节长2.0～4.0m，用工具式连接或焊接。为了节约钢材使支撑顶杆能重复使用，可在顶杆外安上套管，套管随同滑模整个结构一起上升，待施工完毕后，可拔出支撑顶杆。

知识链接

高墩施工现场如图10.18所示。

图10.18 高墩施工现场

3. 滑动模板设计要点

滑动模板整体结构是混凝土成形的装置，也是施工操作的主要场地，必须具有足够的刚度、稳定性和合理的安全度。为了保证施工质量与安全，滑动模板各组成部件必须按强度和刚度进行设计与验算。

（1）荷载取值。

作用在滑动模板整个结构上的荷载有静荷载与活荷载。工作平台、内外模板、混凝土平台、工作吊篮、提升设备、液压管线等重力都属于静荷载；操作人员、施工机具、平台上堆放的材料及半成品等的重力，以及滑升时混凝土与模板间的摩阻力等属于垂直活荷载；向模板内倾倒混凝土产生的冲击力，新浇筑混凝土对模板的侧压力，以及风荷载等属于水平活荷载。具体按有关规范与设计要求分别取值。

（2）确定支撑顶杆和千斤顶的数量。

① 支撑顶杆的数量。其最小值n按式(10-3)计算。

$$n = KP/N \qquad (10-3)$$

式中：P——滑动模板提升时全部静荷载和垂直活荷载；

K——工作条件系数，液压千斤顶取值为 0.8；

N——单根支撑顶杆的容许承载能力，按式(10-4)取值。

$$N = \phi A [\sigma] \qquad (10-4)$$

式中：ϕ——纵向弯曲系数，可根据长细比大小查表确定；支撑顶杆的计算长度 L_0 应根据不同的施工情况予以决定，如正常提升时，其自由长度 L 取千斤顶上卡头至新浇筑层混凝土底部的距离，并视其上卡头处固结、下端为铰接，所以 $L_0 = 0.7L$；

A——支撑顶杆的截面面积；

$[\sigma]$——支撑顶杆的抗压容许应力。

提升过程中支撑顶杆实际受力情况比较复杂，其容许承载能力应根据工程实践的经验选用。上述计算确定的支撑杆数量，还应根据结构物的平面和局部结构加以适当的调整。

② 千斤顶的数量。液压千斤顶起重力约为 30kN，施工时考虑其他因素后，按 15kN 取值，大体上与支撑顶杆的承载能力相同。即一根支撑顶杆上安装一台千斤顶，所需千斤顶数量与支撑杆数量相同。

(3) 确定支撑顶杆、千斤顶、顶升架和工作平台的布置方案。

① 支撑顶杆和千斤顶的布置方案。一般有均匀布置、分组集中布置以及分组集中与均匀布置相结合等。在筒壁结构中多采用均匀布置方案，在平面较为复杂的结构中则宜采用分组集中与均匀布置相结合的布置方案。

千斤顶在布置时，应使各千斤顶所承受的荷载大致相同，以利于同步提升。当平台上荷载分布不均匀时，荷载较大的区域和摩阻力较大的区段，千斤顶布置的数量要多些。考虑到平台荷载内重外轻，在数量上内侧应较外侧布置多些，以避免顶升架在提升时间内倾斜。

② 顶升架的布置方案。应根据结构形式、建筑平面、平台荷载与刚度等进行布置。筒壁结构顶升架可采用均匀布置方案，间距控制在 1.2~2.5m。

③ 工作平台的布置方案。必须保证其结构的整体性与足够的刚度，应根据施工对象的结构特点、荷载大小和分布情况。顶升架和千斤顶的布置要求，以及垂直运输方式等来确定工作平台的布置方案。圆形结构中，工作平台的承重结构、承重桁架或梁宜采用辐射形布置，如此平台的刚度好，作用在各顶升架上的荷载比较均匀。方形结构中，工作平台的承重结构可单向或双向布置，单向布置时，承重梁间应设置水平支承，两端的承重梁应设置垂直支承，以加强平台的结构整体性和稳定性。

(4) 模板的设计。

模板的设计包括模板的尺寸的确定和模板的刚度。模板必须具有足够的刚度，才能保证浇筑混凝土和提升过程中，在混凝土侧压力作用下不发生超过允许的变形值。一般条件下，模板在水平荷载作用下，其支点在力作用方向的变形不应超过 1/1000。作用在模板上的水平荷载主要是新浇筑混凝土的侧压力，此时，模板按简支板计算。因为滑模施工中，模板有一定倾斜度，出模混凝土具有 0.05~0.25MPa 的强度，所以模板底部的混凝土对模板不存在侧压力。在侧压力作用的高度范围内，模板承受的侧压力图形如图 10.19 所示。

新浇筑混凝土的侧压力计算式为

$$P = 1/2 rh \quad (10-5)$$

式中：P——新浇筑混凝土侧压力的计算最大值，kPa；

r——混凝土的重度，kN/m³

h——侧压力的计算作用高度，m，（$h=0.65H \sim 0.70H$，H 为模板高度）。

侧压力的合力为 $0.75Ph$，合力作用点距模板上口的距离在 $3/5h$ 处。

（5）顶升架与工作平台的设计。

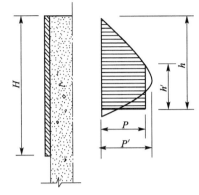

图 10.19 作用在模板上的侧压力计算图

顶升架的结构形式，主要是由结构水平截面形状、部位和千斤顶的类型决定的。一般常采用一字形的单横梁式或双横梁式。顶升架承受提升时的全部垂直荷载，以及混凝土与模板的侧压力等水平荷载，其计算内容包括顶升架立柱的净宽 W 和立柱设计。对于等截面结构的滑模工程，净宽 W 为

$$W = A + 2(B + C + D) + E \quad (10-6)$$

式中：A——结构的截面宽度，m；

B——模板的厚度，m；

C——围圈的宽度，m；

D——支撑围圈的支托宽度，m；

E——由于模板的倾斜度要求两侧放宽的尺寸，m。

顶升架的横梁底面与模板顶面间的距离，对于钢筋混凝土结构取值 $0.45 \sim 0.50$m，主要是为了满足绑扎水平钢筋和预埋件的要求。顶升架的立柱按拉弯构件计算。

工作平台的计算可视其具体受力情况，按常用的结构计算方法验算其强度。

此外，还有液压系统的设计。

图 10.20 为泸州长江大桥主墩滑动模板构造示意图。该滑模的最大平面尺寸为 18.5m×11.9m，高度为 4.6m，是按自重、施工卷扬机重力（约 600kN）、操作人员荷载、施工机具（600kN）、起吊荷载（90kN）及摩阻力等总计 1540kN 提升力进行设计。选用 84 个 QY3.5 油压千斤顶进行顶升，为安全考虑，每个千斤顶按 20kN 提升力进行设计，共可顶升 1680kN。支撑顶杆用 A3 钢 ϕ28mm，共计 84 根。千斤顶共分 9 组，供油根据滑模各部受力的大小，布置在 35 个提升架上，由一台油泵给各千斤顶供油。主墩施工高度为 $30 \sim 40$m。

4. 滑模浇筑混凝土施工要点

（1）滑模组装。

在墩位上就地进行组装时，安装步骤如下。

① 在基础顶面搭枕木垛，定出桥墩中心线。

② 在枕木垛上先安装内钢环，并准确定位，再依次安装辐射梁、外钢环、立柱、千斤顶、模板等。

③ 提升整个装置，撤去枕木垛，再将模板落下就位，随后安装余下的设施；内外吊装架待模板滑升至一定高度，及时安装；模板在安装前，表面需涂润滑剂，以减少滑升时的摩阻力；组装完毕后，必须按设计要求及组装质量标准进行全面检查，并及时纠正偏差。

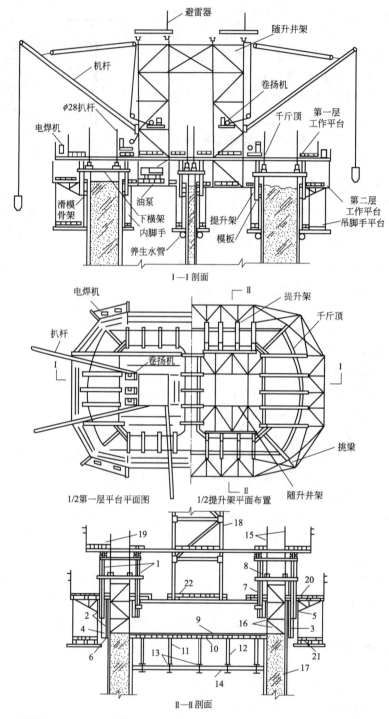

1—提升架；2—滑模角钢；3—下层模板角钢；4—下层外模；5—上层模板；6—下层接长提升架立柱；7—内模板；8—液压千斤顶；9—下层外模拉杆；10—隔板混凝土底模；11—底模木横架；12—底模立柱；13—I25 工字钢横梁；14—工字钢平撑；15—支撑杆；16—加固支撑杆平斜撑；17—墩身钢筋混凝土；18—随升井架；19—第一工作平台；20—第二工作平台；21—吊脚手平台；22—随升井架 I22 工字钢横梁

图 10.20 泸州长江大桥主墩滑动模板构造示意图

(2) 浇筑混凝土。

滑模宜浇筑低流动度或半干硬性混凝土，浇筑时应分层、分段对称地进行，分层厚度 20~30cm 为宜，浇筑后混凝土表面距模板上缘宜有不小于 10~15cm 的距离。混凝土入模时，要均匀分布，应采用插入式振动器捣固，振捣时应避免触及钢筋和模板，振动器插入下一层混凝土的深度不得超过 5cm；脱模时混凝土强度应为 0.2~0.5MPa，以防在其自重压力下坍塌变形。为此，可根据气温、水泥强度等级试验后掺入一定量的早强剂，以加速提升；脱模后 8h 左右开始养生，用吊在下吊架上环绕墩身的带小孔的水管来进行。养生水管一般设在距模板下缘 1.8~2.0m 处效果较好。

(3) 提升与收坡。

整个桥墩浇筑过程可分为初次滑升、正常滑升和最后滑升 3 个阶段。从开始浇筑混凝土到模板首次试升为初次滑升阶段。初浇筑混凝土的高度一般为 60~70cm，分 3 次浇筑，在底层混凝土强度达到 0.2~0.4MPa 时即可试升。将所有千斤顶同时缓慢起升 5cm，以观察底层混凝土的凝固情况。现场鉴定可用手指按刚脱模的混凝土表面，若基本按不动，但留有指痕，砂浆不沾手，用指甲划过有痕，滑升时能耳闻"沙沙"的摩擦声，这些现象表明混凝土已具有 0.2~0.4MPa 的强度，可以开始再缓慢提升 20cm 左右。初升后，经全面检查设备，即可进入正常滑升阶段。即每浇筑一层混凝土，滑模提升一次，使每次浇筑的厚度与每次提升的高度基本一致。在正常气温条件下，提升时间不宜超过 1h。最后滑升阶段是混凝土已经浇筑到需要高度，不再继续浇筑，但模板尚需继续滑升的阶段。浇筑完最后一层混凝土后，每隔 1~2h 将模板提升 5~10cm，滑动 2~3 次后即可避免混凝土与模板胶合。滑模提升时应做到垂直、均衡一致，顶架间高差不大于 20mm，顶架横梁水平高差不大于 5mm。并要求三班连续作业，不得随意停工。

随着模板的提升，应转动收坡螺杆，调整墩壁曲面的半径，使之符合设计要求的收坡坡度。

(4) 接长顶杆、绑扎钢筋。

模板每提升至一定高度后，就需要穿插进行接长顶杆、绑扎钢筋等工作。为了不影响提升时间，钢筋接头均应事先配好，并注意将接头错开。对预埋件及预埋的接头钢筋，滑模抽离后，要及时处理，使之外露。

在整个施工过程中，由于工序的改变，或发生意外事故，使混凝土的灌注工作停止较长时间，则需要进行停工处理。例如，每隔 30min 左右稍为提升模板一次，以免黏结；停工时在混凝土表面要插入短钢筋等，以加强新老混凝土的黏结；复工时还需将混凝土表面凿毛，并用水冲走残渣，湿润混凝土表面，灌注一层厚度为 2~3cm 的 1∶1 水泥砂浆，然后再灌注原配合比的混凝土，继续滑模施工。

翻升模板施工与滑动模板施工相似，不同的是支架通过千斤顶支承预埋在墩壁中的预埋件上。待浇筑好的墩身混凝土达到一定强度后，将模板松开，千斤顶上顶，把支架连同模板升到新的位置，模板就位后，再继续浇筑墩身混凝土。如此反复循环，逐节爬升。每次升高约 2m。

翻升模板施工是采用一种特殊钢模板，一般由 3 层模板组成一个基本单元，并配置有随模板升高的混凝土接料工作平台。当浇筑完上层模板的混凝土后，将最下层模板拆除，翻上来拼装成第 4 层模板，以此类推，循环施工。翻升模板也能够用于有坡度的桥墩施工。侯月线子沟大桥高桥墩就是采用翻升模板施工的，如图 10.21 所示。

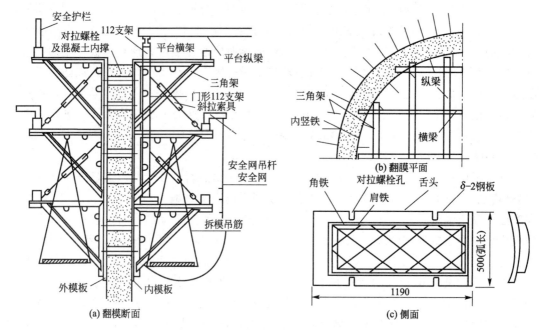

图 10.21　侯月线子沟大桥翻升模板构造示意图(尺寸单位：mm)

10.4　墩台附属工程施工

1. 桥台翼墙、锥坡施工要点

（1）石砌锥坡、护坡和河床铺砌层等工程，必须在坡面或基面夯实、整平后，方可开始铺砌，以保证护坡稳定。

（2）护坡基础与坡角的连接面应与护坡坡度垂直，以防坡角滑走。片石护坡的外露面和坡顶、边口，应选用较大、较平整并略加修凿的块石铺砌。

（3）砌石时拉线要张紧，砌面要平顺，护坡片石背后应按规定做碎石倒滤层，防止锥体土方被水冲蚀变形。护坡与路肩或地面的连接必须平顺，以利排水，并避免背后冲刷或渗透坍塌。

（4）锥体填土应按设计高程及坡度填足。砌筑片石厚度不够时再将土挖去。不允许填土不足，临时边砌石边填土。锥坡拉线放样时，坡顶应预先放高约 2~4cm，使锥坡随同锥体填土沉降后，坡度仍符合设计规定。

（5）锥坡、护坡及拱上等各项填土，宜采用透水性土，不得采用含有泥草、腐殖物或冻土块的土。填土应在接近最佳含水量的情况下分层填筑和夯实，每层厚度不得超过 0.30m，密实度应达到路基规范要求。

(6) 在大孔土地区，应检查锥体基底及其附近有无陷穴，并彻底进行处理，保证锥体稳定。

(7) 干砌片石锥坡，用小石子砂浆勾缝时，应尽可能在片石护坡砌筑完成后间隔一段时间，待锥体基本稳定再进行勾缝，以减少灰缝开裂。

砌体勾缝除有设计规定外，一般可采用凸缝或平缝。浆砌砌体应在砂浆初凝后，覆盖养生 7～14 天。养生期间应避免碰撞、振动和承重。

2. 台后填土要求

(1) 台后填土应与桥台砌筑协调进行。填土应尽量选用渗水土，如黏土含量较少的沙质土。土的含水量要适量，在北方冰冻地区要防止冻胀。如遇软土地基，为增大土抗力，台后适当长度内的填土可采用石灰土（掺 5％石灰）。

(2) 填土应分层夯实，每层松土厚 20～30cm，一般应夯 2～3 遍，夯实后的厚度为 15～20cm，使密实度达到 85％～90％，并做密实度测定。靠近台背处的填土打夯较困难时，可用木棍、拍板打紧捣实，与路基搭接处宜挖成台阶形。

(3) 石砌圬工桥台台背与土接触面应涂抹两道热沥青或用石灰三合土、水泥砂浆胶泥做不透水层，作为台后防水处理。

(4) 对于梁式桥的轻型桥台台后填土，应在桥面完成后，在两侧平行地进行。

(5) 台背填土顺路线方向长度，一般应自台身起，底面不小于桥台高度加 2m，顶面不小于 2m。

特别提示

台后填土质量的好坏，对工程质量，行车安全和舒适性（桥头跳车现象）影响很大。图 10.22 所示的某台后填土，你觉得其施工质量如何？

图 10.22 某台后填土施工现场

3. 台后搭板施工要点

(1) 设置搭板是解决台后错台跳车的重要工程措施，其效果与搭板之下的路堤压缩程度和搭板长度有密切关系。

(2) 桥头搭板应设置一个较大的纵坡 i_2，若路线纵坡是 i_1，则搭板纵坡应符合 $10\% \leqslant (i_2 - i_1) \leqslant 15\%$，以保证在台后长度方向上的沉降分布较均匀，并逐渐减少。搭板末端顶面与路基平齐；搭板前端顶面应留有路面面层的厚度。

(3) 对台后填土应有严格的压实要求。应先清理基坑，使其尺寸符合要求。接着进行基底压实，如压路机使用困难可用小型手推式电动振动打夯机压实，并用环刀法测定压实度。基底填筑达到规定高程后，可填筑并压实二灰碎石，一般可用 12~15t 压路机压实，每层碾 6~8 遍，分层压实的厚度一般不大于 20cm，对于边角部位可用小型打夯机补压。可在填压达到搭板顶部的高度，压实或通行车辆一段时间后，再挖开浇筑搭板和枕梁。

(4) 对上述填筑台后路堤材料有困难时，至少应选用透水性良好的砂性土，或掺用 40%~70% 的沙石料，分层厚度 20~30cm，压实度不小于 95%。靠近后墙部位（1.5m 宽）可用小型打夯机，也可填筑块片石及级配砂砾石，用振动器振实。用透水性材料填筑时，应以干密度控制施工质量。

(5) 台背填筑前应在土基上或某一合适高度设置泄水管或者盲沟，并注意将泄水管或盲沟引出路基之外。

4. 台后泄水盲沟施工

(1) 地下水较多时，泄水盲沟以片石、碎石或卵石等透水材料砌筑，并按坡度设置，沟底用黏土夯实。盲沟应建在下游方向，出口处应高出一般水位 0.2m，平时无水的干河沟应高出地面 0.3m。

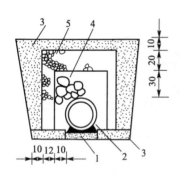

1—渗水管基座；2—渗水管；3—粗砂层；4—粒径 2~3cm 卵石；5—粒径小于 2cm 卵石

图 10.23 盲沟的一般构造
（尺寸单位：cm）

(2) 如桥台在挖方内，横向无法排水时，泄水盲沟在平面上可在下游方向的锥体填土内折向桥台前端排水，在平面上呈 L 形。

(3) 地下水较大时，盲沟的一般构造如图 10.23 所示。盲沟施工时应注意以下事项。

① 盲沟所用各种填料应洁净、无杂质，含泥量应小于 2%。

② 各层的填料要求层次分明，填筑密实。

③ 盲沟应分段施工，当日下管填料应一次完成。

④ 盲沟滤管一般采用无砂混凝土管或有孔混凝土管，也可用短节混凝土管，但应在接头处留 1~2cm 间隙，供地下水渗入。

⑤ 盲沟滤管基底应用混凝土浇筑，并与滤管密贴；纵坡应均匀，无反向坡；管节应逐节检查，不合格者不得使用。

⑥ 管道安装完毕后，应将管内砂浆残渣、杂物清除干净。

5. 导流建筑物施工要点

(1) 导流建筑物应和路基、桥涵工程综合考虑施工，以避免在导流建筑物范围内取土、弃土破坏排水系统。

(2) 砌筑用石料的抗压强度不得低于 20MPa；砌筑用砂浆标号，在温和及寒冷地区不低于 M5，在严寒地区不低于 M7.5。

(3) 导流建筑物的填土应达到最佳密度 90% 以上，坡面砌石按照锥体护坡要求办理。若使用漂石时，应采用栽砌法铺砌；若采用混凝土板护面，板间砌缝为 10～20mm，并用沥青麻筋填塞。

(4) 抛石防护宜在枯水季节施工。石块应按大小不同规格掺杂抛投，但底部及迎水面宜用较大石块。水下边坡不宜陡于 1∶1.5。顶面可预留 10%～20% 的沉落量。

(5) 石笼防护基底应铺设垫层，使其大致平整。石笼外层应用较大石块填充，内层则可用较小石块砌密实，装满石块后，用铁丝封口，石笼间应用铁丝连成整体。在水中安置石笼，可用脚手架或船只顺序投放，铺放整齐，笼与笼间的空隙应用石块填满。石笼的构造、形状及尺寸应根据水流及河床的实际情况确定。

模块小结

本模块介绍了现浇混凝土墩台、石砌墩台的施工技术要点，装配式墩台的主要施工方法，同时对高桥墩施工和附属工程施工也有涉及。

教学的目的在于让学生对混凝土墩台施工过程有一个清楚的认识，对施工方法在理解的基础上，通过将来的实践切实掌握。

习 题

1. 桥梁墩台采用浆砌片石时，其砌筑工艺有哪些？有哪些要求？
2. 现浇混凝土墩台时，有哪些技术要求？
3. 桥台附属工程包括哪些内容？其施工要点分别是什么？
4. 简述装配式墩台的施工方法。
5. 简述高桥墩滑动模板的施工要点。
6. 大体积混凝土浇筑中如何有效防止裂缝产生？

模块 11 钢筋混凝土简支梁桥施工

思维导图

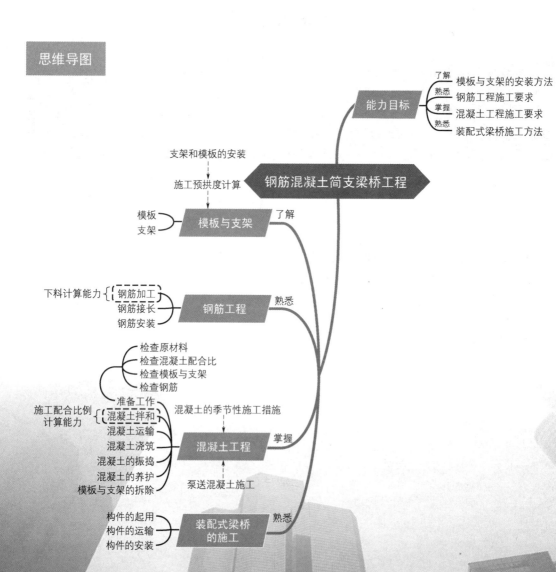

模块 11 钢筋混凝土简支梁桥施工

学习重点

混凝土施工关键工序；施工配合比计算。

引例

在我国的桥梁建设中，中、小跨径桥梁占有主导地位，其中混凝土简支梁桥又占有绝对数量（引例图）。一方面由于其结构简单、受力明确、施工方便；另一方面，如果采用装配式的施工方法，可以节约大量模板支架，缩短施工期限，加快建桥速度。一般认为，混凝土简支梁桥的合理跨径在 50m 以下。

钢筋混凝土简支梁桥施工方法可分为预制安装和就地浇筑（简称现浇）两大类。预制安装法具有上、下部结构可平行施工，工期短，质量易于控制，有利于组织文明

引例图 混凝土简支梁桥施工现场

生产，对于中、小跨径的简支梁桥一般采用这种安装法。现浇法施工无须预制场地，不需要大型吊运设备，梁体的主筋也不中断。

现浇钢筋混凝土简支梁桥的施工工序如图 11.1 所示。

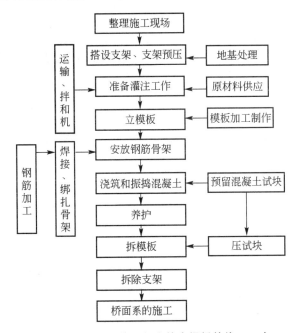

图 11.1 现浇钢筋混凝土简支梁桥的施工工序

11.1 模板与支架

模板和支架都是浇筑混凝土施工中的临时性结构，对构件的制作十分重要，不仅控制构件尺寸的精度，直接影响施工进度和混凝土的浇筑质量，而且还影响到施工安全。

11.1.1 模板

1. 对模板的要求

（1）一般要求。

① 保证结构物设计形状、尺寸及各部分相互位置的正确性。

② 具有足够的强度、刚度和稳定性，能可靠地承受在施工过程中可能产生的各项荷载。

③ 构造和制作力求简单，装拆方便，周转率高。

④ 模板接缝紧密，以保证混凝土在振捣器强烈振动下不致漏浆。支架连接件牢靠、不松动，能承受支架以上的各项荷载。

（2）设计要求。

支架（拱架）、模板的设计要求，重点是验算其强度、变形、稳定性，具体要求见表11-1。

表11-1 支架（拱架）、模板的设计要求

项目	设计的主要内容和要求
计算荷载组合	（1）梁、板和拱的底模及支撑板、拱与支架等，其计算强度为1+2+3+4+7，其验算刚度为1+2+7； （2）缘石、人行道、栏杆、柱、梁、板、拱等的侧模板，其计算强度为4+5，其验算刚度为5； （3）基础、墩台等厚大建筑物的侧模板，其计算强度为5+6，其验算刚度为5
荷载组合代号说明	1——模板，支架和拱架自重； 2——新浇筑混凝土、钢筋混凝土或其他圬工结构物的重力； 3——施工人员和施工材料、机具等行走运输或堆放的荷载； 4——振捣混凝土时产生的荷载； 5——新浇筑混凝土对侧面模板的压力； 6——倾倒混凝土时产生水平荷载； 7——其他可能产生的荷载，如雪荷载、冬季保温设施荷载等
强度和稳定性计算	（1）钢模板、木模板、支架及拱架的设计，可按《公路钢结构桥梁设计规范》（JTG D64—2015）的有关规定执行； （2）设于水中的支架，尚应考虑水流压力、流冰压力和船只漂流等冲击力荷载； （3）验算倾覆的稳定系数不得小于1.3
双曲拱、组合箱形拱支架荷载	如属于就地浇筑，仅考虑承受拱肋重力及施工操作时的附加荷载即可

续表

项目	设计的主要内容和要求
支架、模板与拱架挠度的验算、变形限值	(1) 结构表面外露的模板,挠度为模板构件跨径的 1/400; (2) 结构表面隐蔽的模板,挠度为模板构件跨径的 1/250; (3) 拱架、支架受载后挠曲的杆件(盖梁、纵梁),其弹性挠度为相应结构自由跨径的 1/400; (4) 钢模板的面板变形为 1.5mm; (5) 钢模板的钢棱、柱箍变形为 3.0mm

2. 模板的种类

(1) 木模板。

木模板由模板、肋木、立柱或由模板、直枋、横枋组成,如图 11.2 所示。模板厚度通常为 3～5cm,板宽为 15～20cm,不得过宽,以免翘曲。肋木、立柱、直枋和横枋尺寸通过计算确定。木模板的优点是容易制作。

装配式钢筋混凝土 T 形梁的模板构造,如图 11.3 所示,它主要由框架和模板组成。

(2) 钢模板。

钢模板大都做成大型块件,一般长 3～8m,由钢板和加劲骨架焊接组成。通常钢板厚取 4～8mm。骨架由水平肋和竖向肋组成,肋由钢板或角钢做成,肋距 500～800mm。大型钢模板块件之间用螺栓或销连接。在梁的下部,常集中布置受力钢筋或预应力索筋,必要时可在钢模板上开设天窗,以便浇筑

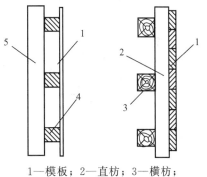

1—模板;2—直枋;3—横枋;
4—肋木;5—立柱

图 11.2 木模板构造

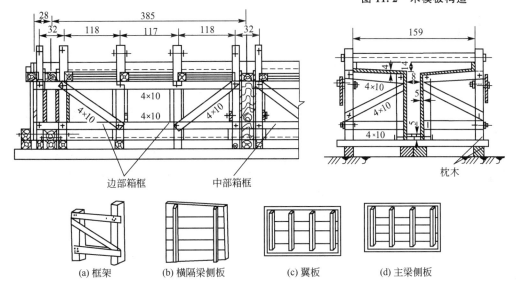

图 11.3 装配式钢筋混凝土 T 形梁模板构造(尺寸单位:cm)

或振捣混凝土，如图 11.4 所示。多次周转使用的钢模板，在使用前可用化学方法或机械方法清扫；在浇筑混凝土前，在模板内壁要用脱模剂，以便脱模。

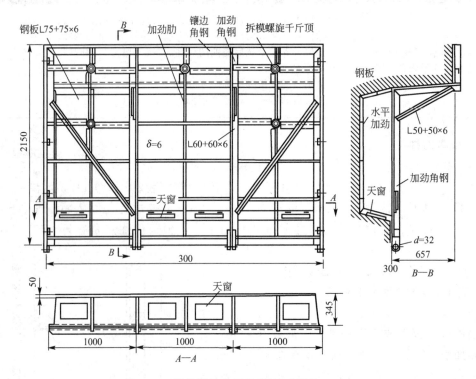

图 11.4　钢模板的主要构造（尺寸单位：mm）

钢模板的优点是周转次数多，且结实耐用，拼缝严密，能经受强行振捣，浇筑时表面光滑。

11.1.2　支架

支架的主要类型有 3 种：立柱式支架、梁式支架和梁柱结合式支架。

1. 立柱式支架

立柱式支架如图 11.5(a) 和图 11.5(b) 所示，主要由排架和纵梁等构件组成。其中排架由枕木或桩、立柱和盖梁组成。一般排架间距为 4m，桩的入土深度按施工设计要求设置，但是不能低于 3m。当水深大于 3m 时，桩要采用拉杆加强，还需要在纵梁下布置卸落设备。立柱式支架的特点是构造简单，主要用于城市高架桥或不通航道以及桥墩不高的小跨径桥梁施工。其构造特点及要求如下。

(1) 立柱式支架还可以采用直径为 48mm、壁厚 3.5mm 的钢管搭设，水中支架需要事先设置基础、排架桩，钢管支架在排架上设置。

(2) 在城市里现浇高架桥，一般在平整路基上铺设碎石层或沙砾石层，在其上浇筑混凝土作为支架的基础；钢管排架纵、横向密排，下设槽钢支承钢管，钢管间距根据高架桥的高度及现浇梁的自重、施工荷载的大小而定，一般为 0.4~0.8m。

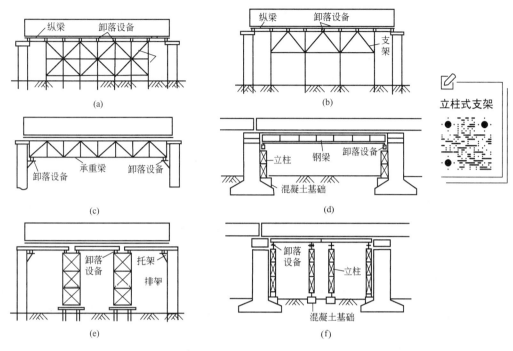

图 11.5 常用支架的主要构造示意

（3）钢管主要由扣件接长或者搭接，上端采用可调节的槽形顶托固定纵、横木龙骨，形成立柱式支架。

（4）搭设钢管支架要设置纵、横向水平杆加劲，高架桥较高时还需要加剪刀撑，水平加劲杆与剪刀撑均需要扣件与立柱钢管连成整体。排架顶标高应适当考虑设置预拱度。

（5）方塔式重力支撑脚手架是一种轻型支架，需要采用焊接钢管制成的方塔，上、下均有可调底座和顶托，其高度可由标准架组拼调整，方塔间用连接杆连成整体。通过测试，每个单元塔架安全承载力约180kN。

（6）该支架装拆方便，用钢量少，通常在高度5m以下的支架上使用。塔架需要架设水平加劲及剪刀加劲杆，但是，对高架桥和重载桥不适宜。

2. 梁式支架

根据高架桥的跨径不同，梁可采用工字钢、钢板梁或钢桁梁，如图11.5(c)和图11.5(d)所示。一般工字钢用于跨径小于10m的情况；钢板梁用于跨径小于20m的情况；钢桁梁用于跨径大于20m的情况。梁可以支承在墩旁支柱上，也可支承在桥墩上预留的托架或支承在桥墩处的横梁上。

3. 梁柱结合式支架

当高架桥较高、跨径较大或必须在支架下设孔通航或排洪时，可采用梁柱结合式支架，如图11.5(e)和图11.5(f)所示。梁支承在桥墩、桥台以及临时支柱或临时墩上，形成多跨的梁柱结合式支架。

11.1.3　支架和模板的安装

（1）支架安装前应对各种杆件的质量、尺寸、外观和轴线等进行检查。

支架的支承面应抄平。支架宜采用标准化、系列化、通用化的构件拼装，应进行施工图设计，并验算其强度、刚度和稳定性。

（2）支架立柱必须安装在有足够承载力的地基上，立柱底端应设垫木来分布和传递压力，扩大上、下支承点的承载面，以减少支架下沉量和模板变形，保证浇筑混凝土后不发生超过允许的沉降量。

（3）支架结构应满足立模高程的调整要求。按设计高程和施工预拱度立模。

（4）承重部位的支架和模板，必要时应在立模后预压，消除非弹性变形和基础沉降。预压重力相当于以后所浇筑混凝土的重力。当结构分层浇筑混凝土时，预压重力可取浇筑混凝土质量的80%。

（5）相互连接的模板，木板面要对齐，连接螺栓不要一次锁紧到位，整体检查模板线形，发现偏差及时调整后再锁紧连接螺栓，固定好支撑杆件。

（6）模板连接缝间隙大于2cm时，应用灰膏类填缝或贴胶带密封。预应力管道锚具处空隙大时，用海绵泡沫填塞，防止漏浆。

（7）为加强支架纵、横向的刚度和稳定性，立柱在两个互相垂直的方向要设水平撑杆和斜撑，斜撑与水平交角不大于45°。一般立柱高度在5m左右时水平横撑不得少于两道，并应在横撑间加双向剪刀撑（十字撑）。在支架的转角、端头和纵向每30m左右均应设剪刀撑。剪刀撑要从顶到底连续布设，最后一对必须落地。

（8）遇6级以上大风时应停止施工作业。

11.1.4　施工预拱度计算

1. 确定预拱度时应考虑的因素

在支架上浇筑梁式上部构造时、施工时和卸架后，上部构造会发生一定的下沉和产生一定的挠度。因此，为使上部构造在卸架后能获得设计规定的满意外形，需在施工时设置一定数值的预拱度。在确定预拱度时应考虑下列因素。

（1）卸架后上部构造本身及一半活载所产生的竖向挠度δ_1。

（2）支架在荷载作用下的弹性压缩δ_2。

（3）支架在荷载作用下的非弹性变形δ_3。

（4）支架基底在荷载作用下的非弹性沉陷δ_4。

（5）由混凝土收缩及温度变化而引起的挠度δ_5。

2. 预拱度的计算

上部构造和支架的各项变形值之和，即为应设置的预拱度。各项变形值可按下列方法计算和确定。

（1）桥跨结构应设置预拱度，其值等于恒载和半个静活载所产生的竖向挠度δ_1。当恒载和静载产生的挠度不超过跨径的1/1600时，可不设预拱度。

（2）对于满布式支架，当其杆件长度为L、压力为δ时，其弹性变形为

$$\delta_2 = \frac{\delta \cdot L}{E}$$

当支架为桁架等形式时，应按具体情况计算其弹性变形。

(3) 支架在每一个接缝处的非弹性变形,在一般情况下,横纹木料接缝为3mm;顺纹木料接缝为2mm;木料与金属或木料与圬工的接缝为1~2mm;顺纹与横纹木料接缝为2.5mm。

(4) 卸落设备砂筒内砂粒压缩和金属筒变形的非弹性压缩量,根据压力大小、砂子细度模量及筒径、筒高确定。一般20t压力砂筒为4mm;40t压力砂筒为6mm;砂子未预先压紧者为10mm。

(5) 支架基底的沉陷,可通过试验确定或根据表11-2确定。

表 11-2 支架基底沉陷　　　　　　　　　　单位:cm

土　壤	枕　梁	柱	
		当柱上有极限荷载时	柱的支承力未充分利用时
砂土	0.5~1.0	0.5	0.5
黏土	1.5~2.0	1.0	0.5

3. 预拱度的设置

根据梁的拱度和支架的变形所计算出来的预拱度之和,为预拱度的最高值,应设置在梁的跨梁中点。其他各点的预拱度,应以中间点为最高值,以梁的两端为0,按直线或二次抛物线比例进行分配。

11.2　钢筋工程

钢筋加工工序多,包括钢筋调直、切断、除锈、弯制、焊接或绑扎成型等,而且钢筋的规格和型号尺寸也比较多。鉴于保证钢筋的加工质量和布置需要,钢筋进场后,按不同钢种、等级、牌号、规格及生产厂家分批验收(抗拉试验、冷弯试验和可焊性试验等)确认合格后方可使用。钢筋在浇筑混凝土后再也无法检查和纠正,故必须仔细认真严格地控制钢筋加工的质量。

11.2.1　钢筋加工

1. 钢筋的调直

直径10mm以下Ⅰ级钢筋常卷成盘形,粗钢筋常弯成"发卡"型或出厂时截成8~10m长,便于运输和储存。

盘形钢筋应先放开,把它截成30~40m的长度,然后用人力或电动绞车拉直,拉直时对拉力要注意控制,使任一段的伸长率不超过1‰。也可用钢筋调直机拉直。

粗钢筋可放在工作台上用手锤敲直,亦可用手工扳子或自动机床矫直。整直后,粗钢筋应挺直,无曲折,钢筋中心线的偏差不超过其全长的1/100。

2. 除锈去污

钢筋应具有清洁的表面,使钢筋与混凝土间有可靠的黏结力,油渍、漆皮、鳞锈均应在使用前清除干净。除锈工作应尽量利用冷拉和调直工序进行除锈。除锈的方法有人工除锈(钢丝刷、砂盘)、喷砂除锈、钢筋除锈机除锈和酸法除锈。

3. 钢筋的画线配料

为了使成型的钢筋较正确地符合设计要求，下料前进行用料的设计工作称为配料。配料以施工图纸和库存料规格及每一根钢筋的下料长度为依据，将不同直径与不同长度的各号钢筋顺序填制配料单，按表列各种长度及数量进行配料，然后按型号规格分别切断弯制。

(1) 钢筋下料长度计算。

① 弯钩增加长度计算。

a. 180°弯钩如图 11.6(a)所示，也称为半圆弯钩。

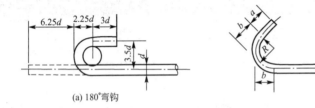

(a) 180°弯钩　　　　　　　(b) 90°及135°弯钩

图 11.6　弯钩

如 $\phi 20$ 以下 I 级钢筋末端弯钩，按弯曲直径不小于钢筋直径 d 的 2.5 倍，做 180°的圆弧弯曲，其平直部分的长度等于钢筋直径的 3 倍。

钢筋弯曲时，内皮缩短，外皮伸长，中轴不变。弯钩长度计算公式如下。

半圆弯钩全长：

$$3d+\frac{3.5\pi d}{2}=8.5d$$

半圆弯钩增加长度：

$$8.5d-2.25d=6.25d$$

b. 90°及135°弯钩[图 11.6(b)]。

90°、135°弯钩增长量的计算方法与半圆弯钩相同。90°、135°的弯钩增长量为 $3.5d$、$4.9d$。

用 I 级钢筋制作的箍筋，其末端做成弯钩。弯钩的弯曲直径应大于受力主钢筋直径，且不小于箍筋直径的 2.5 倍。弯钩平直部分长度，一般结构不宜小于箍筋直径的 5 倍，有抗震要求的结构，不小于箍筋直径的 10 倍。

箍筋弯钩的形式，无设计要求时，可按图 11.7(a)、图 11.7(b)加工；有抗震要求的结构，可按图 11.7(c)加工。

(a) 90°/180°　　(b) 90°/90°　　(c) 135°/135°

图 11.7　箍筋弯钩的形式

② 弯曲伸长计算。

钢筋弯曲后有所伸长，通常有 30°、45°、60°、90°、135°和 180°等几种，在钢筋剪断时应将延伸部分扣除，一般可做若干次试验，以求得实际的切断长度。不同弯起角的钢筋弯曲量度差值见表 11-3。

表 11-3　钢筋弯曲量度差值

钢筋弯曲角度	30°	45°	60°	90°	135°
量度差值	0.3d	0.5d	d	2d	3d

③ 下料长度计算。

a. 当不用搭接时：

下料长度＝钢筋原长＋弯钩增长量－弯曲伸长。

b. 当需要搭接时（搭接焊或绑扎接头）：

下料长度＝钢筋原长＋弯钩增长量－弯曲伸长＋搭接长度

【示例 11-1】 弯曲形状如图 11.8 所示的直径 φ10mm 光圆钢筋。试计算钢筋下料长度。

图 11.8 钢筋弯曲示意（单位：cm）

解：

钢筋原长＝150×2＋100×2＋400＋212×2＝1324(cm)

2 个半圆弯钩增长量＝2×6.25d＝2×6.25×1＝12.5(cm)

2 个 90°弯曲伸长量＝2×2d＝2×2×1＝4(cm)

4 个 45°弯曲伸长量＝4×0.5d＝4×0.5×1＝2(cm)

若无搭接，则钢筋下料长度为

$$L=1324+12.5-4-2=1330.5(cm)$$

（2）钢筋配料注意事项。

① 对于有接头的钢筋，配料时应注意使接头位置设在内力较小处，并错开布置。

② 对于焊接接头，受拉钢筋接头的截面积在同一截面内不得超过钢筋总截面积的 50%。此处同一截面是指钢筋长度方向 35d 长度范围内，但不得小于 50cm。

③ 对于绑扎搭接接头，其截面积在同一截面内受拉区不得超过钢筋总面积的 25%；受压区不得超过钢筋总截面积的 50%。此处同一截面是指钢筋搭接长度范围内，绑扎接头的最小搭接长度见表 11-4。

表 11-4 绑扎接头最小搭接长度

混凝土标号		15 号		≥20 号	
受力情况		受拉	受压	受拉	受压
钢筋种类	Ⅰ级 5 号钢筋	35d	25d	30d	20d
	Ⅱ级钢筋	40d	30d	35d	25d
	Ⅲ级钢筋	45d	35d	40d	30d

④ 所有接头与钢筋弯曲处应不小于 10d，也不宜位于构件的最大弯矩处。

⑤ 受力钢筋同一截面内，同一根钢筋，只准有一个接头。

4. 钢筋切断

钢筋按下料长度下料，钢筋下料切断可用钢筋切断机（直径 40mm 以下的钢筋）及手动液压切断器(直径16mm以下的钢筋)。钢筋一般先断长料,后断短料;长料长用,短料短用。切剩的短料可作为电焊接头的绑条使用。

11.2.2 钢筋接长(钢筋连接)

钢筋接长的方式有闪光接触对焊、电弧焊、机械连接和绑扎搭接。一般多应用电焊接头,只有在没有焊接条件时,才可用绑扎接头。

1. 连接方式

(1)闪光接触对焊。

用闪光接触对焊接长钢筋,其优点是使钢筋传力性能好、省钢材、能电焊各种钢筋,避免了钢筋的拥挤,便于混凝土浇筑。故一般焊接均以采用闪光接触对焊为宜,如图11.9所示。闪光接触对焊是将夹紧于对焊机钳口内的钢筋,在接通电流时,以不大的压力移近钢筋两头,使其轻微接触。在移近过程中,钢筋端隙向四面喷射火花,钢筋熔融到既定的长度值后,便将钢筋进行快速的顶锻,至此焊接过程结束。

(2)电弧焊。

图11.10为电弧焊焊接过程示意图。一根导线接在被焊钢筋上,另一根导线接在夹有焊条的焊钳上。合上开关,将接触焊件接通电流,此时立即将焊条提起2~3mm,产生电弧。由于电弧最高可达4000℃,能熔化焊条和钢筋,并汇合成一条焊缝,至此焊接过程结束。

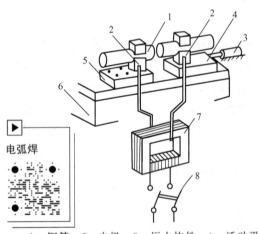

1—钢筋;2—电极;3—压力构件;4—活动平板;
5—固定平板;6—机身;7—变压器;8—闸刀

图11.9 闪光接触对焊

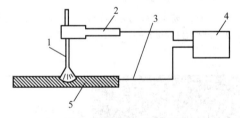

1—焊条;2—焊钳;3—导线;
4—电源;5—被焊钢筋

图11.10 电弧焊焊接过程示意图

(3)机械连接。

钢筋机械连接是指通过连接件的机械咬合作用或钢筋端面的承压作用,将一根钢筋中的力传递至另一根钢筋的连接方法。它具有接头质量稳定可靠,不受钢筋化学成分的影响,操作简便,施工速度快,且不受气候条件影响,无污染,无火灾隐患,施工安全等优点。目前推广应用的有套筒挤压连接法(通过挤压机施工)、直螺纹连接法和锥螺纹连接法等，如图 11.11、图 11.12 和图 11.13 所示。

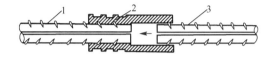

1—已挤压的钢筋；2—钢套筒；3—未挤压的钢筋

图 11.11　套筒挤压连接法　　　　　　图 11.12　直螺纹连接法

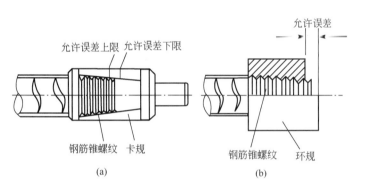

图 11.13　锥螺纹连接法

（4）铁丝绑扎搭接。

当没有条件采用焊接时，接头可采用铁丝绑扎搭接，绑扎应在钢筋搭接处的两端和中间至少 3 处用铁丝扎紧。其搭接长度见表 11-4。受拉区内Ⅰ级钢筋的接头末端应做弯钩。

对轴心受拉构件的接头及直径大于 25mm 的钢筋均应采用焊接，不得采用绑扎接头；冷拔钢丝的接头只能采用绑扎，不得采用焊接接头；冷拉钢筋的焊接接头应在冷拉前焊接。

2. 钢筋骨架的焊接

钢筋骨架的焊接应采用电弧焊，先焊成单片平面骨架，然后将平面骨架组焊成立体骨架，使骨架有足够刚性和不弯形性，以便吊运。

钢筋在焊接过程中由于温度变化，骨架将会发生翘曲变形，使骨架的形状和尺寸不符合设计要求，同时会在焊缝内产生收缩应力而使焊缝开裂。因此，为了防止施焊过程中骨架的变形，在施工工艺上要采取一定的措施。一般常在电焊工作台上用先点焊后跳焊（即错开焊接的次序）的方法。另外，宜采用双面焊缝使骨架的变形尽可能均匀对称。

钢筋按设计图布置就绪后，各钢筋用点焊固定相对位置，使钢筋骨架各部分不致因施焊时加热膨胀及冷却收缩而变形。

无论是点焊还是电弧焊，骨架相邻部位的钢筋不能连续施焊，而应该错开焊接顺序（跳焊），如图 11.14 所示。钢筋骨架焊接顺序宜由中到边对称地向两端进行，先下排钢筋跳焊，再焊上排钢筋。同一部位有多层钢筋时，各条焊缝也不能一次焊好，而要错开施焊。当多层钢筋直径不同时，可先焊两直径相同的，再焊直径不同的。

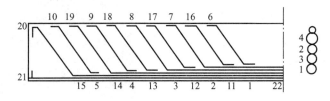

图 11.14 钢筋骨架焊接顺序

3. 钢筋弯制成型

钢筋应按设计尺寸和形状用冷弯的方法弯制成型。当弯制的钢筋较少时，可用人工弯筋器在成型台上弯制。

弯制大量钢筋时，宜采用电动弯筋机，能弯制直径 6~40mm 的钢筋，并可弯成各种角度。

弯制各种钢筋的第一根时，应反复修正，使其与设计尺寸和形状相符，并以此样件作标准，用以检查以后弯起的钢筋。钢筋弯曲成型后，表面不得有裂纹、鳞落或断裂等现象。

11.2.3 钢筋安装

在模板内安装钢筋之前，必须详细检查模板各部分的尺寸，检查模板有无歪斜、裂缝及变形，尺寸不符之处和各板之间的松动都应在安装钢筋之前处理好。

焊接成型的钢筋骨架，安装用一般起重设备吊入模板内即可。

对于绑扎钢筋的安装，应拟定安装顺序。一般的梁肋钢筋，先放箍筋，再放下排主筋，后装上排钢筋。在钢筋安装工作中为了保证达到设计及构造要求，应注意下列几点。

（1）钢筋的接头应按规定要求错开布置。

（2）钢筋的交叉点，应用铁丝绑扎结实，必要时可用点焊焊牢。

（3）除设计有特殊要求外，梁中箍筋应与主筋垂直。箍筋弯钩的叠合处，在梁中应沿梁长方向置于上面并交错布置，在柱中应沿柱高方向交错布置。

（4）为保证混凝土保护层厚度，应在钢筋与混凝土间错开（0.7~1.0m）设水泥浆垫块，不应贯通截面全长。

（5）为保证与固定钢筋间的横向净距，两排钢筋间可用混凝土分隔块或短钢筋扎结固定。

11.3 混凝土工程

混凝土工程的施工工序为：混凝土的拌和→混凝土的运输→混凝土的浇筑→混凝土的振捣→混凝土的养护→混凝土的拆模。混凝土工程质量的好坏，直接影响结构的承载能

11.3.1 混凝土浇筑前的准备工作

1. 检查原材料

(1) 水泥。

水泥进场必须有制造厂的水泥品质试验报告等合格证明文件。水泥进场后应按其品种、强度、证明文件以及出厂时间等情况分批进行检查验收,并对水泥进行反复试验。超过出厂日期三个月的水泥,应取样试验,并按其试验结果使用。对受潮的水泥,应筛除硬块并进行试验,根据实际强度使用,一般不得用在结构工程中。已变质的水泥,不得使用。不同品种、强度等级和出厂日期的水泥应分别堆放。堆垛高度不宜超过 10 袋,离地、离墙 30cm。做到先到的先用,严禁混掺使用。

(2) 砂。

混凝土用的砂,应采用级配合理、质地坚硬、颗粒洁净、粒径小于 5mm 的天然砂,一般应以细度模数 2.5~3.5 的中、粗砂为宜,砂中有害杂质含量不得超过规范规定(一般以江砂或山砂为好)。

(3) 石子。

混凝土用的石子,有碎石和卵石两种,要求质地坚硬,有足够强度,表面洁净,针状、片状颗粒以及泥土、杂物等含量不得超过规范规定。粗骨料的最大粒径不得超过结构最小边尺寸的 1/4 和最小钢筋净距的 3/4;在两层或多层密布钢筋结构中,不得超过钢筋最小净距的 1/2,同时最大粒径不得超过 100mm。施工前应对所有的粗骨料进行碱活性检验。

(4) 水。

水中不得含有妨碍水泥正常硬化的有害杂质,不得含有油脂、糖类和游离酸等。pH 值小于 5 的酸性水及含硫酸盐量超过 $0.27kg/cm^3$ 的水不得使用,海水不得用于钢筋混凝土和预应力混凝土结构中。饮用水均可拌和混凝土。

2. 检查混凝土配合比

混凝土配合比设计必须满足强度、和易性、耐久性和经济的要求。根据设计的配合比及施工所采用的原材料,在与施工条件相同的情况下,拌和少量混凝土做试块试验,验证混凝土的强度及和易性。

上面所述的配合比均为理论配合比,其中砂、石均为干料,但在施工现场所用的材料均包含一定量的水。因此,在混凝土搅拌前,均需测定砂石的含水率,调整施工配合比。

3. 检查模板与支架

检查模板的尺寸和形状是否正确,接缝是否紧密,支架接头、螺栓、拉杆、撑木等是否牢固,卸落设备是否符合要求。清除模板内的灰屑,并用水冲洗干净;模板内侧需涂刷隔离剂,以利脱模,若是木模,还应洒水润湿。

4. 检查钢筋

检查钢筋的数量、尺寸、间距接头位置及保护层厚度是否符合设计要求;钢筋骨架绑扎是否牢固;预埋件和预留孔是否齐全,位置是否正确。检查通过并签发隐蔽工程验收单后方可进行浇筑混凝土。

11.3.2 混凝土拌和

1. 人工拌和

人工拌和混凝土是在铁板或在不渗水的拌和板上进行。拌和时先将拌和所需的砂料堆正中耙成浅沟，然后将水泥倒入沟中，干拌至颜色一致，再将石子倒入里面加水拌和，反复湿拌若干次到全部颜色一致，石子和水泥砂浆无分离和无不均匀现象为止。

2. 机械拌和

机械拌和混凝土是在搅拌机内进行。混凝土拌和前，应先测定沙石料的含水率，调整配合比，计算配料单，水泥以包为单位。

假设实验室配合比：

$$水泥：砂：石子 = 1：x：y$$

水灰比：

$$W/C$$

现场测得砂含水率 W_x、石子含水率 W_y，则施工配合比为

$$水泥：砂：石子 = 1：x(1+W_x)：y(1+W_y)$$

水灰比 W/C 不变（但用水量要减去砂石中的含水量）。

【示例 11-2】 混凝土实验室配合比为 1：2.28：4.47，水灰比 $W/C=0.63$，每立方米混凝土水泥用量 $C=285$kg，现场实测砂含水率为 3%，石子含水率为 1%。求：①施工配合比及每立方米混凝土的各种材料用量；②用两袋水泥进行拌和时混凝土的各种材料用量。

解：施工配合比 $1：x(1+W_x)：y(1+W_y) = 1：2.28(1+0.03)：4.47(1+0.01)$
$$= 1：2.35：4.51$$

① 按施工配合比每立方米混凝土各组成材料用量：

水泥　　　　　$C' = C = 285(kg)$

砂　　　　　　$G'_{砂} = 285 \times 2.35 = 669.75(kg)$

石　　　　　　$G'_{石} = 285 \times 4.51 = 1285.35(kg)$

用水量　　　　$W' = W - G_{砂} \cdot W_x - G_{石} \cdot W_y$
$$= 0.63 \times 285 - 2.28 \times 285 \times 3\% - 4.47 \times 285 \times 1\%$$
$$= 179.55 - 19.49 - 12.74 = 147.32(kg)$$

② 水泥　　　　$C' = 2 \times 50 = 100(kg)$

砂　　　　　　$G'_{砂} = 100 \times 2.35 = 235(kg)$

石　　　　　　$G'_{石} = 100 \times 4.51 = 451(kg)$

水　　　　　　$W' = 100 \times 0.63 = 63(kg)$

混凝土混合料中的砂、石必须过磅，配料数量允许偏差（以质量计）见表 11-5。

表 11-5 配料数量允许偏差

材料类别	允许偏差（%）	
	现场拌和	预制场或集中搅拌站拌和
水泥、混合材料	±2	±1

续表

材料类别	允许偏差（%）	
	现场拌和	预制场或集中搅拌站拌和
粗、细骨料	±3	±2
水、外加剂	±2	±1

混凝土拌和时，应先向鼓筒内注入用水量的2/3，然后按先石子，次水泥，后砂子的上料顺序将全部混合料倒入鼓筒，随后将余下的1/3水量注入。投入搅拌机的第一盘混凝土材料应适量增加水泥、砂和水或减少石子，以覆盖搅拌筒的内壁而不降低拌合物所需的含浆量。混凝土搅拌中应严格控制水灰比和坍落度，拌和时间一般为3min左右，以石子表面包满砂浆，混凝土拌合物均匀、颜色一致为标准，不得有离析和泌水现象。

11.3.3 混凝土运输

1. 基本要求

（1）混凝土运输路线应尽量缩短，尽可能减少转运次数。道路应平坦，以保证车辆行驶平稳。

（2）混凝土运输过程中不应发生离析、泌水和水泥浆流失现象。坍落度前后相差不得超过30%，如有离析现象，必须在浇筑前进行第二次搅拌。第二次搅拌时不得任意加水，可同时加水和水泥以保持原水灰比不变。如第二次搅拌仍不符合要求，则不得使用。

（3）运输盛器应严密坚实，要求不漏浆、不吸水，并便于装卸拌合料。

（4）混凝土从加水搅拌，拌和机内卸出，经运输、浇筑直至振捣完毕所需的运输时间不宜超过表11-6的规定。

表11-6 混凝土拌合物运输时间限制

气温/℃	无搅拌设施运输/min	有搅拌设施运输/min
20～30	30	60
10～19	45	75
5～9	60	90

2. 运输工具

一般采用独轮手推车、双轮手推车、窄轨倾斗车、自动倾卸卡车、井字架起吊设备、悬臂起重机、缆索起重机、搅拌运输车和混凝土泵车(扬程高度100m、输送水平距离1000m)等，如图11.15所示。

11.3.4 混凝土浇筑

浇筑前仔细检查支架、模板和钢筋的尺寸，预埋件的位置是否正确，并检查模板的清洁、润滑和紧密程度。

图 11.15 泵送混凝土

1. 允许间隙时间

混凝土浇筑应依照次序,逐层连续浇完,不得任意中断,并应在前层混凝土开始初凝前即将次层混凝土拌合物浇捣完毕。其允许间隙时间以混凝土还未初凝或振捣器尚能顺利插入为准。

2. 工作缝的处理

当间歇时间超过规定的数值时,应按工作缝处理,其方法如下。

(1) 需待下层混凝土强度达到 2.5MPa 后,方可浇筑后续混凝土。

(2) 在浇筑混凝土前,应凿除施工缝处下层混凝土表面的水泥砂浆和松弱层,使坚实混凝土层外露并凿成毛面。

(3) 旧混凝土经清理干净后,用水清洗干净并排除积水。垂直接缝应刷一层净水泥浆;水平接缝应铺一层厚为 1~2cm 的 1∶2 水泥砂浆,斜缝可把斜面凿毛呈台阶状,按照前面所说的方法处理。

(4) 无筋构件的工作缝应加锚固钢筋或石榫,有抗渗要求的施工缝宜做成凹形、凸形或设止水带。

(5) 对施工接缝处的混凝土,振捣器离先浇混凝土 5~10cm,应仔细地加强振捣,使新旧混凝土紧密结合。施工缝的位置宜留置在结构受剪力和弯矩较小且便于施工的部位。

3. 混凝土浇筑时的分层厚度

每层混凝土的浇筑厚度,应根据拌和能力、运输距离、浇筑速度、气温及振捣器工作能力来决定,一般为 15~30cm。

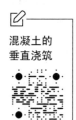

混凝土的垂直浇筑

4. 混凝土的自由倾落高度

为保证混凝土在垂直浇筑过程中不发生离析现象,应遵守下列规定。

(1) 浇筑无筋或少筋混凝土时,混凝土拌合物的自由倾落高度不宜超过 2m;当倾落高度超过 2m 时,应用滑槽或串筒输送;当倾落高度超过 10m 时,串筒内应附设减速设备。

(2) 浇筑钢筋较密的混凝土时,自由倾落高度最好不超过 30cm。

(3) 在溜槽串筒的出料口下面,混凝土堆积高度不宜超过 1m。

5. 斜层浇筑混凝土的方法

对于大型构造物,每小时的混凝土浇筑量相当大,使混凝土的生产能力很难适应,采用斜层浇筑混凝土的方法,可以减少浇筑层的面积,从而减少每小时的混凝土浇筑量。斜面浇筑混凝土应从低处开始。

6. 分成几个单元浇筑混凝土的方法(大体积混凝土浇筑)

对于大型构造物如桥梁墩台,当其截面积超过 $100\sim150m^2$ 时,为减少混凝土每小时需要量,可把整体混凝土分成几个单元来浇筑。每个单元面积最好不小于 $50m^2$,其高度不超过 2m,上、下两个单元间的垂直缝应彼此相间、互相错开 $1\sim1.5m$。

把厚大的混凝土体分成单元,还可以防止墩台表面发生裂缝。大体积混凝土的浇筑应在一天中气温较低时进行。

7. 上部构造混凝土的浇筑

(1)简支梁混凝土的浇筑。

浇筑上部构造混凝土可以采用水平分层浇筑法或斜层浇筑法。

整体式简支梁混凝土的浇筑,宜不间断地一次浇筑完毕。务必使整个上部构造浇筑完毕时,其最初浇筑的混凝土强度还不大,并仍有随同支架的沉陷而变形的可塑性。一般采用斜层浇筑法,从两端同时开始,向跨中将梁和行车道板一次浇筑完毕。

简支梁式上部构造混凝土的浇筑也可用水平层浇筑法。在所有钢筋绑扎安装之后,把上部构造分层一次浇筑完毕,浇筑时通过上部钢筋间的缝隙,从上面把混凝土浇入模板内并进行捣实。

(2)悬臂梁、连续梁混凝土的浇筑。

混凝土浇筑顺序从跨中向两端墩台进行,在桥墩处(刚性支点)设接缝,待支架稳定后,浇接缝混凝土。

跨径较大的,并且在满布式支架上浇筑简支梁式上部构造,以及在基底刚性不同的支架上浇筑悬臂梁式和连续梁式上部构造,其浇筑方法要选用适当,应不使浇筑的混凝土因支架沉陷不均匀,而发生裂缝。因此,必须按下列方法之一进行浇筑。

① 尽可能加速混凝土的浇筑速度,务使全梁的混凝土浇筑完毕时,其最初浇筑的混凝土的强度还不大,仍有随同支架的沉陷而变形的可塑性。

② 浇筑前预先在支架上加以相当于全部混凝土重量的砂袋等,使其充分变形,浇筑时将预加的荷重逐渐撤去。

③ 将梁分成数段,按照适当的顺序分段浇筑。

11.3.5 混凝土的振捣

为了使混凝土具有所需要的密实度,从而提高混凝土的强度与耐久性,应采用振捣器进行捣实。

1. 人工振捣

采用人工振捣的混凝土,适用于坍落度大、混凝土数量少或布筋较密的场合,且应按规定分层浇筑。为使混凝土密实,且表面平整、无蜂窝麻面等现象,每层需以捣钎捣实,并沿模板边缘捣边,捣边时要用手锤或木槌轻敲模板外侧,使之抖动。振捣时应注意均匀，大力振捣不如小力加快振捣更有效。

2. 机械振捣

（1）插入式振捣。

用插入式振捣器插入混凝土内部振捣，适用于非薄壁构件的振捣，如实心板、墩台基础和墩台身，捣实效果比较好。振动器插入混凝土时要垂直，不可触及模板和钢筋。振捣时快插慢拔、插点要均匀，可按行列式或交错式进行，两点间距离以 1.5 倍作用半径为宜，如图 11.16 所示，作用半径一般为 40~50cm。振捣上一层的混凝土时振捣器应略插入下层混凝土 5~10cm 以消除两层之间的接触面，与侧模应保持 5~10cm 的距离，以避免振动棒碰撞模板。

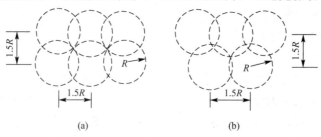

图 11.16 插入式振捣器移位

振捣时间以混凝土不再下沉、气泡不再发生、水泥砂浆开始上浮、表面平整为止。插入式振捣器振捣时间为 15~30s。

延长振捣时间，并不能提高混凝土的质量；相反，过久地振捣，可能使混凝土产生离析，使混凝土发生石子下沉，灰浆上升；过多地振捣所造成的危害比振捣不足更大，尤其对塑性的、稠度较稀的混凝土更为显著。

（2）平板式振捣。

用平板式振捣器放在混凝土浇筑层的表面振捣，适用于混凝土面积较大的振捣，如实心板、空心板的底板和顶板，桥面和基础等。平板式振捣器移位间距，应以使振捣器平板能覆盖已振实部分 10cm 左右为宜，振捣时间为 20~40s。

（3）附着式振捣。

用附着式振捣器安装在模板外部振捣，适用于薄壁构件的振捣，如 T 形梁等。振捣器的布置与构件厚度有关，当厚度小于 15cm 时，可两面交错布置；当厚度大于 15cm 时，应两面对称布置。振捣器布置的间距不应大于它的作用半径。附着式振捣器振捣时间为 40~60s。这种方法因借助振动模板以振实混凝土，效果并不理想，且对模板要求很高，故一般只在钢筋过密而无法采用插入式振捣器时方可采用。

11.3.6 混凝土的养护

混凝土中水泥的水化作用过程，就是混凝土凝固、硬化和强度发育过程，为了保证已浇筑的混凝土有适当的硬化条件，并防止天气干燥使混凝土表面产生收缩裂缝，应对新浇筑的混凝土加以润湿养护。混凝土养护主要方法有浇水养护和喷膜养护。

1. 浇水养护

浇水养护是在自然温度条件下(高于5℃),对塑性混凝土,应在浇筑后12h以内;对干硬性混凝土,应在浇筑后1~2h,用湿草袋、麻袋、锯末覆盖和洒水养护保持混凝土表面处于湿润状态。混凝土的浇水养护日期,随环境气温而异,在常温下,用普通水泥拌和时,不得少于7昼夜;用矾土水泥拌和时,不得少于3昼夜;用矿渣水泥、火山灰质水泥或在施工中掺用塑化剂时,不得少于14昼夜。干燥炎热天气应适当延长,气温低于5℃时,不得浇水,但在混凝土表层加以覆盖。

2. 喷膜养护

喷膜养护是在混凝土表面喷洒1~2层塑料溶液,待溶液挥发后,在混凝土表面结合成一层塑料薄膜,使混凝土与空气隔绝,混凝土水分不再蒸发,从而完成水化作用。此养护方法适用于表面较大的混凝土及垂直面混凝土。

11.3.7 模板与支架的拆除程序、方法和期限

模板拆除应遵循先支后拆、先拆非承重、后拆承重的顺序,自上而下进行。支架和拱架,应按几个循环卸落,卸落量宜为由小渐大。每一循环中,在横向应同时卸落,在纵向应对称,均衡卸落。

非承重侧模板应在混凝土强度保证其表面及棱角不致因拆模而受损坏时方可拆除,一般抗压强度达到2.5MPa。

芯模和预留孔道的内模,应在混凝土抗压强度能保证其表面不发生塌陷和裂缝现象时方可抽除。

预应力混凝土结构的承重底模,应在施加预应力后拆除。

拆除立杆(拉杆)时,要特别注意防止失稳,一般最后一道水平横撑杆要与立杆(拉杆)同时拆下。卸落支架时要设专人用仪器观测梁、拱的变形情况并作详细记录。

现浇钢筋混凝土桥落架工作,应从挠度最大处的支架上的落架设备开始向两支点进行。卸落量开始宜小以后逐渐增大,并要纵向对称、横向一致同时卸落。简支梁、连续梁宜从跨中向支座依次循环卸落;悬臂梁应先卸挂梁及悬臂的支架,再卸无铰跨内的支架;肋板梁等形式的上部构造,应按荷载传递的次序进行。

在拆除模板及其支架以前,应将混凝土立方体进行试压,以确定所达到的强度。混凝土立方体应取自浇筑承重结构的混凝土中,并且应与承重结构处于相同的条件下进行养护。

模板及其支架的拆除期限与混凝土硬化的速度、气温及结构性质有关。现浇结构拆除底模时的混凝土强度见表11-7。

表11-7 现浇结构拆除底模时的混凝土强度

结构类型	结构跨径/m	按设计混凝土强度标准值的百分率(%)
板	≤2	50
	2~8	75
	>8	100

续表

结构类型	结构跨径/m	按设计混凝土强度标准值的百分率（%）
梁、拱	≤8	75
	>8	100
悬臂构件	≤2	75
	>2	100

模板拆除时，应尽量避免对混凝土硬化的震动，已拆除模板的结构，应在混凝土达到设计强度的100%时，才允许承受全部计算荷载。

11.3.8 混凝土的季节性施工措施

1. 混凝土的冬季施工

混凝土的强度发育，与周围的温度有关，当温度低于15℃时，它的硬化速度减慢；当温度至0℃以下时，硬化基本停止，虽然在温度回升后，仍能重新进行硬化，但最终强度却被削弱了。所以，在冬季条件下进行混凝土施工，要求混凝土强度未达到设计强度的40%～50%时不得受冻，需要采取保温措施。

实验证明，当混凝土强度达到设计强度的70%时，再受冻就没有影响了，当天气转暖后，混凝土仍可发展到正常的强度。当平均气温连续5天低于5℃或最低气温低于-3℃时，应按冬季施工法浇筑混凝土。

（1）一般措施。

在冬季，减少用水量和增加混凝土拌和时间。改进运输工具，在其周围设置保温装置，减少热量损失。冬季混凝土宜优先选用强度等级在42.5级以上的硅酸盐水泥、普通硅酸盐水泥，水灰比一般不应大于0.45。混凝土运输时间尽量短，要有保温措施。

（2）原材料加热。

拌和混凝土应优先采用加热水，水加热温度不宜高于80℃。在严寒情况下，也可将骨料加热，骨料加热温度不得高于60℃，拌和时先将水和砂石材料拌和一定时间，再加入水泥一起拌和，避免水泥和热水接触，产生"假凝现象"，拌和时间应延长50%。

（3）掺早强剂。

在混凝土中掺入一定数量的引气剂、减水剂和防冻剂，既可加快提高混凝土的早期强度，又可降低混凝土中水的冰点，从而防止混凝土的早期冻结。

对无筋或少筋的混凝土结构可加入2%的氯化钙，对钢筋混凝土结构可加入亚硝酸钠复合剂0～1.0%。预应力混凝土禁用含氯盐防冻剂。

（4）提高养护温度。

① 蓄热法（暖瓶法）。在混凝土表面上覆盖稻草、锯末等保温材料，保温不低于10℃，延迟混凝土热量的散失。此法宜用于不甚寒冷的气候，成本最低，使用简便。

② 暖棚法。把结构物用棚子盖起来，在棚内生火炉，使温度保持在10℃左右。暖棚内应保持一定的湿度，湿度不足时，应向混凝土面及模板上洒水。

③ 电热法。在混凝土内埋入钢筋或铅丝，然后通电，使电能变为热能。在养护中控制温度并观测混凝土表面的湿度，出现干燥现象时应停电，并用温水润湿表面。

④ 蒸汽加热法。把构件放在密闭的养护室内，通以湿热蒸汽加以养护。蒸汽养生以混凝土浇筑后 2h 开始加温，升温速度不得超过 15℃/h，养护时间为 8～12h，最高温度不宜超过 80℃，降温速度不得超过 10℃/h 为宜。

2. 混凝土夏季施工

混凝土夏季施工是指浇筑混凝土时的气温高于 30℃。

(1) 控制原材料温度。

采取遮阴或降温措施，降低混凝土原材料及水温能有效地降低混凝土的温度。实验证明，若水温降低 2℃，则能使混凝土降低 0.5℃，拌制混凝土用水可采用地下水，水泥、砂、石料应遮阴防晒，以降低骨料温度。

(2) 掺减水剂。

掺加减水剂可以减少水泥用量和提高混凝土的早期强度。减水剂的用量为水泥用量的 3%。

(3) 控制操作时间。

施工宜在凌晨或夜间进行，运输时尽量缩短时间，运输距离力求最短，减少拌和时间，保证以最短的时间连续浇筑完毕。浇筑现场尽量遮阴，并采取措施降低模板与钢筋的温度。

(4) 注意养护。

混凝土浇筑完毕后，及时进行表面泌水，并覆盖塑料膜、湿草袋或湿麻袋，采取遮光和挡风措施，洒水养护保持湿润最少 7 天。构筑物竖面拆模后用湿麻布外包塑料膜包裹，保湿 7 天以上。

3. 混凝土雨季施工

混凝土雨季施工是指在降雨量集中的季节且易对混凝土的质量造成影响时进行的施工，其主要注意事项如下。

(1) 避开大风大雨天浇筑混凝土。

(2) 雨季施工的工作面不宜过大，应逐段、逐片分期施工。

(3) 基础施工防止雨水浸泡基坑，基坑设挡水板，基坑内设集水井，用水泵将水排出坑外。

(4) 减少混凝土用水量。

(5) 在浇筑点加盖雨棚防水。

(6) 混凝土浇筑完毕后，及时覆盖塑料布。

(7) 雷区应设置防雷措施，高耸结构应有防雷设施。露天使用的电器设备要有可靠的防漏电措施。台风区要有防风措施。

(8) 施工前检查和疏通现场排水系统。

(9) 雨后及时清除模板和钢筋上的污物。

(10) 有洪水危害时，工程应停止施工。

11.3.9 泵送混凝土施工

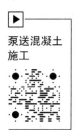
泵送混凝土施工

泵送混凝土是在混凝土泵的推动下，沿输送管道进行运输和浇筑的坍落度不低于100mm的混凝土。泵送混凝土技术具有工效高、劳动强度低、快速方便、浇筑范围大、适应性强等优点，适用于各种大体积混凝土和连续性强、浇筑效率要求高的混凝土工程。

1. 泵送混凝土原材料和配合比

(1) 泵送混凝土原材料的要求。

① 水泥。水泥品种对混凝土可泵性有一定影响。一般以采用硅酸盐、普通硅酸盐水泥为宜，均应符合相应标准的规定，一般不用矿渣水泥。采用适当提高砂率、降低坍落度、掺加粉煤灰、提高保水性等技术措施，对降低水泥水化热、防止温差引起裂缝等是有利的。

② 粗集料。为防止混凝土泵送时管道堵塞，必须严格控制粗集料最大粒径与输送管径之比。规定粗集料最大粒径与输送管径之比：泵送高度在50m以下时，对碎石不宜大于1:3，对卵石不宜大于1:2.5；泵送高度在50~100m时，宜在1:4~1:3；泵送高度在100m以上时，宜在1:5~1:4。粗集料针片状颗粒含量对混凝土可泵性影响很大。当针片状颗粒含量多，石子级配不好时，输送管道弯头处的管壁往往易磨损或泵裂。针片状颗粒一旦横在输送管中，易造成输送管堵塞，因此，规定针片状颗粒含量不宜大于10%。

③ 细集料。细集料宜采用中砂。规定通过0.315mm筛孔的砂，不应少于15%。

④ 水。拌制泵送混凝土所用的水，应符合《混凝土用水标准》（JGJ 63—2006）的规定。

⑤ 外掺材料。泵送混凝土中掺用外加剂和粉煤灰（简称"双掺"）对提高混凝土的可泵性十分有利，同时还可节约水泥，但均需符合国家现行相应标准的规定。掺粉煤灰的泵送混凝土配合比设计，必须经过试配确定。

(2) 泵送混凝土配合比。

确定泵送混凝土的配合比时，仍可采取用普通方法施工的混凝土配合比设计方法。故泵送混凝土配合比设计应符合用普通方法施工的混凝土配合比设计所应遵守的规定。只是考虑混凝土拌合物在泵压作用下，由管道输送的特点，在水泥用量、坍落度、砂率等方面予以特殊处理。

① 坍落度。泵送混凝土的坍落度，对不同泵送高度、入泵时混凝土的坍落度的选用见表11-8。

表11-8 不同泵送高度入泵时混凝土坍落度选用值

泵送高度/m	<30	30~60	60~100	>100
坍落度/mm	100~140	140~160	160~180	180~200

② 水灰比。泵送混凝土水灰比过小，混凝土流动阻力急剧上升，泵送极为困难；水灰比过大，混凝土易离析，可泵性差。泵送混凝土的水灰比宜为0.4~0.6。

③ 砂率。泵送混凝土的砂率宜为38%~45%。

④ 水泥用量。水泥含量是影响管道内输送阻力的主要因素。泵送混凝土最小水泥用量与输送管直径、泵送距离、集料等有关。泵送混凝土的最小水泥用量宜为300kg/m。

2. 混凝土泵送设备

(1) 混凝土泵。

混凝土泵是将混凝土拌和物加压并通过管道水平或垂直连续输送到浇筑工作面的混凝土输送机械，是泵送混凝土施工的主要设备。

混凝土泵按驱动形式主要分为挤压式和活塞式，一般采用的是液压活塞式混凝土泵。

混凝土泵按其移动方式可分为拖式、固定式、臂架式和车载式等。

(2) 输送管道。

混凝土泵的输送管有直管、锥形管、弯管和软管等。除软管为橡胶外，其余一般均为钢管。直管管径尺寸一般有100mm、125mm和150mm 3种。管道直径可按实际需要和可能，通过变径锥管连接。

3. 施工方法

(1) 混凝土的泵送。

泵送前应先开机进行空运转，然后泵送适量水以湿润混凝土泵的料斗、活塞及输送管的内壁等直接与混凝土接触部位。经泵送水检查，确认混凝土泵和输送管中无异物，并且接头严密后，应采用下列方法之一润滑混凝土泵和输送管内壁。

① 泵送水泥浆。

② 泵送1:2水泥砂浆。

③ 泵送与混凝土内除粗集料外的其他成分相同配合比的水泥砂浆。

润滑浆的数量可根据混凝土泵操作说明提供的定额和管道长度来确定。润滑用的水泥浆或水泥砂浆应分散布料，不得集中浇筑在同一处。

开始泵送时，转速以500~550r/min为宜，混凝土泵应处于慢速、匀速并随时可反泵的状态。泵送速度，应先慢后快，逐步加速。同时，应观察混凝土泵的压力和各系统的工作情况，待各系统运转顺利后，方可以正常速度进行泵送。

在混凝土泵送过程中，要密切注意观察油压表和各部分的工作状态。泵送中应注意不要使料斗里的混凝土降到20cm以下。料斗内剩料过少，不仅会使泵送量减少，还会因吸入空气而造成堵塞。泵送时，每2h更换一次清洗水箱里的水。当混凝土泵送开始后就应连续进行，尽可能不要中途停顿。料斗内的混凝土部分带有离析倾向时，应先搅拌均匀后再压送。

泵送过程中，废弃的和泵送终止时多余的混凝土，应按预先确定的处理方法和场所，及时进行妥善处理。

混凝土泵送即将结束前，应正确计算尚需用的混凝土数量，并应及时告知混凝土搅拌站。泵送完毕时，应将混凝土泵和输送管清洗干净。

(2) 泵送混凝土的浇筑。

泵送混凝土的浇筑施工，应根据工程结构特点、平面形状和几何尺寸、混凝土供应和泵送设备能力、劳动力和管理能力，以及周围场地大小等条件，预先划分好混凝土浇筑区域。

① 混凝土的浇筑顺序。浇筑泵送混凝土时，为了方便施工，提高工效，缩短浇筑时间，保证浇筑质量，应当确定合理的浇筑次序，并加以严格执行。其注意事项如下。

a. 当采用输送管输送混凝土时，应由远而近浇筑，可使布料、拆管和移动布料设备等不会影响先浇筑混凝土的质量。

b. 同一区域的混凝土，应按先竖向结构后水平结构的顺序，分层连续浇筑。

c. 当不允许留施工缝时，区域之间、上下层之间的混凝土浇筑间歇时间，不得超过混凝土初凝时间。

d. 当下层混凝土初凝后，浇筑上层混凝土时，应先按留施工缝的规定处理。

② 混凝土的布料方法如下。

a. 在浇筑竖向结构混凝土时，布料设备的出口离模板内侧面不应小于50mm且不得向模板内侧面直冲布料，也不得直冲钢筋骨架，以防止混凝土离析。

b. 浇筑水平结构混凝土时，不得在同一处连续布料，应在2～3m范围内水平移动布料，且宜垂直于模板布料。

③ 混凝土浇捣的注意事项如下。

a. 混凝土浇筑分层厚度，宜为300～500mm。当水平结构的混凝土浇筑厚度超过500mm时，可按1∶10～1∶6坡度分层浇筑，且上层混凝土应超前覆盖下层混凝土500mm以上。

b. 振捣泵送混凝土时，振动器移动间距宜为400mm左右，振捣时间宜为15～30s，且隔20～30min后进行第二次复振。

c. 对于有预留洞、预埋件和钢筋太密的部位，应预先制订技术措施，确保顺利布料和振捣密实。在浇筑混凝土时，应经常观察，当发现混凝土有不密实等现象时，应立即采取措施予以纠正。

d. 对于水平结构的混凝土表面，应适时用木抹子磨平搓毛两遍以上。必要时，还得用铁滚筒压两遍以上，以防止产生收缩裂缝。

11.4　装配式梁桥的施工

11.4.1　构件的起吊

装配式梁桥构件在脱底模、移运、吊装时，混凝土的强度一般不低于设计强度的75%，对孔道已压浆的预应力混凝土构件，其孔道水泥浆的强度不应低于设计要求，如无设计规定时，不得低于30MPa。构件的吊环应顺直，吊绳与起吊构件的交角小于60°时，应设置吊架或扁担，如图11.17所示，尽可能使吊环垂直受力；吊移板式构件时，不得吊错上、下面，以免构件折断。

装配式梁桥吊装施工

图 11.17 构件的起吊

1. 吊点位置的选择

钢筋混凝土构件制作时，一般都在设计图纸上规定好吊点位置，预留吊孔或预埋吊环。当无设计规定时，应根据构件配筋情况、外形特征等慎重确定。

> **特别提示**
>
> 预制构件的吊环必须采用未经冷拉的 HPB235 热轧光圆钢筋制作，不能用其他钢筋替代。

（1）细长构件。

钢筋混凝土方桩等细长构件中所放的钢筋，一般钢筋对称放于四周。选择吊点时，当正、负弯矩相等时桩所受弯矩最小。否则吊点选择不当会使方桩产生裂缝以至断裂。根据桩长的不同，一般会有3种情况。

① 桩长在 10m 以下时，用单点吊，如图 11.18(b) 所示。

② 桩长在 11~16m 时，用双点吊或单点吊，如图 11.18(a)、图 11.18(b) 所示。

③ 桩长在 17m 以上时，用双点吊或四点吊，如图 11.18(a)、图 11.18(c) 所示。

（2）一般构件。

如钢筋混凝土简支梁、板等多采用两点吊。但因钢筋配置并非同方桩一样上下对称，而是上边缘稀少，下边缘密集，所以吊点位置一般均在距支点不远处，以减少起吊时构件吊点处的负弯矩。

（3）厚大构件。

图 11.18 桩的吊点

尤其是平面尺寸较大的板块（如涵洞盖板），为增大吊运过程中的稳定性，防止翻身，常采用四点吊，吊点沿对角线设于交点处。

2. 构件绑扎

为了节约钢材及起吊方便，构件预制时常在吊点处预留吊孔以代替预埋吊环。构件起吊时，必须用千斤绳来绑扎。此时应注意：①绑扎方式应符合绑扎迅速、起吊安全、脱钩方便的要求；②绑扎处必须位于构件重心之上，防止头重脚轻；③千斤绳与构件棱角接触处，需用橡胶、麻袋或木块隔开，以防止构件棱角损伤和减少千斤绳的磨损。

3. 起吊方法

（1）三角、人字扒杆偏吊法（图 11.19）。

将手拉葫芦斜挂在扒杆上，偏吊一次，移动一次扒杆，把构件逐步移出后搁在滚移设备上，便可将构件拖移至安装处。

扒杆偏吊法具有设备简单，取材容易，操作方便等优点。对于重量不大的构件如小跨径的 T 形梁，用这种方法起吊较为适宜。

（2）横向滚移法。

把构件从预制底座上抬高后，在构件底面两端装置横向滚移设备，用手拉葫芦牵引，把构件移出底座。

在装置横向滚移设备时，从底座上抬高构件的方法有吊高法和顶高法。吊高法是用小型门架配手拉葫芦把构件从底座吊起，顶高法是用特别的凹形托架配千斤顶把构件从底座顶起。

滚移设备包括走板、滚筒和滚道三部分。走板托在构件底面，与构件一起行走。滚筒放在走板与滚道之间，由于它的滚动而使构件行走。滚筒用硬木或无缝钢管制成。滚道是滚筒的走道，有钢轨滚道和木滚道两种。

（3）龙门吊机法。

用专设的龙门吊机把构件从底座上吊起，横移至运输轨道，卸落在运构件的平车上。

龙门吊机（也称龙门架）由底座、机架和起重行车三部分组成，运行在专用的轨道上。吊机的运动方向有 3 个，即荷重上下升降、行车的横向移动和机架的纵向运动。

龙门吊机的结构有钢木组拼和贝雷片组拼两种。钢木组拼龙门吊机，以工字梁为行车梁，以圆木为支柱组成的支架，安装在窄轨平车和方木组成的底座上，可在专用的轨道上运行。贝雷片组拼龙门吊机，是以贝雷片为主要构件，配上少量圆木组成的机架，安装在由平车和方木组成的底座上，也在专用的轨道上运行，如图 11.20 所示。

图 11.19　人字扒杆吊梁

图 11.20　贝雷片组拼龙门吊机

11.4.2 构件的运输

(1) 纵向滚移法。

用滚移设备,以人力或电动绞车牵引,把构件从预制场运往桥位。其设备和操作方法同横向滚移基本相同,不过走板的宽度要适当加宽,以便在走板上装置斜撑,使 T 形梁具有足够的稳定性。

(2) 轨道平车运输。

把构件吊装在轨道平车上,用电动绞车牵引,运往桥位。轨道平车设有转盘装置,以便装上构件后能在曲线轨道上运行,同时装设制动设备,以便在运行过程中发生情况时刹车。运构件时,牵引的钢丝绳必须挂在后面一辆平车上,或从整根构件的下部缠绕一周后再引向导向轮至绞车。

(3) 汽车运输。

把构件吊装在拖车或平台拖车上,由汽车牵引,运往桥位。拖车仅能运 10m 以下的预制梁,平台拖车可运 20m 的 T 形梁。一般构件应顺宽度方向侧立放置,并应有防止其倾倒的固定措施,如必须平放时,在吊点处必须设支垫方木;桁架和大梁应顺高度方向竖立放置,如有特制的固定梁,应将构件绑扎牢固。当车短而构件长时,外悬部分可能超过允许的外悬长度,应在预制前核算其负弯矩值,必要时在构件预制时,增加抵抗负弯矩的钢筋,以防运输时顶面开裂。运输构件的车辆应低速行驶,尽量避免道路的颠簸。

知识链接

杭州湾大桥建设采用"梁上运架梁"工艺架设重 1430t,长 50m 的整孔箱梁,在世界上没有先例,具有技术创新的意义。其工艺的关键是运输、架设箱梁的各种配套设备,核心是运用轮胎式运梁机沿桥面运输箱梁和架桥机在梁上架梁,图 11.21 所示为核载 1450t 运梁车。

图 11.21 核载 1450t 运梁车

11.4.3 构件的安装

桥梁在安装前，应用仪器校核支承结构(墩台盖梁)和预埋件的平面位置和标高，划好安装轴线与端线，支座位置；检查构件外形尺寸，并在构件上画好安装轴线，以便构件安装就位。下面介绍几种常用的架梁方法。

1. 旱地架梁

(1) 自行式吊车架梁。

临岸或陆地桥墩的简支梁，场内又可设置行车通道的情况下，用自行式吊车(汽车吊车或覆带吊车)架设十分方便，如图 11.22(a)所示。此法视吊装重量不同，可采取一台吊车"单吊"(起吊能力为荷载重的 2～3 倍)或两台吊车"双吊"(每台吊车的起吊能力为荷载重的 0.85～1.5 倍)，其特点是机动性好，架梁速度快。一般吊装能力为 50～3500kN。

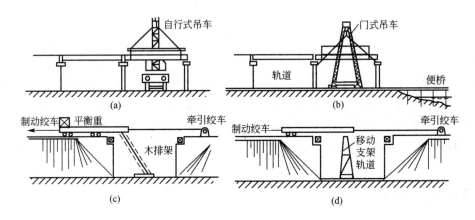

图 11.22　旱地架梁法

(2) 门式吊车架梁。

在水深不超过 5m，水流平稳，不通航的中、小河流上，也可以搭设便桥用门式吊车架梁[图 11.22(b)]。

(3) 摆动排架架梁。

用木排架或钢排架作为承力的摆动支点，由牵引绞车和制动绞车控制摆动速度。当预制梁就位后，再用千斤顶落梁就位。此方法适用于小跨径桥梁[图 11.22(c)]。

(4) 移动支架架梁。

对于高度不大的中、小跨径桥梁，当桥下地基良好能设置简易轨道时，可采用木制或钢制的移动支架来架梁[图 11.22(d)]。

2. 水中架梁

由于水流较急、河较深或通航等原因不能采取上述方法时，还可采用下述一些方法架梁。

(1) 吊鱼法。

吊鱼法适用于重量小于 50kN、小跨径的钢筋混凝土桥，如图 11.23 所示。

吊鱼法是先绞紧前面的牵引绞车，同时放松后面的制动绞车，使梁等速前进。当梁的

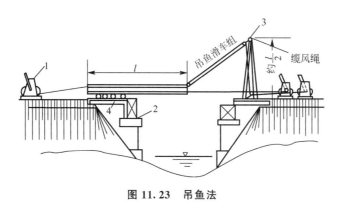

图 11.23 吊鱼法

1—制动绞车；2—临时木垛；3—扒杆；4—滚筒

前端悬空后，就逐渐绞紧扒杆上的吊鱼滑车组，将梁端提起。当梁的前端伸出后，后端上翘、前端低头，这时可绞紧拖拉绞车和吊鱼滑车组，将低头梁端逐渐提起；然后放松制动绞车，梁即前进一步，梁前进后，前端又要低头。再重复上述步骤至梁到达前方墩台为止。

（2）扒杆导梁法。

扒杆导梁法是以扒杆、导梁为主体，配合运梁平车和横移设备使预制梁从导梁上通过桥孔，由扒杆装吊就位。起重量一般为50～150kg，其施工布置如图11.24所示。

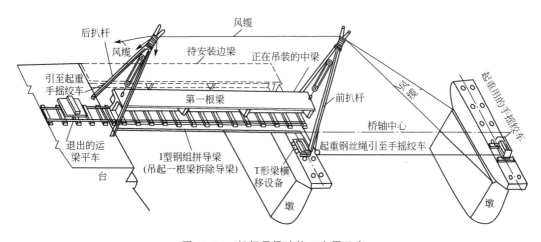

图 11.24 扒杆导梁法施工布置示意

（3）穿式导梁悬吊安装法。

穿式导梁悬吊安装法是在左右两组导梁安置起重行车，用卷扬机将梁悬吊穿过桥孔，再进行落梁、横移、就位。穿式导梁悬吊安装架桥机起重量一般为600kg左右，如图11.25所示。

（4）龙门吊机导梁安装（也可用架桥机安装）。

龙门吊机导梁安装是以龙门吊机和导梁为主体，配合运梁平车和蝴蝶架（图11.26），使预制梁从导梁上通过桥孔，由龙门吊机吊装就位。

详细施工过程如图11.27所示。

（5）跨墩龙门吊机安装。

跨墩龙门吊机安装是配合轻便铁轨及运梁平车安装桥跨结构，是一种常用的方法，其特点是龙门吊机的柱脚跨过桥面，支承在沿桥长铺设的、筑于河底或栈桥上的轻便铁轨上，跨墩龙门吊机架梁如图 11.28 所示。

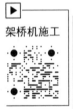
架桥机施工

图 11.25 穿式导梁悬吊安装架桥机施工现场

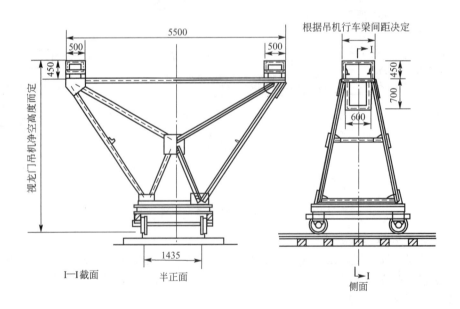

图 11.26 蝴蝶架（尺寸单位：mm）

模块 11 钢筋混凝土简支梁桥施工

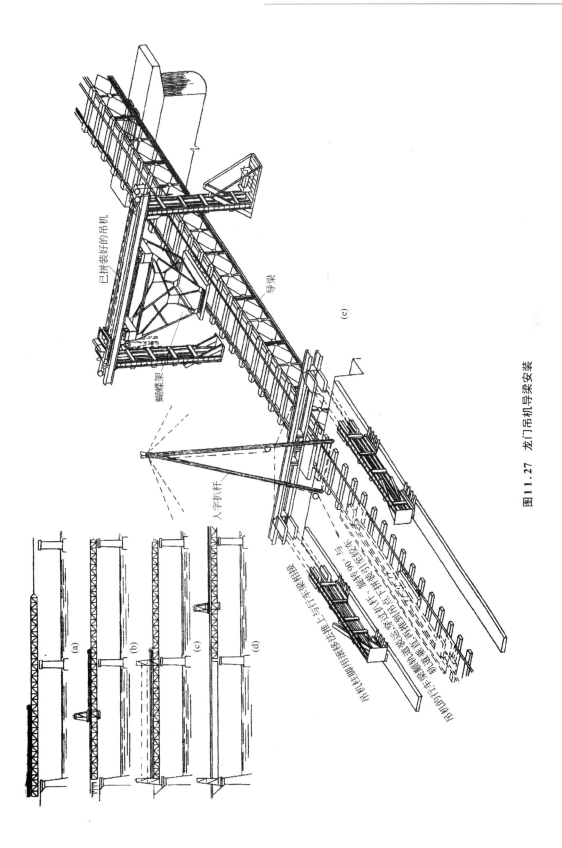

图 11.27 龙门吊机导梁安装

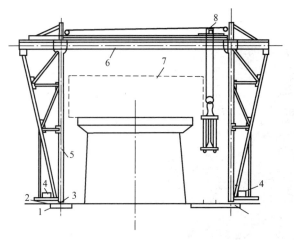

1—枕木；2—钢轨；3—跑轮；4—卷扬机；5—立柱；
6—横梁；7—结构轮廓；8—吊车

图 11.28　跨墩龙门吊机架梁

模块小结

本模块介绍了钢筋混凝土简支梁桥这种最常见桥型的施工方法和技术关键点，对混凝土结构的四大工序做了详细描述，并讲解了装配式梁桥的施工方法。

教学中要善于结合工程情境，把工程施工中可能遇到的问题讲清楚，提出分析问题和解决问题的思路，让学生以一个施工员的心态来学习这些知识，为将来工作能力的培养打下基础。

习　题

一、填空题

1. 所谓混凝土，就是用（　　）、（　　）、（　　）、（　　）和（　　）等材料混合硬化后形成的产物。

2. 钢筋与混凝土间之所以可以共同承受外加荷载主要是因为它们之间存在足够的（　　），亦称（　　）。

3. 钢筋骨架的焊接一般采用（　　），即错开焊接次序的方法。

二、选择题

1. 施工现场调整混凝土配合比，主要是因为（　　）发生了变化。
   A. 水泥用量　　　　　B. 砂石用量　　　　　C. 砂石含水量　　　　　D. 操作人员

2. 拌制钢筋混凝土不得采用（　　）。

A. 自来水　　　　　B. 海水　　　　　C. 井水　　　　　D. 河水

3. 超过出厂日期(　　)个月的水泥为过期水泥。
A. 3　　　　　　　B. 6　　　　　　C. 12　　　　　　D. 24

4. 混凝土拌合物的自由倾落高度不宜超过(　　)m。
A. 1　　　　　　　B. 2　　　　　　C. 3　　　　　　　D. 6

5. 插入式振捣器的振捣时间宜为(　　)s。
A. 10～15　　　　B. 15～30　　　C. 20～40　　　　D. 30～60

三、简答题

1. 钢筋混凝土工程的主要工序有哪些？
2. 模板与支架应符合哪些要求？
3. 钢筋骨架焊接顺序应注意哪些问题？
4. 如何防止混凝土在运输和浇筑中产生离析？
5. 常用的构件安装方法有哪些？
6. 简述混凝土季节性施工措施。

模块 12 预应力混凝土梁桥施工

思维导图

预应力混凝土梁桥施工

- 能力目标
  - 熟悉 先张法施工工艺
  - 熟悉 后张法施工工艺
  - 了解 悬臂法施工
  - 了解 顶推法施工

- 现场施工能力
  - 先张法预应力简支梁桥施工（熟悉）
    - 先张法及工艺流程
    - 张拉台座
    - 模板与预应力筋制作
    - 预应力筋张拉
    - 混凝土工程
    - 预应力筋放松
  - 后张法预应力简支梁桥施工（熟悉）
    - 后张法及工艺流程
    - 预留孔道
    - 预应力筋加工及下料
    - 预应力筋安装与张拉
    - 孔道压浆及封锚锚固
  - 预应力连续梁悬臂和顶推法施工（了解）
    - 预应力连续梁悬臂施工
      - 适用范围
      - 施工方法
        - 悬臂浇筑法
        - 悬臂拼装法
    - 预应力连续梁顶推施工
      - 适用范围
      - 顶推法施工方案
      - 施工概要

模块 12 预应力混凝土梁桥施工

学习重点

先张法施工工艺；后张法施工工艺。

引例

预应力混凝土是预应力钢筋混凝土的简称，此项技术在桥梁工程中得到普遍应用，其推广使用范围和数量，已成为衡量一个国家桥梁技术水平的重要标志之一。预应力混凝土梁一般采用T形梁或箱梁结构。引例图A所示为预应力混凝土箱梁预制现场。

引例图 A 预应力钢筋混凝土箱梁预制现场

引例图 B 所示为普通钢筋混凝土梁，在受荷载时，发生弯曲；当再加荷时，发生裂缝直至破坏。而预应力的钢筋混凝土则不一样，如引例图C所示。先在没有荷载时在受拉区加一个压力，这预先加的压力叫预应力。先加的压力使梁产生反拱，当梁受荷载时，梁恢复到平直状态；再增加荷载，则梁发生弯曲，当再增加荷载时梁才产生裂缝直到破坏。这就是预应力和非预应力混凝土构件的不同。前者构件早出现裂缝破坏，而后者构件不出现裂缝或推迟出现裂缝。

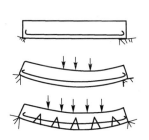

引例图 B 普通钢筋混凝土受力状态

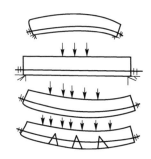

引例图 C 预应力混凝土受力状态

预应力钢筋混凝土与普通钢筋混凝土相比，有以下优点。

(1) 提高构件的抗裂度和刚度。
(2) 增加了结构及构件的耐久性。
(3) 结构自重轻，能用于大跨径结构。
(4) 节约大量钢材，降低成本。

施加混凝土预加应力的方法有先张法和后张法。

12.1 先张法预应力简支梁桥施工

12.1.1 先张法及工艺流程

1. 先张法

先张法

先张法是先将预应力筋在台座上按设计要求的张拉控制应力张拉，然后立模浇筑混凝土，待混凝土强度达到设计标号75%后，放松预应力筋。由于钢筋的回缩，通过其与混凝土之间的黏结力，使混凝土得到预应力。

先张法生产可采用台座法或机组流水法，用于工厂内预制定型构件。

先张法的优点：只需夹具，可重复使用，它的锚固是依靠预应力筋与混凝土的黏结力自锚于混凝土中；工艺构造简单，施工方便，成本低。

先张法的缺点：需要专门的张拉台座，一次性投资大；构件中的预应力筋只能直线配筋，适用于长25m内的预制构件。

2. 先张法施工工艺

预应力混凝土先张法工艺流程如图12.1所示。

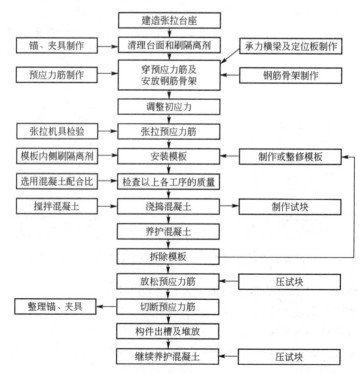

图 12.1 预应力混凝土先张法工艺流程

12.1.2 张拉台座

张拉台座由承力支架、横梁、定位板和台面等组成，图12.2所示为槽式台座示意图，要求有足够强度、刚度与稳定性（其抗倾覆安全系数不小于1.5，抗滑移系数不小于1.3），台座长度一般在50～100m。

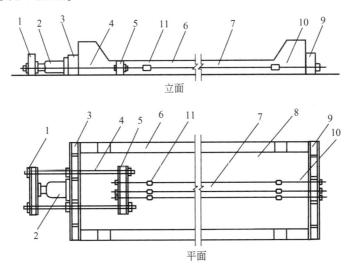

1—活动前横梁；2—千斤顶；3—固定前横梁；4—大螺杆；
5—活动后横梁；6—传力柱；7—预应力钢筋；8—台面；
9—固定后横梁；10—工具式螺杆；11—夹具

图12.2 槽式台座示意图

1. 承力支架

承力支架是台座的重要组成部分，要承担全部张拉力，在设计和建造时应保证不变形、不位移、经济、安全和操作方便。目前在桥梁施工中所采用的承力支架多为槽式，这种支架一般能承受1000kN以上的张拉力。

2. 台面

台面是制作构件的底模，要求地基不产生非均匀沉陷，底板制作必须坚固、平整、光滑。一般可在夯实平整的地基上浇铺一层素混凝土，并按规定留出伸缩缝。

3. 横梁

横梁是将预应力筋的全部张拉力传给承力支架的两端横向构件，可用型钢或钢筋混凝土制作；并要根据横梁的跨径、张拉力的大小，通过计算确定其断面，以保证其强度、刚度和稳定性；受力后挠度应不大于2mm，避免受力后产生变形或翘曲。

4. 定位板

定位板是用来固定预应力钢筋位置的，一般都用钢板制作。其厚度必须使其承受张拉力后，具有足够的刚度。圆孔位置按照梁体预应力钢筋的设计位置，孔径的大小应略比预应力钢筋大2～4mm，以便穿筋。

12.1.3 模板与预应力筋制作

1. 模板的制作

模板的制作除满足一般要求外，还有如下要求。

（1）端模预应力筋孔道的位置要准确，安装后与定位板上对应的力筋要求均在一条中心线上。

（2）先张法制作预应力板梁，预应力钢筋放松后板梁压缩量为1‰左右。为保证梁体外形尺寸，侧模制作要增长1‰。

2. 预应力钢筋的制作

预应力混凝土构件所用的预应力钢筋，种类很多，有直径为3～5mm的高强钢丝、钢绞线、冷拉Ⅲ级钢筋、冷拉Ⅳ级钢筋等。本节仅介绍预应力钢筋的制作工序，它包括下料、对焊、镦粗、冷拉等。进场分批验收除检查三证还需按规定检验，每批重量不大于60t。若按规定抽样试样不合格，则不合格盘报废，另取双倍试样检验不合格项，如再有不合格项，则整批预应力钢筋报废。

（1）钢筋的下料。

长线台座预应力钢筋的下料长度如图12.3所示，应通过计算得出。计算时应考虑构件或台座长度、锚夹具长度、千斤顶长度、焊接接头或墩头预留量、冷拉伸长值、弹性回缩值、张拉伸长值和外露长度等因素。

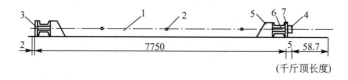

图12.3 长线台座预应力钢筋的下料长度（尺寸单位：cm）

1—预应力钢筋；2—对焊接头；3—镦粗头；4—夹具；
5—台座承力支座；6—横梁；7—定位板

下料长度计算公式（按一端张拉）为

$$\left. \begin{array}{l} L = \dfrac{L_0}{1+\delta_1-\delta_2} + n_1 l_1 + l_2 \\ L_0 = L_1 + L_2 + L_3 \end{array} \right\} \qquad (12-1)$$

式中：L——下料长度，cm；

δ_1——冷拉率（对L而言）；

δ_2——钢筋回缩率（对L而言）；

n_1——对焊接头的数量；

l_1——每个对焊接头的预留量；

l_2——墩粗头的预留量；

L_0——钢筋的要求长度，cm；

L_1——长线台座的长度(包括横梁、定位板在内),cm;
L_2——夹具长度,cm;
L_3——张拉机具所需的长度(按具体情况决定),cm。

【示例】 某工程采用先张法制作预应力桥面空心板,长线台座长 77.5m,预应力钢筋采用直径为 12mm 的 44Mn₂Si 直条钢筋,每根长 9m,锚固端用墩粗头,一端张拉。试计算预应力钢筋的下料长度。

解:按式(12-1)计算如下。

$$L_0 = L_1 + L_2 + L_3 = 7750 + 5 + 58.7 = 7813.7 (\text{cm})$$

根据测定结果 $\delta_1 = 3\%$,$\delta_2 = 0.3\%$,$n_1 = 8$,$l_1 = 1.5\text{cm}$,$l_2 = 2\text{cm}$,$L_1 = 7750\text{cm}$,$L_2 = 5\text{cm}$,$L_3 = 58.7\text{cm}$

$$L = \frac{L_0}{1 + \delta_1 - \delta_2} + n_1 l_1 + l_2 = \frac{7813.7}{1 + 0.03 - 0.003} + 8 \times 1.5 + 2 = 7622.3 (\text{cm})$$

实际下料长度为 8 根 9m 钢筋和 1 根 4.223m 钢筋。

(2)钢筋的对焊。

预应力筋切断,宜采用切断机或砂轮锯,不得采用电弧切割。

预应力钢筋的接头必须在冷拉前采用对焊,以免冷拉钢筋高温回火后失去冷拉所提高的强度。

普通低合金钢筋的对焊工艺,多采用闪光对焊接。一般闪光对焊工艺有:闪光—预热—闪光焊,和闪光—预热—闪光焊加通电热处理。对焊后应进行热处理,以提高焊接质量。预应力筋有对焊接头时,宜将接头设置在受力较小处,在结构受拉区及在相当于预应力筋 $30d$ 长度(不小于 50cm)范围内,对焊接头的预应力筋截面面积不得超过钢筋总截面积的 25%。

(3)镦粗。

制作预应力混凝土构件时,要用夹具和锚具,需耗费一定的优质钢材。因此,为了节约钢材,简化锚固方法,可将预应力钢筋端部做一个大头(即镦粗头),加上开孔的垫板,以代替夹具和锚具,如图 12.4 所示。钢筋的镦粗头可以采用电热镦粗;高强钢丝可以采用液压冷镦;冷拔低碳钢丝可以采用冷冲镦粗。

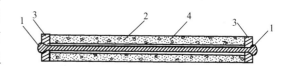

图 12.4 预应力钢筋(或钢丝)镦粗头

1—镦粗头;2—预应力钢筋;
3—开孔垫板;4—构件

冷拉钢筋端头的镦粗及热处理工作应在钢筋冷拉前进行。

钢筋或钢丝的镦粗头制成后,要经过拉力试验,当钢筋或钢丝本身拉断,而镦粗头仍不破坏时,则认为合格;同时外观检查不得有烧伤、歪斜和裂缝。

(4)钢筋的冷拉。

为了提高钢筋的强度和节约钢筋,预应力粗钢筋在使用前一般需要进行冷拉(即在常温下用超过钢筋屈服强度的拉力拉伸钢筋)。

钢筋冷拉按照控制方法可分为"单控"(即控制冷拉伸长率)和"双控"(同时控制应力和冷拉伸长率)两种。由于材质不良,即使同一规格钢筋采用相同冷拉伸长率冷拉后建立的屈服强度并不一致；或在同一控制应力下，伸长率又不一致。因此，单按哪一种控制都不能保证质量，最好采用"双控"冷拉，既可保证质量，又可在设计上充分利用钢材强度。采用"双控"冷拉时，应以应力控制为主，伸长率控制为辅。只有在没有测力设备的情况下，采用"单控冷拉"。

冷拉钢筋的控制应力和冷拉率不应超过规定，见表 12-1。

表 12-1 冷拉钢筋的控制应力和冷拉率

钢筋种类	双控		单控 冷拉率（%）
	控制应力/MPa	冷拉率（%）	
Ⅱ级钢筋	450	≤5.5	3.5～5.5
Ⅲ级钢筋	530	≤5.0	3.5～5.0
Ⅳ级钢筋	750	≤4.0	2.5～4.0

12.1.4 预应力钢筋张拉

先张法预应力钢筋、钢丝和钢绞线的张拉按预应力筋数量、间距和张拉力的大小，采用单根张拉和多根张拉。当采用多根张拉时，必须使它们的初始长度一致，张拉后应力才均匀。为此在张拉前调整初应力，初应力值一般为张拉控制应力值的 10%～15%。

预应力钢筋的张拉控制应力必须符合设计规范。

特别提示

预应力钢筋采用应力控制方法张拉时，应以伸长值进行校核，实际伸长值与理论伸长值的差值应控制在 6% 以内，否则应暂停张拉，待查明原因并采取措施予以调整后，方可继续张拉。

为了减少预应力钢筋的松弛损失，可采用超张拉的方法进行张拉。超张拉值为张拉控制应力值的 105%（即 105%σ_K）。先张法预应力钢筋张拉程序见表 12-2。

表 12-2 先张法预应力钢筋张拉程序

预应力钢筋种类	张拉程序
钢筋	0→初应力→105%σ_K $\xrightarrow{持荷 2min}$ 90%σ_K→σ_K（锚固）
钢丝、钢绞线	0→初应力→105%σ_K $\xrightarrow{持荷 2min}$ 0→σ_K（锚固）

张拉时对钢丝、钢绞线而言，同一构件内断丝数不得超过钢丝总数的 1%；对钢筋而言，不允许断筋。

12.1.5 混凝土工程

预应力混凝土梁的混凝土工程，除了要选用标号较高的混凝土在配料、制备、浇筑、振捣和养护等方面更应严格要求外,基本操作与钢筋混凝土构件相仿。混凝土可掺入适量的外加剂,但不得掺入氯化钙、氯化钠等氯盐。混凝土的水泥用量不宜超过 $550 \mathrm{kg/m^3}$;水灰比不超过 0.45;坍落度不大于 3cm;水、水泥、减水剂用量应准确到 $\pm 1\%$;集料用量准确到 $\pm 2\%$。此外,在台座内每条生产线上的构件,其混凝土必须一次性浇筑完毕;振捣时,应避免碰击预应力筋,尽量采用侧模振捣工艺。

12.1.6 预应力筋放松

当混凝土强度达到设计规定后(当无设计规定,一般应不少于设计标号的75%),可逐渐放松受拉的预应力筋,然后切割每个梁的端部预应力筋。

预应力筋的放松速度不宜过快。当采用单根放松时,每根预应力筋严禁一次放完,以免最后放松的预应力筋自行崩断。常用的放松方法有以下两种。

1. 千斤顶放松

在台座固定端的承力支架和横梁之间,张拉前预先安放千斤顶,如图12.5所示。待混凝土达到规定的放松强度后,两个千斤顶同时回程,放张宜分数次完成,使拉紧的预应力筋徐徐回缩,张拉力被放松。

2. 砂箱放松

以砂箱(图12.6)代替千斤顶。使用时从进砂口灌满烘干的沙子,加上压力压紧。待混凝土达到规定的放松强度后,打开出砂口,沙子即慢慢流出,放砂速度应均匀一致;预应力筋随之徐徐回缩,张拉力即被放松。当单根钢筋采用拧松螺母的方法放松时,宜先两侧后中间,分阶段、对称地进行。

钢筋放松张拉力后,可用乙炔—氧气切割,但应采取措施防止烧坏钢筋端部。钢绞线放松张拉力后,可用切割、锯断或剪断的方法切断,也可用砂轮锯切断。

图12.7所示为钢筋加工的现场。

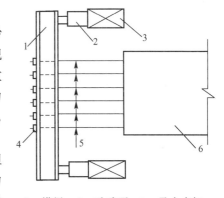

1—横梁;2—千斤顶;3—承力支架;
4—夹具;5—钢筋;6—构件
图12.5 千斤顶放松张拉力的布置

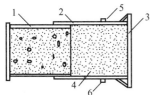

1—活塞;2—套箱;3—套箱底板;
4—沙子;5—进砂口;6—出砂口
图12.6 砂箱

图12.7 钢筋加工的现场

12.2 后张法预应力简支梁桥施工

12.2.1 后张法及工艺流程

1. 后张法

后张法是先制作留有预应力筋孔道的梁体，待混凝土达到设计强度的75％后，将预应力筋穿入孔道，并利用构件本身作为张拉台座张拉预应力筋并锚固，然后进行孔道压浆并浇筑封闭锚具的混凝土，混凝土因有锚具传递压力而得到预应力。

后张法的优点是：预应力筋直接在梁体上张拉，不需要专门台座；预应力筋可按设计要求配合弯矩和剪力变化布置成直线形或曲线形；适合于预制或现浇的大型构件。

后张法的缺点是：每一根预应力筋或每一束两头都需要加设锚具，在施工中还增加留孔、穿筋、灌浆和封锚等工序，工艺较复杂，成本高。

后张法制作预应力混凝土构件，一般在施工现场进行，适用于大于25m的简支梁或现场浇筑的桥梁上部结构。

2. 后张法施工工艺

预应力混凝土后张法工艺流程如图12.8所示。

12.2.2 预留孔道

1. 制孔器种类

为了在梁体混凝土内形成钢束的管道，应在浇筑混凝土前预先安放制孔器。按制孔的方式可分预埋式制孔器和抽拔式制孔器两类。

预埋式制孔器有预埋铁皮波纹管，管道用薄铁皮卷制而成。经向接头可采用咬口，轴向接头则用点焊，按设计位置，在浇筑混凝土前，直接固定在钢筋骨架上。多用于曲线形的孔道。

抽拔式制孔器有橡胶管制孔器，金属伸缩管制孔器和钢管制孔器。橡胶管制孔器是用橡胶夹两层钢丝编织而成，在管内插入钢筋芯棒，也可在管内充以压力水增加刚度。在直线和曲线孔道中均适用。金属伸缩管制孔器是用金属丝编织成的软管套，内用橡胶封管和钢筋芯棒加劲，并用铁皮管做伸缩管接头。钢管制孔器仅适用于直线形孔道，钢管必须平直，表面光滑，预埋前除锈刷油，两根钢管连接处可用2mm厚的铁皮做成两道长约40cm套管连接。

2. 制孔器安装

（1）安装要求。

① 保证预应力筋预留孔道尺寸与位置正确，端部的预埋钢垫板应垂直于孔道中心线。

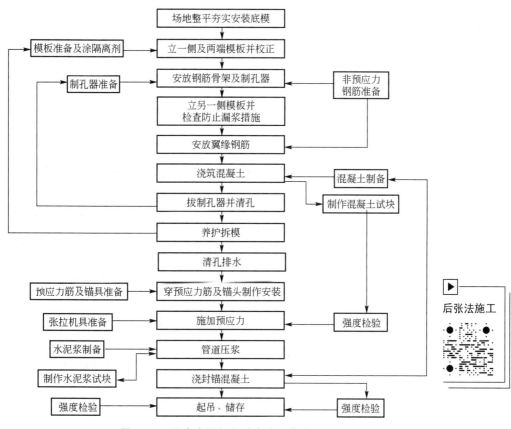

图 12.8 预应力混凝土后张法工艺流程

② 保证预留孔道畅通,芯管的连接处不漏浆。

③ 采用定位钢筋固定安装管道,固定各种成孔管道用的定位钢筋的间距,对于钢管不宜大于 1m,对于波纹管不宜大于 0.8m,对于胶管不宜大于 0.5m,对于曲线管道宜适当加密。

(2)安装方法。

安装制孔器时,可先将外管沿梁体长度方向顺序穿越各定位钢筋的"井"字网眼,然后在梁中部安装好外管接头,并固定外管,最后穿入钢筋芯棒。外管接头布置在跨中附近,但不宜在同一断面上(同一断面是指顺制孔器长度方向为 1m 的范围内)。

3. 制孔器的抽拔

制孔器的抽拔应在混凝土初凝后与终凝前进行。过早抽拔,混凝土可能塌陷;过迟抽拔,可能拔断制孔器。一般以混凝土抗压强度达到 0.4~0.8MPa 时为宜。抽拔制孔器的时间见表 12-3。

表 12-3 抽拔制孔器的时间

环境温度/℃	>30	30~20	20~10	<10
抽拔时间/h	3	3~5	5~8	8~12

抽拔制孔器的顺序是先抽芯棒,后拔胶管;先拔下层胶管,后拔上层胶管;先拔早浇

筑的半根芯管，后拔晚浇筑的半根芯管。

抽芯后，应用通孔器或压水、压气等方法对孔道进行检查，如发现孔道堵塞、有残留物或与邻孔有串通，应及时处理。

12.2.3 预应力筋加工及下料

1. 预应力筋加工

后张法预应力混凝土桥梁常用高强碳素钢丝束、钢绞线、冷拉Ⅲ级粗钢筋、冷拉Ⅳ级粗钢筋作为预应力筋。对于跨径较小的 T 形梁桥，也可采用冷拔低碳钢丝作为预应力筋。

（1）碳素钢丝束的加工。

碳素钢丝束的加工包括下料和编束。编束时可将钢丝对齐后穿入特殊的疏丝板使其排列整齐成束。

（2）粗钢筋的加工。

粗钢筋的加工主要包括下料、对焊、墩粗（采用墩台锚具、冷拉等工序）。

（3）钢绞线的加工。

钢绞线预应力筋在使用前应进行预拉，以减少钢绞线的构造变形和应力松弛损失，并便于等长控制。钢绞线成束的编扎方法与钢丝束相同。

钢绞线、钢丝束和钢筋的下料，宜采用切割机或砂轮机，不得使用电弧切割下料。

2. 预应力钢丝束的下料

预应力筋的下料长度应根据锚具类型、张拉设备确定，其计算公式为

$$L = L_0 + n(l_1 + 0.15) \tag{12-2}$$

式中：L——下料长度，m；

L_0——梁的管道长度加两端锚具长度，m；

l_1——千斤顶支承端到夹具外缘距离，m；

n——张拉端个数。

12.2.4 预应力筋安装与张拉

1. 预应力筋安装

预应力筋安装可在浇筑混凝土之前或之后穿入孔道，对钢绞线可逐根将钢绞线穿入孔道，也可以将全部钢绞线编束后整体装入管道中。穿束前应检查锚垫板位置是否准确，孔道内是否畅通，有无水和其他杂物。在混凝土浇筑之前，必须将管道上一切非有意的孔、开口或损坏之处修复，并应检查预应力筋能否在管道内自由滑动。

2. 预应力筋的张拉

当构件的混凝土强度达到设计强度的 75% 时，便可对构件的预应力筋进行张拉。

（1）张拉原则。

① 对曲线预应力筋或长度不小 25m 的直线预应力筋，宜在两端同时张拉；对长度小于 25m 的直线预应力筋，可在一端张拉。

② 张拉时应避免构件呈过大的偏心状态，因此，应对称于构件截面进行张拉，或先

张拉靠近截面重心处的预应力筋,后张拉距截面重心较远处的预应力筋。

(2) 张拉程序。

后张法预应力筋的张拉程序见表 12-4。

表 12-4 后张法预应力筋的张拉程度

预应力钢筋种类		张 拉 程 序
钢筋、钢筋束、钢绞线束		$0 \to 初应力 \to 105\%\sigma_K \xrightarrow{持荷 5min} \sigma_K(锚固)$
钢丝束	夹片式锚具、推销式锚具	$0 \to 初应力 \to 105\%\sigma_K \xrightarrow{持荷 5min} \sigma_K(锚固)$
	其他锚具	$0 \to 初应力 \to 105\%\sigma_K \xrightarrow{持荷 5min} 0 \to \sigma_K(锚固)$

(3) 预应力筋张拉操作方法。

预应力筋的张拉操作方法与配用的锚具和千斤顶的类型有关。如张拉钢丝束可配用锥形锚具、锥锚式千斤顶;张拉粗钢筋可配用螺丝端杆锚具、拉杆式千斤顶;张拉精轧螺纹钢筋可配用特制螺帽、穿心式千斤顶;张拉钢绞线束可配 OVM 锚、穿心式千斤顶。其中锥形锚具配锥锚式千斤顶,张拉操作程序为准备工作、初始张拉、正式张拉和顶锚。

后张法预应力筋断丝及滑移,对钢丝、钢绞线而言,同一构件内断丝数不得超过钢丝总数的 1%,每束断丝或滑丝不得大于 1 根;对钢筋而言,不允许滑移或断筋。

预应力筋在张拉控制应力达到稳定后方可锚固。锚固完毕并经检验合格后即可切割端头多余的预应力筋,但应保留 30mm 外露长度。

> **特别提示**
>
> 用砂轮机切割多余的预应力筋,严禁用电弧焊切割。

12.2.5 孔道压浆及封锚锚固

为了使孔道内预应力筋不受锈蚀,并与构件混凝土结成整体,保证构件的强度和耐久性,当预应力钢筋张拉完毕后,应尽快进行孔道压浆。

孔道压浆的操作要点如下。

(1) 冲洗孔道。压浆前先用清水冲洗孔道,使之湿润,以保持灰浆的流动性,同时要检查灌浆孔,排气孔是否畅通无阻。

(2) 确定灰浆配合比。灰浆的配合比应根据孔道形式、灌浆方法、材料性能及设备条件由试验决定。孔道较大时可在水泥浆中掺入适量的细砂。压浆所用水泥宜采用普通硅酸盐水泥,强度等级不宜低于 42.5。水灰比应控制在 0.4~0.45 之间。水泥浆强度符合设计规定,如无规定不得小于 30MPa。掺入减水剂时,水灰比可减少 0.35。水泥浆的泌水率最大不超过 3%,拌和后 3h 泌水率宜控制在 2%,泌水应在 24h 内重新全部被浆吸收。通过试验后,水泥浆中可掺入适当膨胀剂,但其自由膨胀率应小于 10%,水泥浆稠度宜控制在 14~18s 之间。水泥浆自调制至压入孔道的间隔时间为 30~45min,水泥浆在使用前和压注过程中应连续搅拌。

（3）压浆方法。压浆时，对曲线孔道和竖向孔道应由最低点的压浆孔压入，由最高点的排气孔排气和泌水。压浆顺序宜先压注下层孔道，后压注上层孔道。压浆应缓慢、均匀、连续进行，不得中断，如中间因故停顿时，应立即将已灌入孔道的灰浆用水冲洗干净后重新压浆。压浆时，每一工作班应留取不少于3组的70.7mm×70.7mm×70.7mm立方体试件，标准养护28d，检查其抗压强度。压浆过程中及压浆后48h内结构混凝土温度不得低于5℃，否则应采取保温措施。当温度高于35℃时，压浆宜在夜间进行。

封锚锚固：孔道压浆后应立即将锚固端水泥浆冲洗干净，并将端面混凝土凿毛。在绑扎端部钢筋网和安装封锚模板时，要妥善固定，以免浇筑封锚混凝土时，模板走样。封锚混凝土标号应符合设计规定，一般不宜低于构件混凝土标号的80%。封锚混凝土必须严格控制梁体长度。浇筑后1~2h带模养护，脱模后继续洒水养护不少于7d。对于长期外露的锚具，应采取可靠的防锈措施。图12.9所示为后张法封锚锚固施工现场。

图12.9　后张法封锚锚固施工现场

12.3　预应力连续梁悬臂和顶推法施工

桥梁在跨越大江大河和深沟高谷的时候，采用支架施工显得很不方便，为了解决这一难题，预应力连续梁悬臂施工和顶推法施工快速发展起来。

12.3.1　预应力连续梁悬臂施工

悬臂施工法也称为分段施工法。悬臂施工法是以桥墩为中心向两岸对称地逐节悬臂接长的施工方法。

悬臂施工法，充分利用了预应力混凝土能抗拉和承受负弯矩的特性，将设计和施工的要求密切配合在一起而出现的新方法。即它把跨中的最大施工困难移至支点，又用支点的扩大截面来承受施工期间和通车之后的最大弯矩，所以能用较低的造价来修建大跨径的桥梁，如图12.10所示。

图12.10　采用悬臂法施工的大桥

1. 适用范围

悬臂施工法应用范围很广,能建造大跨径的悬臂梁、连续梁、刚架桥、斜拉桥等体系的桥梁。为了增加梁体的刚度,它们的横截面几乎都是箱形(单箱或多箱)。

2. 施工方法

(1)悬臂浇筑法。

悬臂浇筑法采用移动式挂篮作为主要施工设备,以桥墩为中心,对称向两岸利用挂篮浇筑梁段混凝土,每段长2~5m。每浇筑完一对梁段,待混凝土达到规定强度后,张拉预应力束并锚固,再向前移动挂篮,进行下一节段的施工。

挂篮是由底模板、悬挂系统、刚桁架、行走系统、平衡重力及锚固系统、工作平台等组成。挂篮能沿轨道行走,能悬挂在已经完成悬臂浇筑施工的悬臂梁段上进行下一梁段施工。由于梁段的模板架设、钢筋绑扎、制孔器安装、混凝土浇筑、预加应力和管道压浆均在挂篮上进行,所以挂篮除具备足够的强度外,还应满足变形小、行走方便、锚固、拆装容易以及各项施工作业的操作要求,必须注意安全设施。

当挂篮就位后,即可在上面进行梁段悬臂浇筑施工的各项作业,悬臂浇筑施工工艺流程如图12.11所示。

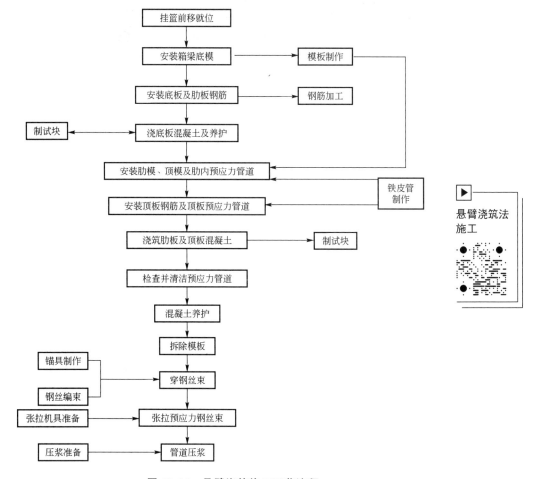

图12.11 悬臂浇筑施工工艺流程

当桥墩宽度较小时，浇筑桥墩两侧的 1 号梁段，因挂篮拼装场地不足，往往采用托架支撑，如图 12.12 所示，然后再在其上安装脚手钢桁架，如图 12.13(a)所示，供吊设挂篮和浇筑 2 号悬臂梁段。待左右两侧的 2 号梁段浇好后，再延伸刚桁架，并移动挂篮位置至外端，供 3 号梁段浇筑，如图 12.13(b)所示。浇筑几段后，将刚桁架分成两半浇筑，后端锚固或压重，以防止倾覆。桥墩两侧梁段其悬臂施工应对称、平衡。平衡偏差不得大于设计要求。

悬臂施工时，最重要的问题是悬臂的平衡。保持悬臂在桥墩两侧绝对平衡是不可能的，因此，常采用下列临时措施。

① 用预应力临时固结，完工后解除以恢复原来的支承条件[图 12.14(a)]。

② 在桥墩两侧加设临时支墩[图 12.14(b)]。

③ 在墩顶设扇形托架，以达到梁与墩的临时固结[图 12.14(c)]。

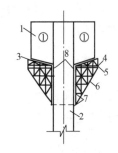

1—1 号梁段；2—墩柱；
3—三角垫架；4—木楔；
5—工字钢；6—扇形托架；
7—垫块；8—预埋钢筋

图 12.12 用托架支撑浇筑墩桩两侧的 1 号梁段

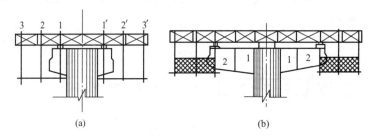

图 12.13 悬臂对称浇筑

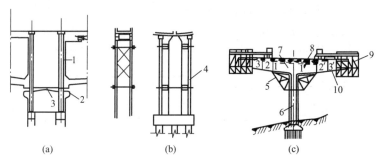

1—穿在钢管内的临时预应力筋；2—临时混凝土垫块；3—支座；
4—临时支墩；5—扇形托架；6—桥墩；7—墩顶梁段；
8—逐段施加的预应力筋；9—挂篮；10—梁段

图 12.14 悬臂的平衡措施

每段混凝土经养护达到设计强度的 70% 后，再经过孔道检查和修理孔口等工作，即可进行穿束、张拉、压浆和封锚。

(2) 悬臂拼装法。

悬臂拼装法是利用移动式悬拼吊机将预制梁段起吊至桥位，然后采用环氧树脂和预应力悬臂拼装法施工，包括块件的预制、运输、拼装及合龙。

为了使段与段之间的接缝紧密，可先浇制奇数编号的块件，然后在期间浇筑偶数编号的块件。为了使拼装构件的位置准确，可以在顶板和腹板上设榫头作导向，如图 12.15 所示。腹板上的榫头对于增强接缝抗剪能力，防止滑动起到重要作用。

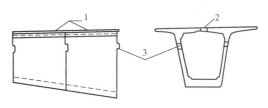

1—拼装块件；2—中间榫头；3—侧面榫头

图 12.15　预制块件上的榫头

悬臂拼装的顺序是先安装墩顶梁段，再用墩顶上的悬臂刚桁架，同时拼装两侧块件，如图 12.16(a)所示。待拼装几段后，分开导梁，一端支在已拼装的 3 号块件上，另一端支在岸墩上和支在靠近桥墩的块件上，依次对称拼装其他块件，如图 12.16(b)所示。桥墩两侧应对称拼装，保持平衡，平衡偏差应满足设计要求。

当梁的位置经校正其误差在允许范围后，即可穿束、张拉，使其自成悬臂，如此循环，直至墩顶梁段安装完毕。图 12.17 所示为悬臂拼装施工模拟图。

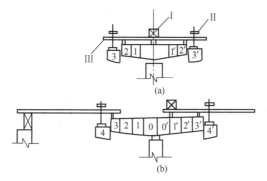

Ⅰ—卷扬机；Ⅱ—起吊机；Ⅲ—导梁

图 12.16　悬臂梁块拼装程序

图 12.17　悬臂拼装施工模拟图

12.3.2　预应力连续梁顶推施工

顶推法是先在后台的路堤上预制箱形梁段，每段约 10～20m 长，待预制 2～3 段后，在箱梁上、下板内施加能承受施工中变号内力的预应力，然后用水平千斤顶等顶推设备将支承在聚四氟乙烯板与不锈钢板滑道上的箱梁向前推移，推出一段再接长一段，这样周期性的反复操作直至整段梁浇筑顶推完成，如图 12.18 所示。

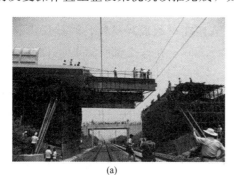

顶推法施工

图 12.18　顶推法施工现场

1. 适用范围

跨径 40~60m 的预应力混凝土桥采用顶推法最适宜。一般来说，3 孔以上较为经济，特别对桥下难以树立支撑的深涧峡谷的桥梁，更显得有利。当跨径更大时，就需要在桥墩间设置临时支墩，顶推速度为当水平千斤顶行程为 1m 时，一个顶推循环需 10~15min。

由于顶推法的大力发展，使预应力混凝土连续梁得到广泛应用。

2. 顶推法施工方案

当顶推的大梁悬出桥台时，其跨中截面承受负弯矩，所以要将大梁加固，除配置设计荷载所需的预应力筋外，还需要设置临时的预应力筋以承受顶推时引起的弯矩。

为了减少顶推时产生的内力，有以下 3 种方法。

(1) 在跨径中间设临时墩。

(2) 在梁前端安装导梁。

(3) 梁上设吊索架。

以上方法要结合地理条件、施工难易、桥梁跨径、经济因素等适当选择，一般将(1)法和(2)法、(2)法和(3)法组合施工，如图 12.19 所示。其中导梁宜选用变高度的轻型结构，以减轻重量，其长度为施工跨径的 60% 左右。

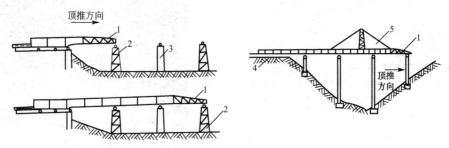

1—导梁；2—临时墩；3—桥墩；4—制作台；5—吊索

图 12.19　顶推时的加强措施

3. 施工概要

(1) 梁段预制。

为使梁顺利顶进和适应顶推时截面上力的变化，主梁一般均做成等高度的箱形梁为宜。混凝土浇筑工作可在桥台后方固定场地进行。

梁段的箱形截面大多数呈梯形，箱顶上两侧悬臂悬出相当宽的车道板，腹板有一定斜度，底板宽度则为减少墩而缩窄。

箱梁底板常在拼装场外浇好并与已完成的箱节连在一起成为整体，当梁段滑移出一节，预制好的底板也随着推移至箱梁两侧腹板模板之间，在这个部位底板下设有中间支柱，以承受内模、腹板和顶板的重量。

腹板外侧模板顶起就位并固定后，即可安装腹板钢筋骨架。腹板内模就位于浇制好的底板上，再安装顶板钢筋和需要的预应力筋并浇筑混凝土。图 12.20 所示为箱梁预制场地。

(2) 施工工序。

箱梁采用分段浇筑顶推，每预制、顶推一个梁段为一个作业循环，顶推法工艺流程如图 12.21 所示。

模块 12 预应力混凝土梁桥施工

图 12.20 箱梁预制场地

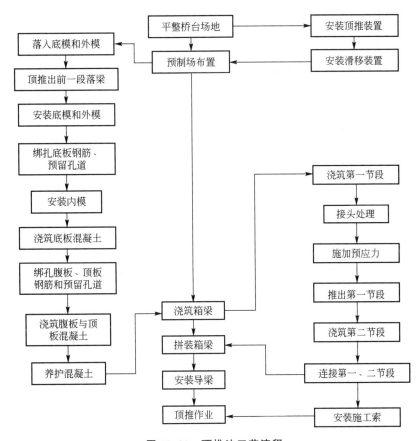

图 12.21 顶推法工艺流程

(3) 顶推装置。

① 用拉杆的顶推装置如图 12.22 所示。

在桥台前面安装一对千斤顶，使其底座靠在桥台上，拉杆一端与千斤顶连接，另一端用

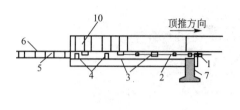
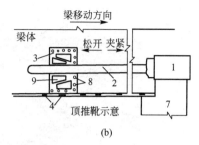

1—顶推的千斤顶；2—拉杆；3—拉杆顶推靴；4—滑动支座；
5—中间支柱；6—底板；7—桥台；8—螺栓；9—楔子；10—模板

图 12.22　用拉杆的顶推装置

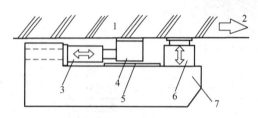

1—梁段；2—推移方向；3—水平千斤顶；
4—滑块；5—聚四氟乙烯滑板；
6—垂直千斤顶；7—滑台

图 12.23　水平—垂直千斤顶的顶推装置

一顶推靴固定在箱梁侧壁上。当施加推力时，装在顶推靴上的自动开放的楔子便将装在梁身两侧的拉杆挟住，使梁身随着推力而滑移。

② 水平—垂直千斤顶的顶推装置如图 12.23 所示。

其原理与顶推步骤如下。

a. 先将垂直千斤顶落下，使梁支承于水平千斤顶前端的滑块上。

b. 开动油泵，水平千斤顶进油，活塞向前推动滑块，利用梁底混凝土与橡胶的摩阻力大于聚四氟乙烯与不锈钢的摩阻力来带动梁体向前移动至最大行程后停止。

c. 顶起垂直千斤顶，使梁升高，脱离滑块。

d. 再开动油泵，向水平千斤顶小缸送油，活塞后缩，把滑块退回原处，然后再将垂直千斤顶落下，使梁又支承于滑块上，继续顶进。如此重复，直到整个梁就位。

（4）滑移装置。

当顶推装置工作时，梁应支承在滑动支座上，以减少推进阻力，梁才得以向前。滑动支座的构造如图 12.24 所示。

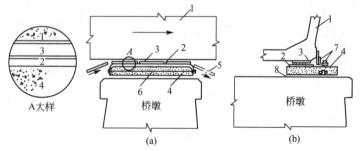

1—推移梁部；2—抛光不锈钢板；3—聚四氟乙烯滑板；4—混凝土块；
5—推移出的聚四氟乙烯滑板；6—固定不锈钢板螺栓；
7—垫有滑板的横向导具；8—砂浆层

图 12.24　滑动支座的构造

它由混凝土块、抛光不锈钢板和在其上顺次滑移的聚四氟乙烯滑板所组成。由于梁底可能不平及聚四氟乙烯滑板的厚薄不均,所以在推移中,滑板必须连续跟上,以免影响推进。

在顶推时,应经常检查梁底边线位置,发现偏差时,及时用木楔及聚四氟乙烯板横向导向装置[图12.24(b)]进行纠偏。

(5)落梁就位。

全梁顶推到达设计位置后,可用多台千斤顶同时将梁顶起,按图12.25拆除滑道,安上正式支座,进行落梁就位。落梁温度一般在20℃左右。

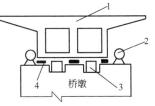

1—梁体;2—顶推千斤顶;
3—落梁千斤顶;4—盆式支座
图 12.25 落梁示意

模块小结

本模块重点讲解了先张法和后张法预应力混凝土简支梁桥的施工工艺,并简单介绍了其他大跨径梁桥的施工方法,如悬臂法和顶推法。

通过教学,让学生熟悉先张法和后张法这两种施工方法的关键技术节点,并理解这两种方法异同。

习 题

一、填空题

1. 施工混凝土预应力的方法有(　　)和(　　)。
2. 大跨径预应力混凝土连续梁桥的常用施工方法有(　　)和(　　)。
3. 制孔器的抽拔应在混凝土(　　)后与(　　)前进行。

二、选择题

1. 相比后张法,先张法施工需要专门的(　　)。
   A. 锚具　　　　　B. 张拉台座　　　　C. 夹具　　　　　D. 预留孔道
2. 当构件的混凝土强度达到设计强度的(　　)%时,可进行预应力张拉。
   A. 70　　　　　　B. 75　　　　　　　C. 80　　　　　　D. 85
3. 孔道压浆每一工作班应留取不少于3组的边长(　　)mm的立方体试件。
   A. 70.7　　　　　B. 100　　　　　　 C. 120　　　　　 D. 150
4. 悬臂法施工的核心设备是(　　)。
   A. 千斤顶　　　　B. 模板　　　　　　C. 挂篮　　　　　D. 锚具

三、简答题

1. 简述先张法预应力混凝土简支梁桥的施工工艺过程。
2. 简述后张法预应力混凝土简支梁桥的施工工艺过程。
3. 简述常见的几种先张法预应力筋放松方法。
4. 常见台座有哪些类型?
5. 后张法中孔道压浆的目的是什么?

模块12
在线答题

模块 13 其他体系桥梁施工

思维导图

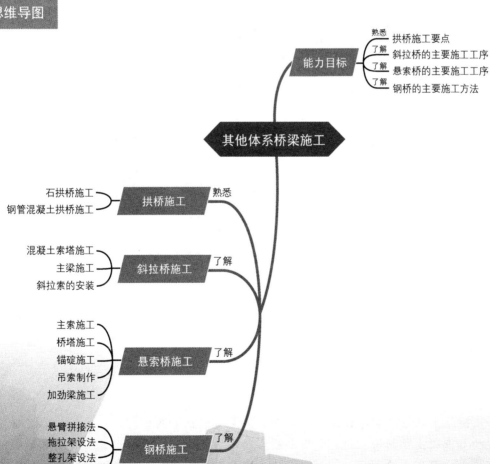

> **学习重点**
>
> 石拱桥的施工，钢管混凝土拱桥的施工。

引例

拱桥历史悠久，造型美观，但我们不能仅看到它的表面，而是要明白其施工工艺。

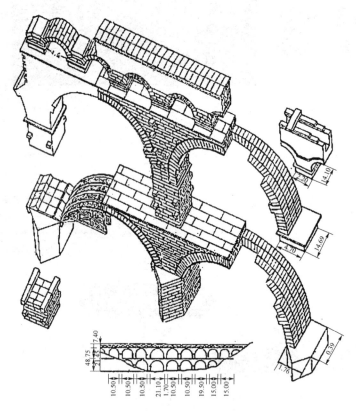

引例图 嘉德水道桥剖析（尺寸单位：m）

13.1 拱桥施工

拱桥施工从方法上可分为有支架施工和无支架施工两大类。在中国，前者常用于石拱桥和混凝土预制块拱桥，后者多用于肋拱、双曲拱、箱形拱、桁架拱和钢管混凝土拱桥，也有采用两者结合的施工方法。本节着重叙述石拱桥施工和钢管混凝土拱桥施工。

13.1.1 石拱桥施工

石拱桥上部结构施工按其程序可分为拱圈放样、拱架设置、拱圈和拱上建筑砌筑、拱架卸落等。

1. 拱圈放样和拱石编号

拱圈是拱桥的主要部分，它的各部分尺寸必须和设计图纸严密吻合。为了做到这一点，最可靠的方法是按设计图先在地上放出 1∶1 的拱圈大样，然后按照大样制作拱架、拱块样板。因此，放样工作十分重要，应当做到精确、细致。

赵州桥施工动画

样台宜位于桥位附近的平地上，先用碎石或卵石夯实，再铺一层 2～3cm 厚的水泥砂浆，也可采用三合土地坪，以保证放样期间不发生超过允许值的变形。对于左右对称的拱圈，一般只需放出半孔即可。

针对拱圈的不同线型，介绍两种拱圈样板放样法，圆弧拱放样和悬链线拱圈放样法：

(1) 圆弧拱放样，常用的放样方法有圆心推磨法和直角坐标法。下面仅介绍圆心推磨法，如图 13.1 所示。

① 在样台上用经纬仪放出 $x-x$、$y-y$ 坐标。

② 用校正好的钢尺在 y 轴上方量出 f_0，在 y 轴下方量出 $(R-f_0)$，得 O' 点。

③ 以 O' 点为圆心，R 为半径画弧交 $x-x$ 轴于 a、b 两点，则弧 ab 即为圆弧拱之拱腹线，并用钢尺校核 $\overline{ab}$ 是否与 L_0 值相等。

④ 以 O' 点为圆心，$(R+d)$ 为半径画弧交 $O'a$、$O'b$ 延长线于 c、d 两点，则 $\overline{cd}$ 即为圆弧拱之拱背线。弧的圆心可在样台之外，但必须与样台在同一平面上。拉尺画弧时，应使尺身均匀移动，不能弯扭。

(2) 悬链线拱圈放样，常用的放样方法有直角坐标法和多圆心法。下面仅介绍直角坐标法，如图 13.2 所示。

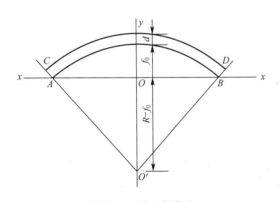

图 13.1 圆心推磨法

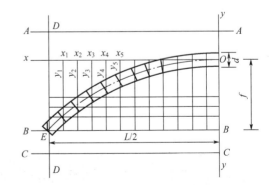

图 13.2 直角坐标法

① 在样台上，以拱顶的坐标为原点 O，用经纬仪放出 $x-x$、$y-y$ 两轴线，并作 $A-A$、$C-C$ 线平行于 $x-x$ 轴。

② 从原点 O 向下在 y 轴上量取一点 B，使 $\overline{OB}=f$。从 B 点作垂直于 $y-y$ 轴（即平行

于 $x-x$ 轴)的 $B-B$ 线,在 $B-B$ 线上截取一点 E,使 $\overline{BE}=L/2$。通过 E 点作平行于 $y-y$ 轴的 $D-D$ 线,则 E 点即为拱轴线在拱脚处的交点。核对四边形的对角线是否相等。

③ 沿 $x-x$ 轴方向,将 $L/2$ 划分成 12 个大小相等的矩形。

④ 根据计算的 $y_1 \sim y_{12}$ 各数值画在坐标上,并连接各点,该曲线即为拱轴线。

⑤ 在拱脚 E 点作拱轴线的垂直线,长为等分 d 的长度(d 为拱圈厚度)。

⑥ 作平行于拱轴线的拱背线和拱腹线,并用铁钉或油漆标出。

⑦ 用 $\phi 6 \sim \phi 8$ 钢筋将拱腹、拱轴、拱背各点圆滑地连接成弧线。

【示例】 图 13.3 为采用直角坐标法对悬链线拱圈进行放样,设 $L_0=30\mathrm{m}$, $f_0=6\mathrm{m}$, $d=0.8\mathrm{m}$, $\dfrac{f}{L}=\dfrac{1}{5}$。

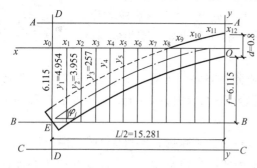

图 13.3 计算简图

解: (1) 求拱脚处倾斜角 φ_j,选择拱轴系数 $m=2.814$。

$$\tan\varphi_j = [表值] \times \frac{f}{1000L},根据 m=2.814,查拱脚处 \varphi_j 表值为 4915 代入公式:$$

$$\tan\varphi_j = 4915 \times \frac{1}{1000 \times 5} = 0.983,得 \varphi_j=44.509°$$

$$f = f_0 + (1-\cos\varphi_j)\frac{d}{2}(式中 \cos 44.509°=0.7131)$$
$$= 6 + (1-0.7131) \times \frac{0.8}{2} = 6.115(\mathrm{m})$$

$$L = L_0 + d\sin\varphi_j = 30 + 0.8 \times 0.701 = 30.561(\mathrm{m}),式中 \sin 44.509°=0.701。$$

(2) 从 O 点量出 $f=6.115\mathrm{m}$,相交于 $y-y$ 轴于 B,作 $B-B$ 线平行于 $x-x$ 轴,在 $B-B$ 线上截取一点 E,$\overline{BE}=\dfrac{L}{2}=15.281\mathrm{m}$,通过 E 点作 $D-D$ 线平行于 $y-y$ 轴,然后核对四边形的对角线是否相等。

(3) 沿 $x-x$ 轴方向将 $\dfrac{L}{2}=15.281\mathrm{m}$ 划分为 12 个大小一致的矩形。

(4) 根据拱轴坐标 $\dfrac{y_i}{f}$ 值,$y_i=[表值]\times f$,计算出 y_1、y_2、$y_3\cdots y_{12}$。

(5) 计算的 $y_0 \sim y_{12}$ 各数值见表 13-1,据此画在 x_0、$x_1\cdots x_{12}$ 的纵坐标上并连接各点。该曲线即为拱桥的拱轴线。

表 13-1 拱轴坐标 $\dfrac{y_i}{f}$ 值 $y_i=[表值]\times f$

截面号	0 拱脚处	1	2	3	4	5	6	7	8	9	10	11	12 拱顶
y_i/f	1.000	0.8101	0.6473	0.5085	0.3908	0.2920	0.2100	0.1432	0.0903	0.0502	0.0221	0.0055	0
y_i	6.115	4.954	3.958	3.109	2.390	1.786	1.284	0.876	0.5522	0.3070	0.1351	0.0336	0

$y_0=1.000\times 6.115=6.115$,$y_1=0.8101\times 6.115=4.954\cdots y_{11}=0.0055\times 6.115=0.0336$,$y_{12}=0$。

(6) 在拱脚 E 点及拱轴线与 x_i 相交点处各作拱轴线的垂直线, 长度为 $\dfrac{d}{2}=0.4$, 连接各点即为拱背线及拱腹线。然后用铁钉标出, 再用 $\phi 6$ 钢筋将拱腹、拱轴、拱背坐标连成弧线。

拱圈的弧线画好后, 可划分拱石。拱石宽度常为 30～40cm, 灰缝宽度一般在 1～2cm 之间。

灰缝过宽, 将降低砌体强度, 增加灰浆用量; 灰缝过窄, 灰浆不宜灌注饱满, 影响砌体质量。

根据确定的拱石宽度和灰缝宽度, 即可沿拱圈内弧用钢尺定出每一灰缝中点, 再经此点沿相应的内弧半径方向画线, 即可定出外弧线上的灰缝中点。连接内外弧灰缝中点, 垂直此线向两边各量出缝宽一半画线, 即得灰缝边线。然后根据要求的高度和错缝长度可划分全部拱石。拱石划分后, 应立即编号, 如图 13.4(a) 所示。

图 13.4 拱石编号、样板及工程示例(赵州桥)

拱石编号后，还要依样台上的拱石尺寸，做成样板，如图 13.4(b)所示，写长度、块数。样板可用木板和镀锌铁皮制成。

当用片石、块石砌筑时，石料的加工程序大为简化，无须制作样板。但需对开采的石料进行挑选，将较好的留作砌筑拱圈，并在安砌时稍加修凿。

2. 拱架

拱架是拱桥在施工期间用来支承拱圈、保证拱圈能符合设计形状的临时构造物。拱架应有足够的稳定性、刚度和强度，同时构造简单，便于制作、拼装、架设，省工省料。

拱架的种类很多，按使用材料分为木拱架、钢拱架、竹拱架、竹木拱架及"土牛拱胎"等形式，其中木拱架最为常用。

木拱架按其构造形式可分为满布式拱架、拱式拱架及混合式拱架等几种，本书主要介绍满布式拱架和拱式拱架。

（1）满布式拱架。

满布式拱架通常由拱架上部（含有拱盔，若无拱盔称为支架，常用于现浇整体式桥梁上部构造施工）、卸架设备、拱架下部 3 部分组成，如图 13.5 所示。

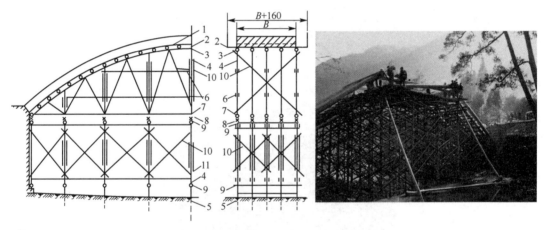

1—模板；2—横梁；3—弓形木；4—立柱；5—桩；6—水平夹木；
7—大梁；8—拆架设备；9—帽木；10—斜向夹木；11—纵向夹木

图 13.5 满布式拱架（尺寸单位：cm）

卸架设备以上部分称为拱盔，一般由斜梁、立柱、斜撑和拉杆组成的拱形桁架。在斜梁上钉以弧形垫木以适应拱腹曲线形状，故将斜梁和弧形垫木称为弓形木。弓形木支承在立柱或斜撑上，长度一般为 1.5～2.0m。在弓形木上设置横梁，其间距一般为 0.6～0.8m；上面再纵向铺设 2.5～4.0cm 厚的模板，就可在上面砌筑拱石。当拱架横向间距较密时，可不设横梁，而直接在弓形木上面横向铺设 6～8cm 厚的模板。

卸架设备在拱盔与支架之间，卸架设备以下部分为支架（拱架下部）。

立柱式支架由立柱及横向联系（斜夹木和水平夹木）组成。立柱间距按桥梁跨径及承受拱圈重量的不同，一般在 1.5～5.0m 之间，拱架在横向的间距一般为 1.0～1.7m，为了增强横向稳定性，拱架之间应设置横向联系。立柱式拱架的构造和制作都很简单。但立柱数目很多，只适合于跨径和高度都不大的拱桥。

撑架式拱桥是用少数框架式支架加斜撑来代替数目众多的立柱,如图 13.6 所示。木材用量较立柱式拱架少,构造上也不复杂,且能在桥孔下留出适当的空间,减少洪水及漂流物的威胁,并在一定程度上满足通航要求。

(2) 拱式拱架。

与满布式拱架相比较,拱式拱架不受洪水、漂流物等的影响,在施工期间能维持通航,适用于墩高、水深、流急或要求通航的河流。如图 13.7 所示的夹合木拱架,其跨径在 30m 以内时采用矩形截面,30~40m 时采用工字形截面。

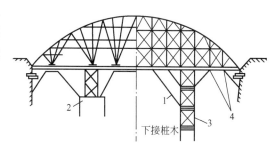

1—斜撑;2—临时墩;3—框式支架;4—卸架设备

图 13.6 斜撑式满布拱架

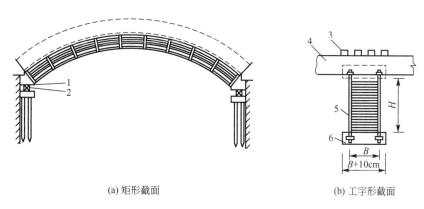

(a) 矩形截面　　(b) 工字形截面

1—三角垫木;2—卸架设备;3—模板;4—模板;5—螺栓;6—角铁

图 13.7 夹合木拱架

三铰桁式拱架是拱式木拱架中常用的一种形式,其材料消耗率低,但要求有较高的制作水平和架设能力。三铰桁式拱架的纵、横向稳定应特别注意。除在结构上须加强纵横联系外,还须设抗风缆索,以加强拱架的整体稳定。在施工中还应注意对称地、均衡地砌筑,并加强施工观测。桁架的结构形式按腹杆的布置有 N 式和 V 式,如图 13.8 所示。

支架的支撑部分必须安装在坚实的地基上,用桩作基础的,应验算桩的承载能力;用枕木作基础的,应验算土基承载能力。同时,应保证支架不发生不允许的下沉。在湿陷性黄土地基上安装的支架,必须有防水措施。

为了使拱圈在修建后,其拱轴线能符合设计要求,因此在施工时,必须在拱架上考虑预拱度。

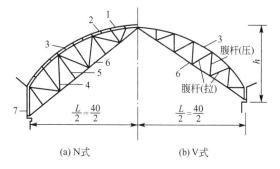

(a) N 式　　(b) V 式

1—模板;2—横梁;3—上弦;4—斜杆;
5—竖杆;6—下弦;7—垫块

图 13.8 三铰桁式拱架

石拱桥顶部预拱度值可按下式估算。

$$\delta = \left(\frac{1}{400} - \frac{1}{800}\right)L$$

其他各点按二次抛物线变化估算。

则

$$\delta_i = \frac{4\delta}{L_0^2} \cdot x(L_0 - x)$$

式中：x——以拱脚为原点的横坐标，m；

L_0——净跨径，m；

δ——拱顶总预加拱度，m。

3. 拱圈砌筑

跨径 10m 以下的拱圈，当用满布式拱架砌筑时，可从两端拱脚同时对称地、均衡地向拱顶方向砌筑，最后砌拱顶石。当用拱式拱架砌筑时，宜分段、对称地先砌拱脚段和拱顶段，最后砌 1/4 跨径段。

跨径 13~20m 的拱圈，不论用何种拱架，每半跨均应分成 3 段砌筑，先砌拱脚段 1 和拱顶段 2，后砌 1/4 跨径段 3，两半跨应同时、对称地进行。

跨径大于 25m 的拱圈砌筑，程序应符合设计规定，一般采用分段砌筑或分环、分段相结合的方法砌筑，必要时应对拱架预加一定的压力。分环砌筑时，应待下环砌筑合龙，砌缝砂浆强度达到设计强度 70% 以上后，再砌筑上环。

分段浇筑程序应对称于拱顶进行，且应符合设计要求。

多孔连续拱桥拱圈的砌筑，应考虑连拱的影响，制定相应的砌筑程序。

4. 拱圈合龙

砌筑拱圈时，在拱顶留一缺口，待拱圈的所有缺口和空缝全部填封后，再封闭拱顶缺口，称为合龙。合龙时的温度，应按设计要求。当设计无规定时，应尽量接近当地的平均气温。合龙的方法有尖拱法与千斤顶法，本节主要介绍尖拱法。尖拱法一般只适用于中、小跨径拱桥，对一些较大跨径的石拱桥有时也采用此种方法。

尖拱的作用有以下 3 个。

① 在拱架卸落前，可通过尖拱判断拱的作用是否正常，并使拱圈稍微脱离拱架，以便拆架。

② 可以稍微调整拱圈截面内力。

③ 防止拱圈开裂。

拱圈砌缝都为辐射形，故在拱顶缺口处形成上大下小的缺口，如图 13.9 所示。

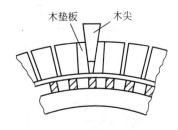

图 13.9 尖拱示意图

为消除尖拱时的震动影响，在拱顶 1/5 的拱圈长度处宜先干砌，待尖拱后再灌填砂浆；否则，应在砂浆强度达到 70% 以上后再尖拱。尖拱用硬木楔进行，可以做成一种尺寸二次打入而得预定的拱圈抬高度及缺口张开度；也可以做成几套不同尺寸的硬木楔，按从小到大的次序，逐次打入；还可以做成复合木楔，两块紧贴拱圈石，而中间木楔从缝中打入。为减少木楔夯下时的摩阻力，在缺口两侧垫上木板与青竹皮。合龙用的打入木楔个数应根据拱顶推力估算。木楔用木夯或石夯夯下，夯打最好同时进行。尖拱完毕后，根据缺口尺寸修打刹尖石，刹尖石的尺寸不要做得太小，以锤打下嵌紧为度。

5. 拱上建筑的砌筑

拱上建筑的施工，应在拱顶石砌完，合龙砂浆强度达到设计强度30%后进行，一般不小于合龙后3d；当拱桥跨径较大时，最好在合龙后10d进行。

实腹式拱上建筑，应由拱脚向拱顶对称地砌筑。当侧墙砌筑好以后，再填筑拱腹填料。空腹式拱上建筑，一般是在腹拱墩砌完后就卸落拱架，然后再对称、均衡地砌筑腹拱圈，以免由于主拱圈不均匀下沉而使腹拱圈开裂。

6. 拱架卸落

拱圈砌筑完毕，待达到一定强度后即可拆除拱架。如果施工情况正常，在拱圈合龙后，跨径在20m以内时，拱架应保留的最短时间为20d；跨径超过20m时，拱架应保留的最短时间为30d。若施工要求必须提早拆除拱架，应适当提高砂浆标号或采取其他措施。

为保证拱圈（或拱上建筑已完成的整个上部结构）逐渐均匀地降落，以便使拱架所支承的桥跨结构重量逐渐转移给拱圈自重来承担，因此拱架不能突然卸落，而应按卸架程序进行。

对于中、小跨径满布式拱架拱桥，可以将各节点处的卸落量分几次从拱顶向拱脚对称卸落。靠近拱顶处的一般可分3~4次卸落，靠近拱脚处的可减少卸落次数。图13.10为满布式拱架的卸落步骤，图中 δ_0、δ_1、δ_2、δ_3、δ_4 表示各节点处卸落量。

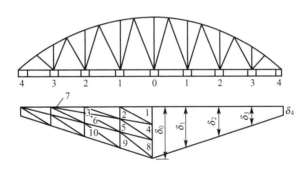

注：图中阿拉伯数字为卸落步骤顺序。

图 13.10 满布式拱架的卸落步骤

对于大跨径的悬链线拱圈，为了避免拱圈发生"M"形变形，可从两边 $L/4$ 处逐次对称地向拱脚和拱顶均衡地卸落。卸架的时间宜在白天气温较高时进行。

13.1.2 钢管混凝土拱桥施工

钢管混凝土拱桥的施工方法有少支架施工、无支架施工。施工方法中的关键是钢管肋拱的施工。由于吊杆、纵梁、横梁等构件类似于梁桥构件，在这里不再赘述。

1. 少支架施工

简支钢管混凝土组合拱桥的少支架施工与构造、通航要求等因素密切相关。当纵梁足够高时，可以采取少支架施工。如果河流有通航要求，中间可预留通航孔以维持临时通航，在临时通航孔外搭设少量支架，以便搁置纵梁。一般用先筑纵梁后架拱的方案。对于先预制加劲梁，在支架上浇筑接缝及接头，而后架设钢管拱肋及浇灌拱肋混凝土的方案的施工步骤如下。

① 设置临时墩及主墩支撑浇筑端块及端横梁。

② 吊装预制加劲梁节段，在支墩上现浇纵向连接梁；并吊装部分横梁现浇接头，形成平面框架，张拉横梁预应力及部分纵向预应力筋；在浇筑中预留吊杆的位置。

③ 架设其余横梁及钢管拱肋，浇筑横梁接头及张拉预应力筋，设置风撑及灌注钢管混凝土；按设计要求张拉吊杆。

④ 铺设桥面空心板，张拉其余纵向预应力筋。拆除支架，浇筑桥面铺装。

⑤ 拆除临时墩。

2. 无支架施工

无支架施工指整孔吊装，钢管吊装后锁定于拱座的铰上，或在拱座横梁上利用桥台、桥墩承担水平推力。如桥墩承担水平推力有困难时，可将钢管两端焊上临时锚箱，张拉临时拉杆，拉杆中间需设辅助吊杆；而后泵送混凝土及吊装横梁，张拉吊杆，利用横梁作为支点。张拉部分纵向索，以及浇筑桥面板及加劲纵梁现浇段；然后张拉全部预应力束。或将钢管分 3 段吊装，在桥台或桥墩上设独脚扒杆，设前后拉索，后拉索锚在地上，前拉索扣住钢管，吊装中段利用预埋螺栓孔将接头固定，待风撑安装后，各接头施焊，并用扣索将钢管固定，防止失稳。施工步骤如下。

① 完成基础工作后，浇筑承台、横梁和纵梁端块(包括拱座)。

② 用前面所讲的钢管拱吊装方式，使钢管拱就位，并用吊杆及临时拉索预先安装好，就位后就可焊接拱脚焊缝。

③ 泵送混凝土，跨中吊一根横梁以压重。

④ 对称吊挡、吊杆并挡上横梁，根据设计要求进行吊杆的张拉，张拉横向索。

⑤ 现浇桥面板连接段，张拉全部纵向预应力索。

⑥ 桥面铺装，并调整吊杆张拉力等。

3. 钢管混凝土拱肋的施工

(1) 钢管加工。

钢管混凝土拱所用钢管直径大，一般采用钢板卷制焊接管，其中对桁式钢管拱中直径较小的腹杆、横联管可直接采用无缝钢管。

钢板卷制焊接管可采用工厂卷制和工地冷弯卷制两种方式。由于工厂卷制质量便于控制，检测手段齐全，推荐采用工厂卷制焊接管。根据不同的板厚和管径，可采用螺旋焊缝和纵向直焊缝两种形式。制管工艺程序包括钢板备料、卷管、焊缝检查与补焊、水压试验等工序。

(2) 钢管拱肋的加工制作。

成品钢管通常为 8～12m 长，一般经接头、弯制、组装后，形成拱肋。

在钢管拱肋加工制作前，应先根据设计图的要求绘制施工详图。施工详图按工艺程序要求，绘成零件图、单元构件图、节段构成图及试装图。

加工前，先在现场平台上对 1/2 拱肋进行 1∶1 放样，放样精度需达到设计和规范要求。再根据大样按实际量取拱肋各构件的长度,取样下料和加工。测量时应考虑温度的影响。按拱肋加工段长度(一般为拱肋吊装分段长度)进行钢管接长。在可能的情况下均应做双面焊接或管外焊接,对不能进行管内施焊的小直径管可采用在封底焊缝后再进行焊接的办法。焊接完成后严格按设计要求进行焊缝外观质量检查和超声波与 X 射线检测。工地弯管一般采用加热方式,利用模架对弯管节施加作用,使之弯曲,直至成形。

(3) 拱肋的拼装。

钢管拱肋具有各种形式,从断面看,可以是单管、双管或多管,从立面看,可以是管型或由管组成的桁构型。拼装时按下列顺序进行。

① 精确放样与下料。一般按 1∶1 进行放样,根据实际放样下料。

② 对用于拼装的钢管作除锈防护处理。

③ 在 1∶1 放样台上组拼拱肋。先进行组拼,然后作固定性焊接,在拱肋初步形成后,对其几何尺寸作详细检查,发现问题,及时调整,使拼装精度达到设计要求。

④ 焊接。焊接是钢管混凝土拱桥施工最重要的一环。施焊工艺必须符合设计要求,并按要求进行检测(检测项目包括外观、超声波与 X 射线)。在拱肋一面焊接完后,对其进行翻身,以便焊接另一面,从而避免仰焊,确保焊接牢固。由于拱肋翻身是在未完全焊接情况下进行,很容易造成拱肋结构杆件接头处的损坏,所以,必须正确设置吊点和严格按设计方案要求进行翻身。

⑤ 精度控制。桥跨整体尺寸的精度由节段精度来保证,所以,制作精度的控制应着眼于节段的制作精度。在制作中,由于卷尺误差、温度变形、画线的粗细度以及焊接收缩量等误差大小在一定程度上可以推算,因而在制作中要尽量排除。把基准对合偏差、焰割气压变化时所产生的切割偏差、组装时对中心的误差、估计焊接收缩量误差等偶然误差作为基本误差来考虑,利用误差理论分析出节段制作与结构拼装误差预测值,并根据不同的保证率和实际情况确定出允许误差,在施工时的精度控制按规范和设计要求执行。

⑥ 防护。钢管防护的好坏直接影响钢管混凝土拱桥的使用寿命。在拱肋段完全形成、焊缝质量检验合格后即可进行防护施工。首先对所有外露面作喷砂除锈处理,然后作防护处理,一般采用热喷涂,其喷涂方式、工艺以及厚度均应符合设计要求。在防护完成后即可将其堆放待用。

(4) 钢管拱肋安装。

钢管混凝土拱桥施工中最主要的工序之一就是拱肋安装,安装的方法有:无支架缆索吊装,少支架缆索吊装,整片拱肋或少支架浮吊装,吊桥式缆索吊装,转体施工,支架上组装,千斤顶斜拉扣挂悬拼等。这里主要介绍千斤顶斜拉扣挂悬拼法。

钢管混凝土拱桥的拱圈形成主要分两步:一是钢管拱圈形成;二是在管内灌注混凝土形成最终拱圈,钢管拱既是结构的一部分,又兼作浇筑管内混凝土的支架与模板。采用千斤顶斜拉扣挂悬拼装就是利用在吊装时用于扣挂钢管的斜拉索的索力调整,来控制吊装标高和调整管内混凝土浇筑时拱肋轴线变形,千斤顶斜拉扣挂悬拼安装系统包括吊运系统和斜拉扣挂系统两部分,如图 13.11 所示。

吊运系统主要用于预制钢管拱肋段的运送。斜拉扣挂系统中扣索采用钢绞线,各根扣索用多大的钢绞线或由几根组成,应根据扣索索力大小决定。扣索索力计算与拱桥悬拼施工相似。扣索经扣塔顶索鞍弯曲转向进入地锚张拉锚固,如图 13.12 所示。

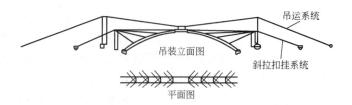

图 13.11　千斤顶斜拉扣挂悬拼安装

钢管拱肋的拼装顺序一般按设计要求进行。图 13.13 为某桥的拼装流程。

图 13.12　扣索系统

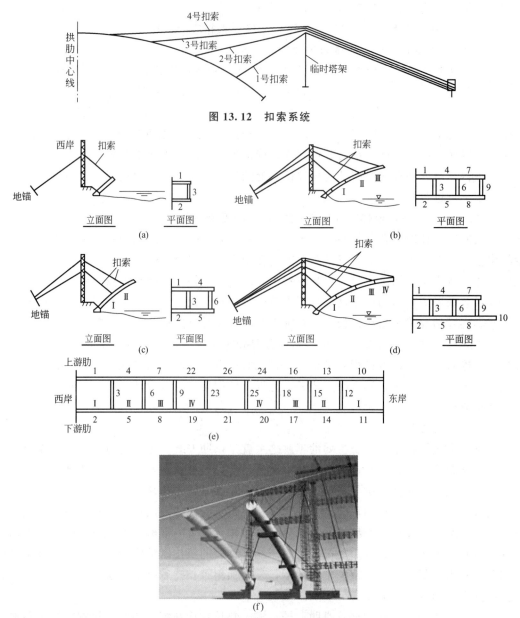

注：① 图中阿拉伯数字表示吊装就位顺序；
　　② 图中罗马数字表示钢骨架分段。

图 13.13　钢管拱肋拼装流程及示例

空中接头处一般钢管拱肋处于悬臂状态(节点以外)。为保证钢管不产生整体变形,便于空中对接,都应设置固定架,待接头连接后拆除。另外应在前一已安装段管(多管截面时为下层管)的外侧底部和内侧上部焊上临时支承板,以便于施工。悬臂拼装过程中,采用水准仪或全站仪控制标高,调整扣索索力,调整拱肋标高。

(5)管内混凝土浇筑。

管内混凝土浇筑可采用人工浇筑和泵送顶升压注两种方法。由于分段浇筑对密封的钢管来讲较为困难,且由此而产生的若干混凝土接缝对钢管混凝土拱肋质量不利。所以,一般采用自拱脚一次对称浇(压)筑至拱顶的方案,下面以泵送顶升压筑施工为例,如图13.14所示。钢管混凝土压筑工艺流程:堵塞钢管法兰间隙→清洗管内污物→润湿内壁→安设压注头和闸阀→压注管内混凝土→从拱顶排浆孔振捣混凝土→关闭压注口处闸阀稳压→拆除闸阀完成压筑。

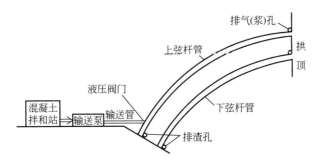

图 13.14 泵送顶升压筑施工示意

① 混凝土质量要求如下。

a. 管内混凝土不能出现断缝、空洞。

b. 管内混凝土不能与管壁分离。

c. 管内混凝土的配料强度应比设计强度高 10%~15%。

d. 新灌入钢管的混凝土,3d 内承载量不宜高于 30%设计强度,7d 内承载量不宜高于 80%设计强度。

e. 一根钢管的混凝土的浇筑完成时间,不得超过第一盘入管混凝土的初凝时间。

f. 一根钢管的混凝土必须连续浇筑,一气呵成。

② 钢管混凝土宜采用半流动性微膨胀缓凝混凝土,其注意事项如下。

a. 水灰比应小于 0.35;坍落度为 12~18cm,以 16cm 最佳。

b. 加入减水剂增加流动度。

c. 加微膨胀剂防止混凝土收缩。微膨胀剂可选用钙矾石、UEA 等。

d. 高温地区夏季浇筑混凝土时,可加 5%(水泥量)的一级粉煤灰,以增加和易性,降低水化热。

e. 应加入缓凝剂延长初凝时间。

③ 浇筑施工时的注意点如下。

a. 入口应设法兰接头和插板与输送泵管口连接。待浇筑到设计标高后,用插板堵死开口,防止混凝土外溢。

b. 在浇筑混凝土的前进方向上应每隔 30m 设一个排气孔。

c. 浇筑开始前，应压入清水洗管，润湿内壁，管内不得留有油污和锈蚀物。

d. 浇筑混凝土前，应先泵入水泥浆，然后连续泵入混凝土。

e. 应从两岸拱脚对称浇筑混凝土。

f. 可在钢管上固定附着振捣器，边浇边振，有助于排出管内空气，加强密实度，若采用免振混凝土则无须振捣。

g. 浇筑顺序按设计要求执行，对拱肋轴线变形进行观测调整。

h. 浇筑时环境气温应大于 5℃。当环境气温高于 40℃，钢管温度高于 60℃时，应采取措施降低钢管温度。

④ 钢管内填心混凝土质量常见的缺陷存在以下几种。

a. 空腔，由浇筑过程中排气不良或浇筑间断而残留在混凝土内的空气造成。

b. 收缩缝，由混凝土水灰比过大，水泥用量过多，微膨胀量不足造成。

c. 混凝土与管壁黏结不良，由管内壁锈蚀造成。

d. 混凝土离析，由混凝土配料不好、骨料堆积或抛投浇筑造成。

e. 混凝土疏松不密实，由泵压不足、浇筑速度过快造成。

13.2 斜拉桥施工

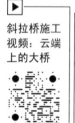

斜拉桥施工视频：云端上的大桥

斜拉桥的施工方法多种多样。根据国内外的工程实践，斜拉桥基础、墩台和索塔施工与其他桥型基本相同，但上部结构施工，有其特殊性。一般大跨径斜拉桥上部结构主要采用悬臂浇筑或悬臂拼装的施工方法，对于中、小跨径的斜拉桥，可根据桥址处的地形条件和结构的特点，采用支架法、顶推法等施工方法。下面针对斜拉桥的混凝土索塔施工、主梁施工和斜拉索的安装阐述。

1. 混凝土索塔施工

混凝土索塔的塔柱可分为下塔柱、中塔柱和上塔柱，一般采用支架法、滑模法、爬模法、翻转模板法分节段施工，施工节段大小的划分与塔柱构造、施工方法、施工环境条件、施工机具设备能力（起重设备能力）等多方面因素有关。常用的施工节段大小划分为 1~6m 不等，塔柱施工示例及施工工艺流程如图 13.15 所示。根据国内、外多座斜拉桥的施工经验，采用爬模法或翻转模板法施工的塔柱，按照上述施工节段划分组织施工，其施工工效可达 1.0~1.5m/d。

一般来讲，塔柱的塔壁内往往设有劲性骨架，劲性骨架在加工厂分节段加工，在现场分段超前拼接，精确定位。劲性骨架安装定位后，可供测量放样、立模、钢筋绑扎及斜拉索钢套管定位使用，也可承受部分施工荷载。劲性骨架在倾斜塔柱中，其功能作用更大，设计往往结合构件受力需要设置。当倾斜塔柱为内倾或外倾布置时，应考虑在两塔肢之间每隔一定的高度设置受压支架（塔柱内倾）或受拉拉杆（塔柱外倾）以保证斜塔柱的受力和变

(a) 塔柱施工现场

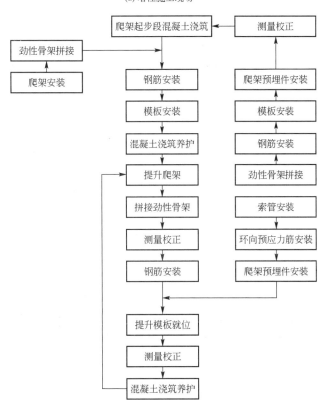

(b) 塔柱施工工艺流程

图 13.15 塔柱施工示例及施工工艺流程

形的稳定性,具体的布置间跨应根据塔柱构造经过设计计算确定。

塔柱钢筋一般均采用加工场预制成型、现场安装的办法施工。钢筋之间的连接包括绑扎连接、焊接连接、冷挤压连接及直螺纹连接等多种方法,其中冷挤压连接和直螺纹连接两种连接技术,因施工方便、快速,成本合理,质量可靠等特点越来越多地得到应用,特别是大直径钢筋的连接施工。

塔柱钢筋安装完成、模板就位后，即可进行混凝土的浇筑。塔柱混凝土浇筑一般采用卧式泵泵送的方法进行。

2. 主梁施工

斜拉桥主梁施工方法与梁式桥大致相同，一般可分为顶推法、平转法、支架法和悬臂法 4 种。悬臂法因适用范围较广而成为目前斜拉桥主梁施工最常用的方法。

悬臂法分悬臂浇筑法和悬臂拼装法。悬臂浇筑法是在塔柱两侧用挂篮对称逐段浇筑主梁混凝土。悬臂拼装法是先在塔柱区现浇（对采用钢梁的斜拉桥为安装）一段放置起吊设备的起始梁段，然后用起吊设备从塔柱两侧依次对称拼装梁体节段。

施工过程中，必须对主梁各个施工阶段的拉索索力、主梁标高、塔梁内力以及索塔位移量等进行监测，并应及时将有关数据反馈给设计单位，分析确定下一施工阶段的拉索张拉量值和主梁线形、高程及索塔位移控制量值等，直至合龙。

（1）悬臂浇筑法施工。

悬臂浇筑法是大部分混凝土斜拉桥主梁施工的主要方法，适用于任何跨径的斜拉桥主梁施工。

主梁悬臂浇筑节段长度根据斜拉索的节间长度、梁段重量进行划分，一个节段长度可采用一个索距或半个索距，但也有一个节段长度采用两个索距的情况。一般情况下，一个悬臂浇筑节段长度在 4~8m。斜拉桥主梁的悬臂浇筑与一般预应力混凝土梁式桥悬臂浇筑的施工工序基本相同。

（2）悬臂拼装法施工。

悬臂拼装法的主梁是预制的，墩塔与梁可平行施工，因此可以缩短施工周期，加快施工进度，减少高空作业。主梁预制混凝土龄期较长，收缩和徐变影响小，梁段的断面尺寸和浇筑质量容易得到保证。但该法需配备一定的吊装设备和运输设备，要有适当的预制场地和运输方式，安装精度要求较高。先在塔柱区现浇一段放置起吊设备的起始梁段，然后用适宜的起吊设备从塔柱两侧依次对称安装预制节段，使悬臂不断伸长直到合龙。

3. 斜拉索的安装

（1）放索。

为便于运输及在运输过程中对索的保护，斜拉索起运前通常采用类似电缆盘的钢结构盘将拉索卷盘，然后运输。对于短索，也有采取自身成盘，捆扎后运输的情况。

在放索过程中，由于索盘自身的弹性和牵引产生的偏心力，会使转盘转动时产生加速度，导致散盘，危及施工人员的安全，所以，一般情况下要对转盘设刹车装置，或者以钢丝绳作尾索，用卷扬机控制放索。

（2）索在桥面上的移动。

在放索和挂索过程中，要对斜拉索进行拖移，由于索自身弯曲，或者与桥面直接接触，在移动中就可能损坏拉索的防护层或损伤索股。为避免这些情况的发生，一般在移动时要对索进行保护。

（3）索在塔部安装。

一般情况下，可根据斜拉索张拉方式确定拉索的安装顺序，拉索张拉端位于塔部时可先安装梁部拉索锚固端，后安装塔部拉索锚固端；反之，先安装塔部，后安装梁部。塔端拉索锚固端安装的方法一般有吊点法、吊机安装法、脚手架法、钢管法等。塔部拉索张拉段安装的方法一般有分步牵引法、桁架床法等。对于两端皆为张拉端的斜拉索，可选择其中适宜的方法。脚手架法、钢管法和桁架床法都要在悬挂斜拉索的位置搭设支架，安装复杂、速度慢，只适用于低塔稀索的情况。现代化斜拉桥多为大跨、高塔、密索体系，常用吊点法、吊机安装法及分步牵引法安装斜拉索。

13.3 悬索桥施工

悬索桥施工的主要内容包括：主索施工、桥塔施工、锚碇施工、吊索制作和加劲梁等。上部结构的施工顺序如图 13.16 所示。

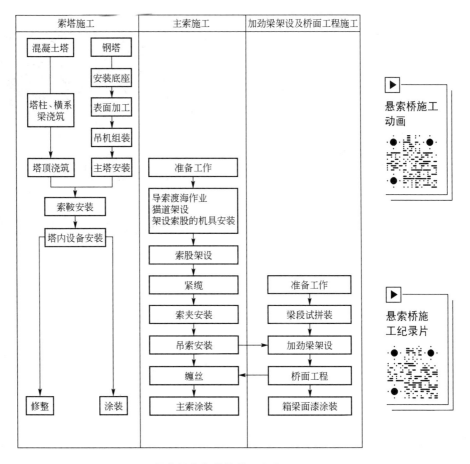

图 13.16 悬索桥上部结构施工顺序

施工过程中，应及时对成桥结构线形及内力进行监控，确保符合实际要求。

1. 主索施工

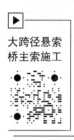
大跨径悬索桥主索施工

大跨径悬索桥缆索的钢丝是互相平行的。架桥时，缆索由钢丝就地编成。平行钢丝索的施工，通常采用由一个移动的纺轮在已架好的辅助缆索上来回移动架设每根钢丝的方法。钢丝束被编成一股以后，每隔2～3m绕上镀锌软铁丝，以保证截面的紧密和截面的形式。

为了防止钢丝锈蚀，通常采用镀锌的钢丝或在钢丝绳的空隙中填以红铅油、地沥青，也可在钢丝绳外面加一层柔性或刚性索套。图13.17所示为主索施工现场。

2. 桥塔施工

吊桥桥塔通常做成空心断面，用钢结构或钢筋混凝土制成。当采用钢筋混凝土桥塔时，可使用滑模工艺施工。对于高度不大的桥塔，可采用设在塔旁的悬臂吊车来拼装塔架。当桥塔高度较大时，则需要使用能沿桥塔爬高的吊车，以便随桥塔的接装而逐步上升，继续拼装桥塔上一节段的构件。图13.18所示为主塔爬模施工现场。

图13.17 主索施工现场

图13.18 主塔爬模施工现场

3. 锚碇施工

锚碇是锚块基础、锚块、钢缆的固定装置等的总称。

锚块的形式大致分为重力式[图13.19(a)]及隧道式[图13.19(b)]。大部分吊桥都采用重力式锚块。隧道式锚块则用于锚碇附近为基岩外露的有利情况之下。锚碇的施工方法与一般钢筋混凝土施工方法类似。锚碇的施工可参照一般钢筋混凝土结构的施工方法。图13.20所示为南京长江四桥锚碇施工现场。

4. 吊索制作

吊索可由圆钢、钢管或扭转式钢丝绳制成。当悬索吊装完毕后，可利用工作缆索吊移吊篮来进行索夹与吊索的安装工作。索夹与吊索的安装顺序是从中跨的跨中向两侧对称地逐个安装。中跨完成后再安装边跨，边跨是从塔架侧向桥台方向逐个安装。索夹与吊索同时安装。

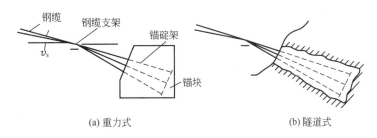

(a) 重力式　　　　　　　　　(b) 隧道式

图 13.19　锚块的形式

图 13.20　南京长江四桥锚碇施工现场

索夹为两个半六面体的铸钢件，靠螺钉拧合。索夹应先在地面配好，保证螺孔位置的对正，然后将索夹与吊索放入吊篮内，移动至安装位置。为了保证两个索夹的顺利安装，可临时使用一个简单的索夹，用它先将悬索卡紧，然后再上索夹。待索夹上紧后，松开临时索夹，并将原先捆绑的铁丝剪断、抽出。装配完一个索夹，立即将相应的吊索安装到索夹上，然后再将吊篮移出。

吊索的上端通过套筒与索夹的吊耳连接，下端通过套筒与调整眼杆连接，眼杆通过联结件与加劲梁连接。

5．加劲梁施工

加劲梁通常采用钢桁梁、钢箱梁和钢板梁制成。加劲梁与主梁的联结多采用高强螺栓的联结工艺。

加劲梁架设的主要工具是缆载起重机。架设顺序可以从主跨跨中开始，向桥塔方向逐段吊装；也可以从桥塔开始，向主跨跨中及边跨岸边前进。

13.4　钢桥施工

钢桥是各种桥梁体系特别是大跨径桥梁常用的一种形式。钢桥的施工方法除了悬臂拼装法之外，还可采用拖拉架设法、整孔架设法、膺架拼装法等施工方法，以提高施工速度。

钢材经过放样、下料、切割、矫正、号孔、钻孔、焊接、结构试拼装、除锈和油漆等预制加工工艺，最后得到所需的钢构件。

1. 悬臂拼装法

悬臂拼装法是在桥位上拼装钢梁时，不用临时膺架支承，而是将杆件逐根依次拼装在平衡梁上或已拼好的部分钢梁上，形成向桥孔中逐渐增长的悬臂，直至拼至次一墩(台)上，这称为全悬臂拼装。

若在桥孔中设置一个或一个以上临时支承进行悬臂拼装时称为半悬臂拼装。用悬臂拼装法安装多孔钢梁时，第一孔钢梁多用半悬臂法进行拼装。

钢梁在悬臂安装过程中，值得注意的关键问题有降低钢梁的安装应力、伸臂端挠度的控制、减少悬臂孔的施工荷载和保证钢梁拼装时的稳定性。

悬臂安装钢梁的施工顺序为杆件预拼→钢梁杆件拼装→高强度螺栓施工→安装临时支承布置→钢梁纵移→钢梁横移。

高强度螺栓终拧完毕必须当班检查。每栓群应抽查总数的5%，且不少于2套。抽查合格率不得小于80%，否则应继续抽查，直至合格率达到80%以上。对螺栓拧紧度不足者应补拧，对超拧者应更换、重新施拧并检查。

2. 拖拉架设法

采用纵向拖拉架设法时，应按移梁时可能发生的竖向应力和施工区间内的风力验算钢梁杆件和临时连接件的强度和稳定性。钢梁的倾覆系数不小于1.3，必要时可在中间设临时支架或在钢梁前端设导梁。

(1) 半悬臂纵向拖拉。

半悬臂纵向拖拉是根据被拖拉桥跨结构杆件的受力情况和结构本身的稳定要求，利用在永久性的墩(台)之间设置临时性的中间墩架的方法，以承托被拖拉的桥跨结构，如图13.21所示。

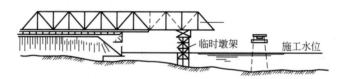

图13.21　中间临时墩架的纵向拖拉

(2) 全悬臂纵向拖拉。

全悬臂纵向拖拉指在两个永久性墩(台)之间不设置任何临时中间支承的纵向拖拉架梁的方法。图13.22所示为用拆装式杆件组成导梁的全悬臂纵向拖拉。拖拉钢桁梁的滑道，可以布置在纵梁下，也可以布置在主桁下。

3. 整孔架设法

(1) 用架桥机架梁。

用架桥机架梁有既快又省的效果。目前常用的架桥机有胜利型架桥机、红旗型窄式架桥机。

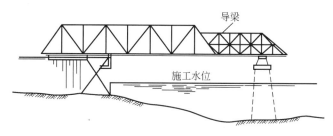

图 13.22 全悬臂纵向拖拉

(2) 钓鱼法架梁。

钓鱼法架梁是通过立在前方墩(台)上有效高度不小于梁长 1/3 的扒杆,用固定于扒杆顶的滑轮组牵引梁的前端,悬空拉到前方墩(台)上。用钓鱼法架设跨径 24m 拆装式桁梁的示意图和施工现场图如图 13.23 所示。图中后方桥台上也竖立了扒杆,供梁到位后落梁用。梁后端设制动滑轮组控制梁的前进速度。前后每端至少用两台千斤顶顶梁,以便交替拆除两侧枕木垛。

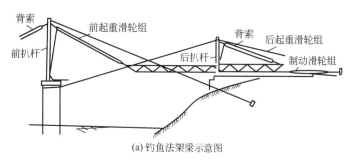

(a) 钓鱼法架梁示意图

(b) 钓鱼法架梁施工现场图

图 13.23 钓鱼法架梁

4. 膺架拼装法

在满布支架上拼组钢梁和在场地上拼组钢梁的技术要求基本一致。膺架拼装法的工序可分为杆件预拼,支架及拼装场地布置,钢梁拼装,钢梁铆合和栓合等几部分。

(1) 杆件预拼。

应将工厂发送到工地的钢梁的单根杆件和有关的拼接件在场地上预拼,拼组成吊装单元。

（2）支架及拼装场地布置。

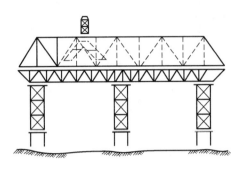

图 13.24　万能杆件拼组脚手架及龙门吊机

支架最好用万能杆件拼装，支架基础可用木桩基础，如图 13.24 所示。

支架顶面铺木板，板面标高应低于支承垫石面，以便于梁落到支座上。根据钢梁设计位置，在每个钢梁节点处设木垛。木垛间留有千斤顶的位置，可供设置千斤顶调整节点的标高。木垛的最上一层用木楔，以便调整钢梁节点标高。

（3）钢梁拼装。

钢梁拼装用的吊机类型很多，在支架上和场地上拼装钢梁可用万能杆件组成的龙门吊机，也可用轨道吊机。

钢梁常用的拼装顺序有两种，一种是从梁的一端逐节向另一端拼装；另一种是先从一端拼装下弦桥面系和下平纵联到另一端，然后再从一端拼装桁架的腹杆、上弦杆、上平联及横联到另一端。

（4）钢梁栓合。

钢梁拼装完毕后应根据精度的要求，经过复测检查调整后才能进行栓合。

钢梁在支架上拼装组合完毕后，可落梁到支座上。落梁方法可用千斤顶在端横梁下将梁顶起，逐渐拆除节点下木垛，然后落梁到支座上。当落梁高度很小时，也可逐步将节点下木楔放松，使钢梁徐徐下落。

模块小结

本模块主要介绍了拱桥的施工方法，并简要介绍了特大跨径桥型斜拉桥和悬索桥的常规施工方法。

教学的目的在于让学生熟悉拱桥这种历史悠久的桥型的施工技术，并通过多媒体教学了解斜拉桥和悬索桥的施工过程，激发作为一个桥梁建设者的雄心壮志。

习　题

一、填空题

1. 拱桥施工方法可分为（　　）和（　　）两大类。
2. 砌筑拱圈时，在拱顶留一缺口最后封闭，称为（　　）。
3. 悬索桥锚碇的形式大致分为（　　）和（　　）。

二、选择题

1. 拱上建筑的施工应在拱顶石砌完，合龙砂浆达到设计强度的（　　）%后进行。

A. 30　　　　　　B. 50　　　　　　C. 70　　　　　　D. 75

2. 钢管混凝土宜采用半流动微膨胀混凝土，坍落度以（　　）cm 为最佳。

A. 12　　　　　　B. 16　　　　　　C. 18　　　　　　D. 20

3. 泵送顶升压筑法施工钢管混凝土拱，应从（　　）浇筑混凝土。

A. 拱顶　　　　　　　　　　　　　B. 两岸拱脚对称

C. 一侧拱脚　　　　　　　　　　　D. 1/4 处

4. 拱架卸落的时间宜选在一天中气温（　　）时进行。

A. 较高　　　　　B. 较低　　　　　C. 平均　　　　　D. 都可以

5. 斜拉桥主梁最常用的施工方法是（　　）。

A. 顶推法　　　　B. 平转法　　　　C. 支架法　　　　D. 悬臂法

三、简答题

1. 拱架的结构类型有哪些？
2. 钢管混凝土拱施工时对管内混凝土有哪些质量要求？
3. 什么是悬臂浇筑法？什么是悬臂拼装法？
4. 简述悬索桥的施工程序。
5. 钢桥的主要施工方法有哪些？

模块13
在线答题

模块 14 桥面系施工

思维导图

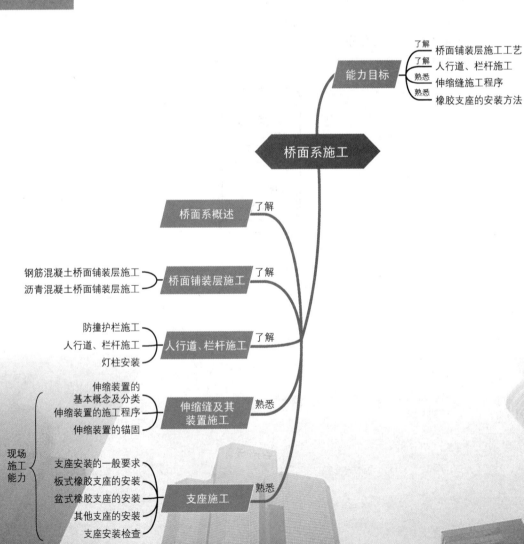

模块 14 桥面系施工

【学习重点】

桥面铺装层施工；伸缩装置安装；支座施工。

引例

行走在桥梁上，首先映入眼帘的就是桥面系，对非专业人士，他们看不懂桥梁的主体结构如梁板等，但会对桥面系中的一些东西感兴趣，如栏杆的美观与否，桥面行车通顺与否等。

引例图是准备施工桥面系时桥上的情形。

引例图 准备施工桥面系

14.1 桥面系概述

桥面系通常包括桥面铺装、防水与排水系统、桥面伸缩缝、人行道（或安全带）、缘石、栏杆、护栏和照明灯柱等，其一般构造如图 14.1 所示。

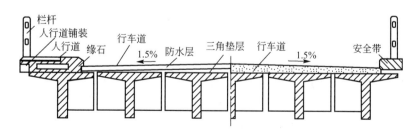

图 14.1 桥面系的一般构造

桥面系多属外露部位，直接与外界（包括车辆、行人、大气等）接触，对桥梁的主要结构起保护作用，使桥梁能够正常发挥其功能，同时也对行车安全和桥梁的美观起着重要的作用。对于现代高速交通体系的桥梁，更显示出桥面构造的重要性。

桥面系本身对环境的影响十分敏感，属于桥梁工程的薄弱环节。但由于桥面系工程量小、项目繁杂以及其附属性的地位，往往在设计和施工中得不到应有的重视，从而有可能导致在运营过程中产生弊病，影响桥梁的正常使用，增加维修费用，甚至被迫中断交通。因此，必须全面了解桥面系各部件的工作性能，合理选择，认真设计，精心施工。

14.2 桥面铺装层施工

桥面铺装层的作用是实现桥梁的整体化，使各片主梁共同受力，同时为行车提供平整舒适的行车道面。高等级公路及二、三级公路的桥面铺装层一般为两层，上层为 4~8cm 沥青混凝土，下层为 8~10cm 钢筋混凝土。钢筋混凝土能增加桥梁的整体性，沥青混凝土能提高行车的舒适性，同时又能减轻车辆对桥梁的冲击和振动。四级公路或个别三级公路为减少工程造价，直接采用水泥混凝土桥面，也有三级公路在水泥混凝土桥面上铺设一层沥青碎石或沥青表面处理。所以桥面铺装层的结构形式应根据公路等级、交通量大小和荷载设计等级确定。现就钢筋混凝土和沥青混凝土桥面铺装层分别作以介绍。

> **特别提示**
> 为了方便理解，桥面铺装层可以表达为桥上的路面。

1. 钢筋混凝土桥面铺装层施工

（1）梁顶高程的测定和调整。

预应力混凝土空心板或大梁在预制后存梁期间由于预应力的作用，往往会产生反拱，如果反拱过大就会影响到桥面铺装层的施工，因此设计中对存梁时间、存梁方法都做了一定要求。如果架梁前已发现反拱过大，则应采取降低墩顶高程、减少垫石厚度等方法，以保证铺装层厚度。架梁后对梁顶高程进行测量，测定各跨中线、边线的跨中和墩顶处的高程，分析评价其是否满足规范要求，若偏差过大，则应采取调整桥面高程、改变引线纵坡等方法，以保证铺装层厚度，使桥梁上部结构形成整体。

（2）梁顶处理。

为了使现浇混凝土铺装层与梁、板结合成整体，预制梁板时对其顶面进行拉毛处理，有些设计中要求梁顶每隔 50cm 设一条 1~1.5cm 深齿槽。浇筑前要用清水冲洗梁顶，不能留有灰尘、油渍、污渍等，并使板顶充分湿润。

（3）绑扎布设桥面钢筋网。

按设计文件要求，下料制作钢筋网，用混凝土垫块将钢筋网垫起，满足钢筋设计位置及混凝土净保护层的要求。若为低等级公路桥梁，用铺装层厚度调整桥面横坡，横向分布钢筋要做相应弯折，与桥面横坡相一致。在两跨连接处，若为桥面连续，应同时布设桥面连续的构造钢筋；若为伸缩缝，要注意做好伸缩缝的预埋钢筋。图14.2为绑扎钢筋网施工现场图。

图14.2 绑扎钢筋网施工现场图

（4）混凝土浇筑。

对板顶处理情况、钢筋网布设进行检查，满足设计和规范要求后，即可浇筑混凝土。若设计为防水混凝土，其配合比及施工工艺应满足规范要求。浇筑时由桥一端向另一端推进，连续施工，防止产生施工缝，用平板式振捣器振捣，确保振捣密实。施工结束后注意养护，高温季节应采用草帘覆盖，并定时洒水养生；在桥两端设置隔离设施，防止施工或地方车辆通行，影响混凝土强度。待混凝土强度达到要求强度后，方能开放交通或铺筑上层沥青混凝土。

2. 沥青混凝土桥面铺装层施工

桥梁沥青混凝土桥面与同等级公路沥青混凝土路面的材料、工艺、施工方法相同，一般与道路路面同时施工。采用拌和厂集中拌和，现场机械摊铺的方式，沥青材料及混合料的各项指标应符合设计和施工规范要求。沥青混合料每日应做抽提试验（包括马歇尔稳定度试验），严格控制各种矿料和沥青用量及各种材料和沥青混合料的加热温度，用胶轮压路机进行碾压成形，碾压温度要符合要求。摊铺后进行质量检测，强度和压实度要合格，厚度允许偏差+10mm，-5mm，平整度对于高等级公路桥梁IRI值不超过2.5m/km，均方差不超过1.5mm，其他公路桥梁IRI值不超过4.2m/km，均方差不超过2.5mm，最大偏差值不超过5mm，横坡不超过±0.3%。

注意铺装后桥面泄水孔的进水口应略低于桥面铺装层，保证排水顺畅。

14.3 人行道、栏杆施工

栏杆是桥上的一种安全防护设施，既要坚固耐用，又要经济美观。栏杆的高度一般以

0.8～1.2m为宜，标准设计取用1m；栏杆柱的间距一般为1.6～2.7m，标准设计取用2.5m。

公路与城市桥梁的栏杆可采用混凝土、钢筋混凝土、铸铁、钢材等材料，应结合桥梁特点和美观要求进行合理的选材。

高等级公路以及位于二、三级公路上的桥梁通常采用防撞护栏，而城市立交桥、城镇公路桥及低等级公路桥往往要考虑人群通行，设人行道。灯柱一般只在城镇内桥梁上设置。

1. 防撞护栏施工

边板（梁）预制时应在翼板上按设计位置预埋防撞护栏锚固钢筋，支设护栏模板时应先进行测量放样，确保位置准确。特别是位于曲线上的桥梁，应首先计算出护栏各控制点坐标，用全站仪逐点放样控制，使其满足曲线线形要求。绑扎钢筋时注意预埋防护钢管支撑钢板的固定螺栓，保证其牢固可靠。在有伸缩缝处，防撞护栏应断开，依据选用的伸缩缝形式，安装相应的伸缩装置。混凝土浇筑及养护与其他构件相同。

2. 人行道、栏杆施工

人行道、栏杆通常采用预制块件安装施工方法，有些桥的人行道采用整块预制，分中块和端块两种，若为斜交桥其端块还要作特殊设计。预制时要严格按照设计尺寸制模成形，保证强度。大部分桥梁人行道采用分构件预制法，一般分为A挑梁、B挑梁、路缘石、支撑梁、人行道板五部分，如图14.3所示。A、B挑梁，人行道板为预制构件，路缘石和支撑梁采用现浇施工。注意A挑梁上要留有槽口，保证立柱的安装固定。栏杆的造型多种多样，一般由立柱、扶手、栅栏等几部分组成，均为预制拼装。施工时应注意以下几点。

① 悬臂式安全带和悬臂式人行道构件必须与主梁横向连接或拱上建筑完成以后才可安装。

② 安全带梁及人行道梁必须安放在未凝固的M20稠水泥砂浆上，并以此来形成人行道顶面设计的横向排水坡。

③ 人行道板必须在人行道梁锚固后才可铺设，对设计无锚固的人行道梁，人行道板的铺设应按照由里向外的次序。

④ 栏杆块件必须在人行道板铺设完毕后才可安装，安装栏杆柱时，必须全桥对直、校平（弯桥、坡桥要求平顺）、竖直后用水泥砂浆填缝固定。

⑤ 在安装有锚固的人行道梁时，应对焊接认真检查，注意施工安全。

⑥ 为减少路缘石与桥面铺装层中渗水，缘石宜采用现浇混凝土，使其与桥面铺装的底层混凝土结为整体。

3. 灯柱安装

灯柱通常只在城镇设有人行道的桥梁上设置，灯柱的设置位置有两种：一种是设在人行道上；另一种是设在栏杆立柱上。

第一种布设较为简单，在人行道下布埋管线，按设计位置预设灯柱基座，在基座上安装灯柱、灯饰，连接好线路即可。这种布设方法大方、美观、灯光效果好，适用于人行道

模块 14 桥面系施工

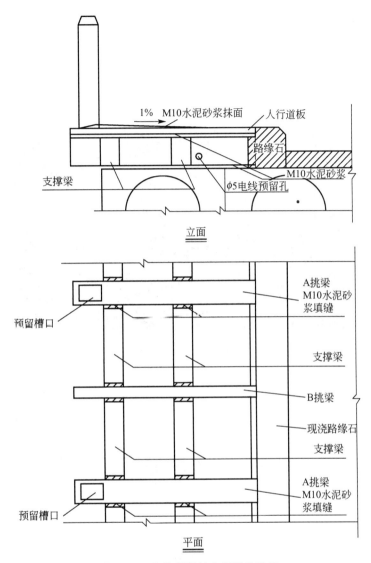

图 14.3 分构件预制人行道构造图

较宽(大于1m)的情况。但灯柱会减小人行道的宽度,影响行人通过,且要求灯柱布置稍高一些,不能影响行车净高。

第二种布设稍麻烦一些,电线在人行道下预埋后,还要在立柱内布设线管通至顶部,因立柱既要承受栏杆上传来的荷载,又要承受灯柱的质量,所以带灯柱的立柱要特殊设计和制作。在立柱顶部还要预设灯柱基座,保证其连接牢固。这种情况一般只适用于安置单火灯柱,灯柱顶部可向桥面内侧弯曲延伸一部分,以保证照明效果。该布置法的优点是灯柱不占人行道空间,桥面开阔,但施工、维修较为困难。

规范要求桥上灯柱应按设计位置安装,必须牢固、线条顺直、整齐美观,灯柱电路必须安全可靠。

大型桥梁须配置照明控制配电箱,固定在桥头附近安全场所。

检查验收标准:灯柱顺桥向位置偏差不能超过100mm;横桥向偏差不能超过20mm;

顺桥向、横桥向竖直度均不能超过10mm。

特别提示

桥梁灯光景观设计在城市桥梁设计中越来越重要。图14.4所示为夜色下的桥梁灯光景观。

图14.4 桥梁夜色

14.4 伸缩缝及其装置施工

1. 伸缩装置的基本概念及分类

为适应材料胀缩变形对结构的影响,而在桥梁结构的两端设置的间隙称为伸缩缝。为了使车辆平稳通过桥面并满足桥面变形的需要,在桥面伸缩缝处设置的各种装置统称为伸缩装置。

在我国各地使用的伸缩装置种类繁多,按其传力方式及构造特点可以分为对接式、钢制支承式、组合剪切板式、模数支承式、无缝式共5类,亦可依次称为第1~5类伸缩装置。其形式、型号、结构见表14-1。

表14-1 桥梁伸缩装置分类

类型	形式	型号	结构
对接式	填塞对接式	沥青、木板填塞型	以沥青、木板、麻絮、橡胶等材料填塞缝隙的构造(在任何状态下,都处于压缩状态)
		U形镀锌铁皮型	
		矩形橡胶条型	
		组合式橡胶条型	
		管形橡胶条型	

续表

类型	形式	型号	结构
对接式	嵌固对接式	W 型	采用不同形状的钢构件将不同形状橡胶条（带）嵌固，以橡胶条（带）的拉压变形吸收梁变位的构造
		SW 型	
		M 型	
		SDⅡ型	
		PG 型	
		FV 型	
		GNB 型	
		GQF－C 型	
钢制支承式	钢制式	钢梳齿板型	采用面层钢板或梳齿钢板的构造
		钢板叠合型	
组合剪切板式	板式橡胶式	BF、JB、JH、SC、SB、SG、SEG 型	将橡胶材料与钢件组合，以橡胶的剪切变形吸收梁的伸缩变位，桥面板缝隙支承车轮荷载的构造
		SEJ 型	
		UG 型	
		BSL 型	
		CD 型	
模数支承式	模数式	TS 型	采用异型钢材或钢组焊接与橡胶密封带组合的支承式构造
		J－75 型	
		SSF 型	
		SG 型	
		XF 斜向型	
		GQF－MZL 型	
无缝式	暗缝式	GP 型（桥面连续）	路面施工前安装的伸缩结构
		TST 弹塑体	以路面等变形吸收梁变位
		EPBC 弹塑体	高弹性特种沥青与石料的混合物

 知识链接

桥梁施工现场常见的伸缩缝形式，如图 14.5 所示。

伸缩缝施工

图 14.5 桥梁伸缩缝

2. 伸缩装置的施工程序

在《公路养护工程质量检验评定标准 第一册 土建工程》(JTG 5220—2020)中,桥面的平整度是一个很重要的指标,而影响桥面平整度的重要部分之一则是桥梁的伸缩装置。如果由于施工程序不合理或施工不慎,在3m长度范围内,其高程与桥面铺装的高程有正负误差,将造成行车的不舒适,严重的则会造成跳车。这种现象在高等级公路上更为严重,在车辆跳跃的反复冲击下,将很快导致桥梁伸缩装置的破坏。因此,遵照伸缩装置的施工程序并谨慎施工是桥梁伸缩装置正常应用的重要保证。

前面已将桥梁伸缩装置分成了5大类,而前4类的伸缩装置组成部分可简化为图14.6所示的结构形式,第5类的伸缩装置组成部分可简化为图14.7所示的结构形式。

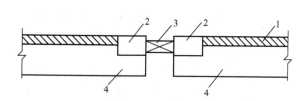
1—桥面装置;2—伸缩装置的锚固系统;
3—伸缩装置的伸缩体;4—梁(板)体

图14.6 第1~4类伸缩装置结构

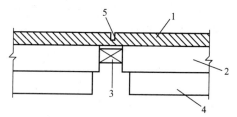
1—桥面装置;2—桥面整体化混凝土;
3—伸缩体;4—梁(板)体;5—锯缝

图14.7 第5类伸缩装置结构

图14.6形式的伸缩装置与图14.7形式的伸缩装置施工程序是不同的。可分别用框图表示如下。

① 图14.6形式桥梁伸缩装置的施工框图如图14.8所示。

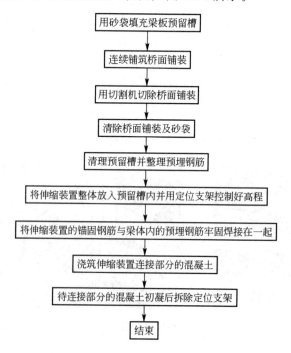

图14.8 第1~4类伸缩装置的施工框图

② 图14.7形式伸缩装置一般用于伸缩量较小的小桥,其上结构多为板式结构,在板上面还设有约10cm厚的整体化桥面混凝土。根据这一特点,其伸缩装置的施工框图如图14.9所示。

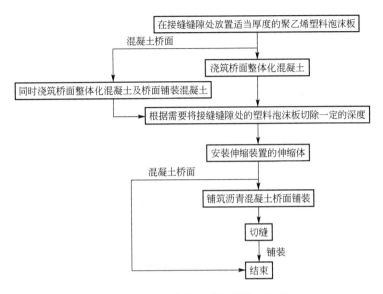

图14.9 第5类伸缩装置的施工框图

3. 伸缩装置的锚固

根据调查,桥梁伸缩装置破坏的原因多数与锚固系统有关。锚固系统薄弱,本身就容易破坏;锚固系统范围内的高程控制不严,容易造成跳车,车辆的反复冲击,会导致伸缩装置过早破坏。因此,伸缩装置的锚固系统相当重要。下面就常用伸缩装置的锚固系统的基本要求作简要介绍。

(1) 无缝式(暗缝式)伸缩装置。

此类伸缩装置的特点是桥面铺装为整体型,它适用于伸缩量小于5mm的桥梁,只能用于桥面是沥青混凝土的情况,构造如图14.10所示。

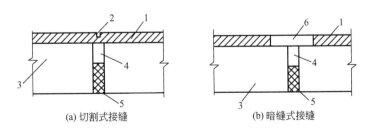

1—沥青混凝土桥面铺装;2—锯缝(正常宽度30~50mm,在锯缝内浇筑
5~7mm的接缝材料);3—桥面板;4—防水接缝材料;
5—塞入物;6—浇筑的沥青混合料

图14.10 无缝式构造

施工要求如下。

① 防水接缝材料应具有较好的抗老化性能,能与壁面强力黏结,适应伸缩变形,恢

复性能好，并具有一定强度以抵抗砂石材料的刺破力。

② 塞入物用于防止未固化的接缝材料往下流动，需要有足够的可压缩性能，如泡沫橡胶或聚乙烯泡沫塑料板等，在施工桥面板的现浇层时就把它当作接缝处的模板。

(2) 填塞对接式伸缩装置。

该类伸缩缝的伸缩体所用材料主要有矩形橡胶条、组合式橡胶条、管形橡胶条、M形橡胶条，有时也采用泡沫塑料板或合成树脂材料等。所用材料要求具有适度的压缩性、恢复性和抗老化性，在气温发生变化时不发生硬化和脆化。

填塞对接式桥梁伸缩装置，适用于伸缩量小于 10~20mm 的桥梁结构。它在安装过程中应注意如下的几个问题。

① 所采用的伸缩体产品质量要符合有关规定。

② 安装伸缩装置一定要遵循图 14.8 的施工程序，这样才能保证其安装质量。

③ 在图 14.6 中伸缩装置的锚固系统为现浇 C50 混凝土，在混凝土内适当的布置一些钢筋或钢筋网，此钢筋要与梁(板)体钢筋焊接在一起。C50 混凝土的厚度不能小于 12cm，顺桥向的宽度不小于 30cm。

④ 安装时一定要保证伸缩体在设计的最低温度时，仍处于压缩状态。

⑤ 安装时一定要保证伸缩体与混凝土的可靠黏结——采用胶粘剂。

⑥ 伸缩体一定要低于桥面高程，安装时应保证伸缩体在最大压缩状态下，也不会高出桥面高程。

胶粘剂选用 PG—308 聚氨酯胶粘剂，其具有可控制固化时间、黏结牢固的特点，与混凝土相黏结的强度大于 2MPa。使用方法如下。

① 配胶：本胶粘剂为双组分，I 型 A、B 两组分比为 100：10(质量比)，A、B 组分混合，拌和均匀即可使用。

② 操作：将接缝处混凝土表面泥土、杂质清除干净，并用钢丝刷一遍，用吹灰机将浮土吹尽，保证结合面干燥。

③ 涂胶和贴合：涂胶层厚度以不小于 1mm 为宜。

④ 将伸缩体压缩放入接缝缝隙内。

⑤ 固化：在常温下，24h 内固化(也可根据需要调整固化时间)。

(3) 嵌固对接式伸缩装置。

此类形式，如 PG 型、FV 型、GNB 型、SW 型、SDⅡ型、GQF—C 型等，它的特点是将不同形状的橡胶条用不同形状的钢构件嵌固起来，然后通过锚固系统将它们与接缝处的梁体锚固成整体，如图 14.11 所示。此类伸缩装置适用于伸缩量小于 60mm 的桥梁结构，即接缝宽度为 20~80mm。

嵌固对接式伸缩装置的安装步骤如下。

① 首先要处理好伸缩装置接缝处的梁端，因为梁预制时的长度有一定误差，再加上吊装就位时的误差，使伸缩接缝处的梁端参差不齐，故首先要处理好梁端，以有利于伸缩装置的安装。

② 切除桥梁伸缩装置处的桥面铺装，并彻底清理梁端预留槽及预埋钢筋，槽深不得小于 12cm。

③ 用 4~5 根角铁作定位角铁，将钢构件点焊或用螺栓固定在定位角铁上，一起放入

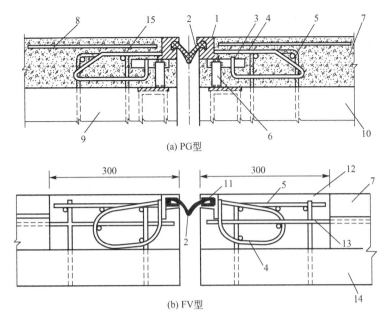

1—异型钢；2—密封橡胶带；3—锚板；4—锚筋；5—预埋筋；6—连接钢板；
7—桥面铺装；8—钢筋网；9—梁(墩台)；10—梁；11—下形钢件；
12—填料；13—梁主筋；14—行车道板；15—横向主筋

图 14.11 嵌固对接式锚固系统(尺寸单位：mm)

清理好的预留槽内，立好端模(用聚乙烯泡沫塑料片材作端模，可以不拆除)，并检查有无漏浆可能。

④ 将连接钢筋与梁体预埋牢固焊接，并布置两层钢筋网，其钢筋直径为 8mm，网孔为 10cm×10cm，然后浇筑 C50 混凝土，或 C50 环氧树脂混凝土，浇捣密实并严格养护；当混凝土初凝后，应立即拆除定位角铁，以防止气温变化导致梁体伸缩引起锚固系统的松动。

⑤ 安装密封胶条。

(4) 钢制支承式伸缩装置。

① 钢制支承式伸缩装置。钢制支承式桥梁伸缩装置的构造由梳齿板、连接件及锚固系统组成，有的钢梳齿型桥梁伸缩装置在梳齿之间填塞有合成橡胶，起防水作用。

② 施工安装程序。钢制支承式桥梁伸缩装置施工安装程序如图 14.12 所示。

③ 施工应注意的问题。定位角铁的拆除一定要及时，以保证伸缩装置因温度变化而自由伸缩。也可采用其他方法，把相对的梳齿板固定在两个不同的定位角铁上，让它们连同相应的角铁自由伸缩。

安装施工应仔细进行，防止产生梳齿不平、扭曲及其他变形。安装时一定要将构件固定在定位角铁上，以保证安装精

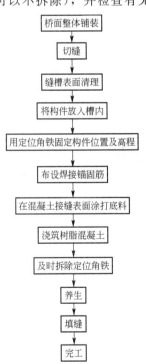

图 14.12 钢制支承式伸缩装置施工安装程序

度，要严格控制好梳齿间的槽向间隙。由于伸缩方向性的误差及横向伸缩等原因，在最高温度时，梳齿横向间隙不得小于 5mm。

当构件安装及位置固定好之后，即可进行锚固系统的树脂混凝土浇筑。为了锚固系统可靠牢固，必须配备较多的连接钢筋及钢筋网，这给树脂混凝土的浇筑带来不便。因此，浇筑混凝土一定要认真细心，尤其角隅周围的混凝土，一定要捣固密实，千万不可有空洞。在钢梳齿根部可适当钻些 20mm 的小孔，以利于浇筑混凝土时空气的排除。

对于小规模的伸缩装置，由于清扫和维修非常困难，故一般都不作接缝内的排水设施，但此时必须考虑支座的防水及台座排水与及时清扫等，所以它也只能用于跨河流或不怕漏水场地的桥跨结构。这种伸缩装置，在营运中需常养护，及时清除掉梳齿之间灰尘及石子之类的杂物，以保证它的正常使用。

对于焊接而成的梳齿形构件，焊缝一定要考虑汽车反复冲击下的疲劳强度。

④ 安装时的间隙 ΔL 控制。

$$\Delta L = 总伸缩量 - 施工时伸缩量 + 最小间隙（单位 mm，以下同）$$

也可用如下简化式计算。

a. 钢梁：

$$\Delta L = 0.66L - [(t+10) \times 0.012L] \times 1.1 + 15 \quad (14-1)$$

b. 预应力混凝土梁：

$$\Delta L = (0.44 + 0.6\beta)L - [(t+5) \times 0.01L] \times 1.1 + 15 \quad (14-2)$$

c. 钢筋混凝土梁：

$$\Delta L = (0.44 + 0.2\beta)L - [(t-5) \times 0.01L] \times 1.1 + 15 \quad (14-3)$$

式中：L——伸缩区段长，m；

t——安装的温度，℃；

β——徐变、干燥收缩的递减系数，见表 14-2。

表 14-2 β 取值

混凝土的龄期/月	0.25	0.5	1	3	6	12	24
徐变、干燥收缩的递减系数 β	0.8	0.7	0.6	0.4	0.3	0.2	0.1

(5) 组合剪切板式橡胶伸缩装置。

组合剪切板式橡胶伸缩装置，在我国 20 世纪 60 年代后期就开始应用，全国的生产厂家比较多，名称各不相同。人们按其伸缩体的受力变形机理把它分成剪切型板式橡胶伸缩装置与对接组合型板式橡胶伸缩装置两类。

板式橡胶伸缩装置，具有构造简单、安装方便、经济适用等优点。主要适用于伸缩量 30～60mm 的二级以下的公路桥梁。

① 剪切型板式橡胶伸缩装置。

A. 构造与安装程序。剪切型板式橡胶伸缩装置由橡胶伸缩体与锚固系统组成，如图 14.13 所示，安装程序如图 14.14 所示。

B. 施工注意事项。

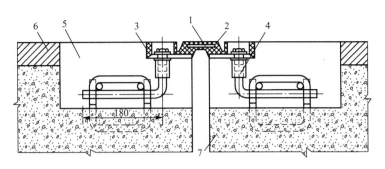

1—支撑钢板；2—橡胶；3—底板角钢；4—L形锚固螺栓；
5—现浇C50树脂混凝土；6—铺装；7—梁体

图 14.13 剪切型板式橡胶伸缩装置锚固系统（尺寸单位：mm）

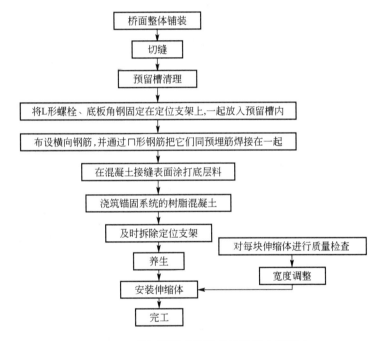

图 14.14 剪切型板式橡胶伸缩装置安装程序

a. 桥面施工完成后方可进行伸缩装置的安装工作，以保证桥面与伸缩装置之间的平整度。

b. 伸缩装置安装一定要按照安装程序进行，尤其要注意及时拆除定位支架顺桥向的连系角钢。

c. 梁端加强角钢下的混凝土一定要饱满密实，不可有空洞，角钢要设排气孔。

d. 一定要将伸缩装置的锚固螺栓筋及其他钢筋与预埋筋和桥面钢筋焊为一体，锚固螺栓筋的直径不得小于18mm。

② 对接组合型板式橡胶伸缩装置。

A. 构造与安装程序。对接组合型板式橡胶伸缩装置，由上、下开槽的防水表层橡胶体、梳型承托钢板、槽体角钢及锚固系统4大部分组成，如图14.15所示。安装程序如图14.16所示。

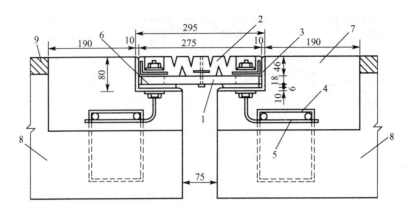

1—支撑钢板；2—橡胶体；3—底板角钢；4—预埋钢筋；5—锚固螺栓；6—缓冲橡胶垫铺装；
7—现浇C50混凝土；8—行车道板；9—桥面铺装

图 14.15　对接组合型板式橡胶伸缩装置构造图(尺寸单位：mm)

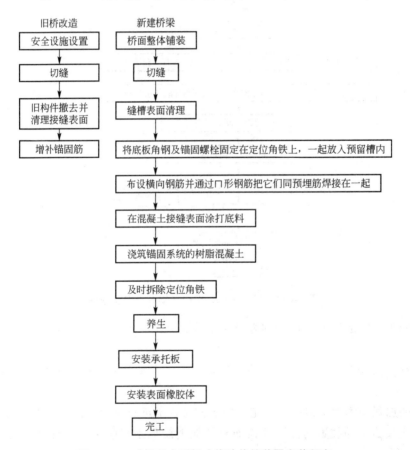

图 14.16　对接组合型板式橡胶伸缩装置安装程序

B. 施工注意事项。

a. 桥面施工完成后方可进行伸缩装置的安装工作，以保证桥面与伸缩装置之间的平整度。

b. 伸缩装置安装一定要按照安装程序进行。

c. 将底板角钢及锚固螺栓固定在定位角铁上时,一定要仔细控制好各部位的尺寸与高程。

d. 底板角钢下的混凝土一定要饱满密实,不可有空洞,锚固系统的现浇树脂混凝土厚度不得小于15cm。

e. 一定要将伸缩装置的锚固螺栓筋及其他钢筋与预埋筋和桥面钢筋焊为一体,锚固螺栓筋的直径不得小于18mm。

f. 浇筑C50混凝土(或C50环氧树脂混凝土)要浇捣密实,严格养生,当混凝土初凝之后,立即拆除定位角铁,以防气温变化造成梁体伸缩而使锚固松动。

g. 在吊装大梁时,一定要严格控制梁端的间隙。

(6) 无缝式TST弹塑体伸缩缝。

该伸缩缝是将专用特制的弹塑体材料TST,加热熔化后灌入经清洗加热的碎石中,形成"TST碎石桥梁弹性接缝"。由碎石支持车辆荷载,用专用黏合剂保证界面强度。其构造如图14.17所示。

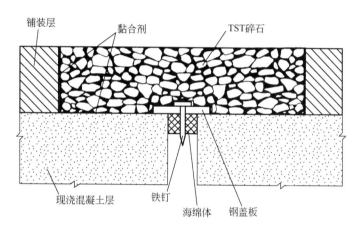

图14.17 TST碎石弹塑体伸缩缝构造

其适用范围是-25℃～+60℃温度地区,伸缩量在50mm以下的公路桥梁、城市立交桥、高架桥的伸缩缝。它的特点如下。

① TST碎石直接平铺在桥梁接缝处,与前后的桥面和路面铺装形成连续体,桥面平整无缝,行车平稳、舒适、无噪声、振动小,且具有便于维护、清扫、除雪等优点。

② 构造简单,不需装设专门的伸缩构件和在梁端预埋锚固钢筋,施工方便快速,铺装冷却后,即可开放交通。

③ 能吸收各方面的变形和振动,且阻尼系数高,对桥梁减震有利,可满足弯桥、坡桥、斜桥、宽桥的纵、横、竖3个方向的伸缩与变形。

④ 用于旧桥更换伸缩缝时,可半边施工,不中断交通。

⑤ 接缝与桥面装连成一体,密封防水性好,耐酸碱腐蚀。

该伸缩缝施工步骤为:切割槽口或拆除旧装置→清洗烘干→涂黏合剂→放置海绵、钢盖板→主层施工→表层施工→振碾→修整。

外观要求：表面 TST 不高于石料面 2mm，表面间断凹陷应小于 35mm，不深于 3mm。一般情况下施工后 1～3h 即可开放交通。

14.5 支座施工

国内桥梁使用较多的是橡胶支座，包括板式橡胶支座和盆式橡胶支座两种。前者用于反力较小的中、小跨径桥梁，后者用于反力较大的大跨径桥梁。

支座从如图 14.18 所示的角度观察才能看清楚。

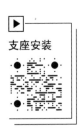

图 14.18 支座位置

1. 支座安装的一般要求

（1）支座安装前，应检查产品合格证书中有关技术性能指标，如不符合设计要求时，不得使用。

（2）梁式支座安装部位、支撑垫石、墩台顶面支座安装部位的混凝土要平整、干净。支撑垫石顶面的高程要准确，垫石的高度应考虑支座养护、检查的方便，并应考虑更换支座时顶升梁体的可能性。

（3）支座安装时，应尽量选择气温为年平均气温时进行，同时必须按照设计图样标明的支座中心位置正确就位，并保证支座与上、下部结构之间紧密接触，不得出现脱空。

（4）在同一根梁上，横向设置支座个数不得多于 2 个，也不许把不同规格的支座并排安装，且施工时要确保每个支座均匀受力。

（5）上、下部结构支座安装部位预埋钢板的位置、尺寸及平整度必须符合要求。

2. 板式橡胶支座的安装

先在支撑垫石上按设计标出支座位置中心线，同时在橡胶支座上也标上中心线，将橡胶支座准确安放在支撑垫石上,要求支座中心线与支座垫石中心线相重合。注意巨型支座短边应平行于顺桥向,圆形支座无须考虑方向性。

支座下设置的支撑垫石,混凝土强度应符合设计要求;顶面要求标高准确,表面平整;在平坡情况下同一片梁两端支撑垫石水平面应尽量处于同一平面,其相对误差不得超过3mm,避免支座发生偏歪、不均匀受力和脱空现象。当墩台两端标高不同,顺桥向有纵坡时,支座安装方法应按设计规定处理。安装前应将墩台支座支垫处和梁底面清洗干净,除去油垢,用水灰比不大于 0.5 的 1:3 水泥砂浆仔细抹平,使其顶面标高符合设计要求。

普通板式橡胶支座的安装有封闭式与简易式两种。封闭式安装方法即在支座外围采用橡胶围裙把支座封起来,可有效防止外界环境对支座的影响。

(1) 现浇梁橡胶支座的安装:在浇筑混凝土梁体前,在橡胶支座位置上加设一块比支座平面稍大的支撑钢板,钢板上焊锚固钢筋与梁体相连接。将支撑钢板作为现浇梁底模的一部分,为防止漏浆,可在支撑钢板与模板之间四周空隙处用棉纱、油灰或软木板填塞。按以上方法施工,可使支座上、下表面同梁底钢板、支撑垫石密贴。

(2) 为使预制梁橡胶支座的安装落梁准确,可把支座中心线分别延伸到桥梁墩台和梁端立面上,落梁时使两者相吻合,就能较好地控制落梁的准确性。梁板安装必须细致稳妥,使梁板就位准确,与支座密贴,并防止支座产生剪切变形。支座就位不准时,应将梁板重新吊起或用千斤顶顶起后调整,不得用撬杠移动梁板。

3. 盆式橡胶支座的安装

盆式橡胶支座顶、底面积大,支座下埋设在桥墩顶的钢垫板面积亦较大,浇筑墩顶混凝土时,必须有特殊设施,使垫板下混凝土能浇筑密实。盆式橡胶支座安装时主要是清除污物和减少损伤,否则容易降低使用寿命,增大摩阻系数。

盆式橡胶支座各部件的组装要求是:在支座底面和顶面(埋设于墩顶和梁底面)的钢垫板必须埋设牢固,垫板与支座间平整密贴,支座四周探测不得有 0.3mm 以上的缝隙;支座中心线,支座平面水平及平整度偏差不大于 2mm;活动支座的聚四氟乙烯板不得有刮伤、撞伤;氯丁橡胶板块密封在钢盆内,安装时应排除空气,保持密封;支座组要保持清洁。

活动支座安装前用丙酮或酒精仔细擦洗各相对滑移面,擦净后在聚四氟乙烯滑板的储油槽内注满硅脂类润滑剂,并注意硅脂保洁;坡道桥注硅脂时应注意防滑。

公路桥梁盆式橡胶支座与上、下部结构的连接,可采用地脚螺栓连接或焊接连接两种方法。

(1) 地脚螺栓连接。盆式橡胶支座下面建议设置支撑垫石,同时按支座底板地脚螺栓间距及规格预留地脚螺栓孔,预留孔的直径应不小于地脚螺栓的 3 倍,深度比地脚螺栓长度大 50mm,其外露螺杆的高度不得大于螺母的厚度。在预留螺栓孔内注入环氧树脂砂浆,在初凝前,按中心线安放盆式橡胶支座并保证支座四周高差不大于 2mm,同时从支座的地脚螺栓孔中拧上螺母的地脚螺栓,待完全凝固后拧紧螺母。

(2) 焊接连接。GPZ 系列盆式橡胶支座采用焊接连接时,可在支座顶板和底板相应位置处预埋钢板。支座就位后用对称间断方式焊接,以避免焊接时局部温度过高而使支座或预埋钢板变形。焊接时注意防止温度过高对橡胶及聚四氟乙烯板的影响。焊接后要在焊接部位做防锈处理。

安装注意事项如下。

(1) 现浇梁的支座安装时,一般将支座整体吊装,固定在设计位置上。

(2) 预制梁的支座安装时,支座的上、下座板分先后进行连接,通常是先将支座上座板连接在大梁上,而后根据其位置确定底盆(下座板)在墩台上的位置,最后予以固定。

(3) 顶推法连续梁安装时,应先将下座板固定在墩台上,墩台上还应设置临时支座;当主梁顶推完毕,且校正位置后,拆除临时支座,让梁落在支座上。

(4) 支座顺桥向的中心线必须与主梁的中心线重合或平行。对于活动支座的安装,一定要注意制作安装时的滑移方向与设计方向一致。对于只允许在一个方向活动的支座,其上、下支座板的导向挡块必须保持平行,其交叉角不得大于5°,否则将影响其位移性能。

另外,桥梁施工期间,混凝土将由于预应力和温差引起的弹性压缩、徐变和伸缩而产生位移量,因此现浇梁底部预埋的钢板或滑板应根据浇筑时的温度、预应力张拉、混凝土收缩与徐变对梁长的影响,设置相当于设计支撑中心的预偏值,使桥梁建成后的支座位置能符合设计要求。

4. 其他支座的安装

对于跨径较小(10m左右)的钢筋混凝土梁(板)桥,可采用油毡、石棉垫或铅板支座。安设这类支座时应先检查墩台支撑面的平整度和横向坡度是否符合设计要求,否则应修凿平整并以水泥砂浆抹平,再铺垫油毡、石棉垫和铅板。梁(板)就位后,梁(板)与支撑间不得有空隙和翘动现象,否则将发生局部应力集中,使梁(板)受损,也不利于梁(板)的伸缩与滑动。

5. 支座安装检查

支座安装检查项目及偏差见表14-3。

表14-3 支座安装检查项目及偏差

检查项目		规定值或允许偏差
支座中心与主梁中线/mm		应重合,最大偏差<2
高程		符合设计要求
支座四角高差/mm	承压力≤5000kN	<1
	承压力>5000kN	<2
支座上、下各部件纵轴线		必须校对
活动支座	顺桥向最大位移/mm	±250
	双向活动支座横向最大位移/mm	±25
	横轴线错位距离/mm	根据安装时的温度与年平均最高、最低温差计算确定
	支座上、下挡块最大偏差的交叉角/°	必须平行,交叉角<5

知识链接

图14.19所示为箱梁下大型支座的吊装。

模块 14 桥面系施工

图 14.19 大型支座的吊装

模块小结

本模块介绍了桥面铺装层和桥上安全防护设施的施工方法,重点讲解了伸缩装置和支座这两种重要设施的施工安装技术。

教学的目的在于对桥梁细部构造有充分的认识,对桥梁结构有一个系统性的了解。

习 题

一、填空题

1. 板式橡胶伸缩装置,具有( )、( )和( )等优点。
2. 桥梁灯柱的设置位置有两种:一种是设在( )上;另一种是设在( )上。

二、选择题

1. 中、小跨径桥梁宜选用( )支座。
   A. 板式橡胶支座　　B. 盆式橡胶支座　　C. 混凝土铰支座　　D. 钢支座
2. 伸缩缝会对桥梁的( )产生重要影响。
   A. 光滑度　　　　　B. 平整度　　　　　C. 顺直度　　　　　D. 粗糙度

三、简答题

1. 简述钢筋混凝土桥面铺装层的施工要点。
2. 简述防撞护栏和人行道栏杆施工的异同。
3. 简述伸缩装置的基本概念和分类。
4. 简述伸缩装置的施工程序。

5. 简述伸缩装置的锚固系统的基本要求。
6. 简述支座安装的基本要求。
7. 简述板式橡胶支座安装的方法。
8. 简述盆式橡胶支座安装的方法。

模块 15 桥梁养护、维修与加固

思维导图

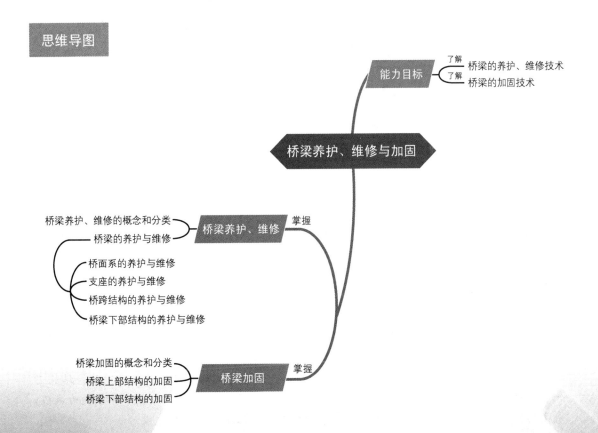

学习重点

桥面系和桥梁附属设施的养护、维修方法;桥跨结构的养护、维修方法;桥梁上部结构的加固对策;桥梁下部结构的加固对策。

引例

近20年来大量修建的预应力混凝土连续刚构桥,普遍出现在收缩徐变完成后,跨中仍然持续下挠,腹板底板开裂的情况。近10多年发展起来的钢管混凝土拱桥,以其优异的施工性、经济性、美观性而被广泛采用,但实践的真实反映说明这一组合结构的计算方法并不成熟,管节点焊缝疲劳没能很好解决,吊杆寿命难于估计。近30年大量修建的钢筋混凝土箱型拱桥,桥道系病害多。诞生于20世纪60年代初的双曲拱桥,以其耗钢材少、造价低、施工方便的优点而在一段时期内风靡全国。双曲拱桥施工中突出优点是化整为零,施工完成后聚零为整,但这又是它的突出缺点。因为大量的接缝形成了结构中的薄弱环节,加上当时人们的认识局限,钢材投资又严重不足,过分强调浅基薄面,建成的双曲拱桥,经短期通车,少数垮塌,部分弃而不用,部分已经加固,部分正在或等待加固,正常使用的甚少。引例图所示为双曲拱桥加固施工现场。

引例图 双曲拱桥加固施工现场

贵州省原交通厅在1979年提出的桁式组合拱桥,悬拼施工设备极为简单,且经济指标好,短短时间在贵州等地修建了40座,跨径绝大多数在100m以上,最大跨径达330m,在中国甚至国际上都有影响,曾经两次获得国家科技进步二等奖。但随着时间的推移,多数桁式组合拱桥存在较严重的病害。

我国桥梁设计荷载标准经历了汽—10、汽—13、汽—15、汽—20、汽—超20、公路Ⅰ级、公路Ⅱ级的发展过程,其中载重标准在汽—20以下的桥梁占多数;《桥规》规定的车辆荷载安全系数为1.40,低于美国的1.75和英国的1.73;按交通运输部以往的桥涵设计规范,室外受雨淋(干湿交替环境)的混凝土构件,钢筋保护层最小设计厚度尚不到国际通用规范规定的一半,如此等等。原先设计规范标准过低,加上日益增加的交通量和车辆超限、超载现象泛滥,相应的公路桥涵负荷日趋加重,一大批桥梁出现不同程度的病害:结构老化、破损、变形较大、开裂现象严重,桥梁的持荷能力明显下降。有相当一部分成为危桥,我国的桥梁安全状况不容乐观。桥梁养护、维修、加固已成为继桥梁建设后的又一大难题!

为保证桥梁的正常运营,尽量保持和延长桥梁的使用年限,对桥梁结构进行日常养护、维修是非常必要的。当桥梁结构无法满足承载能力、通行能力(如荷载标准提高、原结构严重损伤从而使承载能力降低、桥面过窄妨碍车辆畅通)、防洪等要求时,则需对桥梁结构进行必要的加固、拓宽等技术改造。因此桥梁竣工验收并交付使用后将进行两方面的工作,其一是日常的养护、维修,其二是针对桥梁在运营过程中实际存在的问题与新的使用要求,进行必要的加固改造。

15.1 桥梁养护、维修

15.1.1 桥梁养护、维修的概念和分类

桥梁的养护、维修是指为保持桥涵及其附属物的正常使用而进行的经常性保养及维修作业，预防和修复桥涵灾害性损坏与提高桥涵质量、服务水平而进行的改造。桥涵的养护按其工程性质、规模大小、技术难易程度应划分为小修保养、中修、大修、改建、专项抢修工程五类，各类养护工程分别包括下列内容。

（1）小修保养工程。对管养范围内的桥涵及其工程设施进行预防性保养和修补轻微损坏部分使其经常保持完好状态。它通常是由基层管理机构在年度内小修保养定额经费内，按月（旬）排计划，经常进行的工作。

（2）中修工程。对管养范围内的桥涵及其工程设施的一般性磨损和局部损坏进行定期的修理加固，恢复原状的小型工程项目。它通常是由基层管理机构按年（季）安排计划并组织实施。

（3）大修工程。对管养范围内的桥涵及其工程设施的较大损坏进行周期性的综合修理，以全面恢复到原设计标准；或在原技术等级范围内进行局部改善和个别增建，以逐步提高通行能力的工程项目。

（4）改建工程。对桥梁及其工程设施因不适应交通量、载重、泄洪或局部改建需要提高技术等级及重建，或通过改建显著提高其通行能力的较大工程项目。

（5）专项抢修工程。当桥涵因水毁等自然灾害及超载、意外事故造成交通中断或者严重影响通行而采取迅速恢复交通的工程措施。

小修保养工程、中修工程，主要是对危害桥梁正常运营的部分进行修缮。例如桥面照明系统、桥面铺装层、桥面伸缩装置、桥面防水设施、桥梁主体结构（如钢筋混凝土桥梁的裂缝等）、桥梁支座、桥梁墩台身及基础、桥梁防护构造等的缺陷，都会影响桥梁的正常运营及使用年限，严重的甚至会导致桥梁承载能力的降低。因此，在桥梁使用过程中对其进行日常的维修养护是一项非常重要的工作，而这项工作具有普遍性，涵盖了一至五类所有的桥梁，不仅是针对技术状况较好的一至二类桥梁，也针对技术状况较差的三至五类桥梁。大修工程主要针对病害严重、技术状况较差的桥梁，比如三、四类桥梁，所以部分大修工程可归类为加固改造工程。桥梁的加固改造工作重点，往往是针对桥梁的承重结构，但同时也必须对影响桥梁正常使用的部分进行维修整治。桥梁涵洞养护工程分类范围见表 15-1。

表 15-1　桥梁涵洞养护工程分类范围

工程项目	小修保养工程	中修工程	大修工程	改建工程
桥梁涵洞	保养： （1）清除污泥、积雪、积冰、杂物，保持桥面的清洁； （2）疏通涵管，疏导桥下河槽； （3）伸缩缝养护，泄水孔疏通，钢支座加润滑油，栏杆油漆； （4）桥涵的日常养护； （5）保持隧道内及洞口清洁 小修： （1）局部修理、更换桥栏杆和修理泄水孔、伸缩缝、支座和桥面的局部轻微损坏； （2）修补墩（台）及河床铺底和防护坪工的微小损坏； （3）涵洞进出口的铺砌加固； （4）通道的局部维修和疏通、修理排水沟； （5）清除隧道洞口碎落岩石和修理坪工接缝，处理渗漏水	（1）修理、更换木桥的较大损坏构件及防腐； （2）修理更换中、小桥支座、伸缩缝及个别构件； （3）大、中型钢桥的全面油漆除锈和各部件的检修； （4）永久性桥墩、台侧墙及桥面的修理和小型桥面的加宽； （5）重建、增建、接长涵洞； （6）桥梁河床铺底或调治构造物的修复和加固； （7）隧道工程局部防护加固； （8）通道的修理与加固； （9）排水设施的更新； （10）各类排水泵站的修理	（1）在原技术等级内加宽或加高大、中型桥梁； （2）改建、增建小型桥梁和技术性简单的中桥； （3）增建、改建较大的河床铺底和永久性调治构造物； （4）吊桥、斜拉桥的修理与个别索的调整更换； （5）大桥桥面铺装的更换； （6）大桥支座、伸缩缝的修理更换； （7）通道改建； （8）隧道的通风和照明排水设施的大修或更新； （9）隧道的较大防护、加固工程	（1）提高公路技术等级，加宽、加高大、中型桥梁； （2）改建、增建小型立交桥； （3）增建公路通道； （4）新建渡口的公路接线、码头引线； （5）新建短隧道工程

桥梁检修

15.1.2　桥梁的养护与维修

1. 桥面系的养护与维修

（1）栏杆的养护与维修。

应使桥梁栏杆、防撞墙经常保持完好状态，及时清洁、保养，以养防修。桥梁栏杆若有缺损，应及时补齐；若已损坏、缺失，应重新安装；桥梁栏杆柱应竖立正直，若不正、直，应及时纠偏。伸缩缝处的水平栏杆可以自由伸缩，若不能移动应及时维修或更换。钢筋混凝土栏杆若出现裂缝或剥落，轻者可以用环氧树脂黏结材料灌注封缝修补，严重者要凿除损坏部分，重新修补完整。金属栏杆应经常清刷除锈，要进行一年一次的定期油漆养护，防止油漆麻点、脱皮等病害。桥梁两端导向柱、防撞墙油漆应始终保持鲜明，不清晰的应重新刷漆。人行道块件也应牢固、完整，若出现松动、缺损应及时进行维修或更换。桥面路缘石也应经常保持完好状态，如有缺损应及时维修或更换。

（2）伸缩缝的养护与维修。

伸缩装置应平整、直顺、伸缩自如，处于良好的工作状态。有堵塞时应及时清除，出现渗漏、变形、开裂、行车有异常响声、跳车等应及时维修。保养周期每年应2次。

当U形锌铁皮伸缩装置的锌铁皮老化、开裂、断裂时应拆除，可更换为橡胶伸缩装置等；当其软性填料老化脱落时，先清除其缝隙泥土，重新注入新的填缝料；当其铺装层破坏时，应凿除重新铺筑，凿除破损部位应画线切割（或竖凿），清除旧料后再浇筑新面层。

橡胶板式伸缩装置的固定螺栓应每季度保养一次，松动应及时拧紧；橡胶板丢失应及时补上，弹簧（止退）垫不得省略，严重破损的橡胶板，应及时按同型号进行更换。

异型钢类伸缩装置的密封橡胶带（止水带），损坏后应及时更换。密封橡胶带的选择，应满足原设计的规格和性能要求。

当钢板伸缩装置的钢板变形、螺栓脱落、不能正常运行时应及时拆除并更换为新型伸缩装置；当钢板与角钢焊接破裂时，应消除污垢后重新焊牢；当梳齿断裂或出现裂缝后，也要采取焊接方法进行修补。

弹塑体伸缩装置出现脱落、翘起时，应及时清除，并应重新浇筑弹塑体混合料。当槽口沥青混凝土塌陷、严重啃边或附近沥青混凝土平整度超过设计规定时，应清除原弹塑体混合料和周围沥青混凝土，重新摊铺、碾压，并应按新建工艺要求重新安装弹塑体伸缩装置。

伸缩装置出现损坏而无法修复时，宜选用原型号伸缩装置产品进行整体更换。

桥面伸缩装置的维修、更换应在保证质量的基础上，尽量缩短工期、减少对交通的影响。可采取的措施有：全天维修并限制车辆通行；半边施工，半边通行车辆；白天不限制交通，在伸缩缝上设置跨缝盖板，夜间禁止通车进行施工。

（3）桥面排水系统的养护与维修。

桥梁桥面的排水设施如有堵塞，应及时清理、疏通，以养防修。泄水管损坏要及时修补，接头不牢已掉落的要重新安装接上，损坏严重的要予以更换。应及时修理已破裂的引水槽，长度不足的及时接长。当槽口太小，不能满足排水需要时要扩大槽口重新修筑。城市桥梁、立交桥上设置的封闭式排水系统，应定期检查其排水管是否畅通、开裂或损坏；系统设施如抽水泵等是否工作正常，应及时疏通、维修或更换。

（4）桥面铺装的养护与维修。

应保持桥面清洁完整和有一定的路拱。桥面铺装的维修或修补可采用凿补、黑色路面改建、全部凿除重铺桥面和凹凸不平的修补等方法。

桥面铺装有局部病害时，可将水泥混凝土铺装层的表面凿毛，深度以使骨料露出为准；用清水冲洗干净断面并充分润湿；涂刷上同标号的水泥砂浆（或其他黏结材料）；最后在桥梁承载能力允许范围内，铺筑一层4~5cm厚的水泥混凝土铺装层。

如果桥面平整度较差，在主梁承载能力允许的前提下，可采用黑色路面对桥面进行改造。改造时可采用沥青表面处置或沥青细砂罩面。采用沥青细砂时，为了与旧层面更好地结合，应先涂刷黏层油；加铺沥青混凝土时，厚度一般取2~3cm。

桥面铺装病害严重时，可考虑全部凿除后重铺。重铺时有两种情况。

① 重新铺装沥青混凝土桥面。重新铺装沥青混凝土前应先凿除已损坏桥面，并对桥面进行检查，老桥面应平整、粗糙、干燥、整洁。桥面横坡应符合要求，不符合时应予以处理。铺筑前应洒布黏层沥青、石油沥青，洒布量为 0.3～0.5L/m³；沥青混凝土的配合比设计、铺筑、碾压等施工程序，应按《公路沥青路面施工技术规范》(JTG F40—2004) 的有关规定进行。

② 重新铺装水泥混凝土桥面。水泥混凝土桥面铺装的厚度应符合设计规定；铺装材料、铺装层结构、混凝土强度、防水层设置等均应符合相关的设计要求；桥面铺装工作必须在对原有桥梁横向联结钢板焊接工作完成之后才可进行，以免后焊的钢板引起桥面水泥混凝土在接缝处发生裂纹；浇筑桥面水泥混凝土前使原有桥面板表面粗糙并清洗干净，按设计要求铺设纵向接缝钢筋网或桥面钢筋网，然后浇筑。水泥混凝土桥面铺装应采取防滑措施，做面宜分两次进行，第二次抹平后，沿横线方向拉毛或采用机具压槽，拉毛和压槽深度应为 1～2mm。重新铺装若设计为防水混凝土，施工时应按有关规定处理；重新铺装若设计为钢纤维水泥混凝土，除按有关规定执行外，还应符合现行中国工程建设标准化协会标准《纤维混凝土结构技术规程》(CECS 38：2004)。

当因构件连接处不均匀沉陷引起的桥面凹凸不平时，可在桥下以液压千斤顶顶升，调整构件连接处的标高，使顶面平齐。

2. 支座的养护与维修

桥梁支座是桥梁的主要传力构件，支座完好对桥梁受力有重要意义，故支座各部分应保持完整、清洁、有效，应每年检查保养一次，冬季应及时清除积雪和冰块，梁跨活动应自由。支座的养护维修所涉及情况如下。

① 小跨径桥油毡支座的油毡垫层损坏、掉落、老化，应予以更换。

② 滚动支座滚动面上每年应涂一层润滑油。涂油前，先擦净滚动面。

③ 钢支座应进行除锈防腐，支座各部分除钢辊和滚动面外，其余均应刷漆保护。

④ 固定支座每两年应检查锚栓的牢固程度，支承垫板应平整紧密，及时拧紧接合螺栓。

⑤ 板式橡胶支座恒载产生的剪切位移应在设计范围内；支座不得产生超过设计要求的压缩变形；支座橡胶保护层不应开裂、变硬、老化，支座各层加劲钢板之间的橡胶外仍应均匀和正常；支撑垫石顶面不应开裂、积水；进行清洁和修补工作时，应防止橡胶支座与油脂接触。

⑥ 盆式橡胶支座，固定螺栓不得有剪断损坏，应及时拧紧松动的螺母。

⑦ 球形支座应每年清除尘土、更换润滑油各一次。支座地脚螺母不得剪断，橡胶密封圈不得龟裂、老化。支座相对位移应均匀，并记录位移量。支座高度变化不应超过 3mm；应每两年对支座钢件(除不锈钢滑动面外)进行油漆防锈处理。

⑧ 梁支点承压不均匀时，应进行调整。调整时可采用千斤顶将梁上部顶起，然后移动调整支座的位置。在矫正支座位置以后，降落上部结构时，为避免桥孔结构倾斜，应徐徐下落，并注意千斤顶的工作状态是否均衡，同时调整顶升用木框架的楔子，以保证上部结构能恢复原位。

⑨ 支座座板翘起，扭曲、断裂、焊缝开裂时应及时修补或更换(若为老式支座，可首先考虑更换为新型支座)，更换时可采用上述顶升法。抬高支座时可采用捣筑砂浆，加入钢板垫层或预制钢筋混凝土垫块。

3. 桥跨结构的养护与维修

桥跨结构包括梁、板、拱肋等基本构件。裂缝和钢筋锈蚀是桥跨结构的常见病害，也是养护和维修的主要内容。

（1）裂缝的维修。

圬工桥梁、混凝土及钢筋混凝土桥梁均可能存在不同程度的裂缝。为了恢复桥梁结构的整体性，保持其强度、刚度、耐久性，使其更加美观，应对这些裂缝进行针对性的维修。具体处理方法如下。

① 钢筋混凝土桥梁出现未超过允许值的裂缝可采用涂刷水玻璃或环氧树脂的办法，对裂缝进行封闭处理。

② 钢筋混凝土桥梁的裂缝超过允许值或砖、石、混凝土拱桥由于砌体结合不好或受力不均、填土松散、基础沉降等发生较深裂缝时，一般采用压力灌浆法来填充裂缝，它通过施加一定的压力，将浆液灌入结构内部裂缝中，以封闭裂缝，恢复并提高结构强度、耐久性。依据灌入材料的不同，灌浆法可分为水泥灌浆法（灌浆材料有：纯水泥浆、水泥砂浆、水泥黏土、石灰、石灰黏土、石灰水泥）和化学灌浆法（灌浆材料有：环氧树脂类浆液、丙烯酸酯类浆液、水玻璃类浆液、丙烯酰胺类浆液、丙烯酸盐类浆液、聚氨酯类浆液等）。

a. 水泥灌浆法的工艺流程如图15.1所示。

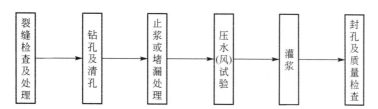

图 15.1 水泥灌浆法的工艺流程

b. 化学灌浆法的工艺流程如图15.2所示。

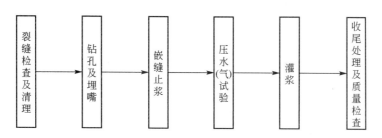

图 15.2 化学灌浆法的工艺流程

③ 当钢筋混凝土桥梁的裂缝大于0.4～0.5mm时，应将裂缝凿开、刷净，然后立模补以环氧砂浆或高标号水泥砂浆，如果体积较大，可用小石子混凝土予以补强。

④ 裂缝超过允许值太大，则应采取加固或更换构件的办法来解决，具体见"15.2 桥梁加固"部分。

（2）钢筋锈蚀的维修。

钢筋锈蚀的维修步骤如下。

① 凿除松脱、剥离等已损坏部分的混凝土，使钢筋全部露出。

② 用喷砂枪或钢丝刷等对钢筋作除锈处理，并在除锈后及时清除钢筋及混凝土表面上的铁锈与灰尘，必要时在除锈后还应对钢筋进行防锈处理。

③ 在清除好的混凝土与钢筋表面涂上环氧胶液等黏结剂，以提高新、老混凝土的黏结力。

④ 用新的混凝土或砂浆填补，可采用普通混凝土立模浇筑法、干（湿）式喷浆法等；有时也可用环氧砂浆、环氧混凝土或其他防腐蚀材料来修补。

⑤ 对新喷涂（浇筑）混凝土进行表面处理，以防混凝土表面重新碳化。

4. 桥梁下部结构的养护与维修

桥梁下部结构包括桥墩、桥台和基础。

（1）墩台的养护与维修。

① 墩台表面应保持清洁，并及时清除青苔、杂草、荆棘和污秽。

② 当圬工砌体表面部分严重风化和损坏时，应清除损坏部分后用原结构物相同材料补砌，应结合牢固，色泽和质地宜与原砌体一致。

③ 圬工砌体表面灰缝脱落时应重新勾缝。

④ 当混凝土表面发生侵蚀剥落、蜂窝麻面等病害时，应及时将周围凿毛洗净后做表面防护。

⑤ 当立交桥墩靠近机动车道时，宜在桥墩四周浇筑混凝土护墩。

⑥ 当表面风化剥落深度在 30mm 及以内时，应采用 M10 以上的水泥砂浆修补；当剥落深度超过 30mm，且损坏面积较大时，应增设钢筋网浇筑混凝土层，浇筑混凝土前应清除松浮部分，用水冲洗，并采用锚钉连接。

⑦ 裂缝宽度小于规定限值时，应进行封闭处理；裂缝宽度大于规定限值且小于 0.5mm 时，应灌浆；大于 0.5mm 的裂缝应修补。

⑧ 桥台锥坡及八字翼墙在洪水冲击或填土沉落的作用下容易产生变形和勾缝脱落。修复时应夯实填土，常水位以下应采用浆砌片（块）石砌筑，并勾缝。

（2）基础及地基的养护与维修。

桥梁的基础及地基应完整、稳定。跨河桥梁上、下游 50～500m 范围内的河床应稳定，并随时清理河床上的漂浮物和沉积物。不得在河床内建构筑物、挖砂、采石。桥桩和桥梁浅基础的边缘埋设的地下管线、各种窨井、地下构筑物，应经计算后采取加固措施，并应先加固、降水，再施工。

15.2 桥梁加固

15.2.1 桥梁加固的概念和分类

桥梁加固是指对有缺陷的桥梁主要承重构件进行补强，改善结构性能，恢复和提高桥梁结构的安全度，提高其承载能力和通过能力，延长桥梁的使用寿命，使整个桥梁结构可满足规定的承载力要求，并满足规定的使用功能需求。桥梁加固一般是针对三至五类桥梁，个别的是针对荷载等级低的桥梁或者是临时需要通过超重车的桥梁。有些时候，加固补强与桥梁拓宽、桥梁抬高等技术改造工程是同时进行的，以满足并适应交通运输的发展要求。

桥梁主要承重结构加固补强的根本目的是恢复和提高其承载能力，改善其使用性能，减少桥梁结构的安全隐患。桥梁加固补强的方法很多，但是基本上可以划分为两大类：第一类为改变结构体系，调整结构内力，减轻原梁负担；第二类为加大截面尺寸和配筋，加固薄弱构件。

15.2.2 桥梁上部结构的加固

1. 梁桥桥跨结构的加固

梁桥桥跨结构的加固方法主要有粘贴钢板加固法、粘贴钢筋加固法、纤维加固法、增大截面加固法、体外预应力加固法、改变结构体系加固法等。

（1）粘贴钢板加固法。

粘贴钢板加固法是用环氧树脂系列黏结剂将钢板粘贴在钢筋混凝土结构物的受拉面或其他薄弱部位，使之与原结构物形成整体共同受力，以提高其抗弯、抗剪能力及刚度，改善原结构的钢筋及混凝土的应力状态，限制裂缝的进一步发展，从而提高桥梁的承载能力与耐久性。该加固方法施工简便，不减少桥下净空，可在不影响或少影响正常交通情况下进行梁底粘贴纵向钢板加固。

图 15.3 所示为桥梁横隔梁粘贴钢板加固。

（2）粘贴钢筋加固法。

粘贴钢筋加固法一般用在桥梁结构抗拉强度不足，受拉部位开裂时。该方法在受拉部位粘贴钢筋，以增强桥梁抗弯部位外纤维的抗拉能力；该方法一般用环氧砂浆来粘贴钢筋(环氧砂浆的厚度以不使钢筋外露为准)；该方法常在原结构上设置一定间距的短钢筋锚杆，以便于施工并使加强钢筋与原结构更好地共同工作。

图 15.3 粘贴钢板加固法

（3）纤维加固法。

纤维加固法是利用黏结剂将纤维增强复合材料粘贴在混凝土构件表面，如图 15.4 所示。碳纤维布是最常用的一种纤维增强复合材料，它质量轻且厚度薄，具有一定柔度，可在混凝土桥的某些部位灵活粘贴加固。当结构荷载增加时，碳纤维布因与混凝土协调变形而共同受力，从而提高了混凝土构件的抗弯承载力、抗剪承载力以及受压构件的轴向抗压承载力，提高构件的刚度以及延性等。此外可用于控制混凝土构件裂缝宽度的发展，对桥梁起到了加固作用。

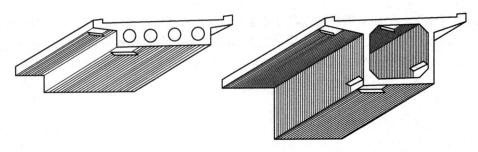

图 15.4　纤维加固法

(4) 增大截面加固法。

增大截面加固法又称为"外包混凝土"加固法，通过增大混凝土构件的截面和配筋，提高构件的强度、刚度、稳定性和抗裂性等。

该法可分为单侧、双侧、三侧和四周外包加固。根据加固目的和要求的不同，可以是以增大断面为主的加固，可以是增配钢筋为主的加固，也可以是两种同时采用的加固。

以增大断面为主时，为了保证补加混凝土正常工作，亦需适当配置构造钢筋。以增配钢筋为主时，为了保证配筋的正常工作，亦需按钢筋的间距和保护层等构造要求决定适当增大截面尺寸。加固中应将新、旧钢筋焊接，或用锚杆连接补强钢筋和原构件，同时将旧混凝土表面凿毛清洗干净，确保新、旧混凝土良好结合。

(5) 体外预应力加固法。

钢筋混凝土梁式桥存在结构缺陷，尤其是承载力不足或需要提高荷载等级时，即需要对桥梁主要受力结构进行加固时，可考虑在原梁体外受拉区域（梁底与梁两侧）设置预应力筋。预应力筋张拉时梁体产生偏心预压力，以此来减小荷载挠度，改善桥梁的受力状况，达到提高桥梁承载能力的目的，如图 15.5 所示。

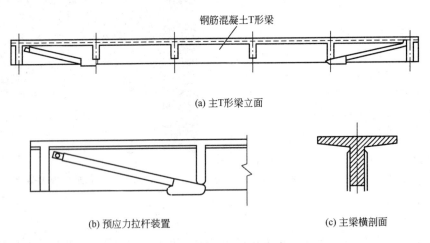

图 15.5　体外预应力加固法

(6) 改变结构体系加固法。

不同的结构体系受力特点不同（如简支梁的跨中弯矩比同跨径的连续梁要大得多）。利用这一特点，可通过改变原桥上部结构体系来改善结构受力、提高承载能力，从而达到加固补强的目的。改变结构体系的加固方法主要有以下 3 种。

① 在梁下增设钢桁架等加劲梁或叠合梁。

② 在简支梁下增设支架或桥墩，如图 15.6 所示。这种方法改变了简支梁结构体系，支点处将产生负弯矩，必须认真地进行受力计算，必要时还应采取相应的措施，如在支点处进行加固。

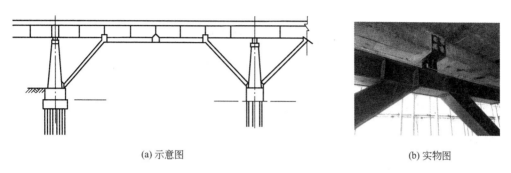

(a) 示意图　　　　　　　　　　　(b) 实物图

图 15.6　增设支架加固

③ 将简支梁与简支梁纵向加以连接，即将简支体系变为简支连续体系。无需在桥下操作和设置永久设施，不影响桥下净空，加固方案对通航及排洪能力影响较小，故该种方法应用最广。

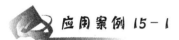

应用案例 15-1

桥梁概况：西潼高速渭南高架桥为三跨连续刚构桥，跨径组合为 21.78m＋32.00m＋21.78m，横截面为单箱多室，整体现浇施工，1997 年建成通车。

主要病害：箱梁底板出现大量横向裂缝，腹板部位出现较多竖向裂缝，裂缝宽度大都在 0.2mm 以上，底板渗水现象严重。

加固方案：

① 在各孔跨中区域相邻两箱梁铰缝底板粘贴钢板，其纵断面如图 15.7 所示，其横断面如图 15.8 所示；墩顶区域箱梁顶板粘贴钢板，钢板材料为 Q345，厚度 6mm，如图 15.9 所示。

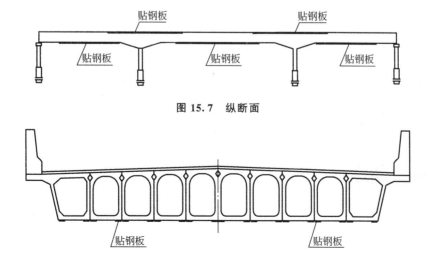

图 15.7　纵断面

图 15.8　横断面

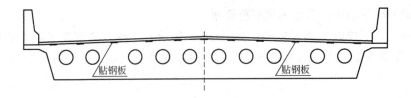

图 15.9 加固方案

② 封闭裂缝。

③ 凿除原桥面沥青层和混凝土铺装层，重新做钢筋混凝土桥面，采用植筋等办法，保证铺装层与梁体共同受力，提高承载力。

【案例点评】

对于连续刚构桥来说，粘贴钢板加固法主要是将钢板粘贴在连续刚构桥的受拉缘或薄弱部位，具体来说主要是跨中箱梁底板位置和墩顶箱梁顶板位置，以及横向两相邻箱梁接缝位置。

2. 拱桥桥跨结构的加固

(1) 圬工拱桥的加固。

砖、石拱桥的加固一般通过拱圈的加固来实现。拱圈可以用增加厚度和横向联结系或设置新加结构的方法来加固。常见加固措施如下。

① 原拱圈下增设拱圈，即紧贴原拱圈下面喷射钢丝网水泥拱圈或浇筑钢筋混凝土新拱圈，如图 15.10 所示。

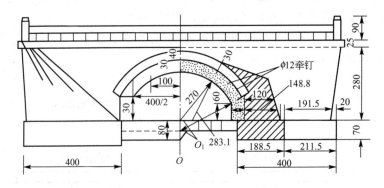

图 15.10 原拱圈下增设拱圈（尺寸单位：cm）

② 原拱圈上增设钢筋混凝土拱圈，即挖开原拱顶填土层直到拱背，洗净、凿毛，加筑新拱圈。加厚拱圈时应考虑墩台受力是否安全，如图 15.11 所示。

(2) 双曲拱桥的加固。

双曲拱桥的加固主要是对拱肋的加强，拱横系梁的加强以及上部结构填料的调整等，具体方法如下。

① 若横向联系不足，可采用加设横向联结系和

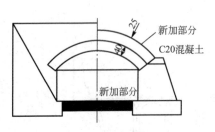

图 15.11 原拱圈上增设钢筋混凝土拱圈
（尺寸单位：cm）

加固原有的联结构件的方法，如增加横系梁。

② 侧墙发生变形，可更换拱腹填料，拆除侧墙重砌。

③ 原有拱圈承载能力不够，可采取粘贴钢板加固拱肋、增大拱肋截面、增设拱肋、调整拱上自重、改变结构体系（如将拱上建筑由实腹式改为空腹式）和扩大横系梁断面的方法进行加固。

④ 墩台下沉位移，拱圈及拱上空腹拱等结构严重开裂时，查明原因进行处理。

应用案例 15-2

桥梁概况：商洛 102 省道麻坪桥，1970 年建成，为 3 孔 25m 跨径双曲拱桥；主拱结构为 7 肋 6 波，2 道横隔板，7 道横系梁；重力式墩台；桥面净宽(7.0+2×1.0)m，荷载等级为汽—15，挂—80。

主要病害：桥面严重损坏，排水不畅，主拱圈拱波有裂缝和渗水现象，裂缝最宽达 3.2mm。根据检测结果，主拱圈及拱波有严重破损，永久变形超过了相关规范允许，其实际承载能力不能满足汽—15，挂—80，更不能满足目前实际运营荷载的要求。

加固方案如下。

① 由于该桥是 20 世纪 70 年代设计的，主拱圈断面偏小，仅 35cm 高、20cm 宽，且钢筋含量很低，横向联系偏少，稳定性差。本次加固对每孔上、下游的边肋与 4 号拱肋（中间一个肋）作为加固对象，采用外包混凝土加大拱肋断面的方法，并每孔增加 5 道横系梁，如图 15.12 和图 15.13 所示。

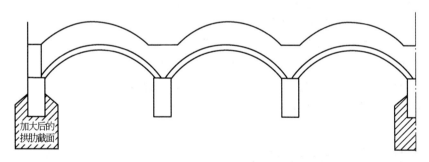

图 15.12 加大拱肋截面

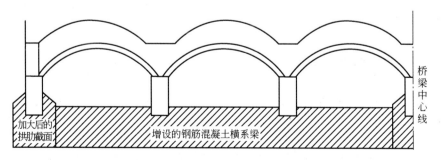

图 15.13 增设横系梁

② 对桥面系进行改造，对所有裂缝进行封闭处理。

【案例点评】

双曲拱桥是20世纪应用较多的桥型，其构件较多，存在大量的接缝，形成了结构中较多的薄弱环节，加上当时钢材投资严重不足，过分强调浅基薄面，建成的双曲拱桥使用一段时间之后病害较多。这些病害主要是由于承载能力不足引起的。加固的主要方法是加大拱圈（拱肋）截面，增强各构件的横向联系，从而提高其整体承载能力。

15.2.3 桥梁下部结构的加固

在桥梁上部结构进行补强加固，提高其承载能力的同时，对桥梁下部结构及基础是否需采取补强措施也应认真研究。如果原桥下部结构及基础具有足够的潜力，足以满足上部结构加固所增加的桥梁自重以及活荷载对它的要求时，则可不再采取补强措施。

如果墩台基础的承载能力不足，或者上部结构缺陷、承载能力的降低等是由于墩台与基础的位移或缺陷等引起的，则应对原桥墩台基础进行必要的补强加固。

1. 墩台的加固

当墩台出现超过相关规范限值的较大裂缝时，应查明原因，采取下列措施进行加固。

① 当石砌圬工出现通缝和错缝时，应拆除部分石料，重新砌筑。

② 当活动支座失灵造成墩台拉裂时，应修复或更换支座，并维修裂缝。

③ 基础不均匀沉降产生的自下而上的贯通裂缝，应先加固基础，并应根据裂缝发展程度采用灌缝或加箍的方法进行加固，如图15.14所示。

墩台出现变形应查明原因，采取针对性措施进行加固。

桥台发生水平位移和倾斜，超过设计允许变形时，应分析原因，确定加固方案，可采用减轻荷载加固法、增厚台身加固法、支撑过梁加固法等。

① 减轻荷载加固法。该方法是在台背上压力大，桥台有向桥孔方向位移时采用。挖出台背填土后，改换轻质材料回填，减轻桥台台背的负荷，以使桥台稳定，如图15.15所示。

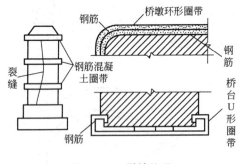

图15.14 裂缝处理

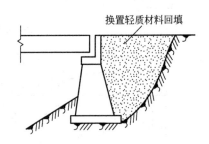

图15.15 减轻荷载加固法

② 增厚台身加固法。该方法是在梁式桥台背土压力大，桥台向桥孔方向位移时采用。可挖去台背填土，加厚台身，并注意新、旧混凝土结合牢固，如图15.16所示。

③ 支撑过梁加固法。该方法主要应用于单跨的小跨径桥梁。可在两桥台基础之间建造支承过梁，以防桥台向跨中位移，如图15.17所示。

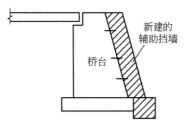
图 15.16 增厚台身加固法

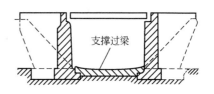
图 15.17 支撑过梁加固法

桩柱或墩台的结构强度不足或桩柱有被碰撞折断等损坏应查明原因，进行加固处理。

当连续梁桥墩台和拱桥的不均匀沉降值超过设计允许变形时，应查明原因，进行加固处理和调整高程。

为防止桥墩被流冰和漂浮物撞击，可在桥墩上游设置菱形破冰体。

2. 基础的加固

桥梁基础根据埋置深度的大小分为浅基础和深基础，其中尤以扩大基础和桩基础较为常见。

（1）扩大基础的加固。

扩大基础的加固应根据不同情况的病害采取如下针对性的措施。

① 当基础局部被冲空时，应及时填补冲空部分。当水深大于 3m 时，除应及时填塞冲空部分，扩大基础还应比基础宽 0.2～0.4m。

② 基础周围冲空范围较大时，除填补基底被冲空部分外，还应在基础四周加砌防护设施。

③ 基础承载力不足，或基础埋置太浅而墩台又是圬工实体式基础时，可采用扩大桥梁基础底面积的加固对策。扩大基础底面积应由地基承载力验算确定。当地基承载力满足要求，而病害仅仅表现为不均匀沉降、变形过大时，采用扩大基础底面积的大小，主要根据地基变形计算来加以确定。在刚性实体式基础周围加石砌圬工或混凝土，以扩大基础的承载面积，如图 15.18 所示。

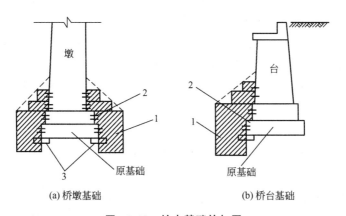

图 15.18 扩大基础的加固

1—扩大基础；2—新旧基础结合；3—丁石

加固时可按下列程序进行。

① 在必须加宽的范围内打板桩围堰，若墩台基础土壤不好时，应做必要加固。

② 挖出堰内土壤，直挖至必要的深度（注意开挖时墩台的安全）。
③ 在堰内把水抽干后，铺砌石块（浆砌），或做混凝土基础。
④ 按照设计要求，在原墩台侧面钻孔井置入锚固钢筋，以使新、老结构更好联结。
⑤ 立模，浇筑混凝土并养生至设计强度；新、老基础要注意结合牢固。

（2）桩基础的加固。

桩基础病害主要是由于基础承载力和稳定性不足，可采用在桩基础的周围补加钻孔桩或打入预制桩或静压加桩，并扩大原承台的方法，如图 15.19 所示。使墩台部分荷载传至新桩基，从而提高基础承载力，增加基础稳定性。具体针对性措施如下。

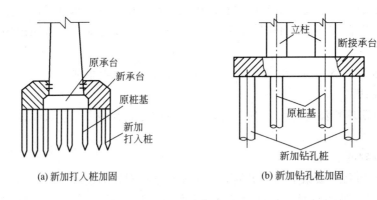

图 15.19 桩基础的加固

① 对单排架桩式桥墩采用打桩（或灌注桩）加固，若原有桩距较大（4~5倍桩径），可在桩间插桩。若原有桩距较小且通航净跨允许缩小时，可在原排架两侧增加桩数，成为三排式的墩桩。当在桩间加桩时，需凿除原盖梁并浇筑新盖梁，将新、旧桩顶联结成一体。此时，要注意检验原盖梁在加桩顶部能否承受与原来方向相反的弯矩，如不能承受，则必须加固原有盖梁或重新浇筑盖梁。加固原有盖梁时，可在盖梁顶部增设钢筋。

② 当桥台垂直承载力不足时，一般可在台前增加一排桩并浇筑盖梁，以分担上部结构传来的压力。打桩（或钻孔灌注）时可利用原有桥面做脚手架，在桥面上开洞插桩。增浇的盖梁单独受力，也可与旧桩联系起来，使新、旧盖梁，新桩与旧桩共同受力。

增补桩基加固墩台基础的优点是不需要抽水筑坝等水下施工作业，且加固效果显著。缺点是需搭设打桩架（或钻孔架）和开凿桥面，对桥头原有架空线路及陆上、水上交通均有一定的影响。

模块小结

本模块主要介绍了以下内容。
（1）桥梁的养护按其工程性质、规模大小、技术难易程度应划分为小修保养、中修、大修、改建、专项抢修工程五类。

(2) 桥梁桥面的排水设施如有堵塞,应及时地清理、疏通,以养防修。

(3) 桥面铺装应保持桥面清洁完整和有一定的路拱。桥面铺装的维修或修补可采用凿补、黑色路面改建、全部凿除重铺桥面和凹凸不平的修补等方法。

(4) 支座各部分应保持完整、清洁、有效,应每年检查保养一次,冬季应及时清除积雪和冰块,梁跨活动应自由。

(5) 钢筋混凝土桥梁的裂缝大于允许值或砖、石、混凝土拱桥由于砌体结合不好或受力不均、填土松散、基础沉降等发生较深裂缝时一般采用压力灌浆法来填充裂缝。

(6) 梁桥桥跨结构的加固方法主要有粘贴钢板加固法、粘贴钢筋加固法、纤维加固法、增大截面加固法、体外预应力加固法、改变结构体系加固法等。

(7) 砖、石拱桥的加固一般通过拱圈的加固来实现。拱圈可以用增加厚度和横向联结系或设置新加结构的方法来加固。

(8) 双曲拱桥的加固主要是对拱肋的加强,拱横系梁的加强以及上部结构填料的调整等。

(9) 由于基础不均匀沉降产生的自下而上的墩台贯通裂缝,应先加固基础,并应根据裂缝发展程度采用灌缝或加箍的方法进行加固。

(10) 桥台发生水平位移和倾斜,超过设计允许变形时,应分析原因,确定加固方案,可采用减轻荷载加固法,增厚台身加固,支撑过梁加固等。

(11) 扩大基础承载力不足,或基础埋置太浅而墩台又是圬工实体式基础时,可采用扩大桥梁基础底面积的加固对策。

(12) 桩基础加固可采用在桩基础的周围补加钻孔桩或打入预制桩或静压加桩,并扩大原承台的方法。

习 题

一、填空题

1. 桥涵的养护按其工程性质、规模大小、技术难易程度应划分为(　　)、(　　)、(　　)、(　　)和(　　)5类。

2. 封闭裂缝时,依据灌入材料的不同,灌浆法可分为(　　)和(　　)两种。

3. 梁桥桥跨结构的加固方法主要有(　　)、(　　)、(　　)、(　　)、(　　)和(　　)等。

二、选择题

1. 在原技术等级内加宽、加高大、中型桥梁,属于(　　)。

　　A. 小修保养　　　　B. 中修工程　　　　C. 大修工程　　　　D. 改建工程

2. 伸缩缝的保养周期每年应(　　)次。

　　A. 1　　　　　　　B. 2　　　　　　　　C. 3　　　　　　　　D. 5

三、简答题

1. 试述桥梁养护维修、桥梁加固的概念。
2. 桥梁养护的类型有哪些？
3. 试述桥面铺装的具体养护方法。
4. 伸缩缝应如何养护？
5. 桥梁支座的养护要求有哪些？
6. 试述桥梁裂缝的处理方法。
7. 简述桥梁结构钢筋锈蚀的维修步骤。
8. 简述梁桥桥跨结构的加固方法。
9. 简述圬工拱桥桥跨结构的加固方法。
10. 简述双曲拱桥桥跨结构的加固方法。
11. 试述桥台发生较大水平位移时的加固措施。
12. 试述墩台基础由于不均匀沉降产生的自下而上的贯通裂缝时的加固措施。
13. 简述扩大基础的加固方法和加固程序。
14. 简述桩基础的加固方法。

模块 16 涵洞施工

思维导图

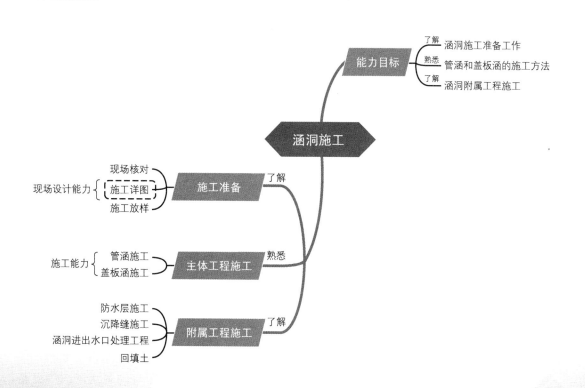

学习重点

圆管涵施工技术；盖板涵施工技术。

引例

涵洞在设计时通常和道路线路综合考虑，但在施工时一般由结构工程队（或称桥涵工程队）负责。相比于桥梁，涵洞属于小型构筑物，但"麻雀虽小，五脏俱全"，它的施工一样有一套完整的程序。引例图所示为涵洞施工现场。

引例图　涵洞施工现场

16.1　施工准备

1. 现场核对

涵洞开工前，应根据设计资料，结合现场实际地形、地质情况，对其位置、方向、孔径、长度、出入口高程以及与灌溉系统的连接等进行核对。核对时，还需注意农田排灌的要求，需要增减涵洞数量、变更涵型或孔径时，应向监理反映，按照合同有关规定办理。

2. 施工详图

若原设计文件、图纸不能满足施工需要，例如地形复杂处的陡峻沟谷涵洞、斜交涵洞、平曲线或大纵坡上的涵洞、地质情况与原设计资料不符处的涵洞等应先绘出施工详图或变更设计图（包括涵洞长度计算，八字翼墙尺寸计算和涵身预设拱度计算），报设计批准后再依图施工放样。

3. 施工放样

测定涵洞中线和涵台位置。详见"工程测量"相关课程。

16.2 主体工程施工

16.2.1 管涵施工

公路工程中的管涵有混凝土管涵和钢筋混凝土管涵,我国公路工程中多采用钢筋混凝土管涵。公路管涵的施工多采用预制管节,每节长度约为2m,然后运往现场安装。

1. 涵管的预制和运输

预制混凝土涵管可采用振动制管法、离心法、悬辊法和立式挤压法。鉴于公路工程中涵管一般为外购,故对涵管预制不再进行详细说明,但涵管进场后必须对其质量进行检验。

管节成品的质量检验分为管节尺寸检验和管节强度检验。混凝土管涵质量要求及尺寸允许偏差见表16-1。

表16-1 混凝土管涵质量要求和尺寸允许偏差

项目		质量要求或允许偏差	检查方法和数量
管节形状		端面平整并与其轴线垂直,斜交管节端面符合设计要求	目测、用锤心吊线
管节内外侧表面		平直圆滑,如有蜂窝,每处面积不得大于3cm×3cm,深度不得超过1cm,其总面积不得超过全部面积的1%,并且不得露筋。应修补完善后方准使用	目测,用钢尺丈量
管节尺寸允许偏差/mm	管节长度	0～-10	沿周边检查4处
	内(外)直径	±10	两端各检查4处
	管壁厚度	±5	两端各检查4处

涵管强度试验应按规范要求的方法进行,其抽样数量及合格要求如下。

① 涵管试验数量应为涵管总数的1%～2%,且每种孔径的涵管至少要试验1个。

② 如首次抽样试验未能达到试验标准,允许对其余同孔径管节再抽选2个重新试验。只有当2个重复试验的管节达到强度要求时,涵管才可验收。

③ 在进行大量涵管检验性试验时,是以试验荷载大于或等于裂缝荷载(0.2mm)时还没有出现裂缝者为达到标准。

在北方冬季寒冷、冰冻地区的混凝土的涵管还应进行吸水率试验,要求钢筋混凝土和无筋混凝土涵管的吸水率不得超过干管质量的6%。

管节运输与装卸过程中,应注意下列问题。

① 待运的管节其各项质量应符合前述的质量标准,应特别注意检查待运管节的顶填土高度是否符合设计要求,防止错装、错运。

② 运输管节的工具,可根据道路情况和设备条件采用汽车、拖拉机拖车,不通公路地段可采用马车。

③ 管节的装卸可根据工地条件,使用各种起重设备:龙门吊机、汽车吊和小型起重工具滑车、链滑车等。

④ 在装卸和运输过程中,应小心谨慎。运输途中每个管节底面宜铺以稻草,用木块圆木楔紧,并用绳索捆绑固定,防止管节滚动、相互碰撞破坏。

⑤ 从车上卸下管节时,应采用起重设备。严禁由汽车上将管节滚下,造成管节破裂。

2. 管涵施工程序

管涵施工程序的流程图如图16.1所示。

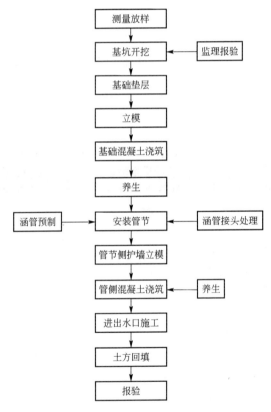

图 16.1 管涵施工流程

管涵分有圬工基础和无圬工基础两种。

(1)有圬工基础管涵施工程序。

① 挖基坑并准备修筑管涵基础的材料。

② 砌筑圬工基础或浇筑混凝土基础。

③ 安装涵洞管节,修筑管涵出入口端墙、翼墙及涵底(端墙外涵底铺装)。

④ 铺设管涵防水层及修整。

⑤ 铺设管涵顶部防水黏土(设计需要时),填筑涵洞缺口填土及修建加固工程。

图 16.2 所示为混凝土基础管涵，图 16.3 所示为碎石基础。

图 16.2 混凝土基础管涵

图 16.3 碎石基础

(2) 无坞工基础管涵施工程序。

① 挖基坑并准备修筑管涵基础的材料。

② 在捣固夯实的天然土表层或矿砂垫层上修筑管座，截面形状同管节外截面，深度等于管壁厚度。

③ 在圆弧管座上铺设垫层的防水层，然后安装管节，管节间接缝宜留 1cm 宽，缝中填防水材料。

④ 在管节的下侧再用天然土或砂砾垫层材料作培填料，并捣实至设计高程，切实保证培填料与管节密贴。再将防水层向上包裹管节，防水层外再铺设黏质土，水平径线以下的部分特别填土，应立即填筑。以免管节下面的砂垫层松散，并保证其与管节密贴。在严寒地区这部分特别填土必须填筑不冻胀土料。

⑤ 修筑管涵出入口端墙、翼墙及两端涵底和开展整修工作。

(3) 涵底陡坡台阶式基础管涵。

沟底纵坡很陡时，为防止涵洞基础和管节向下滑移，可采用管节为台阶式的管涵，每段长度一般为 3~5m，台阶高差一般不超过相邻涵节最小壁厚的 3/4。如坡度较大，可按 2~3m 分段或加大台阶高度，但不应大于 0.7m，且台阶处的净空高度不应小于 1m。此时在低处的涵顶上应设挡墙，以掩盖可能产生的缝隙。

无坞工基础的陡坡管涵，只可采用管节斜置的办法，斜置的坡度不得大于 5%。

3. 管涵基础修筑

(1) 地基土为岩石。

管节下采用无坞工基础，管节下挖去风化层或软层后，填筑 0.4m 厚砂垫层；出入口两端端墙、翼墙下，在岩石层上用 C15 混凝土作基础，在埋置深度至风化层以下 0.15~0.25m 并最小等于管壁厚度加 5cm。风化层过深时，可改用片石坞工，最深不大于 1m。管节下为硬岩时，可用混凝土抹成与管节密贴的垫层。

(2) 地基土为砾石土、卵石土或砂砾、粗砂、中砂、细砂或匀质黏性土。

管节下一般采用无坞工基础，对砾、卵石土先用砂填充地基土空隙并夯实，然后填筑 0.4m 厚砂垫层；对粗、中、细砂地基土表层应夯实；对匀质黏性地基土应做砂垫层。出入口两端端墙、翼墙的坞工基础埋置深度，设计无规定时为 1m。对于匀质黏性土，负温时的地下水位在冻结深度以上时，出入口两端端墙、翼墙圬工基础埋置深度为 1～1.5m。当冻结土深度不深时，基础埋深宜等于冻结深度的 0.7 倍，当此值大于 1.5m 时，可采用砂夹卵石在圬工基础下换填至冻结深度的 0.7 倍。

(3) 地基土为黏性土。

管节下应采用 0.5m 厚的圬工基础，出入口两端端墙、翼墙基础埋置深度为 1～0.5m；当地下水冻结深度不深时，埋深应等于冻结深度；当冻结深度大于 1.5m 时，可在圬工基础下用砂夹卵石换填至冻结深度。

(4) 必须采用有圬工基础的管涵。

① 管顶填土高度超过 5m。

② 最大洪水流量时，涵前壅水高度超过 2.5m。

③ 河沟经常流水。

④ 沼泽地区深度在 2m 以内。

⑤ 沼泽地区淤积物、泥炭等厚度超过 2m 时，应按特别设计的基础施工。

(5) 严寒地区的管涵基础施工。

常年最冷月份平均气温低于 −15℃ 的地区称严寒地区。

① 匀质黏性土和一般黏性土的基础均须采用圬工基础。

② 出入口两端端墙、翼墙基础应埋置在冻结线以下 0.25m。

③ 一般黏性土地区的地下水位在冻结深度以上时，管节下埋置深度应为 $H/8$（H 为涵底至路面填土高度），但不得小于 0.5m，也不得超过 1.5m。

(6) 基础砂垫层材料。

可采用砂、砾石或碎石，但必须注意清除基底植物层。为避免管节承受冒尖石料的集中应力，当使用碎石、卵石作垫层时，要有一定级配或掺入一定数量的砂，并夯捣密实。

(7) 软土地区管涵地基处理。

管涵地基土如遇到软土，应按软土层厚度分别进行处理。当软土层厚度小于 2m 时，可采取换填土法处理，即将软土层全部挖除，换填当地碎石、卵石、砂夹石、土夹石、砾砂、粗砂、中砂等材料并碾压密实，压实度要求 94%～97%。如采用灰土（石灰土、粉煤灰土）换填，压实度要求 93%～95%，换填土的干密度宜用重型击实试验法确定。碎石或卵石的干密度可取 2.2～2.4t/m³。换填层上面再砌筑 0.5m 厚的圬工基础。

当软土层超过 2m 时，应按软土层厚度、路堤高度、软土性质作特殊设计处理。

4. 管节安装

管节安装应从下游开始，使接头面向上游；每节涵管应紧贴于垫层或基座上，使涵管受力均匀；所有管节应按正确的轴线和图纸所示坡度敷设。如管壁厚度不同，应使内壁齐平。在敷设过程中，要保持管内清洁无脏物、无多余的砂浆及其他杂物。

管节的安装方法通常有滚动安装法、滚木安装法、压绳下管法、龙门架安装法、吊车安装法等，可根据施工现场实际情况选用。

5. 管涵施工注意事项

(1) 有圬工基础的管座混凝土浇筑时应与管座密贴，浆砌块石基础应加做一层混凝土管座，使圆管受力均匀，无圬工基础的圆管基底应夯填密实，并做好弧形管座。

(2) 无企口的管节接头采用顶头接缝，应尽量顶紧，缝宽不得大于 1cm，严禁因管身长度不够,将所有接缝宽度加大来凑足涵身长度。管身周围无防水层设计的接缝,须用沥青麻絮或其他具有弹性的不透水材料从内、外侧仔细填塞。设计规定管身外围做防水层的,按前述施工工序施工。

(3) 长度较大的管涵设计有沉降缝的,管身沉降缝应与圬工基础的沉降缝位置一致。缝宽为 2～3cm,应用沥青麻絮或其他具有弹性的不透水材料,从内、外侧仔细填塞。

(4) 长度较大、填土较高的管涵应设预拱度。预拱度大小应按设计规定设置。

(5) 各管节设预拱度后,管内底面应成平顺圆滑曲线,不得有逆坡。相邻管节如因管壁厚度不一致(在允许偏差内)产生台阶时,应凿平后用水泥环氧砂浆抹补。

16.2.2 盖板涵施工

1. 涵洞基础

无论是圬工基础或砂垫层基础,施工前必须先对下卧层地基土进行检查验收。地基土承载力或密实度符合设计要求时,方可进行基础施工。对于软土地基应按照设计规定进行加固处理,符合要求后,方可进行基础施工。

对孔径较宽的盖板涵兼作行人和车辆通道时,其底面应按照设计用圬工加固以承受行人和车辆荷载及磨耗。

圬工基础的施工工艺和技术要求可参照本书圬工结构部分有关要求进行。

砂垫层基础的施工工艺和技术要求可参照本节管涵基础部分进行。

涵洞台(墩)的施工工艺和技术要求可参照本书桥梁墩台部分的有关要求进行。

图 16.4 所示为盖板涵涵台的现场施工。

2. 钢筋混凝土盖板施工

(1) 现场浇筑的盖板:盖板混凝土的现场浇筑施工,应连续进行,尽量避免施工缝;当涵身较长时,可沿涵长方向分段进行,每段应连续一次浇筑完成;施工缝应设在涵身沉降缝处。

(2) 装配式盖板:图 16.5 所示为盖板预制场,在涵位处路基上或附近择地预制盖板。

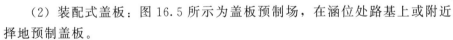
盖板涵施工

图 16.4 盖板涵涵台施工

图 16.5 盖板预制场

预制构件结构的要求如下：

① 盖板构件预制长度，应根据起重设备和运输能力决定，但应保证结构的稳定性和刚性，一般不小于1m，但亦不宜太长。

② 盖板构件可设吊孔，也可于顶面设立吊环。吊环位置、孔径大小和制环用钢筋应符合设计要求，并要求吊钩伸入吊环内和吊装时吊环筋不断裂。安装完毕，吊环筋应锯掉或气割掉。

③ 若采用钢丝绳捆绑起吊可不设吊孔或吊环。

预制构件的模板有木模、土模、钢丝网水泥模板、拼装式模板等。无论采用何种模板都应保证满足规范要求，尤其是有预埋件时，应采取措施，确保预埋件的正确预埋位置。

构件必须在达到设计强度后，经过检查质量且大小符合要求，才能进行搬运。搬运时应注意吊点或支承点的设置，务必使构件在搬运过程中保持平衡、受力合理，确保构件在搬运过程中的安全。

装配式盖板施工和安装注意事项如下：

① 安装之前应再检查构件尺寸、涵台尺寸和涵台间距离，并核对其高程，调整构件大小位置使其与沉降缝重合。

② 构件砌缝宽度一般为1cm，拼装每段的砌缝应与设计沉降缝重合。

③ 构件可用扒杆、链滑车或汽车吊进行吊装。

16.3 附属工程施工

16.3.1 防水层施工

涵洞的钢筋混凝土结构设置防水层的作用是防止水分侵入混凝土内，使钢筋锈蚀，缩短结构寿命。北方严寒地区的无筋混凝土结构需要设置防水层，防止水分侵入混凝土内，因冻胀造成破坏。

防水层的材料多种多样，公路涵洞使用的主要防水材料是沥青，如图16.6所示。有些部位可使用黏土，以节省工料费用。

1. 防水层的设置部位

(1) 各式钢筋混凝土涵洞(不包括圆管涵)。

此类涵洞的洞身及端墙，在基础以上凡被土掩埋部分，均须涂以热沥青两道，每道厚1~1.5mm，不另抹砂浆。

(2) 混凝土及石砌涵洞。

此类涵洞的洞身、端墙和翼墙的被土掩埋部分，只需将圬工表面凿平，无凹入存水部分，可不设防水层。但北方严寒地区的混凝土结构仍需设防水层。

图 16.6 管涵接口防水处理

（3）钢筋混凝土圆管涵。

管节接头采用平头对接，接缝中用麻絮浸以热沥青塞满，管节上半部从外往内填塞；下半部从管内向外填塞。管外靠接缝处裹以热沥青浸透的防水纸 8 层，宽度 15.2cm。包裹方法：在现场用热沥青逐层黏合在管外壁接缝处，再在全长管外裹以塑性黏土。

在交通量小的县、乡公路上，可用质量好的软塑状黏质土掺以碎麻，沿全管敷设 20cm 厚，代替沥青防水层（接缝处理仍照前述施工）。

（4）钢筋混凝土盖板明涵。

此类涵洞的盖板部分表面可先涂抹热沥青两次，再于其上设 2cm 厚的防水水泥砂浆或 4~6cm 厚的防水混凝土。其上可按照设计要求进行铺设路面。涵、台身防水层按照上述方法处理。

2. 沥青的敷设

沥青可用锅、铁桶等容器以火熬制，或使用电热设备熬制。铁桶装的沥青，应打开桶口小盖，将桶横倒搁置在火炉上，以文火使沥青熔化后，从开口流到熬制用的铁锅或大口铁桶中。熬制用的铁锅或铁桶必须有盖，以便在沥青飞溅或着火时，用以覆盖。熬制处应设在工地下风方向，一般与工作人员、料堆、房屋等保持一定距离，锅内沥青不得超过锅容积的 2/3。熬制中应不断拌和至全部为液态为止。溶化后的沥青应继续加温至 175℃（不得超过 190℃）。熬好的沥青盛在小铁桶中送至工点使用。使用时的热沥青温度宜低于 150℃。涂敷热沥青的圬工表面应先用刷扫净，消除粉屑污泥。涂敷工作宜在干燥温暖（温度不低于 5℃）的天气进行。

3. 沥青麻絮、油毡、防水纸的浸制方法和质量要求

沥青麻絮（沥青麻布）可采用工厂浸制的成品或在工地用麻絮以热沥青浸制。浸制后的麻絮，表面应呈淡黑色，无孔眼、无破裂和褶皱，撕断面上应呈黑色，不应有显示未浸透的布层。

油毡是用一种特制的纸胎（或其他纤维胎）用软化点低的沥青浸透制成，浸渍石油沥青的称为石油毡，浸渍焦油沥青的称为焦油沥青油毡。为了防止在储存过程中相互黏着，油毡表面应撒一层云母粉、滑石粉或石棉粉。

防水纸（油纸）是用低软化点的沥青材料浸透原纸做成的，除沥青层较薄，没有撒防黏层外，其他性质与油毡相同。

油毡和防水纸可以从市场上采购,其外观质量应符合如下要求。

① 油毡和防水纸外表不应有孔眼、断裂、褶皱及边缘撕裂等现象,油毡的表面防黏层应撒布均匀。

② 毡胎或原纸内应吸足油量,表面油质均匀,撕开后的断面应是黑色的,无未浸透的空白纸层或杂质,浸水后不起泡、不翘曲。

③ 气温在25℃以下时,把油毡卷在2cm直径的圆棍上弯曲,不应发生裂缝和防黏层剥落等现象。

④ 将油毡加热至80℃时,不应有防黏层剥落、膨胀及表面层损坏等现象。夏季在高温下不应粘在一起。

铺设油毡和防水纸所用粘贴沥青应和油毡、防水纸有同样的性能。煤沥青油毡和防水纸必须用煤沥青粘贴。同样,石油沥青油毡及防水纸,也一定要用石油沥青来粘贴,否则,过一段时间油毡和防水纸就会分离。

16.3.2 沉降缝施工

1. 沉降缝设置目的

结构物设置沉降缝的目的是避免结构物因荷载或地基承载力不均匀而发生不均匀沉降,产生不规则的多处裂缝,而使结构物破坏。设置沉降缝后,可限定结构物发生断面整齐、位置固定的裂缝,并可事先在沉降缝处进行处理。如有不均匀沉降,则将其限制在沉降缝处,有利于结构物的安全、稳定和防渗(防止管内水流渗入涵洞基底或路基内,造成土质浸泡松软)。

2. 沉降缝设置的位置和方向

涵洞洞身、洞身与端墙、翼墙、进出水口急流槽交接处必须设置沉降缝,但无圬工基础的圆管涵仅于交接处设置沉降缝,洞身范围不设。具体设置位置视结构物和地基土的情况而定。

(1) 洞身沉降缝。

一般每隔4~6m设置1处,但无基础涵洞仅在洞身涵节与出入口涵节间设置。缝宽一般3cm,两端与附属工程连接处也各设置1处。

(2) 其他应设沉降缝处。

凡地基土质发生变化、基础埋置深度不一、基础对地基的荷载发生较大变化处、基础填挖交界处、采用填石垫高基础交界处,均应设置沉降缝。

(3) 岩石地基上的涵洞。

凡置于岩石地基上的涵洞,不设沉降缝。

(4) 斜交涵洞。

斜交涵洞洞口正做的,其沉降缝应与涵洞中心线垂直;斜交涵洞洞口斜做的,沉降缝与路基中心线平行;但拱涵与管涵的沉降缝,一律与涵洞轴线垂直。

3. 沉降缝的施工方法

沉降缝的施工,要求做到使缝两边的构造物能自由沉降,又能严密防止水分渗漏。故沉降缝必须贯穿整个断面(包括基础)。沉降缝具体施工方法如下。

(1) 基础部分。

可将原基础施工时嵌入的沥青木板或沥青砂板留下,作为防水之用。如基础施工时,不用木板,也可用黏土填入捣实,并在流水面边缘以 1∶3 水泥砂浆填塞,深度约为 15cm。

(2) 涵身部分。

沉降缝外侧以热沥青浸制的麻筋填塞,深度约为 5cm,内侧以 1∶3 水泥砂浆填塞,深度约为 15cm,视沉降缝处圬工的厚薄而定。可以用沥青麻筋与水泥砂浆填满;如太厚,亦可将中间部分先填以黏土。

(3) 沉降缝的施工质量要求。

沉降缝端面应整齐、方正,基础和涵身上下不得交错,应贯通,嵌塞物应紧密填实。

(4) 保护层。

各式有圬工基础涵洞的基础襟边以上,均沿沉降缝周围设置黏土保护层,厚约 20cm,顶宽约 20cm。对于无圬工基础涵洞,保护层宜使用沥青混凝土或沥青胶砂,厚度 10~20cm。

16.3.3　涵洞进出水口处理工程

涵洞进出水口处理工程是指涵洞端墙、翼墙(包括八字墙、锥坡、平行廊墙)以外的部分,如沟底铺砌和其他进出水口处理工程。

1. 平原区的处理工程

涵洞出入口的沟床应整理顺直,与上、下排水系统(天沟、路基边沟、排水沟、取土坑等)的连接应圆顺、稳固,保证流水顺畅,避免损害路堤、村舍、农田、道路等。

2. 山丘区的处理工程

在山丘区的涵洞底纵坡超过 5% 时,除进行上述整理外,还应对沟床进行干砌或浆砌片石防护。当翼墙以外的沟床坡度较大时,也应铺砌防护。防护长度、砌石宽度、厚度、形状等,应按设计图纸施工。如设计图纸漏列,应按合同规定向业主提出,由业主指定单位作出补充设计。

图 16.7 所示为管涵的洞口。

图 16.7　管涵的洞口

16.3.4 回填土

回填土质量的好坏,不仅关系到涵洞的稳定安全,还关系到其上路基路面的质量。

(1) 建成的涵管、圬工达到设计要求的强度后,应及时回填。回填土要切实注意质量,严格按照有关施工规定和设计要求处理。

(2) 填土路堤在涵洞每侧不小于两倍孔径的宽度及高出洞顶1m范围内,应采用非膨胀土从两侧分层仔细夯实。每层厚度10~20cm,特殊情况亦可用与路堤填料相同的土填筑。管节两侧夯填土的密实度标准,高速公路和一级公路为95%,其他公路为93%。在管节顶部其宽度等于管节外径的中间部分填土,其密实度要求与该处路基相同。如为填石路堤,则在管顶以上1m的范围内应分3层填筑:下层为20cm厚的黏土;中层为50cm厚的砂卵石;上层为30cm厚的小片石或碎石。在两侧的上述范围及两侧每侧宽度不小于孔径的两倍范围内,码填片石。

对于其他各类涵洞的特别填土要求,应分别按照有关的设计要求办理。

(3) 用机械填筑涵洞缺口时,须待涵洞圬工达到容许强度后,在涵身两侧用人工或小型机具对称夯填,高出涵顶至少1m,然后再用机械填筑。不得从单侧偏推、偏填,使涵洞承受偏压。

(4) 冬季施工时,涵洞缺口路堤、涵身两侧及涵顶1m内,应用未冻结土填筑。

(5) 回填缺口时,应将已成路堤土方挖出台阶。

模块小结

本模块从施工准备入手,引领学生掌握涵洞施工的技术方法,重点介绍了管涵和盖板涵的施工工艺,简要介绍了涵洞附属工程施工的基本方法。

习 题

一、填空题

1. 从车上卸下管节时,应采用( )。严禁由汽车上将管节滚下,造成管节破裂。
2. 盖板构件可用( )、( )和( )进行吊装。
3. 回填涵洞缺口时,应将已成路堤土方挖出( )。

二、选择题

1. 需要增减涵洞数量、变更涵型或孔径时,应向( )反映,按照合同有关规定办理。
    A. 监理 B. 甲方
    C. 设计 D. 勘察

2. 当软土层超过（　　）m 时，涵洞应作特殊设计处理。
A. 1　　　　　　　B. 2　　　　　　　C. 2.5　　　　　　　D. 3
3. 管节安装应从（　　）开始。
A. 中游　　　　　　B. 上游　　　　　　C. 下游　　　　　　D. 无所谓

三、简答题

1. 涵洞施工准备包括哪几方面的内容？
2. 简述管涵施工程序。
3. 简述装配式盖板的施工要点。

参 考 文 献

范立础,1990. 桥梁工程:下册［M］. 2版. 北京:人民交通出版社.
范立础,2012. 桥梁工程:上册［M］. 2版. 北京:人民交通出版社.
公路桥涵设计手册编写组,1997. 涵洞［M］. 北京:人民交通出版社.
公路桥涵设计手册编写组,1999. 桥梁附属构造与支座［M］. 北京:人民交通出版社.
公路桥涵设计手册编写组,2000. 墩台与基础［M］. 北京:人民交通出版社.
公路桥涵设计手册编写组,2000. 拱桥［M］. 北京:人民交通出版社.
交通部第一公路工程公司,2000. 公路施工手册:桥涵(上、下册)［M］. 北京:人民交通出版社.
李加林,刘孟良,2007. 桥涵设计［M］. 2版. 北京:人民交通出版社.
李世华,孙培明,2015. 市政工程施工图集:2辑 桥梁工程［M］. 2版. 北京:中国建筑工业出版社.
刘效尧,徐岳. 梁桥,2011［M］. 2版. 北京:人民交通出版社.
王常才,2006. 桥涵施工技术［M］. 2版. 北京:人民交通出版社.
姚玲森,2008. 桥梁工程［M］. 2版. 北京:人民交通出版社.
中华人民共和国交通部,2005. 公路圬工桥涵设计规范:JTG D61—2005［S］. 北京:人民交通出版社.
中华人民共和国交通运输部,2015. 公路工程技术标准:JTG B01—2014［S］. 北京:人民交通出版社.
中华人民共和国交通运输部,2015. 公路桥涵设计通用规范:JTG D60—2015［S］. 北京:人民交通出版社.
中华人民共和国交通运输部,2018. 公路钢筋混凝土及预应力混凝土桥涵设计规范:JTG 3362—2018［S］. 北京:人民交通出版社.
中华人民共和国交通运输部,2018. 公路工程质量检验评定标准 第一册 土建工程:JTG F80/1—2017［S］. 北京:人民交通出版社.
中华人民共和国交通运输部,2020. 公路桥涵施工技术规范:JTG/T 3650—2020［S］. 北京:人民交通出版社.
中华人民共和国交通运输部,2020. 公路斜拉桥设计规范:JTG/T 3365—01—2020［S］. 北京:人民交通出版社.